U0784742

当代
中国
人文
大系

刘后滨　著

唐代中书门下体制研究

公文形态、政务运行与制度变迁

（增订版）

中国人民大学出版社
·北京·

出版说明

改革开放以来，中国社会的变革波澜壮阔，学术研究的发展自成一景。对当代学术成就加以梳理，对已出版的学术著作做一番披沙拣金、择优再版的工作，出版界责无旁贷。很多著作或因出版时日已久，学界无从寻觅；或在今天看来也许在主题、范式或研究方法上略显陈旧，但在学术发展史上不可或缺；或历时既久，在学界赢得口碑，渐显经典之相。它们至今都闪烁着智慧的光芒，有再版的价值。因此，把有价值的学术著作作为一个大的学术系列集中再版，让几代学者凝聚心血的研究成果得以再现，无论对于学术、学者还是学生，都是很有意义的事。

披沙拣金，说起来容易做起来难。俗话说，“文无第一，武无第二”。人文学科的学术著作没有绝对的评价标准，我们只能根据专家推荐意见、引用率等因素综合考量。我们不敢说，入选的著作都堪称经典，未入选的著作就价值不大。因为，不仅书目的推荐者见仁见智，更主要的是，为数不少公认一流的学术著作因无法获得版权而无缘纳入本系列。

“当代中国人文大系”分文学、史学、哲学等子系列。每个系列所选著作不求数量上相等，在体例上则尽可能一致。由于所选著作都是“旧作”，为全面呈现作者的研究成果和思想变化，我们一般要求作者提供若干篇后来发表过的相关论文作为附录，或提供一篇概述学术历程的“学术自述”，以便读者比较全面地了解作者的相关研究成果。至于有的作者希望出版修订后的作品，自然为我们所期盼。

“当代中国人文大系”是一套开放性的丛书，殷切期望新出现的或可获得版权的佳作加入。弘扬学术是一项崇高而艰辛的事业。中国人民大学出版社在学术出版园地上辛勤耕耘，收获颇丰，不仅得到读者的认可和褒扬，也得到作者的肯定和信任。我们将坚守自己的文化理念和出版使命，为中国的学术进展和文明传承继续做出贡献。

中国人民大学出版社

序

吴宗国

《唐代中书门下体制研究》一书有几个突出的特点。

一是提出“唐代中书门下体制”这一颇具开拓性的概念。开元十一年（723）张说提请改政事堂为中书门下，在当时没有引起什么波澜，其影响似乎还不如劝农使的设立。在《通典》《唐会要》《册府元龟》等唐人或主要是辑录唐代文献而成的著作中，对此也都是寥寥数语。五代时修成的《旧唐书·职官志》记为：“开元十一年，中书令张说改政事堂为中书门下，其政事印，改为中书门下之印也。”北宋时司马光在《资治通鉴》中用“是岁，张说奏改政事堂曰中书门下，列五房于其后，分掌庶政”几句话轻轻带过。欧阳修在《新唐书·百官志》中也只是把五房做了具体的交代：“开元中，张说为相，又改政事堂号‘中书门下’，列五房于其后：一曰吏房，二曰枢机房，三曰兵房，四曰户房，五曰刑礼房，分曹以主众务焉。”这些记载的共同特点，都是将这一具有划时代意义的变化看作改变名称而已。宋人虽然增加了“列五房”的记载，但对这种变化的性质和意义也都没有触及。这种情况一直沿袭下来，直到20世纪70年代《剑桥中国隋唐史》注意到这是把“以前宰相的会晤地政事堂改为正规的宰相官署即中书门下”。到20世纪八九十年代，国内学者开始对改政事堂为中书门下予以注意，并且取得了许多积极成果，但是没有引起隋唐史学界广泛的注意。而对于中书门下的研究，也有一个逐步深入的过程。

“政治体制”虽说是近代政治学的概念，但是历史上各个时期的政治体制是一个客观存在。在中国古代政治体制中，皇帝在国家政权中的地位，中枢机构、政府机关的构成及相互关系，是最重要的两个方面，牵涉面是很广的。因此，对于一个时期政治体制的研究，必须在学术界对于相关时期有关皇帝、中枢机构、政府机关等一系列问题的研究取得一定成果的基础上才能进行。而要形成新的看法，提出新的见解，特别是提出政治体制变化这样重大的历史问题，那必然要经过一个艰苦的研究过程，甚至要经过几次重大的反复，才可能得出比较接近历史实际的结论。近年来对于政事堂怎样逐步演变为中书门下，学者们分别从不同的角度、不同的环节、不同的时段进行了探索，同时对中书门下的性质进行了认定。如果没有这些成果，后滨关于中书门下体制的研究是不可能完成的。

形成某种见解，甚至提出新的概念，需要阅读相关的历史文献，并且在阅读这些文献材料的基础上形成自己的看法。但是这种见解还只是一种初步的概括，一种印象，甚至还只是假设。有些学人，甚至有的大师，往往把这看作研究的终结，并写成论著。事实证明，这样的著作是经不起时间的考验的。因为作为一个认识过程，还远远没有完成。把初步形成的见解或假设变成科学的结论，还需要进行深入系统的论证。这里的关键，是不能把初步形成的见解或假设作为出发点，只是寻找材料去进行证明，而是应该把前一阶段研究作为指引继续研究的线索，还需要下大力气搜集各种材料，并且要寻找出合适的视角和恰当的切入点，然后进行深入的考据和分析相结合、定量和定性相结合、局部和整体相结合的研究。在这个过程中，从史料和实际出发，系统地搜集和阅读史料；进行深入的全面的分析，排除与之相关的反证；抓住关键或变化的关节点，进行细致的定量的分析，是不可缺少的几个环节。只有扎实地做好这些工作，去粗取精，去伪存真，由此及彼，由表及里，才能进行最后的理论性的概括。这往往是一个从痛苦到欢乐的过程，真是“衣带渐宽终不悔，为伊消得人憔悴”，继则“众里寻他千百度，蓦然回首，那人却在灯火阑珊处”。后滨对中书门下体制的研究也经历了这两个过程。而本书展现给大家的，主要是后一个过程的成果。

二是从公文运作入手，着眼于政治制度的运作。政务的运行，不论是各种制度的制定，方针政策的下达，还是对于具体政事的处理意见、请示报告和批示，都需要通过公文。因此，通过公文运作看制度的运作，从公文形态的变迁看制度的演进，无疑是为政治体制变迁的研究提供了一个很好的视角。唐代公文书早已受到国内外学者的重视，并取得了相当丰硕的成果，但是这种研究大多停留在对公文书本身的研究上，并且主要是进行静态的研究。本书则是把公文书放到整个中枢机构的政务运行中去进行考察，并通过公文书的变化，来研究政治体制的变化。这样呈现在我们面前的，就是各个时期具体运行的制度，而不是书面上法律上的制度。这样不仅可以使我们认识到真实的唐代制度，而且可以使我们更加具体地感受到唐代政务是怎样运行的。

而通过公文运作过程的研究，各部门的职责、在政务处理过程中的地位、各部门之间的关系，都可以得到比较准确的定位。因此，通过公文运作的研究，我们可以比较清晰地勾勒出中书门下体制的主要特点。

三是着眼于制度的发展变化。任何一个时代的制度都不是一成不变的。处于社会转型时期的唐朝更是这样。受宋人影响，历来都是把唐朝制度看成是一成不变的，研究时往往是把唐朝各个时期的有关制度的材料拼凑在一起，加以论说。这样架构出来的制度，事实上是一个不存在于唐朝任何一个时期的虚拟的制度。近年来学者们逐渐感觉到陈说之不可取，力图摆脱宋人在唐朝制度问题上给我们留下的混乱，从史料出发，注意研究唐朝各个时期的制度及其变化，希望能够还原唐朝制度本来的面目。本书可以看作这股潮流中的力作。

四是对相关学术史进行了认真的梳理。这种梳理不是对相关论著进行罗列，而是按照时间顺序对现有成果进行学术史视角下的分析，从最初谁提出问题，到后来有一些什么不同见解，解决了一些什么问题，还存在什么问题，都进行了认真的分析和研究。这样不仅使课题的研究有一个很高的起点，具有历史的高度和学术史的深度，而且为学者，特别是青年学者提供了相关的信息。

目前学术界还没有建立起健全的科学的学术评价机制，学术成果的总结和学术研究现状对这种总结的要求还存在着相当大的差距。许多论著，由于种种原因，学者又很难看到，因之许多学者与这些新的成果失之交臂。一个新的学术观点要为大家所认识和了解，往往需要很长的时间，有时甚至长达几十年。这个问题已经引起许多学者的注意，并从各个方面做出了探索和努力。就一个专题从认识过程进行总结，是一种很好的方法。希望后滨以后在这一方面做出更大的努力。

2004 年 2 月

于北京大学蓝旗营

《唐六典》的性质与制度描述方式（代序）

研究唐代各项制度，《唐六典》是一部不可或缺的典籍文献。关于《唐六典》的编撰经过和版本沿革等，可参看张弓《〈唐六典〉的编撰刊行和其他》(《史学月刊》1983 年第 3 期)及陈仲夫在点校本《唐六典》中所撰《〈唐六典〉简介》(中华书局，1992 年)。经过陈寅恪、严耕望、汪篯、陈仲夫、吴宗国、张弓等几代学者的接力探索，至今很少有人生硬地将《唐六典》直接作为唐代开元时期实际行用制度的静态记录，且认识到此书“虽然包含了正在变化中的各种制度，但不是作为当时政治运作遵循的法典”(吴宗国：《〈唐六典〉与唐前期政治制度》，载《盛唐政治制度研究》，上海辞书出版社，2003 年)。无论史学界还是法学界，学者们大都不认同其作为行政法典的属性（钱大群、李玉生：《〈唐六典〉性质论》，《中国社会科学》1989 年第 6 期)。由于其特定的编撰宗旨和体例，书中所载不能视为当时实际行用制度的直接体现，在利用其研究唐代制度时，有必要先了解其制度描述的方式及其主要特征，进而做到灵活准确地加以运用。

一、《唐六典》的编撰宗旨与体例特点

唐玄宗下令撰修《六典》的意图，即按照《周礼》六官的体例，编撰一部融汇唐朝开国以来制度法规的经典文献。会昌年间（841—846）的太常博士顾德章在《东都神主议》中引《定〈开元六典〉敕》曰，“听政之暇，错综古今。法以周官，作为唐典”（《全唐文》卷765）。可知玄宗最初将此书定名为《开元六典》，基本编撰原则为：一是要“错综古今”，编成一部贯通古今的制度通史；二是要“法以周官”，比附《周礼》编成一部垂范后世的经典文献。据《新唐书·艺文志》记载，开元十年（722），“起居舍人陆坚被诏集贤院修《六典》。玄宗手写六条，曰理典、教典、礼典、政典、刑典、事典”。此六条完全取自《周礼》大宰之职，只是因避讳改治典为理典。《周礼》对国家政务做出六个方面的划分，不仅是隋朝将尚书诸曹司归并为六部的理论依据，也寄托着唐玄宗对国家治理体系的一个托古式理想。这个理想与唐朝制度实际相去甚远，被认为是编修者“累年无功”的一个重要原因。到开元二十六年（738）李林甫领衔修成上奏时，此书的结构体例已与最初的设计差别很大。

南宋藏书家陈振孙《直斋书录解题》引参与编撰《唐六典》的韦述《集贤注记》云，“张说以其事委徐坚，思之经岁莫能定。又委毋煚、徐钦、韦述，始以令式入六司，其沿革并入注中。后张九龄又委苑咸，二十六年奏草上”。其中关键之处是宰相兼丽正学士张说“又令学士毋煚等，检前史职官，

以令式分入六司，以今朝《六典》，象《周官》之制。然用功艰难，绵历数载。其后张九龄委陆善经，李林甫委苑（咸），至二十六年始奏上，百寮陈贺，迄今行之”（刘肃：《大唐新语》卷九《著述第十九》）。两书的记载大致相同，重要的有两点：一是“以令式分入六司”，将开元时期行用的律令格式主要是令式相应地编入执掌此类政务的官司及其官员之下，但不是简单的汇编，而是经过改写的提示或概括。这里说的“六司”字面上指的是尚书省的六部及其所属二十四司，实际上则包括所有的台省、寺监、卫府、东宫王府、州县等机构。因为所有机构的政务都汇总于尚书六部，以六部（六司）可以概括全部国家政务。二是“其沿革并入注中”，“检前史职官”的目的是查明唐朝职官的沿革并将其以小字注文的形式置于各个职官之后。这就使得《唐六典》成了一部事实上的职官制度通史，也说明其并非一部行政法典。至于《大唐新语》所说“至二十六年始奏上，百寮陈贺，迄今行之”，并非指作为法典之行用，而是作为礼乐文献在秘书省的流通（钱大群、李玉生：《〈唐六典〉性质论》）。

二、制礼作乐与《唐六典》的两个面相

尽管从武则天立为皇后到退位多年后的政治波动持续了半个多世纪的时间，但由于基层的稳定和生产的发展，唐朝还是在其建立近一百年之后迎来了“开元盛世”。奠基于贞观时期的法令制度至此时已经无法适应现实，在政治社会转型的背景下，唐玄宗通过制礼作乐以总结和提炼本朝制度精神，

进而实现制度的结构性调整。开元新定格式律令及《唐六典》《开元新礼》的修撰，都发生在这个背景下。

作为一部以“典”为名的著述，其性质与编撰体例都颇为特殊，历来受到研究者的关注，不同学科理解角度各不相同，可说是歧义纷呈。其实，回到唐朝人的理解中去，应该更能找到准确答案。元和（806—820）初年吕温在《代郑相公请删定施行六典开元礼状》一文中，分析了《六典》编撰的背景和宗旨，就是要把由唐太宗开创至唐玄宗完善起来的、支撑大唐基业的制度体系总结提炼以传之后世，垂范子孙。其所针对的历代群儒编撰此类著作的情形是“或荣古而陋今，名实交丧；或违经而便事，本末相忘。或烦杂以为详，或阔略以为要。未闻折衷，以叶通方”。而唐朝建立以后，历史进入一个新阶段，“国家与天惟新，改物视听。太宗拯焚溺之余，粗立统纪；玄宗承富庶之后，方暇论思。爰敕宰臣，将明睿旨，集儒贤于别殿，考古训于秘文，以论材审官之法，作《大唐六典》三十卷，以道德齐礼之方，作《开元新礼》一百五十卷”（《全唐文》卷627）。这篇奏状代表了唐朝人对《唐六典》性质的理解，只有到了开元年间才有条件将唐太宗开创的“统纪”即国家的基本制度框架及在此基础上完善起来的制度体系加以总结和理论化。所谓“论材审官之法”，是对“以令式分入六司”的理论概括，每一个机构及其官员所应执掌的政务，都由相应的令式加以规范，并通过《唐六典》进一步概括提炼，上升到法则的高度。这也就奠定了《唐六典》作为具有“纲纪”意义的制度范式的地位，并在此后很长时间作为可以征引的有关制度建设和施政措施的经典文献。

陈寅恪说，“开元时所修六典乃排比当时施行令式以合古书体裁，本为粉饰太平制礼作乐之一端，故其书在唐代行政上遂成为一种便于征引之类书，并非依其所托之周官体裁，以设官分职实施政事也”（《隋唐制度渊源略论稿》，三联书店，2001年）。尽管陈氏对《唐六典》性质和行用问题的认识还存在着很大的不确定性（刘后滨、张耐冬：《陈寅恪的士大夫情结与学术取向》——评《陈寅恪集》，载《“中央研究院”中国文哲研究集刊》第23期2003年），但他所指出的“其书在唐代行政上遂成为一种便于征引之类书”却是相当敏锐的识见。陈寅恪的观点与《四库全书总目提要》的概括大体一致，都点出了《唐六典》所具有的两个面相：既是对唐朝开国以来制度的一次总结和提炼，也是一次面向未来的重大理论建设。正因其为制礼作乐的产物，一方面是对唐初至开元时期历来行用令式的分类摘录，“以令式分入六司，以今朝《六典》，象《周官》之制”；另一方面则展示了对正在到来的新时代制度构架的理想设计。后一点正如严耕望总结《四库全书总目提要》的观点时所概括，“《六典》所载之制度，虽当时讨论典章者亦相引据，然为新创新造之理想中之制度，却非已行之制度，故郑相公有此请也”（《略论唐六典之性质与施行问题》，载《史语所集刊》第24本，1953年）。此说虽为严氏所批驳，也引起历来谈论此一问题者的反复纠缠，却道出了《唐六典》性质中的一个不可忽略的面相。总之，作为开元时期制礼作乐的有机组成部分，《唐六典》既是对现实行用之礼乐刑政的总结和提炼，也是以《周礼》为底本对某种治国安邦理想目标的展望与摹写。

三、《唐六典》制度描述的主要特征

作为唐代制度史研究无可替代的文献，《唐六典》不仅是关于唐代典章制度尤其是唐前期制度的一部集大成之作，而且开创了一种新的著述体例，在中国古代的“政书”类文献中，其对制度的记载和描述方式显得颇为特别。对此做出全面概括将是一个重大的研究课题，比较明显的特征可以试做如下总结。

一是对立体复合结构的整齐呈现。政治和社会生活中实际行用的制度经不断修正和叠加而变得错综复杂，尤其到开元时期的唐朝制度，整个体系是一种立体复合的结构。但在文本呈现方式上，《唐六典》采取了整齐对称的办法。例如，尚书六部与寺监的关系，是唐前期国家制度结构中最基本的关系。《唐六典》将其叙述得非常整齐对称，六部尚书、侍郎之职，都是“掌天下某某方面之政令”（如吏部尚书、侍郎之职，掌天下官吏选授、勋封、考课之政令），寺监长官诸卿监之职，则表述为“掌邦国某某方面之事”（如太常卿之职，掌邦国礼乐、郊庙、社稷之事）或“掌邦国某某方面之政令”（如卫尉卿之职，掌邦国器械、文物之政令）。这种对称性是《唐六典》做出的一种建构，重点在于天下与邦国的对举，而并非如严耕望所说的政令与事务的区分（《论唐代尚书省之职权与地位》，载《唐诗研究丛稿》，香港龙门书局，1969年）。寺监职掌中的政务一般限定在两京的范围之内，而不能直接指挥州府，将此表述为“邦国”之事或政令，无疑是对《周礼》的比附。在尚书六部所掌政务中，又区分“在京”与“诸州”两个类别，以对应“邦国”与“天下”。尚书六部与御史台的关系，也做出了某种对应的描述。这些描述不仅是对现行制度的记录，同时也体现了对国家政务分类与分层的进一步总结和提炼。

二是对动态变化制度的高度浓缩。正因为《唐六典》是对唐朝建立以来尤其是贞观以后法令制度的总结，而百年间唐朝制度处于不断调整变化之中，所以在其特定的体例中那些动态变化的制度往往被浓缩到一个精炼的语句之中。此种例子颇多，典型者如卷一《三师三公尚书都省》尚书令之职条所述“自是阙不复置，其国政枢密皆委中书，八座之官但受其成事而已”，浓缩了武德至开元时期的中枢制度。又如，卷六《尚书刑部》将唐前期的法令体系概括为律令格式，也是对不断变化和完善中的法令体系的一种浓缩，“凡律以正刑定罪，令以设范立制，格以禁违正邪，式以轨物程事”，不能理解为静态的不同法典之间的分工。

三是对细密翔实令式的全景概括。唐前期不断丰富和完善的令格式是细密而翔实的，甚至显得琐碎，有极强的操作性。正如众多学者指出的那样，《唐六典》中对令式的采纳是经过改写和高度概括的，需要着重说明的是，这种高度概括并非选择性的，而是全景式的。这也是其编撰难度之所在。卷三十《三府督护州县官吏》中有关府州曹司职掌的描述对此体现得最为明显。

四、《唐六典》与唐代制度史研究的问题空间

近年来，依托唐代的律令尤其是明抄本宋《天圣令》所

保留的唐令，以及敦煌、吐鲁番出土唐代政务文书，唐代制度史研究不断深化，这有助于推进对《唐六典》著述体例的认识。基于《唐六典》的体例特征，结合唐前期实际行用的制度和《唐六典》的文本描述做细致分析，将是唐代制度史研究的一个重要方向。至少有以下几点值得重视：

一是将各项制度真正视为动态变化的制度，解构《唐六典》的汇总归纳。对不同时期的具体制度做出考辨，回溯措施和制度出台的制敕和令、式、格后敕等各种法令文本的形成过程，也就是通过制敕颁布的各种临时性措施的制度化过程，把握《唐六典》对相关制度所做归纳的制度变迁背景，避免机械引用《唐六典》相关表述而对唐代制度做出与任何时期都不相符的描述。

二是考察开元时期制度转型的具体内容，定位《唐六典》的规划背景。开元时期的制度转型不同于此前在律令体制内的修补，而是面临着律令体制在实际政务运行层面的基本放弃，但在政治理念层面却着意突出和强化双重语境，并因此呈现出立足于本朝政治实践而规划出新的发展方向的努力。

三是将《唐六典》正文与标明时间的注文及其他典志文献如《通典》《唐会要》《册府元龟》等进行比勘。这种比勘不是文献学意义上的校对，而是将其作为定位开元以前制度的一个坐标，探寻某些制度的变化节点和线索。

以往的研究中习惯性引用《唐六典》并注明《唐六典》记载了或规定了唐代的某项制度，其实忽略了一个前提，就是《唐六典》本身并不是对制度进行规定的法令条文，而是基于这些规定制度的令式而编撰的法规性文献。与其说《唐六典》规定了某项制度，还不如说它归纳了某项制度。至于说它是按照何种理念和逻辑归纳的，无疑需要做深入的文本分析。对于政书类文献如何做文本分析和史料批判，将是文献学和制度史研究的核心问题。

附记：本文原刊于《中国社会科学报》2020 年 4 月 13 日，收录于本书时略有修改。

前　言

本书是关于唐代政治制度史的研究，准确地说，是关于唐代政治体制变革的研究。从所针对的问题来说，表面上是一个老大难的问题，但提出问题的角度却与一般政治制度史的研究有所不同，更不同于传统的职官制度史研究。政治体制是一个现代政治学的概念。从政治体制的角度分析中国古代不同时期的国家权力结构及其运行机制，进而超越传统的职官制度史，已经成为中国古代政治制度史研究中的重要学术取向①。仅就唐代政治制度史的研究来说，许多方面都取得了进展。在陈寅恪、岑仲勉、汪篯、严耕望、唐长孺、谷霁光、陈仲安等前辈学人以及内藤乾吉、砺波护等日本学者研究的基础上，在职官、军事、法律等制度方面，近年都有一些高水平的论著发表②。本书是在广泛吸收学术界相关实证研

---

① 邓小南．走向“活”的制度史——以宋代官僚政治制度史研究为例的点滴思考．浙江学刊，2003（3）：99-103.

② 张国刚．二十世纪隋唐五代史研究的回顾与展望．历史研究，2001（2）：148-170；胡戟，等．二十世纪唐研究：政治卷．北京：中国社会科学出版社，2002.

究和理论探索成果的基础上，对唐代政治体制的整体运作机制及其变迁进行的初步探讨。

由于隋唐时期国家法令（律令）规定的官僚系统基本制度框架中，尚书、中书、门下三省处于首要地位，而且三省基本处于平等制衡的关系，所以就有了“三省制”的概念。又由于三省之下的行政系统以尚书省所属六部为主体，尚书六部是国家最高行政部门，所有其他的省（如秘书省、殿中省、内侍省）及寺监、诸卫、东宫、王府和地方官，都是掌管具体事务的部门，甚至御史台的监察职权也是围绕六部所掌行政职权而行使的（而且不同历史时期监察系统相对稳定），所以“三省六部制”就成为概括这种体制的一个被普遍采用的提法。然而，“三省制”和“三省六部制”，从制度演进及其时代特征的角度，主要有利于解决唐代政治体制与此前政治体制的区别，以及魏晋南北朝以来政治体制发展的落脚点问题。但是，这两个概念并不能解决唐代政治体制向宋朝制度演进的问题。北宋的政治体制是唐代中后期政治体制发展变化的结果。北宋政治体制也不仅仅是“使职差遣制”能够概括的，“使职差遣制”与“三省六部制”并不在一个层次上相对应。“中书门下体制”的提出，试图回答的就是唐代政治体制向宋朝制度演进的整体轨迹问题，以及唐代中后期政治体制的实际运作问题。

政治体制的演进、官僚系统的运作、国家政务的运行，是本书关注的唐代政治制度史研究的三个基本层面。以“中书门下体制”作为本书的标题，就是试图在这三个层面上加以展开。首先，“中书门下体制”是唐代政治体制（同时也是整个中国古代政治体制）演进过程中的一个阶段，是在“三省制”的基础上成长起来的，代表了唐代中后期政治体制的基本特征，并奠定了北宋制度的基础。其次，“中书门下体制”以中书门下宰相机构（而不是三省）为中心，以使职（而不是尚书六部）为行政主体，整个官僚系统形成了新的运行机制。再次，“中书门下体制”下主要国家政务的申奏和裁决，形成了新的运行机制，体现为不同于三省制的文书形态和运作程式。

在不断积累的学术实践中，新的制度史研究范式也在酝酿之中。吴宗国先生在谈到唐代政治制度史研究的思考和体会时指出：“我们着重研究各个时期实际运行的制度，而不是停留在有关制度记载的条文上，以便真实地掌握唐朝前期政治制度的实际情况和政治体制发展变化的脉络。”对于制度发展变化的研究视角，除了以往研究中关注的皇权和相权的矛盾、内廷和外朝的矛盾、决策和行政的矛盾等，吴宗国先生更多地强调体制变化，强调“从政治体制如何适应统治形势变化的需要，分析探讨政治权力的分化与重组等问题”①。本书即是沿着这样的思路，试图对唐代政治体制的运行机制及其发展变化进行一个总体的描述和分析。

为了描述唐代近三百年间政治体制的变化，首先需要建立起一个叙述框架。因为无论是记载唐代制度的《唐六典》《通典》《唐会要》《旧唐书·职官志》《新唐书·百官志》等典制体文献，还是其他文献中所见自宋朝以来人们对唐代制度的理解，都没有提供这样一个框架。尤其重要的是，“不论是宋人还是今人，在没有充分把握唐朝政治制度不断发展变

① 吴宗国. 盛唐政治制度研究. 上海：上海辞书出版社，2003：14-15.

化的前提下，企图以一种模式来概括唐朝政治制度。这种做法的后果是严重的，因为它给人们描述的是一个不存在于唐朝任何一个时期的制度”。所以，要建立描述唐代政治体制总体变化的框架，前提就是要认识到，“各种制度处于不断的变动之中是唐朝政治制度的显著特点。而这种变动不仅是一些具体制度的变动，而且牵涉到从三省体制到中书门下体制这样重大的政治体制的变动”①。在此前提下，需要进一步寻求新的叙述框架和研究范式。

为此，本书在研究方法或分析角度上进行了探索，力图建立一个有利于描述唐代政治体制总体变化的叙述框架。

首先，根据国家政务运行中最高层机构（如果我们不把皇帝看成是一个机构的话）及其运行机制的变化，把唐代政治体制分为前后期两种不同的形态，前期称为三省制（或三省六部制），后期称为中书门下体制（或中书门下使职差遣制），变化的节点为开元十一年（723）改政事堂为中书门下。

其次，重视把握制度变化的时间性，将严格的时间定位引入制度史（严格地说是制度运行机制的变迁史）的研究。也可以说，这是对人类学所注重的历时性研究的借鉴。对政治体制发展变化轨迹的探寻，前提就是一些制度法令出台时间的确定。只有对各项制度确立和变革的时间以及有关制度变革法令出台的时间进行详尽周密的考释，并通过对这些时间点的串通分析，整个政治制度变化的轨迹才能详细而立体地呈现出来。这方面，在吴宗国先生的指导下，我们在《盛唐政治制度研究》一书中已经进行了摸索。本书在结构上并

① 吴宗国．盛唐政治制度研究，13-14.

不以时间点的划分为主线，但制度变化的时间坐标，仍是贯穿全书的一条暗线。

再次，为了探索政治生活中制度的实际运行情况，就不能停留在有关制度记载的条文上，而必须回到日常政治活动本身。在史料上，最能反映日常政治活动及其制度的记载，就是作为实物史料留存下来的当时实际行用的公文，以及保存在以文集为主的各类文献中的上下行公文。所以，通过对公文具体形态和应用场合的分析，将公文形态与制度结构和制度运行结合起来，就有可能在一定程度上复原特定时期制度运行的基本程式。这在某种意义上也可以说是受到西方史学中“结构–功能”分析方法的启发。通过对公文的结构和运作程式的分析，最大可能地定位相关官职在官僚体系复杂网络中的位置，以及定位相关官职所承担的政务环节在上下贯通的政务运行程序中的位置，是本书追求但目前还没有完全达到的目标。

最后，由于史料并没有留下足以拼合和借以解释整个政治体制变化轨迹的详尽记载，而留存下来的以敦煌吐鲁番文书为主的一部分唐代公文实物史料与保留在碑志与文集中的一些经过转写的文书资料，因为体现出不同时期的体制特征，恰恰成为分析体制变化的依据。从体制变化大局方面说，公文形态的变化是分析政治体制变迁的有效视角。尤其是对于在实际运作过程中悄然发生着的制度变迁，从公文形态及其运作机制的变迁入手，就成为一个重要的切入点。

总之，本书在对公文形态变迁与政治体制演进综合研究的基础上，把唐代中后期的政治体制定义为“中书门下体制”，这是在总结学界长期以来关于唐代政治制度研究成果的基础上提出的，是唐代政治制度研究不断深入的结果。在相关研究的学术积累中做出过贡献的学者，连同他们的学术观点，本书将加以具体引用和介绍。由于本书是在博士学位论文《公文运作与唐代中书门下体制》（北京大学历史系，1999年）的基础上修订而成的，我的导师吴宗国教授自然是这项研究的宏观设计者和具体指导者。我深知本书许多方面的研究都是初步的，书中的错误自然应由我个人负责。但我相信，它是探索政治制度史研究新角度努力的体现。

本书对唐代政治制度的具体研究，许多地方是基于对典籍文献的重新解读，故在引证时多有与通行本（包括中华书局点校本）之标点断句不同者。对此，书中未能悉数标出，故在此加以说明。

目　录 | contents

第一章

导　论

本书以“中书门下体制”命名，是从关于三省制的研究中引申出来的。因此，有必要对唐代政治制度史研究，尤其是历来关于三省制的研究，进行简要的学术史考察，进而找出本书立论的基点。

相对于中国古代的职官制度来说，政治体制是一个新的研究角度。有关中国古代政治制度的概念，从政治体制的层面上说，在学术研究中运用得较多的，大体有秦汉时期的三公制（或二府制）和三公九卿制、隋唐时期的三省制和三省六部制、宋朝的使职差遣制、元朝的中书省和行省制、明清时期的内阁制和六部制等①。应该说，这些概念都具有一定的

① 如陈仲安在《汉唐职官制度研究》一书的后记中称，“秦汉之三公九卿制一变为隋唐前期之三省制，再变为唐后期以至五代北宋初之使职差遣制”（陈仲安，王素．汉唐职官制度研究．北京：中华书局，1993：386）。陈琳国在《南北朝的职官制度》中称：“在中央，三公九卿制已经完全衰落，三省制正在逐渐形成”（杨志玖．中国古代官制讲座．北京：中华书局，1992：148）。白钢也在多处使用“三公制”和“三省制”等概念（白钢．中国政治制度史．天津：天津人民出版社，1991；中国政治制度通史：十卷本．北京：人民出版社，1996）。又如韦庆远将秦汉魏晋南北朝时期的中央行政体制之一种形式称为“三公九卿行政管理体制”或“三公九卿之制”，将唐宋时期的中央行政体制称为“以三省六部为核心的行政管理体制”和“诸使差遣负责制”，又将唐宋时期的中央辅政体制称为“三省辅政体制”和“中书门下辅政体制”（韦庆远．中国政治制度史．北京：中国人民大学出版社，1989：122-127，230-233；韦庆远，柏桦．中国官制史．上海：东方出版中心，2001：206-233）。

抽象意义和概括力，但又都缺乏严格的界定。现代政治学意义上的政治体制，包括立法体制、行政体制和司法体制等，而行政体制指行政机构的设置、行政职权的划分及其运行等各种制度的总称[①]。在“体制”之前冠以最能概括某一历史时期政治运行特征的名词，就构成了上述中国古代政治制度史研究中习用的“某某制”或“某某体制”。具体到唐朝来说，因为唐前期的中央政府主要是以三省为核心进行运作，所以就有了“三省制”的概念；又因为中央行政机构的主体是尚书六部，故又合称为“三省六部制”。

我们先不论“三省制”或“三省六部制”的概念是否准确表达了隋唐政治体制的基本特征，甚至也很难说清楚是谁在什么背景下首先提出了这个概念，但它已经被学界广泛接受和运用却是事实[②]。

一、唐代三省制研究的学术积累与新问题的呈现

（一）三省制研究基本面向的奠定
——20世纪80年代以前的研究积累

最早对于唐代政治制度予以集中关注的是唐人本身，《唐

① 黄达强，刘怡昌．行政学．北京：中国人民大学出版社，1988：70.

② 如李培浩依吴宗国先生在北大历史系讲授中国通史的讲义，提出隋唐时期“确立三省六部制”（李培浩．中国通史讲稿：中．北京：北京大学出版社，1982：9）。杨友庭和韩国磐撰有专文论三省六部制的形成（杨友庭．三省六部制的形成及其在唐代的变化．厦门大学学报（哲学社会科学版），1983（1）：64-73；韩国磐．略论由汉至唐三省六部制的形成．厦门大学学报（哲学社会科学版），1988（3）：93-105）。王援朝也明确使用“三省六部制”之说（张传玺．简明中国古代史．北京：北京大学出版社，1991：353-354）。白寿彝总主编的《中国通史》中有关隋唐时期政治制度的论述，有“三省六部制与寺监制”之说（白寿彝，史念海．中国通史：第六卷．上海：上海人民出版社，1997：929）。一般教科书中使用这个说法非常普遍，此不备举。

六典》和《通典》的修纂，为后人保存了基本完整的唐代制度史料。宋朝编修的史书和宋人笔记中也有大量关于唐代制度的记载，对唐代制度的探讨往往成为宋朝政治改革的重要组成部分。但是，清代考史著作中，对唐代制度却没有充分关注。近代史学的关注点基本也不在制度方面，吕思勉的制度史以贯通地汇编史料为主①，陈寅恪探讨隋唐制度渊源，则主要是从文化融合与文化传承的角度切入②。所以，今天对唐代制度进行研究，往往要回到宋人的基点上去。通常所说的三省制，就基本是在宋人对唐代制度理解的基础上形成的研究术语。

吕振羽所著的《简明中国通史》在论述唐代执行政权的组织机构和行政系统时，称“中书省掌皇帝诏敕政令的颁布，门下省掌审查诏令，尚书省掌管行政”③，没有超出宋人的理解。尚钺主编的《中国历史纲要》在论述唐代制度时，只谈到“初唐的科举制和府兵制”④，并未涉及三省制的问题。范文澜所著的《中国通史简编》，也只是简单地提到“唐初沿隋制，以尚书、中书、门下三省长官共议国政，行施宰相的职

---

① 吕思勉对中国古代政治制度演进的论述，以其《吕著中国通史》上编第六章“官制”较为集中。他认为唐代以三省为相职，“中书主取旨，门下主封驳，尚书承而行之”，这是宋人以来的看法。但他提出唐代官制“乃系就东汉、魏、晋、南北朝的制度，整理而成的。其实未必尽合当时的时势。所以定制未几，变迁又起”，却是很有见地的看法（吕思勉．吕著中国通史：上编．上海：华东师范大学出版社，1992：96-97）。该书上编原为吕著中国通史（上册），开明书店 1940 年出版。

② 如陈寅恪对《唐六典》性质的分析，目的是考辨唐代官制渊源系统问题。他认为，“开元时所修六典乃排比当时施行令式以合古书体裁，本为粉饰太平制礼作乐之一端，故其书在唐代行政上遂成为一种便于征引之类书，并非依其所托之周官体裁，以设官分职实施政事也”（陈寅恪．隋唐制度渊源略论稿．北京：三联书店，2001：91）。

③ 吕振羽．简明中国通史：下．北京：三联书店，1950：405.

④ 尚钺．中国历史纲要．北京：人民出版社，1954：131.

务”①，对三省制并未深究。

从学术发展史来说，中国内地学者的相关研究中对后来学者影响较大的，是吴晗、聂崇岐和汪篯的相关论述。吴晗在论述历史上君权受到的限制时，特别提到封驳制度和隋唐的三省制度。他认为，“三省的职权是中书取旨，门下封驳，尚书施行。中书省有中书舍人掌起草命令，中书省在得到君主同意或命令，就让舍人起草，舍人在接到词头（命令大意）以后，认为不合法的便可以缴还词头，不给起草。……门下省有给事中专掌封驳，凡百司奏钞，侍中审定，则先读而署之，以驳正违失。凡制敕宣行，大事覆奏而请施行，小事则署而颁之，其有不便者，涂篡而奏还，谓之涂归”②。

聂崇岐的长篇论文《中国历代官制简述》，对后来人们关于中国古代制度的理解影响很大。他认为，隋文帝代周以后，就确立了内史省（中书省）取旨、门下省审核、尚书省执行的三省分权制度。唐承隋制，也以三省长官为宰相。但唐代三省制度经历了三次大的改变。一是尚书省地位的下降。“因太宗曾当过尚书令，后来就空着它不再授人，而以尚书省的副长官——左右仆射为宰相。高宗以后，左右仆射渐渐不能参决大政，成了听令执行的官员，虽在玄宗时一度改称左右丞相，也只具空名而已。”二是中书令和侍中的宰相职权被一些加衔宰相分割。“自高宗以后，则以同中书门下平章事或同中书门下三品行宰相事。”三是政事堂制度的变化。政事堂“初设于门下省，后移于中书省，又称‘中书门下’，表示它

① 范文澜. 中国通史简编（修订本第三编第一册）. 北京：人民出版社，1965：98.

② 吴晗. 历史上的君权的限制//历史的镜子. 北京：生活书店，1946. 后收录于吴晗史学论著选集：第2卷. 北京：人民出版社，1986：488-493.

是联合组织。这两个不同性质机构的长官们既在一起办公，而正式长官——侍中、中书令又不常置，于是审核一层当无必要，这样，门下省的审查职责，实际就落到给事中的肩上了”。聂文指出，“三省制度经过这几次改变，中枢机构事实上只有一个混合体的中书门下，到了宋代遂简称为‘中书’”。对于隋唐的行政机构，他认为：“隋代仿周礼六官才定为吏、民、礼、兵、刑、工六部，部有四司。唐沿隋制，惟在高宗时为避太宗讳，改民部为户部。从此直到清末，六部制基本未变，司则间有增减。……本来诸卿在秦汉时期是政务兼事务官，迨六部制立，他们只是事务官，一切须听部令，其职权之缩小，不问可知。”① 此文对三省制的理解还比较片面，尤其对于三省地位变化的动因理解不准确。但是，作者已经敏感地意识到，“中书门下”的出现意味着三省制度的重大转型，并过渡到宋代的“中书”制度；对于尚书六部与诸卿的关系，也有较为准确的把握。

汪篯和吴宗国先生在《中国史纲要》隋唐五代部分对三省职掌和机构性质进行了相当准确的定位，提出：“中书省和门下省是机要之司。中书省负责整理、陈奏来自各方的表章，并提出处理的初步意见，起草并宣行皇帝的制诏。门下省负责审查中书省起草的制诏和尚书省拟制的奏抄；制诏有不便施行的，封驳奏还。尚书省是最高行政机关。”② 就是说，中书省的职权不仅是起草制诏，还要侍奉进奏、参议表

① 聂崇岐．中国历代官制简述．光明日报，1962－04－25，“史学”双周刊第236号；收录于宋史丛考．北京：中华书局，1980：204－230。

② 翦伯赞．中国史纲要：第2册．北京：人民出版社，1965：156；中国史纲要：上册．北京：人民出版社，1983：417．另参见汪篯．唐太宗与贞观之治．北京：求实出版社，1981。

章；门下省的职权也不仅是审核制诏，还要审驳尚书省拟制的奏抄。不过，对于中书舍人侍奉进奏、参议表章之职以及给事中审驳奏抄之职，当时的认识还是比较初步的，没有上升到政务运行机制的高度。对于三省制度的变化，也还没有予以重视。

在日本，较早对三省制度进行专门研究的是内藤湖南和内藤乾吉。内藤湖南在比较日本和唐代的制度时，对唐代制度有过集中的表述。他认为，唐代分为尚书省、门下省、中书省三大主要机构。中书省是天子的秘书官，主要执掌诏敕之类的事务。门下省是审议机关，如果认为中书省起草的诏敕不妥当，可以进行辩驳。“唐代的政治，是由中书省、门下省双方商谈，中书省代表天子的意志，门下省是审议机关，这两省反复修改，一旦决定下来便移交执行官尚书省。”所以说，唐代是一种“贵族的合议政治”①。内藤乾吉在《唐代的三省》② 一文中，尽管未用“三省制”一词，但基本是将三省看作统治枢纽和核心机构，对三省的含义和相互关系进行了考证和论述，奠定了后来日本学者关于三省制研究的基础。文章指出，在唐代庞大的政权组织系统中，尚书、中书、门下三省是最高统辖机构。三省在最高权力系统中的分工和相互关系是，“中书省主起草诏敕及天子批答章表的文案，传达颁行天子的旨意，故具有天子秘书官的性质。门下省主审查复核中书省所下的诏敕，如有异议则修正返还；此外还审查

---

① 内藤湖南．唐代文化和天平文化//日本文化史研究．储元熹，卞铁坚，译．北京：商务印书馆，1997：66-67．此书据日本东京宏文堂 1930 年版译出。

② 内藤乾吉．唐の三省．史林，1930，15（4）．后收录于中国法制史考証．东京：有斐阁，1963。译文见日本学者研究中国史论著选译：第 8 卷：法律制度．北京：中华书局，1992：225-251。

（尚书省）各司申报的奏抄，驳正违失，是给天子旨意以获准的机关。尚书省统辖吏、户、礼、兵、刑、工部六个行政机构，是实施已为天子与门下省许可的诏敕奏章的实体。因此重要国事，大体都要经过这三个机关”。关于三省所具有的职能和关系在政治形态上的意义，内藤乾吉特别看重门下省的作用和地位，认为门下省所具有的复审权力，表明治国之策并非完全取决于天子一人，“从而也就意味着唐代的政治并非是君主独裁政治，而是综合天子和贵族意志实行的贵族政治。门下省则堪称为代表贵族意志的机关”。无疑，这种认识是建立在日本京都学派关于中国古代历史发展阶段总体结论基础之上的。为了避免让人误解门下省的此种作用就是贵族代议制，内藤乾吉特地做了一句补充性的解释：“当然，这并不等于说门下省是法定的权力代表机构，而是指它在事实上具有这种性质。”

内藤乾吉对三省所具有的职能和相互关系进行的总体论述，是从唐代史料出发进行的客观描述，对事实的认定非常准确，突破了以司马光为代表的宋人的套路。但是，后人没有充分重视这一点，殊为可惜。

内藤乾吉还进一步将三省与宰相制度结合起来进行分析。他认为，三省都是以天子的近侍之官发展成政治上的重要机关，三省长官成为事实上的宰相，但三省长官并列为正宰相的情况，只限于唐初。自贞观末年，尚书仆射不能成为正宰相。正宰相唯有中书令和侍中，与各种授予宰相资格者一起议政于门下省之政事堂。后政事堂移往中书省。开元十一年（723），政事堂易名为中书门下，政事堂印改为中书门下之印。中书门下之下列吏房、枢机房、兵房、户房、刑礼房五房，主全部事务，中书门下即宰相之司。中书门下在连称的情况下大致即指此宰司之义，与中书、门下省之义稍有不同。

对于改政事堂为中书门下的意义，内藤乾吉并未深究，但对于中书门下不是两省的连称，而是作为宰相之司（宰司）的含义则已明确指出。为什么宰相之司要以中书省和门下省的连称来表示呢？这当然与三省关系及两省的性质和地位有关。内藤乾吉显然意识到了这一点，并试图加以说明。文中指出："虽然在唐初确立了以三省长官为宰相的制度，但最终唯有中书、门下省的长官成为真正的宰相，并由此导致了中书省和门下省的本职在性质上的变异。就其机构的本质而言，中书省代表天子，门下省代表贵族，确切地说是代表贵族官僚。然而当其长官作为宰相而商议国政时，就不能认为他们是各自代表天子或贵族在议政。既然身为宰相，就必须超越中书与门下的差别。况且宰相不仅仅是两省的长官，更重要的他们还必须是贵族。因此，作为宰司的中书门下实际是贵族官僚的最高机构，重要国策经该机构与天子合意后得以决定。所谓中书省代表天子、门下省代表贵族官僚，应当说只是形式而已。换言之，唐中书、门下两省的制度，是将中国中世的贵族政治最有效地形式化了的产物。"文中还进一步通过公文书包括诏敕和奏抄等来论证三省关系及最高政务运行的程序，对我们理解唐前期政治体制及其运行机制有很大的启发。

但是，内藤乾吉关于三省分工及其相互关系是贵族政治在官制上的形式化的观点，乃是以日本的贵族制来理解魏晋以来的士族门阀，未必契合于中国历史实际。其有关三省地位及其相互关系的论证，也还需要进一步结合唐前期国家政务运行程式进行深化，尤其是改政事堂为中书门下以后的政务运行及其与此前的区别，更是内藤乾吉没有涉及却是有关唐代政治体制的大问题。

砺波护在内藤乾吉关于三省制度研究的基础上，从三省内部具体负责政务运行的官员及其职掌出发，利用唐人文集中的一些制敕文书史料和出土告身等，对唐代的三省六部制进行了更深入的综合研究，发表了《唐的三省六部》一文[①]。文章分为两节，分别论述“中书舍人和给事中”与“尚书六部的诸官”，用许多具体的任官文书和事例，论证中书舍人（及知制诰）是敕命的真正起草人，给事中则是封驳之职的实际承担者，并分析了六部之尚书、侍郎、郎中、员外郎之职权与地位。砺波护此文，主要是为了配合其关于唐代使职的研究。他先后发表了《三司使的成立——唐宋变革和使职》《唐代使院的僚佐和辟召制》等论文，并以“唐宋的变革和使职”为题，作为第一部分收录于其《唐代政治社会史研究》中。他认为，唐代安史之乱以后各方面制度的变化，是由贵族政治向君主独裁政治过渡的制度体现，其中最显著的就是律令制度的瓦解和使职的成立，而使职相对于律令所规定的官职来说，是“令外之官”[②]。正是在武则天以来各种令外之官不断出现的情况下，使职才不断扩大，最终取代尚书六部成为行政主体。使职的发展势必要影响到三省职权与地位的变化，进而影响到原有政治体制的运作，故其《唐的三省六

① 砺波护．唐の三省六部//隋唐帝国と東アヅア世界．东京：汲古书院，1979．又收录于唐代政治社會史研究．京都：同朋舍，1986：197－222．

② 砺波护．三司使の成立について—唐宋の変革と使職．史林，1961，44(4)．又见唐代政治社會史研究，4－5，219。

部》一文，主要是探讨在使职成立和发展的前提下三省和尚书六部的职权与地位发生了何种变化。但是，对于这种变化的意义和性质，砺波护并未有明确和具体的论述。

港台方面，严耕望对于唐代的宰相与三省制衡之制有过集中的论述。他认为，“唐初三省长官并为宰相而各有分职：中书省为制命之制出机关，门下省为制命之审覆机关，尚书省为制命之施行机关。凡有政事，先由中书取旨撰拟诏敕，付门下审覆，再下尚书施行；步骤精密，且寓制衡作用，立意本善。惟是事权分立，往往发生流弊，尤以中书门下两省，或论难往来，各逞意气。太宗深察其弊，乃令三省长官合署办公，是谓政事堂，此实唐代宰相制度之一进步也。政事堂始设于门下省，武后初移于中书省；至开元十一年，改称‘中书门下’，别为置印，列五房于其后，一曰吏房，二曰枢机房，三曰兵房，四曰户房，五曰刑礼房，分曹以主众务。前此诸相惟有一会议厅为议事之所，除各自本省之机关与僚属外，无共同独立之机关与僚属，至此乃始备之。此实唐代宰相制度之最大进步，抵于成熟矣。于是宰相机关脱离三省成为超然独立之府署，而中书门下二省之要职惟中书舍人与给事中而已。凡百制命皆由‘中书门下’决议取旨，付中书省，由中书舍人起草，下门下省，经给事中审覆，然后颁下尚书省施行之。此种制度，宰相无掣肘之感，又不失中书起草，门下封驳之遗意，宰相权隆而亦不能专，且无行政之权，视汉之大政一出丞相者，似为精密矣”①。严耕望在这里对于三省关系的理解还是停留在三省制衡的层面上，关于政事堂

① 严耕望．唐代文化约论．大陆杂志，1952，4（8）：1-9.

设立的时间和背景也是从三省制衡的角度进行推论的，不似内藤乾吉和砺波护等日本学者更加注重制度的实际运作以及三省在上下行文书中的地位和作用。对于改政事堂为中书门下之后皇帝制命的成立和实施机制，严氏的理解也存在偏差。所谓“凡百制命皆由‘中书门下’决议取旨，付中书省，由中书舍人起草，下门下省，经给事中审覆，然后颁下尚书省施行之”，实际上只是在旧有机制上增加了一个中书门下决议取旨的环节而已。事实上，改政事堂为中书门下并非一般意义上的对原有宰相制度的完善，也不是简单地在原来的政务裁决机制中增加了一个环节，而是政治体制的一个重大改变。但是，严氏指出改政事堂为中书门下之后，中书门下成为独立于三省的宰相府署，而中书、门下两省之要职唯中书舍人与给事中而已，却是非常有见地的。因为中书门下作为独立的专门宰相机构出现后，并没有完全取代三省机关的职能，三省依然存在，但三省的职权与地位却发生了深刻的变化。

孙国栋在《唐代三省制之发展研究》① 一文中，以三省制为中心，将唐代政治体制的变化分为三省制之长成——高祖、太宗、高宗三朝，三省制之挫折——则天、中宗、睿宗三朝，三省制之完成及其转变——玄宗开元时期，三省制之破坏——由天宝至顺宗时期，三省制之转型——宪宗至昭宣十朝等五个阶段。这是较早明确提出唐代中央政制为三省制，且认为只有唐代才是三省制建立和实施时代的论著。文中指出，“是三省早已存在，而必以唐代为三省制之代表者，因为三省的关系发展至唐，然后有合理的新安排，一改魏晋以来

① 孙国栋. 唐代三省制之发展研究//唐宋史论丛. 香港：龙门书店，1980：81-185.

的面目”。他认为，即使到隋朝，也只是整理三省职官而未明确厘定三省职权，并进一步列举了唐代对三省调整的四点主要表现：(1) 使中书舍人参议表章，分押尚书六曹，佐宰相判案。由于中书舍人可以参与裁决军国大事，中书省才正式成为制定意见的政府机构。(2) 使给事中掌封驳之任。由于给事中有封驳过官之权，然后门下省的审议制度可以建立。(3) 整理门下组织，划分侍中与散骑职掌，并置拾遗补缺，以加强门下的审议作用。由于唐代将在宫中掌献替的散骑隶属于门下，又在门下设立了拾遗补缺等负责谏诤的官员，门下省因此组成一完整的系统。(4) 加强尚书实权，使其能负实际行政责任。经过以上四个方面的调整，才形成了三省权责分明的“三省制”。孙国栋引用《文献通考》卷五〇“门下省”条所引宋朝胡致堂（胡寅）所谓“中书出令，门下审驳，尚书受成”的说法，对于三省制做了如下具体表述：“凡有军国大事，先由中书舍人各书所见，经中书侍郎中书令省审，然后拟熟状进呈画押，是君主虽名为行政领袖，其实只有同意权。敕旨既下，中书舍人署而行之，门下省给事中黄门侍郎驳正之，然后送尚书省执行。尚书省于执行时认为有不便处，仍可将诏书封还”①。

此文有几点值得重视。一是明确提出三省制的概念，把三省制作为一种政治体制加以研究，并对三省制进行时代定位和具体运作机制的描述。二是分析了定义三省制的四个标志，提出并非有了三省机构就是三省制，只有经过唐代对三省职权及其相互关系进行新的安排之后，三省制才确立。文

① 孙国栋. 唐代三省制之发展研究//唐宋史论丛，87.

中认为，三省之间的分工制衡是统治权力之分而非统治事项之分，“就其静态观之，是将权力析而为三；就行政实施的动态观之，则不过行政过程中之三个程序而已”①。这就明确地将三省制放到了政务运行程序和实施环节的视野中进行动态的考察。三是注重三省制的发展变化，将唐代不同时期的政治体制作为三省制的不同阶段进行具体研究。四是从行政主导的角度，强调唐制与汉制的一个重要区别在于君相更加一体化，皇帝成为政府的最高负责人，并指出三省制的特质就在于“三省共同组织一严密的行政中枢，以君主为此中枢领袖而受三省之节制”②。但是，在三省制的具体运作机制方面，此文基本还是落入宋人对唐制理解的窠臼，尤其是没有注意到政务文书具有上行和下行两个方向，从而忽略了上行文书在国家政务运行中的意义。为此，文中将封驳简单地理解为“封谓封还诏书而不行，驳谓驳正诏书之所失”③，是将门下省的作用简单地理解为对皇帝诏敕的审查，而忽略了更为日常的对尚书奏抄的审驳。因此，也没有将中书省和门下省在上行文书中的不同作用进行区分，只是笼统地说中书省要对军国大事提出处理意见。对于尚书省地位和作用的变化，此文似乎也有不妥。文中提出，魏晋以来尚书省仰承中书省鼻息，八座只有虚名，至隋和唐初才改变此种情形，尚书省真正获得实权，体现在“以仆射为正宰相，吏兵两部尚书多参豫朝政”以及尚书诸官“选任甚重”等方面④。这里忽略了或误解

① 孙国栋．唐代三省制之发展研究//唐宋史论丛，88.
② 同①83.
③ 同①86.
④ 同①86.

了尚书省作为宰相机构总理国家政务，是魏晋以来政治体制的基本格局①，并非到隋唐之时才获得实权。

在以上各方面研究的基础上，王素对三省制进行了综合研究。其《三省制略论》是第一部以“三省制”为题的专著。该书试图从秦汉魏晋南北朝隋唐时期政治制度发展的角度，对三省制进行综合研究。书中对三省制明确地进行了定义，提出“三省制是由三省首长制、三省并重制和三省分权制三个内涵因素构成的一种施政机构宰相制”②。三省首长制的要求是：宰相必须是（而且仅仅是）三省首长；三省首长必须是真宰相；三省首长实行集体领导制，共议国政。三省并重制是指三省之间平等制衡，关键是门下政事堂的创置。三省分权制则指中书出令、门下封驳、尚书执行的权力划分。按照这样的标准，书中明确将三省制的建立时间断定为唐初，以隋炀帝大业三年（607）为三省制形成的一个重要转折点，而“直至唐初三省才真正构成了鼎足之势，这正说明三省制的三个内涵因素到此才完全成熟”③。唐初建立三省制以后不久，其三个内涵因素就相继遭到破坏。

王素对内藤乾吉的《唐代的三省》、砺波护的《唐的三省六部》和英国学者崔瑞德主编的《剑桥中国隋唐史》中关于

---

① 祝总斌. 两汉魏晋南北朝宰相制度研究. 北京：中国社会科学出版社，1990.

② 王素. 三省制略论. 济南：齐鲁书社，1986：前言1. 与王素观点相近的关于三省制的定义，还见于韦庆远等人的论著中，他们提出：“三省制度的确立是经过长期的演变过程的。……到了隋唐时期加以整理，终于形成了完备的三省制度。特别是唐朝的三省制度，更为完备。三省既分掌政务，又相互配合，地位并重，相互制约。……这是一种分权的多轨制的中央辅政体制”（中国人民大学档案系中国政治制度史教研室. 中国政治制度史：上册：古代部分. 中国人民大学校内用书，1986：253）。

③ 王素. 三省制略论，187-192.

三省制的论述，都有所提及，并进行了辨析，但似乎未注意到上述孙国栋的长篇论文，故未能对孙氏关于唐代三省制的发展变化及其阶段的划分做出回应，而只是依照其“三省制的三个内涵因素”的变化，分为“唐初三省制的确立”和“唐五代三省制的破坏”两章进行论述。这完全是以三省制为中心的论述，即全书的主线是三省制的酝酿、建立和破坏，而对于三省制建立之前和破坏以后的政治体制，都附属于三省制加以论述，没有提出与三省制相对应的概念。

张国刚关于唐代制度的研究中，对三省制的认识取得了许多突破，如三省长官共为宰相的制度、政事堂的发展演变及其制度上的动因、中书门下堂后官的设置和职掌、三省的职权，都有较为详细而切合实际的论述。关于中书省的职权，除了强调中书省的中心工作是起草诏书之外，又指出“唐代中书舍人还有一个重要职责，就是参议表章，佐宰相判案”①。对于中书舍人六押和五花判事的制度，也有所论列。关于门下省的职权，总结为“门下省的中心工作是审议与封驳。封指封还皇帝的诏书，驳指驳回臣下的章奏”②。在论述给事中的职掌时，进一步强调了其封还制敕与驳正奏抄的职权。这些都非常有见地。只是把封奏或封还制敕概括为“封驳权”③，与其对封驳的理解并不相符。关于尚书省的职权，其论述也有许多精彩之处。

陈仲安关于汉唐中央官制的研究中，也是以三省制为中心的，其基本线索是汉代三省制的孕育，魏晋南朝三省制的

---

① 张国刚. 唐代官制. 西安：三秦出版社，1987：26.
② 同①31.
③ 同①35.

诞生与发展，北朝后期三省制的建立，隋及唐前期三省制的完成。陈仲安先生认为，“三省制经过汉代的孕育，至曹魏终于正式诞生。这时，中书省已经成立，门下省和尚书省也已经完全脱离少府，成为独立机构。三省相辅相成，形成了一套制度”①。两晋南朝三省制有了长足的进步，北魏后期和北齐实行的是“行之有效的三省制”②。又引用王素关于三省制的定义，认为隋及唐前期是三省制的完成时期③。说明陈仲安先生使用的“三省制”概念比王素所用的要宽泛一些，基本是以三省的成立为三省制成立的标志。这种观点至今还有很大影响，如白钢仍基本上采用此种思路，称“魏晋南北朝时期中央行政体制的最大变化，莫过于尚书、中书、门下三省制的确立”④，又谓“三省制萌芽于东汉，曹魏时出现了三省初步分立的形式，北魏孝文帝改革才建立起早期的三省制”，隋朝则厘整了三省机构，确立了三省分立体制，三省制因此完善⑤。

以上基本是20世纪80年代以前对于三省制研究的最为集中且具有代表性的论述。相对来说，孙国栋和王素对于三省制的定义最为明晰，而且都建立起了界定三省制的标准，以唐初为三省制的确立时期。尤其是王素注重隋朝制度调整对三省制确立的意义，是其贯通地研究汉唐间制度变革的重要体现。而内藤乾吉和砺波护的研究，则是将古文书学引入制度史的研究之中，看重制度的实际运作及在运作中体现的制

① 陈仲安，王素．汉唐职官制度研究，40.
② 同①87.
③ 同①89.
④ 白钢．中国政治制度通史：魏晋南北朝：前言1（黄惠贤著）.
⑤ 白钢．中国政治制度通史：隋唐五代：前言1（俞鹿年著）.

衡关系，提示了三省制研究的另一个方向。

应该说，以上学者对于唐代三省制度的研究，奠定了其后有关三省制研究的基本面向。其后，众多学者都是将“三省制”作为宰相制度的一种形式看待的，在有关三省内部结构、三省职官及其职掌、三省关系格局等具体问题上，都有众多论著发表①。本书在后面的具体论述中还将引用，此不赘述。但是，也许由于学术资讯的缺乏，对于上述学者已经涉及或者已有详细论证的诸多问题，后来的研究者并未充分吸取，也未予以正面的回应。如王超在分析唐代皇权行使方式时涉及三省制的运作，指出：唐政府的一切最高命令，均由中书省发出。一般的情况是由中书省拟定正式诏书，皇帝阅后如果表示同意，即画一“敕”字，然后下达门下省审议。皇帝的一切重要政令，必须有门下省的副署，并加盖“中书门下之印”方能正式生效②。其中对三省制的运行机制存在着多处误解，如皇帝在诏敕文书上御画什么，门下省的作用是否为副署，“中书门下之印”的行用时间等问题。又如杨阳对三省制行用的时间未做界定，而是笼统地说魏晋南北朝为“三省的出现”、隋唐为“三省制的全盛时代”、两宋为“三省制的衰落”③。这种表述非常模糊。

---

① 参见张国刚主编《隋唐五代史研究概要》第二章关于职官制度研究的综述（牟发松、胡沧泽执笔）（天津：天津教育出版社，1996：67－80）；胡戟等主编《二十世纪唐研究》政治卷第二章“帝制与官制”关于中央职官研究的综述（杜文玉、宁欣执笔）（北京：中国社会科学出版社，2002：89－92）。

② 王超．唐朝皇帝制度的发展与完备．南京大学学报（哲学·社会科学），1985（4）：53－63.

③ 杨阳．中国政治制度史纲要．北京：中国政法大学出版社，2001：147－153.

（二）三省制基本问题的展开与新问题的呈现
——20 世纪 90 年代以后的研究进展

上述学者的研究积累中有四个基本问题需要进一步解决：一是三省制确立的背景和具体环节；二是三省制的具体运行机制问题；三是三省制内部三省关系和地位的变化问题；四是三省制确立后存在的时间以及三省制破坏之后的体制问题。

对于第一个问题，即关于三省制确立的背景和具体环节，内藤乾吉强调的三省制作为贵族政治的制度体现，显然难以成立。除了前述孙国栋所说对三省制的四点调整和王素所说的三个内涵因素外，三省制在隋朝（或隋唐之际）的确立，还有其更深层的政治形态的背景。南北朝隋唐之际政治形态的变革，很重要的一点，体现为在新的中央集权制加强的前提下，皇帝走向处理国家政务的前台，作为内廷侍从机构的中书、门下两省建立了沟通内外的建制，把皇帝拉出了内廷。在三省制建立的时间问题上，一般只是以一些抽象的原则作为三省制建立的标志。如孙国栋认为贞观中期至高宗末三省制才完成，开元之初是三省制臻于成熟的时期。雷家骥从政制不断演进的角度对孙氏观点进行了批评，认为中书省地位提高的趋势始于隋朝，侍中、中书令在隋朝已为正宰相，常行诏敕必须用门下、中书两省印，隋代已行三省制[①]。事实上，三省制的建立还要落实到具体环节上，需要进一步明确是哪几次具体的制度调整标志着三省制的最终确立，即需要把制度调整与政治事件和人事变动结合起来进行研究。

---

① 雷家骥. 隋唐中央权力结构及其演进. 台北：东大图书公司，1995：401-403.

吴宗国先生的研究对此得出了明确的结论。他认为，“尚书、中书、门下三省早已有之，但不等于就有了三省制”①。南北朝时期是三省各自发展成熟的阶段，隋炀帝大业三年（607）的制度调整，标志着三省制的基本确立②。其基本思路为：

南朝的梁陈时期是一大变，尤其体现在门下省和集书省的职能上。梁下行诏敕要经过门下省已形成制度。陈时这种制度已经程序化了。集书省“省诸奏闻文书，意异者，随事为驳”③。上行文书的审驳制度也已形成。而且门下和集书二省都有了负责的官员，已成为一个严密的机构，而不再是松散的系统。陈中书省的发展，使得尚书省呈现出由宰相机构独立为单纯行政机构的一种过渡，也孕育了唐代三省体制的萌芽。但是，三省体制在南朝并未最后形成。一是因为门下省和中书省迄陈仍在禁中，其性质仍然是皇帝的秘书、咨询机构；二是由于士族在南朝政治生活中仍然发挥作用，因而使制度所规定的三省及其各级官吏的职能往往不能完全到位，甚至完全不能到位。因此，实际运作的政治制度和《隋书·百官志》所记载的制度有很大的差距。

隋初集书省并入门下省，门下省虽然尚未摆脱侍御的职掌，但已成为一个严密的机构。特别是“文帝废三公府僚，令中书令与侍中知政事”，使中书令和侍中摆脱了皇帝秘书和

---

① 吴宗国．隋唐五代简史．福州：福建人民出版社，1998：36.

② 吴宗国．三省的发展和三省制的确立//荣新江．唐研究：第3卷．北京：北京大学出版社，1997：155-164．袁刚也认为三省制正式确立应在隋代而不是在唐初，但具体论证不如吴文明晰（袁刚．隋唐三省体制析论．北京大学学报（哲学社会科学版），1994（1）：97-107）。

③ 隋书：卷二六．北京：中华书局，1973：722.

咨询者的身份，而成为政事的参与者，从禁中走了出来，三省的发展进入一个新的阶段。开皇三年（583），取消长官辟署僚佐的制度，规定郡县佐官一律由中央的吏部任免。同时，接受北周选无清浊的做法，取消九品中正制。以此为起点，地方权力向中央集中，从而引起了政府工作和政治体制的巨大变化。尚书省政务和各部门事务增加，要向皇帝奏报的事务也随之增多。而政务的决定和批准尚未形成一种分层负责、各有权限的制度。这是和现实情况很不相适应的。不论是皇帝事必躬亲，还是让尚书仆射专掌朝政，都不是解决问题的办法。隋炀帝大业三年（607）把司进御之职的城门、尚食、尚药、御府、殿内等五局移出门下省，成立殿内省；负责下行文书用印的符玺局继续保留；设立给事郎，“置员四人，从五品，省读奏案”①，专门负责上行文书奏案的审议。这样不仅使由于地方行政制度变革所导致的尚书闻奏过多的矛盾得以解决，而且使门下省最终摆脱了皇帝侍从、顾问的性质，成为在外廷独立处理政务的纯粹的国家机关。三省也最终改变了南北朝以来与集书、秘书、内侍等省并列，各省地位不等的状况，成为一个按职能和政务处理程序分工的有机整体。中书省起草的诏令要经过门下省下发，尚书省的奏案要经过门下省审读。不通过门下省，尚书省的奏案和中书省起草的诏令都无法运转。三省各有分工而又互相依存，共同组成了最高政权机关。至此，三省体制才基本确立②。

将三省制确立的具体环节和时间定在隋炀帝大业三年（607），以门下省的调整尤其是给事郎的设立为标志，就将这

---

① 隋书：卷二八，795.

② 吴宗国. 盛唐政治制度研究，1-9.

个一直模糊不清的问题点破了。尽管内藤乾吉特别看重门下省的作用和地位，但他的着眼点是“门下省则堪称为代表贵族意志的机关”①。孙国栋也提到“使给事中掌封驳之任”是三省制建立的关键因素之一，指出“给事中有封驳过官之权，然后门下省的审议制度可以建立”②。但他强调门下省的审议制度，只局限于封驳和过官，而未把对诏敕的复审和对奏抄的审读结合起来，且将这个时间笼统地系在唐朝初年。王素同样非常看重隋朝制度调整对三省制建立的意义，尤其指出中书、门下两省身份从宫官转变为朝官，及隋炀帝时对三省内部组织的调整，尤其是提到“隋炀帝时，又分门下另置殿内省以主宫务，至此，门下省才专主封驳”，已经接触到了问题的实质③。但他还是将三省制的建立定在唐初，而且没有明确指出作为标志的事件，也没有点明设给事郎“省读奏案”的意义。然而，正是在以上学者研究的基础上，吴宗国先生经过长期思考，最终将这个问题拍板定案。

对于第二个问题，即三省制的具体运行机制问题，吴晗、汪篯、内藤乾吉、张国刚等忠实于唐代史料做出了对事实较为准确的描述，即根据《唐六典》和《旧唐书·职官志》等典籍的记载，认识到三省的实际职能不仅体现在下行文书的分工中，还体现在更为复杂的上行文书运行之中。这实际上是回到唐代的记载而突破了宋人的误区。但是，一方面，他们的研究都还没有上升到当时的政务运行机制上加以认识；另一方面，他们的突破也没有引起重视。后来的许多论述，似

① 内藤乾吉．唐代的三省//日本学者研究中国史论著选译：第8卷，226.

② 孙国栋．唐宋史论丛，86.

③ 王素．三省制略论，161-163，272.

乎又都回到宋人的套路中去了。如吴枫认为，三省制度的核心问题是定策、审议与执行，三权分立，相互制约，集权统治，其中“中书省决策，门下省审议，尚书省为总汇朝政，分署执行”[①]。这几乎还停留在宋朝以来人们对三省关系的认识之上。此类论著并不鲜见。而且，即使是内藤乾吉和砺波护的公文书运行研究，严耕望的三省制衡关系研究，以及孙国栋、陈仲安和王素对三省制的理解，其侧重点也都没有跳出“中书出令，门下封驳，尚书施行”的模式。实际上，三省平等制衡关系不仅是一种制度结构的设计，更是体现在国家政务处理程序中的一种运行机制。这种运行机制具体体现在公文书上下的运行程序之中。要搞清三省到底如何在国家政务运行中形成一个既有分工又有配合的平等制衡的整体，把一个抽象的概念落实到具体的制度运行之中，就必须回到当时的实际政治生活中，分别搞清三省在上下行文书中的作用。这方面，近年来取得了重要进展。以下分别对有关三省研究的论著进行分析。

1. 关于门下省地位与职权的研究

在三省制运行机制及三省的相互关系中，门下省的作用最为关键。《唐六典》卷八将给事中在上下行文书运作中的作用概括为：“凡百司奏抄，侍中审定，则先读而署之，以驳正违失。凡制敕宣行，大事则称扬德泽，褒美功业，覆奏而请施行，小事则署而颁之。”[②] 《新唐书·百官志》则概括为：

---

① 吴枫，关大虹．中唐时期三省制度的削弱与变化．东北师大学报（哲学社会科学版），1982（2）：48-55.

② 大唐六典：卷八．广池千九郎训点本．东京：横山印刷株式会社，1973：179.

“凡百司奏抄，侍中既审，则驳正违失。诏敕不便者，涂窜而奏还，谓之‘涂归’。”① 学者们的论述都是从这两段话出发的。内藤乾吉从文书的审查机制中已经意识到了门下省在上下行文书中的枢纽地位以及给事中的关键作用，指出：“门下省的重要职能，在于审查来自各司的奏章，如有违失则予以驳正；又审核诏命，若有不便则修改上还或封还。这种实权亦由给事中掌握”，“门下省主审查复核中书省所下的诏敕，如有异议则修正返还；此外还审查（尚书省）各司申报的奏抄，驳正违失，是给天子旨意以获准的机关”②。这比一般只强调门下省对诏敕的审核（即所谓封驳）要全面③，但他对审驳奏抄没有给予足够的重视，基本还是落实到门下省对皇帝诏敕的批准上。杨志玖、张国刚也注意到门下省在上下行文书中的作用，明确指出：“门下如果认为中书所拟制敕不可，可以封还重拟。凡中央寺监百司及地方各部门呈上的章奏，重要者也必须通过尚书省交到门下省审定，认可后方送中书省呈请皇帝批阅或草拟批答，门下如觉不妥，则可驳回修改”④。这里所说的“章奏”还比较笼统，对奏抄的认识不够明晰。毛汉光撰有一系列关于唐代门下省作用的论文，将中日学者关于门下省在唐代政治体制中作用的研究推进了一步，但在有关“封驳”的问题上，仍然沿用了宋人的片面理解，

---

① 新唐书：卷四七. 北京：中华书局，1975：1207.

② 内藤乾吉. 唐代的三省//日本学者研究中国史论著选译：第8卷：法律制度，232，225-226.

③ 如孙国栋将“封驳”简单地理解为“封谓封还诏书而不行，驳谓驳正诏书之所失”。见唐宋史论丛，86。

④ 杨志玖，张国刚. 发展变化中的唐五代官制（一）. 文史知识，1985（7）：83-89. 收录于杨志玖. 中国古代官制讲座，184-185。

仅仅强调其对于皇帝制敕的审核作用①。雷家骥同样过分强调了唐前期给事中封驳制敕之职权。《资治通鉴》载贞观三年（629）太宗所谓“诏敕有不便者，皆应论执”一段话是常被引用的主要依据，而司马光对此加以发挥，似有以后期制度比论前期之嫌。给事中在制敕宣行中的覆奏不是对制敕的封驳，内藤乾吉《唐代的三省》一文注释中，已举肃宗《命皇太子监国制》之后门下省的覆奏文为例加以说明。雷家骥在论证唐前期给事中对制敕的封驳时，又论及“给事中行使直接在黄敕内批敕封驳”之事②，作者未注出处，如果所指为常被引用的《唐会要》卷五四所载元和三年（808）李藩为给事中于黄敕后批敕之事，则明显不适合于贞观时期。

祁德贵在吴宗国先生的指导下对给事中做过专门的研究，提出“给事中的封驳权，包括对上行文书（奏抄、奏弹、露布，主要是奏抄）的封驳和对下行文书即诏敕的封驳”，并对给事中职掌的变化进行了分析③。他指出，给事中的这两项权力是逐渐取得的，而且其侧重点在唐代前后期有所变化。隋和唐初，门下省的主要职权在于审驳奏抄，诏令的审勘主要由中书省负责把关。贞观时期，给事中取得了封驳诏敕之权。此后，封驳制敕与审驳奏抄成为门下省的经常省务，但主要是封驳奏抄而少封驳诏敕，且封驳诏敕以执奏、驳奏为方式，

---

① 毛汉光．论唐代之封驳．中正大学学报，1992，3（1）：1-50；论唐代制书程式上的官职//第二届国际华学研究会议论文集．台北：中国文化大学，1991：1-38；唐代给事中之分析//第二届国际唐代学术会议论文集．台北：文津出版社，1993：1007-1072．

② 雷家骥．隋唐中央权力结构及其演进，248．

③ 祁德贵．唐代给事中研究．北京：北京大学硕士学位论文，1993；论唐代给事中的主要职掌．中国史研究，1995（1）：63-72．

不得“涂归”。安史之乱以前，七种“王言之制”中，需要门下省官员封驳的只有敕旨一种，而且门下侍郎对制敕的审驳具有决定作用，给事中不能独立行使其封驳权。安史之乱以后，给事中的职掌发生了转变。给事中封驳制敕的权力突出，而封驳奏抄的现象却极为少见。给事中对有不同意见的制敕以封还为主，以涂归、执奏为辅。给事中取得独立的封驳权，对制敕有省、审之权。《论唐代给事中的主要职掌》一文对唐代给事中职掌重心变化的现象把握得很准确。从定量分析中，完全可以得出唐前期给事中的职权以审驳奏抄为主，唐后期则以封还制敕为主。但在定性方面，却还没有把握住这种变化背后的政治体制变革背景。对封驳概念的使用也还有些含糊不清，对“覆奏”与封还制敕之间的关系以及对“王言之制”等的理解也不是很准确。基于对此文的改进，笔者撰文对唐前期公文运作中体现的门下省在三省关系中的枢纽地位进行了论证①，叶炜也进一步论证了隋与唐前期门下机构的变迁，指出门下省在唐前期国家政务的分层裁决机制中所处的位置，即在日常政务裁决中的枢纽地位②。

2. 关于中书省地位与职权的研究

中书省在三省制中的地位和作用，在以往的研究中并未引起充分的关注。《唐六典》卷九将中书舍人的职权概括为：“掌侍奉进奏，参议表章。凡诏旨、制敕及玺书、册命，皆按典故起草进画；既下，则署而行之。……制敕既行，有误

---

① 刘后滨．公文运作与唐前期三省关系中门下省的枢纽地位//李世安．史学论丛：第二辑．北京：中国书店，1999：20-36.

② 叶炜．隋与唐前期的门下省//吴宗国．盛唐政治制度研究，119-145.

则奏而改正之。”[①] 这是无论如何不能理解为仅仅是起草宣行制敕文书的，如宋朝以来人们理解的“中书主出令”那样。内藤乾吉和汪籛、吴宗国先生等对三省职权的概括中，都注意到了中书省除了起草制敕外，侍奉进奏和参议章表也是很重要的职掌。杨志玖、张国刚则理解为“参议表文”，称：“（中书舍人）可以就省内讨论的军国大政以及报上来的表状，发表自己的初步处理意见，签署上自己的名字，谓之‘五花判事’。”[②] 又，张国刚后来进一步表述为六押就是五花判事，认为中书舍人参议表章，大体是按照尚书省六部分工的，六位舍人各押一部。“因为百司章表都是分别由尚书省奏上的，所以参议表章要按尚书省六部分工。”如果其余舍人对某一舍人的处理意见有不同看法，也可以提出，并杂署其名，谓之五花判事[③]。

但是，“五花判事”是否涵盖了“侍奉进奏，参议表章”？其具体含义是什么？论者几乎都是笼统地一笔带过，没有澄清。雷家骥则用“机务作业”来概括中书舍人的具体职掌，指出中书舍人有杂判起草和参议表章两方面的职能，认为六押和五花判事是中书舍人的两种特别职责，并根据《资治通鉴》记贞观三年（629）四月太宗谓侍臣曰之后司马光的一段话，判定武德以来即有法令规定中书舍人“五花判事”。雷著将六押和五花判事看成是中书舍人两方面的职掌，谓五花判事为杂判起草，武德以来即有此制；而谓六押是分由六舍人

---

① 大唐六典：卷九，203.

② 杨志玖，张国刚．发展变化中的唐五代官制（一）．文史知识，1985（7）：83-89.

③ 张国刚．唐代官制，27.

押判中书省移至六部的公文①，实有所未当。

李锦绣在研究唐代“王言之制”时，通过文书成立和颁发过程，论及中书省和门下省的职权范围，指出：“中书省与门下省对于下通于上的文书，各有所司，其中奏抄、露布、奏弹上于门下，由侍中以下审署申覆，议、表、状等，上于中书，由中书省官吏商量可否，连署而进奏与皇帝。……通事舍人‘受四方通表’，中书舍人‘侍奉进奏，参议表章’，正是对中书省受奏议表状等的证明。”② 这对于中书省在三省制中分工的认识，是一个很重要的进步，纠正了由于《唐六典》对令式的删减而导致的人们对三省关系一些“千百年来贻误至今”的认识。但是，这也只是确定了中书舍人“侍奉进奏，参议表章”是对上行文书中奏议表状的商量进奏，至于具体的运行程式、环节还是不清楚，尤其是这种职权是什么时间获得的，在不同时期有什么变化等，需要进一步澄清。

对中书舍人职掌进行专门研究的，有张连城、袁刚、李蓉等。张连城研究的重心是唐后期中书舍人的职权，对唐后期中书舍人的草诏权，尤其是其在制敕文书成立和颁行过程中的具体作用以及中书舍人的参议表章权，进行了分析。他指出，唐代中书舍人不是简单的仅草拟制诰的文人之职，而是机要之任。围绕着制诰的起草和颁布，中书舍人拥有一系列的权力，大致分为三个程序：起草进画权（并含有封还词头和其他论谏权）、署敕权（包括对翰林学士所草部分制敕的签署和拒署权）和对制敕的奏改权（即《唐六典》所谓“制

① 雷家骥. 隋唐中央权力结构及其演进，250.

② 李锦绣. 唐“王言之制”初探//季羡林教授八十华诞纪念论文集. 南昌：江西人民出版社，1991：289-290.

敕既行，有误则奏而改正之”)。这是中书舍人在皇帝命令文书起草颁行不同阶段以不同方式行使的参议朝政的权力。对于“六押”和“五花判事”，张连城认为是中书舍人参议表章权的体现形式。二者“不是两个制度，而是对中书舍人参议表章的不同表述，两者共同构成了中书舍人的参议表章权”①。实际上，张连城对唐前期中书舍人的职权也有涉及，对中书舍人“机要之任”的定位及在上下行文书中不同环节上的职权的把握都很到位。袁刚撰文专论唐朝的五花判事和六押制度，其基本结论与张连城没有区别，但对由此体现的中书舍人在政务裁决中作为机要秘书的参谋智囊作用，则给予了特别的重视。他认为，五花判事就是舍人参议表章，“佐宰相判案”。依据也是《唐会要》卷五五所载开元二年（714）紫微令（中书令）姚崇的改革。而五花判事和六押实乃同一制度，是中书舍人代表皇帝、协助宰相批札百司奏抄表章的制度②。“六押”和“五花判事”到底是同一时期同一制度的不同表述，还是同一制度在不同时期的不同体现形式？张、袁二文都还没有厘定。尤其是袁刚把奏抄和表章说成都是由中书舍人批札，更是混淆了李锦绣已经指出的上行文书申奏的两条途径及两省的分工。

李蓉在吴宗国先生的指导下完成的硕士学位论文，专门探讨中书舍人参议表章权的问题。指出，唐代中书舍人的职掌有一个发展演变的过程：从唐初的单纯草诏和侍奉进奏，到高宗以后既草诏又参议表章，“佐宰相判案”，参与中枢决

① 张连城．论唐后期中书舍人的职权．北京：北京大学硕士学位论文，1990；唐后期中书舍人草诏权考述．文献，1992（2）：85-99.

② 袁刚．唐朝的五花判事和六押制度．安徽史学，1996（4）：11-16.

策，中书舍人职权逐步扩大。文中对中书舍人的基本职掌进行了梳理，对“侍奉进奏”和“参议表章”的不同含义进行了分析，认为“侍奉进奏”就是“受其表状而奏之”，只是技术环节上对表状的呈奏和解说，而“参议表章”则是对表状等奏事文书提出处理意见。中书舍人在高宗武则天时期开始获得参议表章权，背景是由于侍臣集议的减少、议表状等奏事文书的增加以及中书省在中枢决策中地位的提高等。还考定出了表状由中书省商量处理的一些具体进程，并把“六押”和“五花判事”考定为中书舍人参议表章制度的不同体现形式，开元二年（714）姚崇改革以前为“六押”，姚崇的奏改则确立了“五花判事”之制，这是对“六押”之制的进一步完善。《唐六典》将这种制度从法律上肯定了下来[①]。笔者由吴宗国先生指导，在李蓉此文的基础上，从国家政务运行的角度，对中书省和中书舍人的职权与地位进行了重新研究[②]。

3. 关于尚书省地位与职权的研究

尚书省在三省制中的地位和作用似乎比较明确，历来都以尚书省为最高行政机关，负责施行经过中书和门下两省签署颁行的皇帝制敕。严耕望对于唐代尚书省的职权与地位进行了全面论证[③]。他以《唐六典》代表的开元时代制度为基点，勾勒了一幅以尚书省为中心的国家行政运行图：“中外各

---

① 李蓉. 关于唐代前期中书舍人参议表章的问题. 北京：北京大学硕士学位论文，1995.

② 刘后滨. 隋与唐前期的中书省；唐前期中书省地位的变化与中书门下体制的建立//吴宗国. 盛唐政治制度研究，146-175，264-294.

③ 严耕望. 论唐代尚书省之职权与地位. 初刊于历史语言研究所集刊（第24本），1953：1-68. 再刊于唐史研究丛稿. 香港：新亚研究所，1969：1-101. 三刊于严耕望史学论文选集. 台北：联经出版事业公司，1991：431-507.

级之行政机关如九寺、诸监、诸卫、东宫官属以及诸道州府，纵不皆直接统辖于尚书省，然在行政上皆承受于尚书省，则无疑也。故有事皆申尚书省取裁闻奏，不能径奏君相；君相制敕亦必先下尚书省详定，然后下行百司；乃至京师诸司之互相关移，或有符移关牒下诸道州府者，诸道州府上京师诸司者，皆由尚书都省勾检转致。上下左右之公事文移毕会于尚书省而勾决发遣，或奏上之，其被'会府'、'政枢'之称宜矣。"这是从上下公文运行的角度，对尚书省在唐代整体行政机构中的地位做出的判断。对此，他进一步总结为："大抵尚书六部上承君相之制命，而总其政令，于天下大政无所不综，然直接由六部执行者则甚少。……故尚书省上承君相，下行中外百司，为全国行政之总枢纽，为政令之制颁而节制之之机关，非实地执行之机关也。"① 此文重点是尚书省在行政系统中所处之地位，其上篇考察尚书都省六部分职之情况及尚书省在行政系统中所居之地位，尤其是六部与寺监之关系，下篇考察安史之乱后仆尚丞郎地位职权之消长及尚书省地位职权之坠落，尤其是使职对尚书省职权的侵夺。而对于尚书省与门下和中书两省之间的具体关联则未及考订，只是笼统地说"取裁闻奏"于君相。对于中外各级之行政机关向尚书省申报政事，除了文书收发和勾检即所谓"皆由尚书都省勾检转致"之外，各地各部门向尚书省申报政事所用为何种形态的公文书？是否都要由尚书省制为奏抄而上报门下？这些问题，至今还没有得到很好的解决。

此外，严耕望的《唐仆尚丞郎表》则对有唐一代的尚书

---

① 严耕望．唐史研究丛稿，4-5.

省主要官员进行了详细考证，是研究唐代尚书省必备的重要工具书①。前述砺波护、孙国栋、王素、陈仲安等的论著中，也都对尚书省的一些方面进行了有益的探讨。对尚书省进行专门研究的，则有王永兴、郭锋、楼劲、张建利、雷闻等。

王永兴对唐代勾检制的研究，主要是针对尚书都省的，他指出："勾检是尚书都省两种主要职能之一"，"尚书都省是最高的中央勾检机构"②。王著对行政系统中勾检制普遍存在现象的揭示，对于深化唐代政治体制的研究有着重要意义，尤其将学界对于尚书省内部运作机制的认识提升到一个新的高度。尚书都省一方面是六部的首脑机关，是"元阁会府"；另一方面又是中央最高的勾检机构，对六部的意义更多地体现为勾检文案之稽失，是"都省勾曹"③。

郭锋分析了唐代尚书都省的流变、机构组成和职能④。楼劲则通过对敦煌文书 P. 2819 开元公式令残卷的分析，深化了对六部与都省关系的认识⑤；在另一篇文章中，他又对唐代尚书省-寺监行政体制做了进一步探讨，指出在政务处理中逐级、隔级并存的状态⑥。张建利在吴宗国先生的指导下，对尚书左右丞进行了专门研究，分析了左右丞的职掌及

① 严耕望. 唐仆尚丞郎表//"中央研究院"历史语言研究所专刊之三十六，1956；中华书局影印出版，1986.

② 王永兴. 唐勾检制研究. 上海：上海古籍出版社，1991：35-37. 按：此书自序写于 1987 年。

③ 唐会要：卷五八：尚书省诸司中"左右丞"条载永昌元年三月二十日敕. 北京：中华书局，1955：997.

④ 郭锋. 唐尚书都省简论. 中国史研究，1989 (3)：31-40.

⑤ 楼劲. 伯 2819 号残卷所载公式令对于研究唐代政制的价值. 敦煌学辑刊，1987 (2)：79-85.

⑥ 楼劲. 唐代的尚书省-寺监体制及其行政机制. 兰州大学学报（社会科学版），1988 (2)：65-70.

其地位的变化，指出随着左右仆射职权的削弱及其在尚书省内的虚悬，左右丞的地位在上升，到安史之乱以后确立了其在尚书都省的实际长官地位①。但是，对于左右丞地位和职权变化的体制变革背景，也就是这种变化的缘由，却没有涉及。

雷家骥在《隋唐中央权力结构及其演进》一书中，从整体权力结构演进的角度，指出了尚书省内部都省作用日益降低而六部二十四司地位上升的现象。雷闻则以尚书省六部体制为对象，对尚书省展开了进一步的研究，在分析了隋朝尚书省的制度建设与调整后，论证了唐初尚书省性质的变化，即从宰相机构转变为最高行政机构。这种转变具体体现在仆射加同中书门下三品的出现与尚书令的废置、八座议事之终结及左右丞地位的提高和职权的扩大三个方面。针对唐前期尚书省的组织机构、政务运作等牵涉到政治体制及其运行机制的核心问题，又从六部与都省、六部与属司、六部与寺监的关系等角度，分析了六部在中央行政体制中的地位及其特点。文中对于都省与六部的“监临”关系，着重于诸司既要接受本部尚书、侍郎的指挥，又要受到尚书都省的监临，处于双重领导之下，于是左右丞与六部尚书在地位和职权上都有矛盾。在唐初特定条件下，都省与六部作为一个整体而存在。但也正是由于二者的矛盾，一旦条件发生变化，二者的分化就势不可免。从唐高宗武则天时期开始，在整体政治体制的变化进程中，尚书省也在发生着明显的变化。主要体现在六部日益与都省分离，发展为相对独立的行政机构，都省

① 张建利. 唐代尚书左右丞初探. 北京：北京大学硕士学位论文，1992.

作为行政系统公文处理与转发中心的职能在逐渐萎缩。与此同时，六部又出现了使职化的倾向①。

至此，尚书省在国家政务运作中的地位与职权问题，以及尚书省内部的各种关系问题，已经呈现出较为清晰的面貌。但是，要进一步解释尚书省内诸层次机构和官员职权与地位变化的原因，则必须对唐代政治体制的整体变革做出回答。以上是对于三省制运行机制的研究。

对于第三个问题，即三省制内部三省关系和三省地位的变化问题，更是任何关注唐代制度变革的论著都无法回避的。

聂崇岐论唐代制度的变化时已经指出了尚书省地位自唐初开始下降的现象，但对于尚书省缺令不置的原因，则仍沿袭旧说，认为太宗在武德时期做过尚书令，此后缺不复置②。黄利平指出，这种说法明显是错误的，因为武德年间太宗也做过中书令，真正的原因是隋唐之际三省制的特点本身与尚书令的地位不合。在南北朝以来制度演进的前提下，隋朝初年尚书省总理朝政的职权制度化。“与尚书省职权扩大的同时而建立起来的三省制，势必形成以尚书省为首的结构特征。”而且，唐初的三省制，仍具有以尚书省为首的结构特点。隋唐之际的三省制是以尚书省为首，而左右仆射实居首席宰相的地位。长期以来，那种认为隋唐之际的三省制是以尚书、中书、门下三省并重的传统观点是不能成立的。三省制的基本原则是分权和制衡，不但三省各自独立，互不统属，即使每个省也都由二人主持。由于尚书令在制度规定中的权力过

---

① 雷闻. 隋与唐代前期六部体制研究. 北京：北京大学硕士学位论文，1997；隋与唐前期的尚书省//吴宗国. 盛唐政治制度研究，68-118.

② 聂崇岐. 中国历代官制简述. 光明日报，1962-04-25.

高，不仅一人领导尚书省，而且还“总领百官”，它的被虚化直至从制度上被废除就成为必然。“史实表明，在隋至唐中叶的一个较长的时期内，君权对相权的限制主要是对尚书省长官的限制。而在隋唐之际，作为这种限制措施的第一步，主要是采取使尚书令成为虚职的办法来实现的。”大业初年的杨素和武德时期的李世民做过尚书令，前者是皇权不稳定的产物，后者是一个荣誉虚衔。唐初开始，尚书左右仆射的权力逐渐受到限制，此后三省结构变化的趋势是：“中书、门下地位上升，成为主要的决策部门；而尚书省地位下降，失去议政权，成为单纯执行的政府机构。”① 张国刚对这个问题的表述，也很清晰地纠正了旧说之误。他指出，自北朝以来，尚书令已不轻易授人，在隋朝就是以左右仆射为实际首长，并为正宰相，到武德贞观年间，左右仆射不仅是尚书省实际长官，“而且在众位宰相中还具有超出于他相之上的首席地位”②。

袁刚对此问题的分析框架基本是基于内朝与外朝、决策与行政的矛盾而构建的。他认为，隋和唐初中书省、门下省同时设有内省和外省，两省的机构性质为“皇帝的决策辅助机构”，在内省掌决策、外省掌行政的划分中，两省“仍然具有内朝地位”③，在三省关系中，重内朝，轻外朝，中书省、门下省比主行政的尚书省处于更有权的地位。龙朔三年(663)，武则天为了摆脱宰相的包围，使唐高宗将政治中枢从

① 黄利平．隋唐之际三省制的特点及尚书令的缺职//史念海．唐史论丛：第2辑．西安：陕西人民出版社，1987：202-214．刘磐修也从三省权力均衡的角度说明贞观时期缺置尚书令的原因（唐贞观阙置尚书令辨析．菏泽师专学报，1991（1）：62-66）。

② 张国刚．唐代官制，3-4.

③ 袁刚．隋唐中枢体制的发展演变．台北：文津出版社，1994：22.

太极宫移到大明宫（蓬莱宫），禁省格局和中枢结构因此而调整，中书、门下两省被撵出宫禁，宰相议政居于禁外，权位大为降低，“这是唐代政治史上的一大变局”①。高宗去世后，武则天将政事堂由门下省迁至中书省，以提高中书省地位，并开始了禁外两省合并的过程，这个过程至开元十一年（723）张说奏改政事堂为中书门下时完成。

雷家骥对于三省关系中尚书省退出宰相机关、门下省地位下降而中书省地位上升等都有所论列。他认为，中书省地位提高的趋势始于隋朝，但在唐初，门下省地位较中书省为高，门下省在三省中处于核心地位。“因门下省有驳正尚书省，封驳中书省之权，位居三省的枢纽，而将政事堂设于此。”② 自太宗末年始，中书高于门下的情形即已显露。中书省日益活跃，又因其勘议出旨权，与君主关系较门下省密切，所以中书令的权力隐然超越侍中。高宗以降，以中书令执政事笔，日渐有成为首相的趋势③。与此同时，尚书省退出宰相机关之列，仆射以下不挂宰辅名号，不得参与政事决策。尚书省的职权日益为君相使司掠夺，地位日降，终至成为徒具空名的机关。这一对于三省关系变化的论述，强调了门下省在贞观体制中的枢纽地位，比孙国栋、王怡辰等谓太宗末年中书省地位的上升是取代了仆射的机衡之任，乃是一个重要进步④。

---

① 袁刚. 隋唐中枢体制的发展演变. 台北：文津出版社，1994：64.

② 雷家骥. 隋唐中央权力结构及其演进，403.

③ 同②405.

④ 孙国栋认为，“自贞观中叶开始，三省职权渐调整，最明显为仆射机衡之任转移于中书令”，具体说是由于贞观十七年（1643）以后长期不任命仆射，“故机衡之任乃转于中书令”（唐宋史论丛，106-107）。王怡辰亦谓这“是仆射和中书令地位权力消长的转折点”（唐代中书令职任和地位的转变//中国历史学会史学集刊：第20期，1988）。

罗永生对唐前期三省地位的变化进行了专门论述①，其基本线索是：贞观年间仆射职掌减轻而门下省作用加强。随着门下省地位的上升及其枢纽地位的确立，政事堂群相议政制度也在贞观时期确立下来。在政事堂内部要求三省长官具有相对平等之地位，位高望隆的尚书仆射与此不合，于是通过仆射一职长期悬空（贞观末）和仆射兼带同中书门下三品衔（始于高宗即位后李勣拜左仆射）的办法，达到三省长官在政事堂内并重的格局。随着高宗晚年和武则天统治时期政务的日益繁多和复杂化，负责参议表章和最高决策的中书省重要性自然大为提高，高宗去世后，裴炎由侍中转为中书令，以中书执政事笔，并将原本设于门下省的政事堂移至中书省，政事堂内三省长官并重的格局被打破，中书令居于主导地位。但在高宗时期，尚书省仍不断有官员出席政事堂会议，作为行政部门的代表，反映三省之中负责具体执行部门的意见。“所以就实际发展而言，高宗时期的尚书省，并未因左右仆射的出阙，而被逐出政府最高权力机构。”② 开元初年，中书、门下两省长官兼任尚书仆射或六部尚书的情况日益普遍，政事堂呈现出决策与行政结合的情形。随着政事堂兼掌行政趋势的发展，尚书省逐渐成为执行政事堂命令的下僚，最终导致了“张说奏改政事堂为中书门下，列五房于其后，分掌庶政”，政事堂兼掌决策行政的体制因此确立③。这一论述同样强调了贞观时期门下省的枢纽地位，强调了门下省枢

---

① 罗永生．唐前期三省地位的变化．历史研究，1992（2）：98-109.

② 罗永生．从政事堂内看三省地位的变化//张国刚．中国中古史论集．天津：天津古籍出版社，2003：322-336.

③ 同①98-109.

纽地位的确立是政事堂议政制度建立的前提，并不完全从位望出发来论述体制特征。同时，又没有因为仆射的出缺而忽略尚书省在政事堂中的地位，提示了开元十一年（723）改政事堂为中书门下以前三省制还在以某种机制维持着。而张说奏改政事堂为中书门下，则标志着严格意义上三省制的终结。任爽指出，随着宰相专门职衔的形成和低品宰相的出现，“三省之中的尚书省与门下省的长官不加此类头衔，便不再是宰相。在这一演变过程中，不仅宰相的权力有所变化，而且三省的地位也发生了变化”①。田中勋也指出开元以前尚书左右仆射并未失去宰相或知国政的身份，尽管从神龙年间开始三省长官逐渐成为名誉职务，但只有到开元时期决策权才集中到中书门下②。

以上论述表明，所谓三省平等制衡，只是一种原则上或理念上的关系，在实际运作中，三省之间还是有所偏重的。在三省制存在的期间内，三省关系存在着内在的矛盾，三省地位与关系都发生着微妙的变化，推动着三省制的不断发展并向新的政治体制演进。

对于第四个问题，即三省制确立后存在的时间以及三省制破坏之后行用何种体制问题，学界的认识不断在推进但一直没有取得突破。关键是对开元十一年（723）张说奏改政事堂为中书门下在唐代政治体制变革中的意义，还没有深入的认识。

如前所述，孙国栋以天宝至顺宗时期为三省制之破坏阶

① 任爽. 唐朝典制. 长春：吉林文史出版社，1995：175.

② 田中勋. 唐代尚書左右僕射の『不知國政』レニぃて. 史泉，1966（32）：53-62.

段。王素则将唐高宗武则天以后至五代时期定为三省制的破坏时期。陈仲安和砺波护则谓唐后期至北宋前期为使职差遣制取代了三省制，韦庆远和白钢基本采用了这个说法。吴枫等则认为，“唐玄宗开元天宝时期，国家典章制度、组织机构基本完善，三省制度及其行政工作效率大大提高，是我国封建专制主义中央集权政治的成熟与强化的重要标志”。只是到安史之乱以后，由于低品官员入相削弱了三省制衡关系，使职的产生则削弱了尚书六部的行政权，节度使“出将入相”打破了三省分权的政治平衡，宦官专擅朝政瓦解了三省制度的组织原则，三省制度因此发生了变化①。这是看到了政治体制的变化但没有认识到这种变化的性质。杨际平不主张对这种变化过分强调，他认为唐中后期尽管宰相多非三省长官，但中书出令、门下封驳、尚书施行的三省体制仍基本不变。张说奏改政事堂为中书门下并未改变这种体制，政事堂本身也没有变为事无不统的行政机构，堂后五房只是秘书性质②。这种观点对我们的启发是，唐中后期三省还维持着发令机制上的互相关联。如果把三省制仅仅理解为“中书出令、门下封驳、尚书施行”的发令机制，则唐中后期还维持着此种机制。但问题是，三省制的运作机制不只是体现在发令程式上，改政事堂为中书门下所带来的变化也比发令程式层面的问题要深远。英国学者崔瑞德主编的《剑桥中国隋唐史》较早注意到张说奏改政事堂为中书门下在唐代政治体制演变过程中的意义，指出这是唐代行政决策合一体制产生的

---

① 吴枫，关大虹．中唐时期三省制度的削弱与变化．东北师大学报（哲学社会科学版），1982（2）：48－55.

② 杨际平．隋唐宰相制度的几个问题．浙江学刊，1988（3）：111－115.

标志[1]。尽管还没有给新体制定名，也没有分析这种新体制的具体运作机制，但明确指出此次事件标志着唐代政治体制的转变，已经显示出欧美学者在动态地观察历史方面的洞察力和敏感性。

袁刚试图对唐代中后期的政治体制进行定性的分析和综合性的概括，揭示了许多重要的变化线索。他认为，开元二十六年（738）翰林学士院的建立，标志着翰林学士已经成为内廷直接听命于皇帝的机要秘书，并与外廷宰相机构处于对峙状态，中枢权力结构因此发生明显变化。改政事堂为中书门下后，三省职事合并。开元以来，宰相集体议政决策制度遭到破坏，随着李林甫、杨国忠长期擅政专权，三省体制破败，经过安史之乱的打击，三省中枢体制走向了全面崩溃。安史之乱以后的一段时间里，新旧体制处于过渡状态。宪宗即位后，着手对翰林学士院进行调整，使之正式成为内廷中枢机关。同时，又正式设置了由宦官充任的枢密使。中书门下、翰林院、枢密使司因此构成了一个三权分立、互相牵制的新中枢体制，袁刚称为“新三头”。和旧三省一样，“翰林、枢密、中书门下三者各以其草诏、出纳、奉行的职能合成了一个完整的施政程序，相集为一个完整的中枢施政系统”[2]。这是迄今所见对于唐中后期政治体制最为全面而系统的论述[3]，并通过所谓“新三

---

① Denis Twitchett，The Cambridge History of China，Vol. 3，Sui and T'ang China 589-906，Part 1，Cambridge University Press，1979：377-379. 中译本见崔瑞德. 剑桥中国隋唐史. 北京：中国社会科学出版社，1990：376。

② 袁刚. 隋唐中枢体制的发展演变，140.

③ 贾宪保对中晚唐的中枢体制进行了专门研究，提出翰林学士、枢密使和神策中尉与皇帝、宰相一起构成了新的中枢体制（论中晚唐的中枢体制. 陕西师范大学学报（哲学社会科学版），1985（4）：114-118），郑宝琦则指出了藩镇、宦官和财政使职等对中晚唐中枢体制的影响（略论隋唐中枢机构的职能. 北方论丛，1988（3）：82-85），但都不如袁刚的论述全面而系统。

头”的框架构建了一个名义上不同于三省制的体制模式。不过，这个新的体制模式，完全是比照唐前期的三省制勾画出来的，只是用翰林学士取代中书省、枢密使取代门下省、中书门下取代尚书省而已。其中有一些关键性的环节是建立在推测基础上而缺乏实证。如谓元和初置翰林学士印取代了“中书门下印”，中书出令权被彻底剥夺，旧中书省的中枢地位被取代①。又如谓中书门下五房中的枢机房本为机要室，位在其他四房之上，在决策机构被撵出宫禁的情况下，保住了外廷相府的机衡之任。给宦官以枢密名号之后，原中书门下枢机房的机要职事被搬进内廷，政事堂失去了决策地位②。而枢密使之名一经固定，其宰相身份也可以说是确定了③。对于“新三头”体制来说，这两个变化至关重要，但实际上是难以成立的。按照袁著的理解，翰林、枢密、中书门下三者，并不构成平等制衡的一个整体，实际情况远比这种与唐前期三省制的类比要复杂得多。枢密使和翰林学士从未取得宰相的地位，只构成皇权运作中的环节，而不与宰相构成“三头”。而且唐前期三省制并非只是简单的草诏、出纳和奉行这样一套出令程式，新中枢体制也远不止是三个新机构组成的旧体制。

有一种观点，将“中书门下”误解为中书、门下两省的简称，所以开元十一年（723）以后就是二省制取代了此前的三省制。如刘兆君认为，三省制是建立在唐初三省长官都是法定宰相基础上的。不置尚书令后，左右仆射其实已经不是

---

① 袁刚. 隋唐中枢体制的发展演变，117-118.

② 同①125.

③ 同①122.

法定宰相。随着左右仆射逐渐被排挤出宰相行列，尤其是改政事堂为中书门下之后，堂后五房代替尚书省官员参政议政，标志着尚书省官员议政权力被废除，尚书省完全变成了执行机构。此后宰相制度遂成为“二省制”而不是“三省制”①。指出尚书省变成为纯粹的执行机构，本来并无大错，只是忽略了即使到唐后期尚书省官员入相的人还有很多②。关键的问题是，并非尚书省变化而中书、门下两省就不变，中书门下的建立也并非完全是两省兼并了尚书省的议政权。李湜也认为唐代宰相制度是中书门下二省制，因为只有两省长官被“委以国政枢密”，是真正的宰相，而尚书左右仆射是“但受其成事”的非宰相官职③。李文中有许多具体的论述显得颇为牵强和粗糙，而且对《唐六典》卷一“尚书令”条所载“其国政枢密皆委中书，八座之官但受其成事而已”一句，存在着严重的误读。诚如吴宗国先生指出的那样，“尚书令”条所述“皇朝武德中，太宗初为秦王，尝亲其职，自是阙不复置，其国政枢密皆委中书，八座之官但受其成事而已”，粗看让人摸不着头脑。“其国政枢密皆委中书，八座之官但受其成事而已”，对于开元时的中书门下体制来说，是非常确切的，“中书”所指为由政事堂改称而来的“中书门下”。但行文中紧接太宗“尝亲其职，自是阙不复置”，给人的印象自然是武德、贞观之际太宗不任尚书令后就是如此。事实上，这段话包含了唐朝前期政治体制的最主要的变化，即从三省制到中书门

① 刘兆君. 隋唐“三省宰相制度”辨. 辽宁师范大学学报（社会科学版），1991（1）：70-74.

② 俞钢. 唐后期宰相结构研究：专论六部侍郎平章事职权的变化. 上海师范大学学报（哲学社会科学版），1993（3）：101-106，85.

③ 李湜. 论唐代宰相中书门下二省制. 中国史研究，1996（1）：73-83.

下体制，而这个变化经过若干阶段的发展，经历了整整一个多世纪。而且，中书门下体制由此得到了法律的肯定。如果不仔细了解每句话甚至每句话中各个部分的确切时间和真实含义，就不能真正理解这句话所反映的制度状况①。

雷家骥论及议政制度的变化时指出，开元时期开始，由于权相出现，议政性质变为兼带裁决专断的性质，政事堂日渐演变成宰相办公室而非纯粹的会议室，因此由非机关性质演变成政府最高权力机关。开元十一年（723），张说奏改政事堂为中书门下，完成了这个转变。因此他得出结论，谓开元时期唐朝律令体制已剧烈改变，三省制破坏，委员制形成，柔性体制亦逐渐完成②。这种变化在制度上的具体动因是，由于仆射权位的下降和六部尚书权位的上升，原来由六部联席召开全盘裁决政务的都省会议变得无人总其成。随着六部官员拜相出席政事堂会议的人数日众，原本由尚书都堂会议解决的政务遂逐渐移至政事堂由群相联合评议，这是政事堂不得不改制为“中书门下”的主因③。又自高宗武则天以后，在君主集权加强的过程中，宰相和使司逐渐掠夺本属尚书各部的权力，并有取代尚书省指挥公事之势。“中书门下”透过三省出入命令的外表以直接指挥百司之体系，可说在玄宗时代已经奠定。中唐以降至宋代，中书门下成为实际指挥行政的中心，尚书省退居闲曹④。这里涉及唐代政治体制变化的一大线索，即三省与宰相机构分离，尚书失权而中书门下成为

---

① 吴宗国．盛唐政治制度研究，8-10.

② 雷家骥．隋唐中央权力结构及其演进，407-408.

③ 同②392.

④ 同②379，359.

决策行政合一的宰相机关等问题，惜未深论。而且，其基本思路还是站在律令体制破坏的角度，取代律令体制的是所谓柔性体制，取代三省制的是委员制。罗永生的研究则明确指出开元十一年（723）张说奏改政事堂为中书门下是唐前期三省制结束的标志，“而开中、晚唐以至宋代的三省六部与使职差遣交错、综合发展的新时代”①。但他还是把中晚唐时代的政治体制称为“三省制”，是三省制的新局面。由于新三省制取代旧三省制的说法有些混乱，加上他强调尚书省实际上处于两省下僚状态，因此，学者们在总结20世纪唐研究成果时，把此文作为主张唐代实行过“二省制”的一个代表②。

综上所述，尽管众多学者都提到唐代中后期的政治体制与北宋前期更为接近，但唐代中后期的政治体制与前期三省制相比，到底发生了什么实质性的变化，是哪些具体的政治事件和人事变动导致了此种变化，变化以后的政治体制应该如何定义，诸如此类的问题，都还没有明晰的认识。可以说，学者们对三省制的理解一直没有彻底摆脱宋人思维的束缚。刘健明对孙国栋、雷家骥、陈仲安、王素、袁刚、罗永生等此前的相关论著提出了批评，跳出从三省关系的演变分析张说奏改政事堂为中书门下这个事件的思路，着重从开元时期的相权及张说的政治生涯与政治理想去分析他改政事堂为中书门下的因由。刘健明的分析，为我们理解这个事件提供了具体而翔实的有关官僚行为和政治斗争的背景资料，体现了作者从政局着眼分析制度变化

① 罗永生. 唐前期三省地位的变化. 历史研究，1992（2）：98-109.

② 胡戟，等. 二十世纪唐研究：政治卷，91.

的学术取向[1]。吴宗国先生在长期思考的基础上对这个问题做出了初步的总结，指出：张说奏改政事堂为中书门下是唐代政治体制不断演进的结果，“中书门下不仅继续具有原来政事堂决策的权力，而且由于办事机构的设立，开元初年政事堂兼管行政的权力也从法律上肯定下来，并在制度上得到了保证。中书门下掌握了从决策到执行的全部权力，成为最高决策兼行政机关。唐初以政务处理程序分工为特征的三省制名存实亡”[2]。这就为研究这个问题提出了宏观的视角。

二、本书的研究取向

（一）从公文形态的变迁看制度的演进

本书是关于唐代政治体制变革的研究，有必要首先确立考察制度变革的角度和方法。本书借助制度经济学的理论，提出在制度的演进模式中具有“制度的成长性变革”一途。

在制度经济学的研究中，从制度起源的角度，将制度分为内在制度（Internal Institutions）和外在制度（External Institutions）。内在制度是从人类经验中演化出来的，在社会中通过一种渐进式反馈和调整的演化过程而发展起来。外在制度是自上而下强加而执行的[3]。按照这种划分，我们可以将制

① 刘健明．张说改政事堂为中书门下的因由//第三届中国唐代文化学术研讨会论文集．台北：政治大学中国文学系，1997：113-127.

② 吴宗国．隋唐五代简史，168.

③ 柯武刚，史漫飞．制度经济学——社会秩序与公共政策．韩朝华，译．北京：商务印书馆，2000：35-37.

度的演进模式分为自觉的创设改革和实际运作中的成长性变革。所谓成长性变革，是日积月累的制度变迁，它存在于历史运动的进程之中。对这种方式的制度演进的研究，不可能仅仅依靠经典化或法典化的文本，如各种典制体文献，而必须研究历史进程本身。公文形态的演变，正是在历史进程中体现了制度的成长性变革。这种渐进式的成长性制度变革，由于不是统治阶层有意识的制度改创，只是在实际运作的过程中发生着悄然的变化，故流传下来的记载相当缺乏。而从公文形态及其运作机制的变迁入手，正是了解这种成长性制度变革的一个重要切入点。

在以往的研究中，我们很容易将政治制度理解为相对静止的存在，至少在一个相当长的时期内是行之有效的，甚至不惜以朝代或习惯上的断代来划分政治体制的形态。学者们还试图寻找不同时期政治体制之间的衍变关系，进而确定不同的转折点。与此同时，也存在一种偏向，即过于强调王朝初创时期的制度建设和王朝中期的政治体制改革，而忽略制度本身日积月累的变迁。实际上，我们除了应该关注王朝初建时期的创制和某些重要的改制外，还应该探究在这些改创点之间的不断的变化。这种变化可能是细微的，但并非没有意义。

把中国古代的政治制度史按照朝代划分为几个阶段来加以描述，并冠以一定的名称，例如，将秦汉时期的政治体制归结为三公九卿制，隋唐时期则是三省六部制，这虽说是研究工作的必要，但也因此束缚了人们的思维，使得我们对政治体制的理解简单化，似乎秦汉时期几百年都实行三公九卿制，而整个隋唐时期都实行三省六部制。随着政治制度史研究的深入，研究角度也在不断转换，以上情况有了很大的改观。一个朝代未必只有一种一成不变的政治体制，一种政治体制也未必只在一个朝代范围内存在。本书的努力方向，就在于通过对文书形态及其运作机制变迁的研究，来揭示政治体制在实际运作过程中发生的日积月累的变革。对于唐代政治体制从三省制到中书门下体制的变革，本书理解为政治体制的成长性变革。

文书形态及其运作机制的变迁之所以能够体现政治体制的变革，主要是因为中国古代帝国对政务的管理，很大程度上是一种依靠公文书运作进行的文书行政。到隋唐时期发展成熟的三省，其实都是自秦汉以来随着文书行政的发展而成长起来的。公文书运作系统总体可分为上行文书和下行文书两条线索。臣民向官府和君主奏事以及下级官府向上级官府和朝廷奏事的文书，构成了上行文书；皇帝的命令文书和各级官府下发的政令文书，构成了下行文书。各类文书在不同时期有着不同的名称和形态。如臣民和各级官府向君主奏事文书中与“奏”有关的一类，在秦汉以后诸朝，就有“奏”“奏案”“奏抄”“奏状”“奏疏”“奏札”“奏折”等不同的名称。国家政务普遍的裁决程式是由各级官僚向皇帝申报有关事务，经皇帝批准后予以实施。历史上各种不同名称的文书，都具有各自的时代性，其背后都体现着不同的体制。人们一般只注重其名称和文体的变化，如明人吴讷《文章辨体》及徐师曾《文体明辩》[1] 承《独断》和《文心雕龙》之说，皆列“奏疏”一目，统叙其文体之变。即使在今人的研究中，论及名称之变背后文书形态变化者很少，更鲜有从这种变化论及

---

① 吴讷．文章辨体：序说．于北山，校点；徐师曾．文体明辩：序说．罗根泽，校点．北京：人民文学出版社，1962．

体制变迁者。

本书研究文书制度和政治体制的基本思路是，首先要搞清文书的具体形态和应用场合，以及此种形态的文书应用的时段性；其次将文书形态与制度结构和制度运作结合起来，尽量复原特定时期制度运作的基本程式；再次回到特定人物的政治活动中，探讨某种文书形态及其所依托的政治体制的意义，如政治结构、宰相权力、君相关系等；最后还想通过文书形态的变迁研究政治体制的演进。

事实上，不仅不同的政治体制对应着不同的文书形态，或者说不同形态的文书以其特定的签署程式和适用范围而体现着不同的行政运行机制，而且，在文书形态和适用范围变迁的背后，还有着深刻的政治体制变革的背景。如奏事文书一类，从作为动词的“奏”到作为文书专名的“奏案”“奏抄”的变化，正是汉唐间国家政务申报和审批机制变迁的反映。这种变迁体现在，政务申报从以官员个人为主体转变为以官府机构（尚书省）为主体，政务审批也从皇帝个人的审批转变为门下省负责审批而后由皇帝画“闻”通过。而发生在唐代的从“奏抄”到“奏状”的变化，则更是体现了三省制向中书门下体制的转变，以及君主与宰相在政务裁决方面更加走向一体化，君主因此走到了处理国家政务的前台，宰相也由以协助君主进行决策为主的“坐而论道”的咨询者变为协助君主裁决政务的“参总庶务”的政务官。这是中国古代帝制前期政务申报与审批机制变迁的基本趋势，也是政治体制变革的基本趋势。这是本书在公文形态与制度变迁相互关系问题上的一个基本认识。

需要说明两点，一是公文形态的变迁并不被理解为制度变迁的动因，而只是制度变迁的体现。决定制度变迁的，是国家统治形势的变化。国家治理的目标就是追求政治支持的最大化和经济利益的最大化①。这是国家统治效率的内涵，也是国家治理制度不断调整和演进的内在动力。二是所谓成长性变革并非没有相对的固定性，以至不可捉摸，只是说引起变革的动因不是统治阶层发动的创制或改革，而是在历史进程中呈现的日积月累的变化因素导致了制度的变迁。制度的成长性变革，同样体现在一些关节点上的人事调整和制度调整。一旦调整之后，新的体制又进入一个不断完善和发展、演变的历史进程。

本书强调公文形态所体现的制度变迁，与以往关于公文与制度的研究相比，还是有所不同的。当然其间对前人成果的利用也非常明显。除了上文总结的有关唐代政治制度史尤其是三省制研究的学术史之外，如果我们在更大的范围内对中国古代政治制度史的研究进行一个简要的学术史考察，就会发现，将公文书以及公文程式与官僚制度相互结合起来的研究取向，是在大量实物史料被发掘整理的基础上，政治制度史研究取得突破性进展的重要体现。例如，由于大量秦汉时期简牍文书的出土，在罗振玉、王国维、劳榦以来几代学者整理文书的基础上，出现了将出土文书与秦汉政治制度相结合的一系列重要著作，日本学者大庭脩的《秦汉法制史研究》② 是此类著作中的代表。由于敦煌吐鲁番文书的整理研究取得重大进展，通过出土文书与传世文献相结合研究政治制

---

① 道格拉斯·C. 诺思. 经济史上的结构和变革：第三章 新古典派的国家理论. 厉以平，译. 北京：商务印书馆，1992：21-33.

② 大庭脩. 秦汉法制史研究. 林剑鸣，等译. 上海：上海人民出版社，1991.

度的努力，在南北朝隋唐史的研究中显得更加突出。祝总斌的《两汉魏晋南北朝宰相制度研究》、王永兴的《唐勾检制研究》、李锦绣的《唐代制度史略论稿》①，以及前文提到的日本学者内藤乾吉的《唐代的三省》、砺波护的《唐代政治社会史研究》等，都是在这方面研究中具有重要影响的论著。反过来，由于政治制度史的研究在出土文书的支持下不断深入，又将促进文书学研究本身的提高。秦汉史方面，如由李均明主编的《简牍文书学丛书》，目的即在于从简牍文书入手探讨汉代的文书制度。汪桂海在修订博士学位论文基础上出版的《汉代官文书制度》② 便是其中一种。隋唐史方面有关官文书专门研究的代表作则有大庭脩的《唐告身古文书学的研究》③，中村裕一的《唐代制敕研究》④《唐代官文书研究》⑤《唐代公文书研究》⑥ 等。

以上简要回顾表明，有关文书学与政治制度相互结合所进行的研究，大体循着以下步骤展开：以出土文书的整理刊布为基础，将出土文书作为实物史料，结合文书的程式，对有关政治制度进行研究，包括对于政治制度运作规程的复原，并进而深化对出土文书的认识。这些无疑都将政治制度史的研究推向了一个新的高度，使其不再停留于平面和静态的职官制度的描述，而是进入到真正意义上的政治制度史研究，体制、机制、程式等涉及制度结构和制度运作的名词被大量

① 李锦绣. 唐代制度史略论稿. 北京：中国政法大学出版社，1998.

② 汪桂海. 汉代官文书制度. 南宁：广西教育出版社，1999.

③ 大庭脩. 唐告身の古文書學的研究//西域文化研究所. 西域文化研究第三. 京都：法藏馆，1960.

④ 中村裕一. 唐代制勅研究. 东京：汲古书院，1991.

⑤ 中村裕一. 唐代官文書研究. 京都：中文出版社，1991.

⑥ 中村裕一. 唐代公文書研究. 东京：汲古书院，1996.

引入。不过，这些研究基本还没有涉及文书形态变化与政治体制演进之间的关系，大都还停留在按朝代划分政治体制的框架中。如大庭脩在研究汉代的公文书时，便是将东汉末年蔡邕在《独断》中的记载，运用于分析整个汉朝的公文形态。而实际上，随着社会政治经济形势的发展变化，两汉数百年间政治制度始终处于不断变革之中。蔡邕所说的公文形态，并不能反映整个汉朝的情形，只是某种特定体制的反映①。

既然政治体制的变迁存在着一个不断演进、日积月累地发生着成长性变革的动态过程，那么，作为政治体制运作具体体现的公文书，其具体形态和运作程式自然也随之发生不断的变化。例如《唐六典》关于唐代公文书的记载，无论是上行文书中的奏抄、奏弹、议、表、状等，还是下行文书中的制敕（各种王言之制）和尚书符等，大都是开元以前某些特定时期公文书的形态，而且是一种符合制礼作乐需要的人为概括，并非整个唐朝公文书制度都是如此。澄清出土文书的具体特性并将其与文献记录对应起来，这样的研究固然具有重要的学术意义，但一定不是出土文书提供给我们的唯一学术资源和研究视野。本书的研究，正是基于以上认识，将公文程式的变化与政治制度的演进结合起来。即以唐代公文形态的变化为切入点，探讨唐代政治制度的变迁轨迹。为了更好地理解唐代的此种变化，我们首先对两汉以来奏事文书形态的变化进行简要的追溯。应该说，这样的研究视角并不具有全新的意义，但本书立论的前提是制度的变迁，在文书学（或公牍学）和政治制度史之间找到研究的结合点，这与

① 刘后滨. 从蔡邕《独断》看汉代公文形态与政治体制的变迁. 广东社会科学，2002（4）：103-108.

以往的研究并不尽相同。

本书所指的公文形态，主要包括公文书的类别、名称、应用范围、处理程式及其他文书学的特征。公文书是一个研究术语，指与各级政府公务有关的文书，它的含义可以很广，而不同于在不同时期具有特定含义的其他概念，如官文书等。不同时期有着不同类别和名目的公文书，即使是同一类别或名目的文书，在不同时期也可能有不同的应用范围和处理程式。这些变化是与政治体制的变化结合在一起的。虽然我们很难见到有关公文书形态演变的直接记载，但通过对这个演变过程的分析，我们能从另外的角度看到中国帝制时代政治体制演进的更广阔的背景。

公文书的分类标准和类目划分本身也是不断变化着的。卜宪群指出公文有广义和狭义之分，广义的公文包括与处理公务有关的一切文书，狭义的公文系指与法律条令有关的文书①。汪桂海《汉代官文书制度》也指出官文书有狭义和广义之分，并根据历史上对狭义官文书的分类习惯，将汉代的官文书分为诏令文书、章奏文书、一般官府往来文书三大类。这里的官文书，实际上就是本书所说的公文书。这种划分自然不是汉朝自身的概念，但也基本可以概括汉代公文书的一般情况。中村裕一将唐代的公文书分为制敕文书和官文书两大类，更接近当时的概念。在唐代法律用语中，公文即指各种官方文书，包括制敕、奏抄和各种官文书三大类。《唐律疏议》卷十“诸公文有本案”条疏议曰：公文，谓在官文书②。

---

① 卜宪群．秦汉公文文书与官僚行政管理．历史研究，1997（4）：36－52.

② 长孙无忌，等．唐律疏议：卷十“诸公文有本案”条．刘俊文，点校．北京：中华书局，1983：203.

《唐律疏议》卷九“诸稽缓制书者”条疏议曰：官文书，谓在曹常行，非制敕、奏抄者①。

本书无意对公文书的分类进行讨论，也无力就隋唐时期所有类目的公文书形态的演变进行分析，而主要研究以君主或朝廷为中心的政务申报与批复的文书形态的变化，及其反映的政治体制的变革。随着三省制向中书门下体制转变，奏事文书也由以奏抄为主变为以奏状为主，与之相关的制敕文书的形态和成立签署的程式也发生着相应的变化。这些方面的变化，是政治体制变革的结果，也继续影响到政治体制的进一步演进。

（二）隋唐政治体制演进的基本线索及“中书门下体制”的历史定位

为了更好地说明“中书门下体制”在唐朝乃至整个中国中古时期政治体制演进过程中的地位，也为了更鲜明地突出本书所论唐代政治体制处于不断变革之中的主旨，有必要对唐代政治体制演进的基本线索进行一个全景式的勾勒。

魏晋以后，政治体制由三公九卿制向三省六部制演变，但还没有形成隋唐时期那种完备的三省六部体制。尽管中书、门下两省的权力有了很大发展，但两省长官还不是宰相，两省仍为秘书咨询机构，设于禁中，称为“内省”。除北周以外，南北各朝的宰相制度大体是：名义上尚未摆脱宰相之称的三公机构，仍设于宫城之外；真正的宰相机构是尚书省，分为上省和下省，上省即是宰相议事的朝堂，虽在宫城之内，

① 唐律疏议：卷九“诸稽缓制书者”条，197.

但与禁中仍保持一段距离，称为“外朝”；而中书、门下两省设于禁中的建制也基本未有改变①。尚书省所统六尚书之下曹司一级的建制，与隋唐时期六部二十四司的制度相比，还比较混乱，尚书诸曹与寺监在行政体制中的地位和作用还没有从制度上加以明确界定。西魏北周则实行新的六官制度，在这个制度框架中，已经包括了汉魏以来三公九卿和三省六部两大系统，而已完全不同于《周礼》中的六官制度。北周政治体制的这种特点，对于隋唐政治体制的形成具有两方面的重要意义。一方面，它彻底抛弃了三公九卿制向三省六部制过渡过程中二者并存重叠所造成的混乱体制，将寺监官和尚书六部官都纳入《周礼》六官的体系之中，这就为尚书六部最终取代卿监成为政务机构的主体迈出了关键性的一步。另一方面，它又将中书、门下两省从禁中移到了禁外，使之成为六官系统下的外朝机构，为三省制的形成创造了条件。隋朝建立后，“文帝废三公府僚，令中书令与侍中知政事，遂为宰相之职”②。但在三省长官共为宰相的权力格局中，处于核心地位的还是尚书左右仆射，所谓“朝之众务，总归于台阁”，“尚书省，事无不总”③。

隋朝建立后的一系列制度变革尤其是地方行政制度变革，给中央政府带来了大量的新事务，这些事务许多是旧体制下无人负责的，尚书省只好向皇帝汇报取旨，因而出现尚书省闻奏过多的问题④。隋炀帝大业三年（607），设立殿内省，将

---

① 祝总斌．两汉魏晋南北朝宰相制度研究，383－384.

② 大唐六典：卷九，198.

③ 隋书：卷二八，773－774.

④ 吴宗国．隋唐五代简史，37.

尚食、尚药等在生活上侍奉皇帝的部门从门下省移出；又改给事黄门侍郎为黄门侍郎，借用吏部给事郎之名在门下省置给事郎之职，“置员四人，从五品，省读奏案”①。这样不仅解决了尚书省闻奏过多造成的皇帝躬亲细务的矛盾，而且使门下省摆脱了皇帝侍从顾问的色彩，是三省制确立的关键。因为门下省不仅要签发中书省起草的诏令，而且要省读尚书省的奏案，这就使得三省在处理国家政务的不同环节上连接成为一个有机的整体，门下省也因此取得了政务裁决中的枢纽地位②。政事堂的设立与此有关。唐人关于政事堂的记载，都认为是最先设于门下省的议事之所，在宰相议事的时候，侍中执政事笔③。这种制度必须以门下省处于三省结构中的枢纽地位为前提，而大业三年（607）对门下省的调整，便提供了这样一个前提条件。加上大业年间已经出现了以他官和三省长官共参朝政的新格局，所以认为政事堂始设于隋炀帝时，也就成为一种合理的推测④。政事堂初设于门下省，说明门下省实际已经处于决策中的关键地位，从隋唐之际实际政局的演进过程看，宰相集体在政事堂议事和由侍中执政事笔的制度，当定型于贞观初年⑤。

由于隋炀帝时制度的调整没有得到很好的落实，武德年间许多制度又回到了开皇之制。到唐太宗即位后，关于如何

---

① 隋书：卷二八，795.

② 吴宗国．中国封建王朝兴亡史：隋唐卷．南宁：广西人民出版社，1996：21.

③ 旧唐书：卷四三．北京：中华书局，1975：1842.

④ 如袁刚认为，政事堂制是“唐沿隋旧”，“既然集体宰相定制于隋朝，宰相集体议事之所的政事堂，毫无疑问亦当始置于隋朝”（隋唐中枢体制的发展演变，57）。关于政事堂始设时间的研究很多，但是大多没有直接的材料，此处不烦赘引。

⑤ 严耕望认为政事堂之制始创于贞观之时，因为“三省事权分立，往往发生流弊，尤以中书门下两省，或论难往来，各呈意气。太宗深察其弊，乃令三省长官合署办公，是谓政事堂，此实宰相制度之一进步也”（唐代文化约论．大陆杂志，1952，4（8））。

运用君权的问题，便再次被提了出来。贞观四年（630），太宗在与萧瑀讨论隋文帝时，吸取了张玄素的建议，提出了君主不能一人独断的政治原则，他表示自己不能像隋文帝那样“不肯信任百司，每事皆自决断”，说：“以天下之广，四海之众，千端万绪，须合变通。皆委百司商量，宰相筹画，于事稳便，方可奏行。岂得以一日万机，独断一人之虑也?”① 宰相筹画，就是宰相在政事堂议事。在这种思想的指导下，三省之间以及君主与宰相之间在国家政务的裁决和执行中互相配合、互相制衡的体制真正得到落实，隋炀帝时确立的三省制得到进一步完善。

三省制的确立和完善，有一个历史过程。三省的具体职掌，如中书省负责起草诏令、门下省负责审核诏令的下达和尚书省奏事文书的上传，至晚在南北朝时即已制度化，但由于中书、门下尚在禁中，尚未完成向国家政务机关的转化，三省之间也就没有形成真正的分权。一直到隋初，尚书省仍然是“事无不总”的最高权力机关。开皇官品令规定，尚书令为正二品，尚书左右仆射为从二品，纳言、内史令为正三品。炀帝时门下省的地位有所提高，但依然没有在制度上落实三省之间的平等关系。自唐初开始尚书令缺而不置，到贞观末年仆射一职长期空缺，高宗即位之初开始以仆射同中书、门下三品，正是三省之间实现平等制衡关系的一个动态过程，也是三省制真正实施的时期。也就是说，三省制不是一个静态的制度，而是存在于隋唐之际至开元前期的一个不断调整的动态过程。在这个过程中，三省的职官设置和具体职掌不

① 吴兢. 贞观政要：卷一. 上海：上海古籍出版社，1978：15.

断完善，分工制衡的关系日渐明确。

行政体制是整个政治体制中由于统治形势变化而最先发生变化的部分，行政是政治体制中的主导因素。只要国家统治形势发生了重大变化，行政体制往往会做出调整，甚至是被迫跟进。唐朝初年在行政体制上基本继承了隋朝的制度，隋唐易代之际并未带来制度上的根本变化。而到高宗武则天时代，行政体制却发生了重要的转折。

随着地方社会经济形势的变化，唐高宗武则天时代国家统治面临着许多新的转折，行政使职大量出现。在不断派遣使职的过程中，逐渐衍生出一种新的行政机制，临时派遣的使职演化为固定的职务，并逐渐形成一个与原有尚书六部行政体系不同的、按照新的机制处理政务的体系。使职的出现和原有行政部门的使职化，势必与原来由尚书六部统领寺监和州县的行政体制发生冲突。而且使职因为有皇帝的特别授权，在处理具体事务的过程中可以跨越尚书六部，直接向皇帝或宰相负责，这又将进一步引起宰相制度和整个政治体制的变化。最为显著的后果是，由于中央使职行政体系在发展过程中逐渐取得对地方政务的领导权，中枢体制中三省制受到冲击，三省制向决策行政合一的中书门下体制过渡。开元十一年（723）中书令张说奏改政事堂为中书门下，是中书门下体制建立的标志。

政事堂改为中书门下之后，三省机构依然存在，且三省出入命令的分工在形式上日趋严密和完善。但三省与宰相分离，中书门下成为宰相府署，独立于三省机构之上。在这种体制下，中书门下直接指挥诸使、诸郡、诸军执行皇帝的命令，其决策权也就表现在对于一般日常政务的处理，而不再体现为对于大政方针的议定。尚书都省成为纯粹勾检文案、收发文书的机关。中书、门下两省的内部结构和职权也发生了变化，逐渐演变成为与宰相分离的、具体负责起草和审查诏令的机关。

中书门下体制建立后，行政体制依然随着统治形势的变化而不断变化，经历了一个逐渐演变的过程。使职差遣在安史之乱以前已经很普遍，但安史之乱给唐帝国带来的一场全国规模的战争，为唐王朝的统治带来了一系列的新问题，从而促成使职体系的初步形成。尽管代宗和德宗初期有过恢复三省制的改革，但尚书都省始终没有恢复其唐初那种“政源”和“会府”的地位。到贞元时期全国政务汇总于中书门下，中书门下作为行政枢纽的地位逐渐巩固下来。

从唐宋间行政运行机制转换的大背景来看，唐后期实行的是基本不同于尚书六部体制的使职行政体制。以往的研究中，关于唐代中后期的行政体制，还缺少整体上的清晰的概念。在有关唐代中央行政体制的论述中，往往以尚书六部和九寺五监涵盖整个唐代的行政体制①，或者认为唐后期尚书六部和九寺五监只是一些职权被侵夺，而没有发生体制性的变化②。最近，

---

① 如白钢认为，“隋唐五代时期的中央行政体制的最突出特点，是确立了尚书省为全国政务中枢。……在中央行政体系中，尚书省六部为政令机关，九寺五监为事务机关，分别接受尚书六部的政令而运转。”（白钢．中国政治制度通史：隋唐五代，前言 2）

② 严耕望．论唐代尚书省之职权与地位//唐史研究丛稿．俞鹿年则指出了安史之乱以后，形成了财政诸使、节度观察使和宦官内诸司使三个比较固定的使职差遣系统，并提到“在唐代中期以后便逐渐形成了由中书门下直接统领诸使的行政体制”。这是在归纳事实基础上得出的很有见地的结论。但由于他对唐代行政体制的总体认识还基本停留在三省六部制的框架内，强调的还是使职差遣对六部和寺监职权的侵夺。所以，他的这个结论与其对唐代行政体制整体框架的理解并不完全吻合，没有进一步的突破性申论（白钢．中国政治制度通史：隋唐五代，191－193）。

一些学者开始从宋代制度向前追溯，为整体地认识唐宋之间的制度变迁开辟了一些新的学术论域①。本书认为，唐代中后期的政治制度，在中枢体制上已不再是三省制，而应称为中书门下体制；在中央行政运作中也不再是尚书六部体制，而是与北宋制度更接近的使职差遣体制。在行政运行机制上，唐后期的变化趋势已经奠定了北宋初年行政体制的格局②。

事实上，唐代的行政运行机制在高宗武则天时期开始出现突破尚书六部二十四司格局的发展，使职在行政运作中的地位日显重要③。但是，新旧行政体制的转换不可能是一刀切式地完成于一朝一夕，而是在并存和冲突中逐渐完成的。从高宗武则天时期一直到安史之乱爆发前后，六部和九寺五监体制与使职体制之间一直处于冲突调整之中。在安史之乱的冲击下，使职体制逐渐取得主导地位④。这一行政体制转换的过程，在安史之乱以后还在继续。尽管尚书六部和九寺五监还起着一定的作用，使职行政体系实际上已经确立下来。晚唐五代到北宋前期，使职行政体制不断完善。直到宋神宗元

---

① 邓小南．课绩与考察——唐代文官考核制度发展趋势初探//荣新江．唐研究：第2卷．北京：北京大学出版社，1996：295-324；邓小南．走向“活”的制度史——以宋代官僚政治制度史研究为例的点滴思考．浙江学刊，2003（3）：99-103；李全德．五代至北宋前期的枢密院体制．北京：北京大学博士学位论文，2003．

② 唐后期在许多方面都与五代宋初更为接近，构成了相对完整的发展阶段。正如邓小南所说，“如果我们着眼于历史运行的实际状况，而不仅仅是朝代的兴废，那么，应该说，自唐朝末年经五代至北宋初年，在政治、军事、经济、文化等方面面临的社会矛盾性质类似，统治者在挣扎摸索中致力于解决的问题类似，这段时间事实上属于同一单元”（邓小南．走向再造：试谈十世纪前中期的文臣群体//漆侠先生纪念文集．保定：河北大学出版社，2002：79-104）。

③ 刘后滨．论唐高宗武则天至玄宗时期政治体制的变化//荣新江．唐研究：第3卷．北京：北京大学出版社，1997：215-230；孟宪实．宇文融括户与财政使职//荣新江．唐研究：第7卷．北京：北京大学出版社，2001：357-388．

④ 刘后滨．安史之乱与唐代政治体制的演进．中国史研究，1999（2）：93-102．

丰年间的官制改革，最后完成了使职体系的组织化。从行政运行机制的角度看，北宋元丰官制改革的一个重要意义，在于用尚书六部的框架容纳唐中期至北宋前期发展起来的以使职为主体的运行机制，也就是将不同政务系统中的使职重新按照尚书六部的结构组织起来，使原本有些混乱无序的使职严密地组织化[①]。唐宋间行政运行机制的转换至此告一段落。

中书门下体制的一个重要特点，就在于宰相通过中书门下对行政事务的干预越来越强，甚至直接下行过去由尚书六部处理的事务。宰相的职权进一步朝着掌管具体政务的方向发展，本书称之为“宰相的政务官化”。是否参与最高决策和行使政务裁决权，成为判定一个官职是否为宰相的标准。中书门下体制在政务运作方面完全不同于唐前期以尚书六部二十四司为主体的行政体制，形成了中书门下与使职、中书门下与尚书部司和寺监、中书门下与节度观察使以及中书门下与地方州府等多方面的新型关系。晚唐五代时期，这些方面关系的调整，是唐制向宋制过渡的历史运动的内在要求，是中国古代官僚政治制度演进过程中的一个重要环节。而宰相的政务官化，又是宋朝建立以宰相职能的分离和职权的分化为核心的政治体制的前提。元朝宰相的职权在议政和施政两方面都有了一些新的发展。其议政权更多地表现为对政务文书的讨论和提出处理意见，施政权则体现为主持日常政务，尤其是体现在宰相亲自处理政务上[②]。总之，从唐代中后期一

① 需要指出的是，即使从形式上说，元丰改制以后的六部在职掌范围和内部结构上也并不与唐代的六部完全对应，如兵部并没有完全容纳军事系统的使职，枢密院一直存在（张希清. 宋朝典制. 长春：吉林文史出版社，1997：45-46）。

② 张帆. 元代宰相制度研究. 北京：北京大学出版社，1997：106-139.

直到宋元诸朝，宰相职权进一步朝着掌管具体政务的方向发展。这是后来明朝可以废丞相而以尚书六部直接面对皇帝进行施政的一个重要的制度上的前提。

中书门下体制的另一个重要特点，就在于开创了君相关系的新局面，表现在宰相有了统一而独立地行使政务裁决权的衙署及配合执行皇帝诏敕起草和审核任务的下属，君相在国家政务处理的过程中更加走向一体化。西汉的丞相与御史大夫府，原本有一些功臣诸侯与皇帝共治的色彩，丞相府虽说可以独立地行使某种程度上的政务裁决权，但与皇权之间还没有完全融为一体，皇权行使过程中其实还有一套内朝系统在运作。汉哀帝绥和改制以后，以及东汉的大部分时间里，三公是开府置官属的宰相，宰相权力分为三府，并无一统一而独立的机构参与最高决策和行使政务裁决权。而且，丞相和三公都是个人开府的宰相，相府非常设，府属非常任，宰相府署作为机构在制度上并不完善①。魏晋南北朝时期，个人开府的三公逐渐淡出，基本上是以尚书省长官为宰相，尚书省朝着宰相机构的方向发展。但是，皇权的行使还是有一套更加完善的内廷系统，尤其是中书、门下两省，作为皇帝诏敕的起草和审查机构，还处于禁中，而与外朝宰相机构相分离。到隋唐之际三省共同构成宰相权力系统，中书、门下两省在走出宫禁的同时，也把皇帝拉出了后宫，君相之间在处理国家政务方面的距离拉近了。但是，三省制下的相权是依据国家政务处理的不同环节分而为三的，宰相只有依托政事堂会议参与最高决策，而无一独立的行使政务裁决权的机构。

---

① 王素．三省制略论，273.

开元以后中书门下体制的建立，从形式上说，标志着由几个不同机构共同行使宰相职权的制度回到了由独立的专门机构行使宰相职权的制度，三省制发展到一省制。北宋的元丰改制并未改变此种格局，名义上恢复三省，实际上是三省长官互兼，南宋以后改称为左右丞相，仍为中书门下的运作机制①。元朝和明初的中书省，就是从中书门下发展而来的，而与唐前期以前的中书省大不相同。由此看来，三省制只是从尚书省宰相制到中书门下宰相制的过渡形态，中书门下宰相制并非向尚书省宰相制的简单回归，而是纳入了三省制的运作机制，使皇帝与宰相之间的权力运作更加一体化。皇帝在不断强化最高决策权的同时，逐渐走向处理国家政务的前台，宰相逐渐纳入政务裁决和执行部门的体系之中，宰相与君主的联系更多的是作为“参总庶务”的政务官而不是“坐而论道”的咨询者。这是中国中古时期君相关系和国家权力运作方式的重大转变。

① 张希清．宋朝典制，40-43.

第二章

唐以前的公文形态与制度变迁

为了更好地理解唐代公文形态的变化，首先对两汉以来文书行政的发展和奏事文书形态的变化进行简要的追溯。

文书在处理国家政务中的作用至秦汉时期已经十分显著，出土的云梦秦简《内史杂》规定："有事请也，必以书，毋口请，毋羁请"①。由于文书行政的发达，到汉代已是"公府掾多不视事，但以文案为务"②。王充《论衡·别通》则说："萧何入秦，收拾文书。汉所以能制九州者，文书之力也。以文书御天下，天下之富，孰与家人之财?"③ 所以刘勰《文心雕龙》说："章表奏议，经国之枢机"。但是，相对于其他各种文书来说，日常政务运行中的章表奏议却很少保留下来，"然阙而不纂者，乃各有故事，而布在职司也"④。

中国古代历朝处理日常政务的公文书，保留在传世文献中的极少，作为实物史料流传至今的就更少。出土的文献资

---

① 睡虎地秦墓竹简整理小组编．睡虎地秦墓竹简：秦律十八种释文注释．北京：文物出版社，1990：62.

② 虞世南．北堂书钞：卷六八．天津：天津古籍出版社，1988：280.

③ 王充．论衡校释．黄晖，校释．北京：中华书局，1990：591.

④ 刘勰．文心雕龙校证．王利器，校笺．上海：上海古籍出版社，1980：154.

料，虽说可以在一定程度上弥补这样的缺憾，而且如前所述，出土资料对这方面研究的支撑作用越来越明显，但是还不足以反映政务运作的整个流程和整体面貌。尤其是唐代以前的历史时期，关于公文形态的许多环节都缺少必要的资料。所幸东汉末年蔡邕的《独断》，留下了当时公文书形态较为集中的记载。结合出土的简牍资料，学者们已经在汉代的公文书研究方面取得了可喜的进展。前面提到的大庭脩《秦汉法制史研究》、卜宪群《秦汉公文文书与官僚行政管理》、汪桂海《汉代官文书制度》等，在汉代公文制度和政治体制方面都有所发明。《唐六典》中则较为完整地记载了唐代开元时期的公文制度。学者们结合敦煌吐鲁番出土的实物史料，也有了相当深入的研究，此不赘述。至于汉唐之间的公文书形态，则缺乏完整的史料和系统的研究。所以，我们首先需要将汉代的公文形态及其反映的制度变迁做一简要的考析，并从政务申报与审批的角度，将整个魏晋南北朝时期的公文形态变迁，放在政治体制演进的视野中进行概括的分析。

一、从《独断》看汉代公文形态与政治体制的变迁

现存有关汉代公文书形态的专门记载，是东汉末年蔡邕的《独断》。从汉代政治体制变迁的角度看，《独断》所记载的公文书反映的主要是蔡邕所处时代的制度，并曲折地反映了此前体制的变迁。

（一）《独断》有关公文书内容的文献考释

《独断》一书流传不广，常用的有《钦定四库全书》本、

《四部丛刊三编》据明弘治刊本等，但尚未有很好的整理本。其中有些文句的理解，在已有的相关论著中存在着严重的误读。所以首先必须对《独断》有关公文书的表述进行考证。

今见对《独断》进行全面整理的是日本学者福井重雅的《译注西京杂记·独断》。他对《独断》的全部内容进行了断句，并用日文进行解释及翻译。其中第 14～24 条为皇帝的命令文书（分为策书、制书、诏书、戒敕四类）和群臣上书于天子的奏事文书（分为章、奏、表、驳议）。兹将其断句后的文本移录于下：

> 14. 策书。策者简也。……起年月日、称皇帝曰、以命诸侯王、三公。其诸侯王、三公之薨于位者、亦以策书。诔谥其行而赐之、如诸侯之策。三公以罪免亦赐策。文体如上策而隶书、以尺一木两行。唯此为异者也。
>
> 15. 制书帝者制度之命也。其文曰、制诏三公。赦令、赎令之属是也。刺史、太守、相劾奏、申下土、迁书文亦如之。其征为九卿、若迁京师近官、则言官、具言姓名。其免若得罪、无姓。凡制书有印、使符。下远近皆玺封、尚书令印重封。唯赦令、赎令召三公、诣朝堂受制书。司徒印封、露布下州郡。
>
> 16. 诏书者诏诰也。有三品。其文曰、告某官官、如故事。是为诏书。群臣有所奏请、尚书令奏之、下有制曰、天子答之曰可、若下某官云云。亦曰诏书。群臣有所奏请、无尚书令奏、制之字、则答曰、已奏、如书本官下所当至。亦曰诏。
>
> 17. 戒书戒敕刺史、太守及三边营官。被敕文曰、有诏敕某官。是为戒敕也。世皆名此为策书、失之远矣。

18. 凡群臣上书于天子者有四名。一曰章、二曰奏、三曰表、四曰驳议。

19. 章者需头、称稽首。上书谢恩、陈事。诣阙通者也。

20. 奏者亦需头。其京师官但言稽首、下言稽首以闻。其中者所请、若罪法劾案、公府送御史台、公卿、校尉送谒者台也。

21. 表者不需头。上言臣某言、下言臣某诚惶诚恐顿首顿首死罪死罪。左方下附曰某官臣甲上。文多用编两行、文少以五行。诣尚书通者也。公卿、校尉、诸将不言姓。大夫以下有同姓官别者，言姓。

22. 章曰报闻。公卿使谒者、将、大夫以下至吏民尚书左丞、奏闻、报可。表文报已奏如书。凡章、表皆启封。其言密事，得皂囊盛。

23. 其有疑事公卿百官会议。若台阁有所正处、而独执异意者曰驳议。驳议、曰某官某甲议以为如是、下言臣愚赣议异。其非驳议、不言议异。其合于上意者、文报曰某官某甲议可。

24. 汉承秦法、群臣上书皆言昧死言。王莽盗位慕古法、去昧死曰稽首。光武因而不改。朝臣曰稽首顿首、非朝臣曰稽首再拜。公卿、侍中、尚书衣帛而朝曰朝臣。诸营校尉、将、大夫以下亦为朝臣。①

福井重雅的断句和理解存在着不少错误，只要对照一下一些学者对《独断》的引用，就知其绝非善本。文献整理切忌望

① 福井重雅. 訳注西京雑记·独断. 东京：东方书店，2000：218-229.

文生义，而福井重雅的注释和翻译中，有一些讲不通的地方，存在着强作曲解的问题。

本人对《独断》的相关文字有着与所见学者的引用和上引福井重雅的译注不同的理解。兹以《钦定四库全书》本为底本，参照《唐六典》所引用的文字，将皇帝的命令文书试释如下：

> 策书。策者，简也。……起年月日，称“皇帝曰”，以命诸侯王、三公。其诸侯王、三公之薨于位者，亦以策书诔谥其行而赐之，如诸侯之策。三公以罪免，亦赐策，文体如上策而隶书，以一尺木，两行，唯此为异者也。
>
> 制书，帝者制度之命也。其文曰“制诏三公”，赦令、赎令之属是也。刺史、太守、相劾奏申下，土[疑作上]迁，书文亦如之。其征为九卿，若迁京师近官，则言官，具言姓名。其免，若得罪，无姓。凡制书，有印，使符下远近皆玺封，尚书令印重封。唯赦令、赎令，召三公诣朝堂受制书，司徒印封，露布下州郡。
>
> 诏书者，诏诰也，有三品：其文曰“告某官官①，如故事”，是为诏书；群臣有所奏请，“尚书令奏”之下有“制曰”，天子答之曰“可”，若下某官云云，亦曰诏书；群臣有所奏请，无“尚书令奏”、“制曰②”之字，则答曰

---

① 按：“告某官官”，《四库全书》本如此。宋本《大唐六典》卷九“中书令之职”条引《独断》作“某官某官”，《太平御览》作“某官云”。《丛书集成初编》本作“告某官某”，汪桂海将“某官”理解为官名，后一个“某”理解为某官之姓名（汪桂海．汉代官文书制度，32-33）。

② 《四库全书》本无“曰”字，作“无尚书令奏制之字”，此据《唐六典》文字补入。

"已奏如书"，本官下所当至，亦曰诏戒［戒，衍］书。[1]

戒敕。刺史、太守及三边营官被敕，文曰"有诏敕某官"。是为戒敕也。世皆名此为策书，失之远矣。[2]

《独断》对于策书的概括，文义甚明。其主要的应用场合是对于诸侯王、三公的除免和诔谥。

制书则有一些地方需要略加考释。其中"刺史、太守、相劾奏申下，土［疑作上］迁，书文亦如之"一句，汪桂海断为"刺史、太守、相劾奏，申下土，迁文书，亦如之"，并说此段文义不明[3]。福井重雅的断句与汪桂海同，并称"下土"为"下士"的误记，进而将此句理解为：刺史、太守等朝廷任命的地方长官向皇帝上奏弹劾，以及地方僚属（下臣）的申述，这些文书都同样要本官送返[4]。本人的理解是，刺史、太守和诸侯国相进行劾奏的文书本身并不是制书，而只有对这种文书进行的批复（即所谓申下）才能成为制书。而"土迁"一语殊不可解，在没有确切证据之前，本人疑其为"上迁"，即指刺史、太守和相的升迁。下文"其征为九卿，若迁京师近官"，就是对刺史、太守、相"上迁"的具体表述。若，及也，或也。如此，则制书的应用场合甚明，主要

---

① 卜宪群引用此段误作《汉制度》，查《后汉书》卷一《光武帝纪上》李贤注引《汉制度》（中华书局标点本第 24 页）并无此文，当为《独断》。其断句如下："诏书者，诏诰也，有三品：其文曰告某官某，如故事，是为诏书。群臣有所奏请，尚书令奏之，下有司曰制，天子答之曰可。若下某官云云，亦曰诏书。群臣有所奏请，无尚书令奏制之字，则答曰已奏，如书本官下所当至，亦曰诏"。其中存在多处误解（卜宪群. 秦汉公文文书与官僚行政管理. 历史研究，1997（4）：36－52）。下引卜宪群观点同此。

② 据影印《钦定四库全书》本，第 850 号第 78 页。下文未特别注明者，皆准此。又《四部丛刊三编》据明弘治刊本与此基本相同。

③ 汪桂海. 汉代官文书制度，30.

④ 福井重雅. 訳注西京雑记·独断，220－221.

是用于九卿和郡国守相的任免，赦令、赎令是特例。卜宪群则指出，制书还包含着对各种争议、议论的最高裁决之意。

卜宪群前引文中认为，制书的下达并非如《汉制度》《独断》所云“制诏三公”，实际上制度的下达对象包括三公、皇太子、将军、太守、诸侯王等各类人物。制书的内容也不限于“制度之命”，一般非制度性的告白也常用制书下达。这里既有对“制诏三公”一语的误解，也有对“制度之命”的误解。“制诏三公”并非下达给三公，而是文书的用语，是汉代的制书经三公下颁的一种程式。“制度之命”也不是指制定典章制度。汪桂海认为制书主要用于两个方面：一是下给三公，令三公向全国颁布赦令和赎令；二是任免九卿或京师近臣①。恐不确。不确之处有三：一是对“制诏三公”作为文书用语的误读；二是制书不仅用于任免九卿或京师近臣，还应包括郡国守相，如其在后文中所举诸例；三是制书的内容不是向全国颁布赦令和赎令，至于赦令和赎令，是制书应用的特例，对于印封和颁下都有特殊的规定。

《独断》对于诏书的概括，后人可能存在严重的误读。如诏书的第二种形态，一般理解为：群臣有所奏请，尚书令奏之，下有司曰制，天子答之曰可，若下某官云云②。从《独断》对制敕文书的记载看，蔡邕是根据文书的用语进行划分的。策书、制书、诏书、戒敕的划分非常明确，不至于在讨论诏书的时候又说“下有司曰制”。制书和诏书在这里有着明显的区分。因为诏书有两种形态，是对奏事文书的批复，为了更好地理解诏书的文书特征，有必要与汉代的奏事文书进

① 汪桂海．汉代官文书制度，30-31．

② 大庭脩．秦汉法制史研究，166；汪桂海．汉代官文书制度，32．

行对照分析。《独断》将群臣向君主陈事的上行文书分为章、奏、表、议四种：

凡群臣上书于天子者，有四名：一曰章，二曰奏，三曰表，四曰驳议。

章者，需头。称“稽首上书”。谢恩陈事，诣阙通者也。

奏者，亦需头。其京师官[1]但［《唐六典》“但”作“上”］言“稽首”，下言“稽首以闻”。其中者［《唐六典》“者”作“有”］所请，若罪法劾案，公府送御史台，公卿校尉送谒者台[2]也。

表者，不需头。上言“臣某言”，下言“臣某诚惶诚恐，稽首顿首，死罪死罪”。左方下附曰“某官臣某甲上”。文多用编两行，文少以五行，诣尚书通者也。

公卿校尉诸将不言姓，大夫以下有同姓官别者，言姓。章口（当作曰）报“闻”，公卿使谒者，将大夫以下至吏民，尚书左丞奏闻，报“可”。表文报“已奏如书”[3]。凡章表皆启封，其言密事，得帛［帛，《唐六典》作皂］囊盛。

其有疑事，公卿百官会议，若台阁有所正处，而独执异议者，曰驳议。驳议曰“某官某甲议以为如是”，下言“臣愚戆议异”。其非驳议，不言议异。其合于上意者，文报曰“某官某甲议可”。

---

① 《大唐六典》无“其京师官”四字。

② 《大唐六典》“台”后有“通者”二字。

③ 按：自“章口报‘闻’”至“表文报‘已奏如书’”这一段文字还是很不好理解。《大唐六典》的引文似乎更明确些，作“报章曰闻，报奏曰可，其表文尚书报云已奏如书”。

> 汉承秦法，群臣上书皆言“昧死言”。王莽盗位，慕古法，去“昧死”，曰“稽首”。光武因而不改。朝臣曰“稽首”“顿首”，非朝臣曰“稽首”“再拜”。①

以上关于陈事文书的表述，是按照文书的用语、应用的场合和通奏的途径进行分类的，尤其是文书的用语被特别强调。章称“稽首上书”，用于谢恩陈事，是由陈事者诣阙交由公车通送的。奏则上言“稽首”，下言“稽首以闻”，应用的场合是有所陈请，以及举劾官员的不法行为，通奏的途径则根据上奏者的身份不同而有所不同，如果是公府上奏，则送御史台，如果是公卿校尉上奏，则送谒者台。表则上言“臣某言”，下言“臣某诚惶诚恐，稽首顿首，死罪死罪”。左方下附曰“某官臣某甲上”。通奏的途径是诣尚书通者也。这里的问题是，表的应用场合没有交代，而表恰恰是当时应用最普遍的一种奏事文书。

其中“公卿校尉诸将不言姓”一段，涉及文书的署名、批复用语及封盛问题，乃针对章、奏、表综括而言，而非专指表。不过，批复用语是分别说的。按照《唐六典》所引用的《独断》，报章曰“闻”，报奏曰“可”，其表文尚书报云“已奏如书”。尽管整个两汉时期的陈事文书形态有着不断的变化，但在《独断》里，蔡邕是将章、奏、表三种陈事文书明确区分的，对章的批复用语是“闻”，对奏的批复用语是“可”，表则由负责呈递的尚书进行批复，用语为“已奏如书”。

---

① 据影印《钦定四库全书》本，第 850 号第 78－79 页。括号内《大唐六典》指《大唐六典》卷八“门下省侍中之职”条引《独断》文字，第 176 页。下同。

从奏事文书的批复用语看，用于谢恩陈事的“章”，批复用语是“闻”，其实是不需要批复的，皇帝知道了便可以。而有所陈请以及举劾官员不法行为的“奏”，是需要皇帝批复处理意见的，批复用语为“可”。这正好与诏书的第二种形态相合，即“群臣有所奏请，‘尚书令奏’之下有‘制曰’，天子答之曰‘可’”。广泛应用的奏事文书“表”，由尚书报云“已奏如书”，与诏书的第三种形态相合，即“群臣有所奏请，无‘尚书令奏’、‘制曰’之字，则答曰‘已奏如书’”。

按：大庭脩对制诏文书的理解产生了一些偏差，很重要的原因是他未将制诏文书与奏事文书结合起来进行对比。他论述汉代制诏的形态，主要是通过分析制诏的下达程序，分为三类。第一种形式是皇帝凭自己的意志下达命令，其中有关国家大事的宣言占重要的部分，对应的是《独断》中的“诏书者，诏诰也”一语①。第二种形式是官僚在被委任的权限内为执行自己的职务而提议和献策，皇帝加以认可，作为皇帝的命令而发布。对应的是《独断》诏书条所载“群臣有所奏请，尚书令奏之，下有司曰制，天子答之曰可，亦曰诏书”②。第三种形式即指皇帝根据自己的意志下达命令，其对象仅限于一部分特定的官僚，而且需要这些官僚进行答申。或者说是皇帝向一部分官僚指示政策的大纲或自己的意向，委托他们进行详细的立法时使用的，它由第一种形式和第二种形式复合而成③。这种形式，它并没有与《独断》的记载相对应，事实上也无法对应。大庭脩的论述中只是概括地说

① 大庭脩. 秦汉法制史研究，170-171.

② 同①172.

③ 同①174，189.

“制诏”的形态，虽然没有明确说是制书还是诏书，但显然主要是针对诏书而言的。而卜宪群认为制书和诏书并无严格区分，所以在引用大庭脩的论述时作“日本学者大庭脩考证汉代制书下达有三种形式”①，是误解之上的又一重误解。

综上所述，蔡邕记载的公文形态已经是一套相当发达的文书系统，不同政务文书的申奏与批复，各有固定的书写程式。不过，由于现有记载的简略和出土材料的缺乏，还很难对其应用范围进行严格的区分，尽管有学者（如汪桂海等）在这方面开始努力。其中还透露出京师官、公府、公卿校尉、将大夫以下至吏民等不同的上书者身份，但是否因奏事者身份不同而使用不同的陈事文书，这一点还不是很明确。

（二）汉朝奏事文书形态的演变与政治体制的变迁

蔡邕的记载即使在公文书的名称上可以涵盖整个汉朝，如《文心雕龙·诏策》所说这几种皇帝命令文书是“汉初定仪则”的结果，但可以肯定的是，在文书的具体形态上，它一定不包括西汉初年的情形。因为，西汉初年的制度，章奏文书的用语都不会是“稽首上书”或“稽首以闻”，而称“昧死”。既然“稽首”是王莽以后的用法，则《独断》所说只能是新莽和东汉时期的制度。又“群臣有所奏请”的陈事文书本身，在西汉并不出现“尚书令奏”之字，也不可能由尚书令直接下某官。尤其是“表”，据《唐六典》所引《独断》，其表文尚书报云“已奏如书”，本官下所当至，是由尚书直接批复上表者的。此外，“凡制书，有印，使符下远近皆玺封，

---

① 卜宪群. 秦汉公文文书与官僚行政管理. 历史研究，1997（4）：36-52.

尚书令印重封”，制书由尚书令印封下达外朝的程式，也说明尚书令已经掌握了很大的政务裁决权。从下文的论证和引用的实物史料看，文书上有“尚书令奏”之字以及其表文尚书报云“已奏如书”的情形，出现在尚书台实际上成为内廷辅政机构和决策机构的制度背景下。而所谓“事归台阁”，“三公之职，备员而已”的局面，仲长统说是从东汉初年光武帝时形成的[①]。实际上，仲长统所说的局面，是尚书台成为宫中的辅政机构，但没有取代三公府成为执掌朝政的宰相机构[②]。而尚书台从纯粹的呈递上下文书的机构，转变为按照任务的性质分工、参与谋议和谏诤、直接将奏事文书下达给有关官员的机要之司，则是东汉中后期的事情了[③]。

显然，蔡邕并未将整个汉朝的公文形态作为一个历史过程加以考察，所记主要应为其所处时代的制度。我们用它来概括整个汉朝的文书制度，无疑是非常危险的，很容易导致对一些基本文献和实物史料的误读。

在西汉，丞相、御史大夫和列卿等公卿大臣可以直接上书于皇帝。在公文程式上，“臣昧死以闻”或“臣昧死请”之后，紧接着就是皇帝对这些文书进行批答用的“制曰可”[④]，中间并没有其他的环节。在这种公文形态中，公卿大臣作为皇帝私人助手身份的色彩很重。

从何时开始，形成了《独断》所说的那种文书形态和运作机制呢？文书形态的这个变化，实际上就是汉朝政治体制的变

---

① 后汉书：卷四九．北京：中华书局，1965：1657.

② 祝总斌．两汉魏晋南北朝宰相制度研究，123.

③ 同②135-136.

④ 关于西汉公文的具体程式，还需要严格的论证。基本情况可以参看前引大庭脩和汪桂海的论著。

迁历程。此种文书形态的背后，体现的是尚书成为皇帝批办政务文书的私人助手，而作为帝国官僚主体的公卿大臣与皇帝之间多了一道隔阂，皇帝的内朝系统在逐渐扩张。这是专制皇权在制度上发展起来的体现。

西汉前期也有尚书之官在文书传递过程中起作用的记载①，还有一些相关的经过转写的文书资料②，但我们还无法论明“尚书令奏”的用语落实到文书本身，以及尚书令将批复后的陈事文书直接下达有关九卿或郡国长官执行，而不通过丞相御史或三公这种制度出现的具体时间。其间一定有一个相对长期的日积月累的变化过程，可以从以下几个时期来稍加分析。

第一，汉武帝时期的变化。这种变化主要体现在，随着地方政务和边疆形势的变化，帝国事务大量增加，政治体制随之发生了重大转变。一方面，丞相人选出身构成的变化及其职权的削弱，中朝官的作用突出，九卿的职权加强。元人朱礼在《汉唐事笺》前集“宰相”条中有一段评论：“自武帝以公孙弘为丞相，而其后儒者始相继秉轴……既任以相，乃使侍中出入禁闼，辩论数诎大臣，以侵外庭之权，九卿更进用事，而天下之务不关决于宰相。”在“三公”条中又称“武

---

① 如《汉官仪》说：“初，秦代少府遣吏四人在殿中主发书，故号尚书。尚犹主也。汉因秦置之”（应劭. 汉官仪：卷上. 孙星衍，校集. 周天游，点校. 北京：中华书局，1990：141）。《大唐六典》卷一说：“初，秦变周法，……置尚书于禁中，有令丞，掌通章奏而已。汉初因之”（第 12 页）。

② 如《史记·三王世家》载霍去病请立诸皇子为王的上书，其后有“三月乙亥，御史臣光守尚书令奏未央宫”一句，接着是“制曰：下御史”，然后是“六年三月戊申朔乙亥，御史臣光守尚书令、丞非下御史，书到言”（史记：卷六〇. 北京：中华书局，1982：2105）。这条材料说明尚书令在奏、下文书过程中的作用，但不能说明文书本身出现“尚书令奏”的字样。而且尚书令还要将批复后的文书下御史，而不是直接下达到具体的上奏人或执行人。

帝宠假大司马之权而不任宰相，故终汉之世大司马专秉国柄，而宰相具位，奉行文书而已”。另一方面，原有中央和地方关系的格局被打破，中央对地方事务的干预加强，遣使巡行之事日渐多了起来。朱礼评论说：“文帝在位最久，未尝遣使。遣使之烦，自武帝始。……故劝农种麦，则遣谒者，存问鳏寡，则遣博士。”①

这两方面的变化都会引起文书制度的变化。祝总斌先生强调了随着奏事文书的增加而形成了中朝官领尚书事的制度②，我们可以进一步探究，新增加的大量文书在运行程式上是否还遵循原有行政体制及其运行机制呢？

《后汉书·光武帝纪》注引《汉官仪》称“尚书四员，武帝置”③。《汉书·成帝纪》“初置尚书员五人”条注引《汉旧仪》曰：“尚书四人为四曹，常侍尚书主丞相、御史事，二千石尚书主刺史、二千石事，户曹尚书主庶人上书事，主客尚书主外国事”④。尽管没有直接材料证明后者所指为武帝时制度，但联系前一条材料看，应是武帝置尚书四员时的分工情况。所谓“主某某事”，即负责某一方面的文书呈递工作，也就是“通章奏”。这是按照上书者的不同身份进行的分工。由于各方面文书的增加，尚书的任务繁重起来，“尚书奏事”因此具有了特定的含义。当所有臣民奏事都要经过尚书奏达之时，汉初那种文书奏行皆由御史的机制便改变了。所以，《宋书·百官志》载，“汉武帝世，使左右曹、诸吏分平尚书奏

---

① 朱礼．汉唐事笺：前集卷一“宰相”条、“三公”条；卷六“遣使”条．影印本．南京：江苏古籍出版社，1988：1-2，5，137-138.

② 祝总斌．两汉魏晋南北朝宰相制度研究，87.

③ 后汉书：卷一上，15.

④ 汉书：卷一〇．北京：中华书局，1962：308.

事。昭帝即位，霍光领尚书事”①。《晋书·职官志》则说“案汉武时，左右曹、诸吏分平尚书奏事，知枢要者始领尚书事”②。这正好说明汉武帝时期尚书在奏事文书传递过程中的作用越来越重要了。汉武帝时期政治体制及文书运作机制的变化，应该是汉朝文书形态变化的一个重要背景，其相互影响的过程还有待进一步探究。

第二，从西汉成帝到东汉光武帝时期的变化。祝总斌先生论证了成帝时期尚书制度变化的意义主要在于分曹办事，有了固定的曹名和职掌；又指出东汉前期尚书的职掌一般还是按照上奏文书者的身份加以分工的③，《后汉书·百官志》记“成帝初置尚书四人，分为四曹”之说并不可信④。成帝时尚书有五曹，《后汉书·百官志》注引蔡质《汉仪》曰：“三公尚书二人，典三公文书”，“（常侍曹尚书）主常侍黄门御史事。世祖改曰吏曹”。这个说法与本注所记其他诸曹职掌相符，即五曹分别负责三公、常侍黄门御史、郡国、凡吏及外国夷狄所上文书。东汉初年大体应延续此种设置与分工。尚书分工负责文书接收保管的制度已经很完善，尚书令掌“奏、下尚书曹文书众事”⑤的职掌也更加明确。这是汉武帝以来尚书制度的完备化，但还没有脱离传递文书的范围。

第三，东汉中后期的变化。这种变化主要体现在尚书的职掌逐渐转向按任务的性质进行划分。祝总斌先生已经敏锐地指出，由按上奏者身份分工到按事务性质分工的演变，是

① 宋书：卷三九. 北京：中华书局，1974：1234.
② 晋书：卷二四. 北京：中华书局，1974：729.
③ 祝总斌. 两汉魏晋南北朝宰相制度研究，90-93，135.
④ 同③92.
⑤ 后汉书：志二六，3596-3597.

尚书权力发展的必然趋势，并为魏晋以后代替三公府准备着条件①。传递文书的尚书取得对某一方面事务相关文书进行谋议参决的职权之后，这种职权一旦落实到制度上，一定要反映到文书本身，成为文书的规程；否则，就没有制度的保证。蔡邕所说群臣有所奏请，“尚书令奏”之下有“制曰”，天子答之曰“可”的文书规程，应该就是在这种制度变革的背景下形成的。此种形态的文书，还未见到实物史料，有些转写的史料，如记录灵帝光和四年（181）太常“奏”和批复诏书的《无极山碑》，大抵可以反映此种形态。碑文略曰：

> 光和四年〖缺〗月辛卯朔廿二日壬子，太常臣耽、丞敏顿首上尚书：谨按文书云云。请少府给珪璧，本市祠具，如癸酉、戊子诏书故事报。臣耽愚戆，顿首顿首。上尚书，制曰可。大尚承书从事，上〖缺〗月十七日丁丑，尚书令忠奏洛阳宫。光和四年八月辛酉朔十七日丁丑，尚书令忠下。光和四年八月辛酉朔十七日丁丑，太常臣耽、丞敏下常山相〖缺〗从事下承〖缺〗用者如诏书。书到言（后略）。②

碑文并非照录当时公文的原文，而是记录对祭祀无极山之事进行请示和批复的经过，大致是由常山相上太常、太常上尚书、尚书奏皇帝及皇帝批示后尚书令下太常、太常下常山相的程式。按照《独断》的记载，这份太常上尚书的文书，应是用于“其中有所请”的“奏”，批复用语是“制曰可”，但

---

① 祝总斌. 两汉魏晋南北朝宰相制度研究，136.

② 洪适. 隶释：卷三. 北京：中华书局，1985：44-45. 参见严可均. 全后汉文：卷一〇四. 北京：商务印书馆，1999：1046-1047。

文书的用语却与“上言稽首，下言稽首以闻”不合。这说明实际运作中的文书形态，当比《独断》的记载要复杂，且处于不断变动之中。其中“上尚书，制曰可。大尚承书从事，上〖缺〗月十七日丁丑，尚书令忠奏洛阳宫。光和四年八月辛酉朔十七日丁丑，尚书令忠下”一段文字，恐是根据批复奏事文书的诏书进行的转写，“尚书令忠奏洛阳宫”的字样未必不是文书的原文，然后是“制曰可”。

需要强调的是，《独断》中关于汉代文书形态的记载，并不能涵盖整个两汉时期的文书制度，只是两汉文书形态演进链条中的一个环节。尽管不同时期的具体文书形态还不是很清楚，整个汉朝文书形态的变迁轨迹也还无法完整地勾勒出来，但以《独断》有关记载和其他汉代文书的研究成果为前提，结合学界已有的对两汉政治体制变迁的论证，我们还是可以简要条缕出汉朝奏事文书形态的演变与政治体制变迁之间的关系。章、表、奏、议四种形态的文书，即使从文书的名称上说是适用于整个两汉时期的文书，但其应用范围、批复程序和奏递途径等，随着两汉时期政治体制的变迁，势必不断地发生着变化。同样，策书、制书、诏书、戒敕四种皇帝命令文书，其具体形态和运作机制也会随着奏事文书的变化而变化。蔡邕《独断》里记载的情形，只能是其所处时代公文书的形态而已。

二、奏案的形态与魏晋南北朝的政务申报和审批

根据以上《独断》的记载，我们可以对汉代的公文形态

和制度变迁有虽然粗略但还是较为具体的了解。《独断》之后，只有到《唐六典》中才有较为完整的关于唐代开元时期公文制度的记载。而汉唐之间的公文书形态，则缺乏完整的史料和系统的研究。

魏晋南北朝时期的史料中，常见有"奏案"这种形态的文书。它是如何在政治体制的变迁中产生的？反映的是一种什么样的政务申报和审批机制？进一步说，"奏案"产生和演进的过程，伴随着政治体制的何种变化？

首先从"奏"的变化说起。

在《独断》概括的群臣向君主陈事的四种上行文书中，"奏"的形态最不清楚。《文心雕龙·章表》说"降及七国，未变古式，言事于主，皆称上书。秦初定制，改书曰奏。汉定礼仪，则有四品：一曰章，二曰奏，三曰表，四曰议。章以谢恩，奏以按劾，表以陈请，议以执异"①。《文心雕龙·奏启》则说，"昔唐虞之臣，敷奏以言。秦汉之辅，上书称奏。陈政事，献典仪，上急变，劾愆谬，总谓之奏。奏者，进也。言敷于下，情进于上也"②。"奏"本为动词，为上书之意。"奏"是否在西汉初年就是一种文书的专用名词，或者说西汉初年是否建立起了章、奏、表、议四种文书各有专门应用场合的制度，目前还无法断定。按照祝总斌先生的研究，丞相、三公行使监督百官执行权的重要表现之一，就是岁终"奏其殿最而行赏罚"③。这里的"奏"，所用即为上书奏请之意。但最晚至东汉初年，奏已用作名词，指一种文书形态。如明帝

① 刘勰．文心雕龙校证，154．
② 同①161，163．
③ 后汉书：志二四，3557，3560，3562．

永平六年（63）四月甲子诏曰："先帝诏书，禁人上事言圣，而间者章奏颇多浮词。自今若有过称虚誉，尚书皆宜抑而不省，示不为谄子蚩也"[①]。又，光武帝曾经问窦融"所上章奏，谁与参之？"[②] 这里"章奏"结合，用为名词，逐渐取代"章表"而作为臣民奏事文书的泛称[③]。

在东汉，用于"陈政事，献典仪"的"奏"，或许是处理国家政务最常用的文书。所以在孝廉察举到京师后，往往要"试以章奏"，成绩优异者，任为尚书郎[④]。随着尚书机构逐渐完善和尚书官员向主管政务的行政职务发展，"奏"作为一种文书形态，与尚书的关系日趋密切。但"奏"一直作为动词和名词互用的概念，并非用以专指一种文书形态。"奏案"一词的出现当与此有关。

"奏案"一词，据现有资料，最早出现在《后汉书·何敞传》中。关于宗室刘畅被刺杀之事，何敞说太尉宋由："惟明公运独见之明，昭然勿疑，敞不胜所见，请独奏案。"[⑤] 这里的"奏案"是奏请查办之意。作为一种文书形态的"奏案"，最早出现在何时，尚无确证。《宋书·百官志下》："晋初置（中书）舍人一人，通事一人。江左初，合舍人、通事谓之通

---

① 后汉书：卷二，109.

② 后汉书：卷四〇上，1324.

③ 《汉书》中也有几例"章奏"，但都是后人叙述的文字。如《陈汤传》称其"常受人金钱作章奏，卒以此败"；《魏相传》称"相明易经，有师法，好观汉故事及便宜章奏，以为古今异制，方今务在奉行故事而已"。至于颜师古在注《隽不疑传》时说"公车，主受章奏者"，则如同《大唐六典》说秦代尚书"掌通章奏而已"一样，纯属唐人的理解。

④ 后汉书：卷四四，1505.《胡广传》还载"时尚书令左雄议改察举之制，限年四十以上，儒者试经学，文吏试章奏"。

⑤ 后汉书：卷四三，1483.

事舍人，掌呈奏案章”[①]。而《晋书·职官志》则云：“江左合舍人、通事谓之通事舍人，掌呈奏案章”[②]。由于《晋书·职官志》可能取材于当时的法令，其用语具有某种法令性质，但也不排除唐人改写的可能性[③]。不过，南朝刘宋时已有尚书省奏事的专门文书“黄案”，见于《宋书·礼志二》所载“关事仪”，称“关事仪准于黄案”[④]。如果“黄案”是用黄纸书写的“奏案”，则当时已有“奏案”这样一种文书形态了[⑤]。祝总斌先生强调的是门下省平省尚书奏案的职权落实到仪注上，并推定其出现在“元嘉之治”中。

可以确知，“奏案”作为一种文书形态的最早例证，见于北魏和南朝梁。一是魏收在《魏书·高祖纪》中所说的“尚书奏案，多自寻省。百官大小，无不留心”[⑥]，以及在《魏书·穆崇传附穆亮传》中说“遂命（亮）读奏案，高祖亲自决之”[⑦]。另一个例子出自南朝梁武帝的诏书，天监六年（507）改革集书省官员选授的诏书中说：“可分门下二局，委散骑常侍尚书案奏，分曹入集书”[⑧]。从其他一些材料可知，最晚到南北朝时期，“奏案”一词作为一种文书形态，已经

---

① 宋书：卷四〇，1245. 这里呈奏当为动词，案、章则为奏事文书的概称。即奏案作为一个文体名词尚未形成。

② 晋书：卷二四，735. 校勘者认为应作“掌呈奏案章”，其校勘记认为“各本均作‘掌呈奏案’，无‘章’字，文义不具”（第748页）。

③ 在《晋书》中有另外两处“奏案”，一为动词，见于《晋书·高光传附子韬传》：“韬字子远，放佚无检。光为廷尉时，韬受货赇，有司奏案之，而光不知”；一为名词，见于《晋书·石季龙载记》：“季龙既不省奏案”。都有可能是唐人的改写。

④ 宋书：卷一五，382.

⑤ 祝总斌. 高昌官府文书杂考//敦煌吐鲁番文献研究论集：第2辑. 北京：北京大学出版社，1983：465-501.

⑥ 魏书：卷七下. 北京：中华书局，1974：186.

⑦ 魏书：卷二七，670.

⑧ 隋书：卷二六，723.

成为法令用语。而“奏案”作为一种常用的文书形态，一直行用到隋朝。隋炀帝大业三年（607）改革官制，给事郎之职就是“省读奏案”①。

“奏案”的具体文书形态，仅可从《宋书·礼志二》所载“关事仪”推知一二，大体类似于唐代的奏抄，可参看祝总斌先生参照“关事仪”对高昌官府文书进行的详密考证②。另外《北史·卢同传》所载北魏明帝时尚书左丞卢同有关检核吏部勋簿的上表，也牵涉“奏案”的一些文书程式③。其时“朝政稍稀，人多窃冒军功”，担任尚书左丞的卢同在审阅吏部勋书时，发现了有严重假冒问题的三百余人，于是上表，略曰：

> 窃见吏部勋簿，多皆改换，乃校中兵奏案，并复乖舛。愚谓罪虽恩免，犹须刊定。请遣一都令史与令仆省事各一人，总集吏部、中兵二局勋簿，对句奏案。若名级相应者，即于黄素楷书大字，具件阶级数，令本曹尚书以朱印印之。明造两通，一关吏部，一留兵局，与奏案对掌。进则防揩洗之伪，退则无改易之理。
>
> 从前以来，勋书上省，唯列姓名，不载本属，致令窃滥之徒，轻为苟且。今请征职白身，具列本州郡县三长之所；其实官正职者，亦列官名曹别录历。皆仰本军印记其上，然后印缝，各上所司。统将、都督，并皆印记，然后列上行台。行台关太尉。太尉检练精实，乃始

---

① 隋书：卷二八，794-795.

② 祝总斌. 高昌官府文书杂考//敦煌吐鲁番文献研究论集：第2辑，465-501.

③ 卢同的上表在北魏明帝时，其所言“奏案”，早于上引《魏书》的记载和《隋书·百官志》所载南朝梁的诏书，故有可能是更早的有关“奏案”的证据。但此段上表不见于《魏书》。

关刺。省重究括，然后奏申。奏出之日，黄素朱印，关付吏部。①

北魏尚书省分为上、下省，令、仆、丞、郎处理政务在上省，诸曹处理政务在下省。卢同的上表说明，尚书诸曹申报政务的文书，需要经过令仆签署，并在上省存档。故卢同可以在上省校对中兵尚书的奏案，各局则留存勋簿。其所说军功的申报程序，为我们了解当时政务申报的一般规程，即奏案的运作程式，提供了实例。

这个申报程序，首先是该人所在之“本军”需在勋书上施以印记，印缝之后各上其所属之统将、都督，统将、都督印记之后上行台，行台关于太尉，太尉关刺于尚书省，尚书省进行审核后，经尚书众官签署，形成奏案，向皇帝申报。由于尚书省已经成为分工细密的庞大政务机构，举凡全国政务都要按照诸曹局的分工经其汇总上奏，尚书省成为名副其实的宰相机构。各级官府申报政务的文书还不能称为“奏案”，如此处申报军功的文书在到达尚书省之前只能称为“勋书”，只有经过尚书省官员签署后的奏事文书，才能称为“奏案”。所以，几乎所有的文献中都将其称为“尚书奏案”。

《隋书·百官志上》记南朝陈用官式：“吏部先为白牒，录数十人名，吏部尚书与参掌人共署奏。敕或可或不可。其不用者，更铨量奏请。若敕可，则付选，更色别，量贵贱，内外分之，随才补用。以黄纸录名，八座通署，奏可，即出付典名。而典以名帖鹤头板，整威仪，送往得官之家。”② 似

① 北史：卷三〇. 北京：中华书局，1974：1095.

② 隋书：卷二六，748.

亦可说明“奏案”所指为经过尚书省长官和相关负责官员签署之后上奏皇帝的文书，吏部形成的文书只能称为“白牒”，是“牒”而不是“奏案”。

综上所述，奏案是作为最高行政机关的尚书省汇总各地各部门政务而向皇帝申报的文书。奏案的形成，经过了从具体主管部门向上逐级申报的程序，最后到尚书省签署形成为奏案。那么，奏案的审批程序如何呢？

《宋书·礼志二》所载“关事仪”有：“右关事仪准于黄案年月日右方，关门下位年月下左方，下附列尚书众官署”①。祝总斌先生据此认为尚书省所奏文书需送门下官吏审署，已成定式。从此尚书各种奏事，无一例外地全得经过门下省平省署位。此论甚确。

其具体程序是，尚书省官员署名之后，送交门下，由门下有关官吏在年月日右方下面空白官位处署名，再上关皇太子（按：黄案则上皇帝）批准。尚有待进一步解决的问题是，门下省的审署是仅仅为程序上的署名，还是可以对尚书奏案进行驳正修改，如后来唐代门下省对奏抄的驳正违失？两晋南朝门下省的职权一般记作“平（省）尚书奏事”，北朝则作“参决尚书奏事”②，其作为皇帝秘书机构，在内廷帮助皇帝批决尚书奏案的色彩很重。门下省对奏案的处理权，当有一个发展的过程。

由于迄今尚未见到有关“奏案”的原始实物史料，其具体形态仍然有待进一步论证。不过，“奏案”作为南北朝和隋朝普遍应用的一种奏事文书，其基本特性可以归结为以下几点：

---

① 宋书：卷一五，382.

② 参见祝总斌《两汉魏晋南北朝宰相制度研究》的相关论述。

(1) 上奏者身份为尚书省，是以尚书省机构名义向皇帝奏事的文书；(2) 应用的场合包括国家的主要政务，亦即尚书省诸曹局所掌的政务范围；(3) 皇帝对“奏案”的批复是画“可”；(4) 在尚书奏案上奏君主的过程中需经门下省审署。

这种归纳，是就南北朝和隋朝“奏案”运作程式的基本特性而言。尽管需要论证的问题还很多，但其中一定包含着一个复杂的变化过程。仅仅是将“奏案”与汉代的“奏”进行一个简单的比较，我们就已发现其间发生了足以反映政治体制变迁的重大变化：政务运作以官员个人为主体变为以官府机构为主体。汉代的“奏”是群臣上书于天子的文书中的一种，基本属于以个人名义上奏的文书，南北朝的“奏案”是尚书省呈奏于天子的政务申报文书，属于以官府名义上奏的文书。而“奏案”作为一种普遍应用的奏事文书，在其具体形态变化的背后，也一定有一个政治体制的演进过程。

第三章

三省制下中央机构的公文运作

本书把三省制理解为隋炀帝时期建立的、经过唐太宗贞观时期加以完善、到高宗武则天统治时期开始出现新变化的中央政治体制。到开元十一年（723）改政事堂为中书门下以后，三省制就为中书门下体制所取代。作为中央政治体制，三省制的含义很广，包括以皇帝为中心的国家最高权力的运作中三省之间的关系问题，即三省作为三个独立的机构如何在最高权力的层面上联结为一个整体的问题。既有最高行政体制的问题，也有最高决策体制的问题。但是，在中国古代专制主义中央集权的政治体制中，决策和行政并不在权力机构及其运作中加以区分。把三省关系理解为中书、门下为决策机构，尚书省为行政机构，是不准确的。三省的分工不是按照决策、行政的平面分工，而是在分层决策和分层行政的政治体制中，处于不同的环节上发挥作用。

本章主要从行政体制的角度来考察三省之间的关系。同魏晋南北朝时期相比，隋和唐前期的行政体制出现了一些新的特点，而这些新特点是建立在新的公文运作机制基础上的。

所以本章仅仅从中央行政及相关公文运作的角度，考察三省关系和结构，作为对前人研究三省制的总结和补充，也是对本书所提出的“中书门下体制”的铺垫。本书以公文形态与制度变迁为研究视角，对于分析中书门下体制的建立和运作机制来说，三省制下的公文运作是一个不可逾越的环节，故对于这个问题还是进行了一些归纳，并在一些具体论证上有所推进。本书的论证与以往的诸多研究相比，在研究视角和叙述方式上都有一些不同之处，尤其是本书强调国家政务的运行机制，在叙述方式上试图复原当时具体的政务运作程式，并试图解释三省之间在政务运行中如此分工的原因和理据。至于三省制的一些基本问题和相关研究的学术历程，本书在绪论中进行了详细的分析和介绍，读者自可参看。

从行政体制看三省制的基本特征，是中书、门下两省分别具备起草诏令和审驳尚书奏事的基本职权，且两省在建制上沟通内廷和外朝，两省内部不同官员之间有了职权上的明确划分，中书舍人起草诏令、给事中审驳奏抄成为专职。其中，门下省枢纽地位的确立是关键，体现在公文运作上就是奏抄成为奏事文书的主体，与此相关的行政立法更加完备。奏抄所要处理的政务是在律令格式规定的范围内进行处理和裁决的，不需要皇帝敕裁或各种会议会而决之，而由门下省依据已有规定进行审驳，最后报皇帝御画“闻”。如果是在律令格式制定之后新出现的政务，按照现有规定无法处理，就需要另外的申报和裁决机制。在唐前期，集中体现在中书舍人的参议表章，其发展趋势是中书省在政务裁决中地位的提升。以门下省为中心的奏抄的运作和律令格式规定范围内的政务裁决，与以中书省为中心的表状的运作及需要皇帝敕裁的政务审批，构成了唐前期公文运作和政务裁决的两个主要途径。

尚书省对上下行公文的受付，在政务运行的程序上，是中书、门下两省之下的一个环节。对于上行文书，尚书省是受百官百司之公文而付门下或中书。对于下行文书，尚书省则是受门下签署之制敕文书而付外施行。其间的一些基本问题，学者们都有所涉及，尤其是前引严耕望、王永兴、李锦绣、雷闻等人的研究，已经相当深入。但从具体的文书运行程式来说，在尚书省的环节上，两个方向上的文书运行都还有一些程式没有搞清楚。这是需要随着尚书行政体制的研究不断深入而进一步探究的问题，本书暂时无力解决。

一、奏抄的文书形态及以门下省为中心的公文运作

唐前期，律令制得到较为严格的执行，各种政务都基本按照律令格式的规定来进行，由朝廷裁决的政务，其申报的文书主要是“奏抄”，或作“奏钞”。申报日常政务的文书由“奏案”到“奏抄”的转变过程，实际上应是三省制确立和完善的过程。尽管奏抄从提议、申报、审批到颁下执行要经过一系列程序，但门下省的审读是这一系列程序中的关键。以门下省为基点来总揽唐前期中央的政务运作，其中的主角是给事中，最核心的公文书是奏抄，而非制敕文书。

（一）奏抄的文书形态和应用时间

奏抄具体是一种什么形态的文书？这是在字词工具书中

无法解决的问题。《汉语大词典》引用《新唐书·百官志》将其解释为“唐宋时门下省所用文书之一种”，日本诸桥辙次编著的《大汉和词典》收有“奏钞”词目，也是引用《新唐书·百官志》解释为“唐代门下省所上的奏文”[①]。且不说从词源学上讲，应该引早于《新唐书·百官志》的《唐六典》，即使引用《新唐书·百官志》，二书对奏抄的界定亦过于笼统，其所说为唐代或唐宋门下省所用的文书，在文书应用的时段和文书使用的主体方面都欠准确。通过下文的分析，我们认为，奏抄应用的主体是尚书省而非门下省，门下省只是对其进行审读。其作为中央政务裁决文书的主体形态，也仅仅存在于唐前期而不是唐宋时期。

《唐六典》卷八门下省“侍中”条载：

> 凡下之通于上，其制有六：一曰奏抄［谓祭祀、支度国用、授六品以下官、断流已下（应为上）[②] 罪、及除免官当者，并为奏抄］；二曰奏弹［谓御史纠劾百司不法之事］；三曰露布［谓诸军破贼，申尚书兵部而闻奏焉］；四曰议［谓朝之疑事，下公卿议，理有异同，奏而裁之］；五曰表；六曰状。[③]

由于奏抄是处理日常政务的文书，属于“断烂朝报”一类，研究文章学和文学史的人可以不予重视，但对于政治体制研究来说，它却极为重要。正因为奏抄并不体现个人的文章水平，

---

① 汉语大词典编辑委员会．汉语大词典：第二卷．上海：汉语大词典出版社，1988：1537-1538；诸桥辙次．大汉和词典：卷三．东京：大修馆书店，平成十三年(2001)：588.

② 李锦绣．唐“王言之制”初探//季羡林教授八十华诞纪念论文集，279.

③ 大唐六典：卷八，176.

所以在传世唐人文集中未见保存，也不见于《文苑英华》和《全唐文》。正如《文心雕龙》说章表奏议一样，虽是“经国之枢机”，但很少保留下来，“然阙而不纂者，乃各有故事，而布在职司也”①。所幸在敦煌文献中发现了奏抄的实物史料，有助于我们解决奏抄的具体形态问题。

日本学者大津透和榎本淳一根据编号为大谷 1262 和大谷 2597 等吐鲁番出土文书残片复原的唐仪凤三年（678）奏抄，是已发现的奏抄中难得的、也许是最早的一份较为完整的实物史料，现将其中几行移录于下：

1. 尚书左仆射［太子］宾客同中书门下三品监修国史乐城县开国公 使

2. 尚书右仆射太子宾客同中书门下三品道国公至德

3. 户部尚书上柱国平恩县开国公　囿师

4. 朝散大夫守相王府司马兼检校户部侍郎骑都尉德［真］等启。谨

5. 依常式支配仪凤四年诸州庸调及折造杂

6. 采色数并处分事条如右。谨以启闻，谨启。

7. 　仪凤三年十月廿八日　朝散大夫行度支员外郎 狄仁杰　上

8. 　司议郎［　　　　　］家［　　　］
　读

9. 　朝议大夫守中允上轻车都尉　　　郭待举 省

10. 　金紫光禄大夫行左庶子同中书门下三品上

---

① 刘勰．文心雕龙校证，154.

柱国龙山县开国公

张大安审

11. 诺

12. 十月［　　］日酉时都事 下直

13. 摄［　　　　　　］下直①

奏抄经过皇太子批复后，由尚书省下发到西州执行。这件文书是当时西州收到的公文原件的一部分。因为高宗皇帝出巡，由皇太子监国，故奏抄上于太子，称为“启”，太子画“诺”(如果是上于皇帝，则画“闻”)。太子左春坊中的左庶子、中允、司议郎分别相当于门下省的侍中、黄门侍郎和给事中②。关于奏抄的成立过程，中村裕一在大庭脩研究奏授告身的基础上，复原奏抄式如下：

尚书某司谨奏。某某事。

左仆射具官封臣名

右仆射具官封臣名

某部尚书具官封臣名

[某部侍郎具官封臣名]

某部侍郎具官封臣名　等，云云。谨以申闻，谨奏。

年　月　日　某司郎中具官封臣　姓名　上

给事中具官封臣　姓名　读

---

① 大津透，榎本淳一. 大谷探険隊吐魯番将来アンペラ文書群の復原——儀鳳三年度支奏抄・四年金部旨符. 東洋史苑，1987 (28)：47-78；大津透. 唐律令国家の予算について——儀鳳三年度支奏抄・四年金部旨符試釈. 史学雑誌. 1986，95 (12)：1831-1880. 参见李锦绣. 唐前期支度国用计划的编制及实施（上）. 北京大学学报（哲学社会科学版)，1991 (2)：71-82。

② 大唐六典：卷一“尚书左右司郎中员外郎”条，19；卷二六“太子左庶子”条，470-472. 参见李锦绣《唐“王言之制”初探》。

黄门侍郎具官封臣　姓名　省

侍中具官封臣　姓名　审

闻　御画①

从中可以看出，奏抄首先是尚书省六部中的某司为某事申奏。在上奏的过程中，以尚书省的名义而不是曹司的名义，尚书省的长官左右仆射需领衔上奏，某司所在部的尚书、侍郎也要签署官封臣名。但是，在左右仆射和尚书、侍郎签署之后，由具体上奏的某司郎中或员外郎署名“上”于门下省，主判的官员是某司郎中或员外郎。然后再经过门下省官员的读、省、审。门下省对奏抄的审读，是唐前期政务审批的主要方式。如果门下省官员认为尚书省奏上的奏抄对政务的处理不恰当，或者说不符合律令格式的规定，就可以而且应当驳回，由尚书省重新拟定处理方案。

奏抄是以尚书省名义上奏皇帝的处理国家政务的公文书。全国的日常政务都要集中到尚书省，由尚书省制为奏抄，经尚书左右仆射签署，报门下省审读后向皇帝申奏。奏抄的运作，是以尚书省为主体的，门下省负责审批，最后经过皇帝的御画，行下执行。

奏抄经过皇帝御画后，称为“御画奏抄”②。奏抄与敕，在唐律中是两个完全不同的概念。有学者谓发日敕即御画奏抄③，似误。奏抄的御画是“御亲画闻”，发日敕的御画是“发日”，二者明显不同。不过，御画奏抄在唐律中具有与制敕同样的法律效力和权威性。《唐律疏议》卷九“诸稽缓制

① 中村裕一．唐代公文書研究，179-180.

② 长孙无忌，等．唐律疏议：卷一九“盗制书及官文书”条疏议曰，350-351.

③ 参见李锦绣《唐“王言之制”初探》。

书”条，注曰：“誊制、敕、符、移之类皆是”，［疏］议曰：“谓奉正制敕，更誊已出，符、移、关、解、刺、牒皆是，故言‘之类’”[①]。是将誊写后的制敕及符、移等其他文书都看成一类，这是唐律中“举一例诸”的编写原则。根据这种原则，唐律中经常将奏抄与制敕并称，并不表示奏抄等同于制敕，也属于“王言之制”。如果奏抄就是敕书，便无必要并称了。

《唐律疏议》卷九“诸被制书”条疏议曰：

问曰：条云“被制书施行而违者徒二年”，未知敕及奏抄得罪同否？

答曰：上条“稽缓制书”注云：“誊制、敕、符、移之类皆是”。即明制、敕之义，轻重不殊。其奏抄御亲画闻，制则承旨宣用。御画不轻承旨，理与制书义同。[②]

律文按照“举一例诸”的原则，仅言“被制书施行而违者”，而没有言及敕及奏抄。所以“问曰”所问是敕和奏抄两项。“答曰”则先答有关敕的问题，说明敕与制在这个问题上“轻重不殊”。然后回答有关奏抄的问题，说明奏抄也“理与制书义同”。这里并不能说明奏抄即是敕书的一类（即发日敕），而恰好说明奏抄是与敕书并列的又一类文书。奏抄也不是“在曹常行”的官文书，“诸稽缓制书”条疏议曰：“官文书，谓在曹常行，非制敕、奏抄者”。奏抄行用的范围与发日敕并不完全重叠，即使有些事务表面上一样，性质也不相同。即如发日敕所“授六品已下官”，是六品以下一些特殊的官职，需要由宰相“进拟”[③]。《唐

① 长孙无忌，等. 唐律疏议：卷九，196-197.

② 同①197-198.

③ 杜佑《通典》卷一五《选举典》云：“五品以上，皆制授。六品以下守五品以上及视五品以上，皆敕授。凡制敕授及册拜，皆宰司进拟。”（杜佑. 通典. 北京：中华书局，1984：84）

六典》卷二“吏部尚书侍郎之职”条云：

> 五品已上以名闻，送中书门下，听制授焉。六品已下常参之官，量资注定；其才识颇高，可擢为拾遗、补阙、监察御史者，亦以名送中书门下，听敕授焉。其余则各量资注拟。①

奏抄所授官是由吏部制为奏抄后申报皇帝画“闻”批准，是《唐六典》所说的“其余则各量资注拟”，而不同于一些特殊的行用敕书的六品以下官。敕授是介于制授和奏授之间的对于一些特殊官员的任命。

在明了奏抄的基本形态及其体现的唐前期政务申报与审批的基本程序后，下面需要进一步探讨奏抄的应用时间问题。前引隋炀帝大业三年（607）的官制改革，门下省给事郎的职掌还是“审读奏案”。而自南北朝以来政务申报中应用的奏案，明显就是相当于唐前期的奏抄。那么，奏案在何时变为了奏抄呢？或奏抄最早应用于什么时期呢？

《唐六典》卷八“门下省侍中”条小注曰：“隋令有奏抄、奏弹、露布等，皇朝因之”②。则是隋朝就在法令中确立了奏抄这一公文，但具体时间不详。邓文宽先生将编号为北京图书馆藏位字七十九号（统一编号 8414）的敦煌文献命名为《唐贞观八年高士廉等条举氏族奏钞》③，似乎是迄今所知最早的奏抄史料。但这个定名存在问题。文中说“由文书‘敕旨：依奏’，我们可以确定它是一件奏抄”，有误。根据《唐六典》

---

① 大唐六典：卷二，25.

② 大唐六典：卷八，176.

③ 邓文宽．敦煌文献《唐贞观八年高士廉等条举氏族奏钞》辨证//敦煌吐鲁番学耕耘录．台北：新文丰出版公司，1996：233-262.

记载的唐代公文形态，有“敕旨：依奏”字样的文书应是“敕旨”，其所依之奏为“奏状”而非“奏抄”[①]。亦即对奏状的批复用敕旨，对奏抄的批复则仅仅是御画“闻”，而不可能是“敕旨：依奏”。皇帝对奏抄并不行使否决权，不存在是否“依奏”的问题。《陆宣公集》卷一七《请许台省长官举荐属吏状》：

> 国朝之制，庶官五品已上，制敕命之；六品已下，则并旨授。制敕所命者，盖宰相商议奏可而除拜之也；旨授者，盖吏部铨材署职，然后上言，诏旨但画闻以从之，而不可否者也。[②]

这是就命官文书而言，旨授就是奏授。其他场合的奏抄，也当遵循这种程式，同样是“诏旨但画闻以从之，而不可否者也”。因此邓文宽先生所定名的奏抄文书应不是奏抄。笔者尚未见到唐前期其他有“敕旨：依奏”样式的文书。吐鲁番出土的贞观廿二年处理三卫违番之事的敕旨[③]，在安西都护府下交河县符的环节来说，是一份实物史料，但在敕旨的环节上则未必完全等同于门下省转发至尚书省的原件。该件文书以“敕旨”二字开头，接着是一大段的处分内容，而未有对奏事文书进行批复的内容，更未见“敕旨：依奏”等字样。唐代中后期则有大量的“敕旨：依奏”或“敕旨：宜依”格式的

---

① 关于奏状的形态和批复问题，涉及唐代政务裁决机制转换，可参看本书第七章。

② 陆贽．陆宣公集：卷一七．刘泽民，校点．杭州：浙江古籍出版社，1988：170.

③ 吴宗国．唐贞观廿二年敕旨中有关三卫的几个问题——兼论唐代门荫制度//北京大学中国中古史研究中心．敦煌吐鲁番文献研究论集：第三辑．北京：北京大学出版社，1986：148-175；刘俊文．敦煌吐鲁番唐代法制文书考释．北京：中华书局，1989：404-413；中村裕一．唐代公文書研究，173.

文书。记年为贞观八年（634）的该件文书抄写于吐蕃统治末期［当是唐文宗开成元年（836）］，疑其被抄写时按照当时的习惯进行了改写，或为伪造之作。

奏抄最早应用于何时的问题还无法从实物史料求得解决，但可以肯定，从奏案到奏抄的改变发生在隋唐之际。从制度运作的实际情况看，奏抄的应用与尚书省成为纯粹行政机关和门下省成为三省制运作中的枢纽这样一种体制具有密切的关系。而这种体制，正是在隋唐之际确立的，而且仅仅存在于唐前期①。以开元十一年（723）中书令张说奏改政事堂为中书门下为标志，唐代的政务申报和审批机制发生了重大改变，奏抄的应用逐渐淡出。

（二）门下省对上下行文书的审署申覆

从政治体制变化的角度看，门下省官员对尚书省的奏事进行驳正，是对魏晋南北朝以来门下省“平省尚书奏事”制度的继承。但一直到隋朝初年，还没有形成在门下省设立专门的官职进行审查驳正的制度。《隋书·柳机传附柳雄亮传》略云：“（柳雄亮）迁给事黄门侍郎。尚书省凡有奏事，雄亮多所驳正，深为公卿所惮。”② 柳雄亮是以给事黄门侍郎的身份驳正尚书省奏事。只有到隋炀帝大业三年（607）将原来设于尚书吏部的给事郎移至门下省，“位次黄门（侍郎）下，置员四人，以省读奏案”，才确立了门下省内部由专门官员负责

① 吴宗国．三省的发展和三省制的确立//荣新江．唐研究：第3卷；吴宗国．隋唐五代简史，116；刘后滨．论唐高宗武则天至玄宗时期政治体制的变化//荣新江．唐研究：第3卷．

② 隋书：卷四七，1274．

审驳尚书省奏事的制度。唐武德三年（620），改给事郎为给事中，唐之给事中，“盖因古之名，用隋之职”①。《唐六典》卷八将给事中在上下行文书运作中的作用概括为：

> 凡百司奏抄，侍中审定，则先读而署之，以驳正违失。凡制敕宣行，大事则称扬德泽，褒美功业，覆奏而请施行，小事则署而颁之。②

对给事中在奏抄申报过程中的作用，通过律令做出明确规定，是唐初政治体制的一个重要特色，也是门下省在三省关系中枢纽地位的具体表现。

政事堂设在门下省，是门下省枢纽地位的标志。唐人李华说：“自武德以来，常于门下省议事，即以议事之所，谓之政事堂”③。又《大唐新语》卷十谓：“旧制，宰相臣常于门下省议事，谓之政事堂。故长孙无忌、魏徵、房玄龄等，以他官兼政事者，皆云知门下省事”④。唐人关于政事堂的记载，都认为是最先设于门下省的议事之所，在宰相议事的时候，以侍中执政事笔。这种制度必须以门下省处于三省结构中的枢纽地位为前提。给事中职掌的明确规定，可以看作与政事堂设在门下省相关的一个重要线索。

以下从唐前期中央行政体制及其运行机制的角度，分析以门下省为中心的行政运作，以及其所依托的公文运作。

门下省的长官侍中是“佐天子而统大政”的宰相，除了作为宰相参加御前会议和政事堂会议等参与最高决策的那部

① 通典：卷二一，123.
② 大唐六典：卷八，179.
③ 全唐文：卷三一六. 北京：中华书局，1983：3202.
④ 刘肃. 大唐新语：卷十. 北京：中华书局，1984：152.

分权力之外，在门下省的具体职掌则体现为，对于各种由下通上和由上达下的文书，“皆审署申覆而施行焉”。所谓审、署、申、覆，是对门下省在中央行政体制内的公文书运作中作用的概括。尽管《唐六典》是将其作为侍中的职掌来进行概括的，但综合其中关于门下省其他官员职掌的记载来看，这无疑也是对整个门下省职掌的一种表述。

如前所述，唐代“下之通于上”的文书，其制有六，包括奏抄、奏弹、露布、议、表、状。这里所谓“上”，不是泛指相对于各个下级而言的上级，而是相对于所有臣民的“皇上”。这是六种上于皇帝的文书。

门下省在朝廷裁决政务及文书运作中的作用，第一个环节表现为审。这是指上行文书中的奏抄、露布须经过门下省审核再上奏于皇帝，即“其奏抄、露布侍中审，自余不审”①。唐律规定：“尚书省应奏之事，须缘门下者，以状牒门下省，准式依令，先门下录事勘，给事中读，黄门侍郎省，侍中审。有乖失者，依法驳正，却牒省司”②。侍中、黄门侍郎、给事中在此两种文书上都要分别进行审署、省署、读署。门下省官员审署奏抄的实例很多，见于编号为 P. 2819 的敦煌文书所保留的唐公式令残卷中的“奏授告身式”，以及一些奏授告身③，不烦备举。上面提到的仪凤三年（678）奏抄的实物史料，亦足以说明此点。

门下省官员审读露布的实例尚未见到。但《玉海》卷二

---

① 唐六典：卷八，176；新唐书：卷四七作“自露布以上乃审”. 北京：中华书局，1975：1205.

② 唐律疏议：卷五，113.

③ 大庭脩. 唐告身の古文書學的研究//西域文化研究所. 西域文化研究第三. 京都：法藏馆，1960：279-374.

〇三所收《辞学指南》载北宋前期《朝制要览》所引用的露布式，可为理解唐代的露布运作提供参照，也正说明露布是经门下省审读的[①]。现将"某道行军元帅府/为申破某贼露布事"申上尚书兵部之后的几行移录于下：

1. 尚书兵部谨奏某道行军破贼露布事
2. 左仆射具官封臣名
3. 右仆射具官封臣名
4. 兵部尚书具官封臣名
5. 兵部侍郎具官封臣名等言 臣闻 云云 不胜庆快之至。谨以申闻，谨奏。
6. 　　年　月　日 兵部郎中具官封臣姓名上
7. 给事中具官封臣姓名　读
8. 门下侍郎具官封臣姓名　省
9. 侍中具官封臣姓名　审
10. 闻［御画］

在上奏于皇帝的六种上行文书中，需要门下省官员审读的只有奏抄和露布两种。奏弹是御史台官员弹劾百官的文书，由御史台直接上奏皇帝，无须经门下省，但上奏皇帝后，皇帝亦是御画"闻"。可参照日本《养老令》中的"奏弹式"[②]。议、表、状等文书上奏的途径比较复杂，有的直接上奏皇帝，有的通过中书省，中书舍人的参议表章与此有关。本书第四

① 该露布式在注中提到"张说为河内郡王平冀州贼契丹露布云"；并在此前介绍露布时，称宋朝露布云"臣无任庆快激切屏营之至"，注曰："唐露布云不胜庆快之至或云无任庆跃之至"，正与其引用的露布式相合。说明这是唐代的露布式，可为理解唐代的露布运作提供参照（王应麟. 玉海：卷二〇三. 南京：江苏古籍出版社，1987：3715-3717）。

② 中村裕一. 唐代公文書研究，34.

章将要对此进行讨论，此不赘述。但它们都不经过门下省，即“自余不审”。

接下来的问题是，门下省对于奏抄和露布的审读和对于议表状的不审，其背景是否包含着体制上的因素？而门下省对奏抄的审读，即门下省判断尚书省申奏的处理办法是否有违失，其依据是什么？

就后一个问题看，门下省官员对奏抄的审读，不会仅仅凭着其个人的判断，而一定有其法规或政令上的依据。为了探究这一点，有必要对奏抄的应用范围及其所处理的政务对象进行更加具体的分析。《唐六典》卷八“门下省侍中”条载奏抄的应用范围是“谓祭祀、支度国用、授六品以下官、断流已下（应为上）罪、及除免官当者，并为奏抄”①。具体说，奏抄的应用范围包括由礼部所掌的祭祀、户部和工部所掌的国家预算和物资支用、吏部和兵部所掌的文武官吏的选授和刑部所掌的司法刑狱。同样是这些方面的政务，有些在国家的立法中已有审批权限和处理程式的规定，体现为律令格式。但是，立法总是不可能跟上形势和事务的变化，所以有些则在现有法规和政令中还缺乏依据。

例如，在祭祀方面，有关立法体现在唐律中《职制律》的相关条款，唐令中《祠令》《礼令》《学令》的相关规定，以及相关的格式等。《祠令》规定，诸祭祀，“二十日以前，所司预申祠部，祠部颁告诸司”②。礼部的祠部司，“掌祠祀享

---

① 大唐六典：卷八，176.

② 仁井田陞. 唐令拾遗. 栗劲，等译. 长春：长春出版社，1989：116. 参见唐律疏议：卷九：职制律“诸大祀不预申期及不颁所司者”条，187。

祭，天文漏刻，国忌庙讳，卜筮医药，道佛之事”①，负责实施祭祀的有关机构，要在祭祀的二十日前，将具体的祭祀内容和详细程序向祠部申报，祠部据此制为奏抄，向门下省申奏。门下省进行审驳的依据就是相关的各种法规。具体批复祭祀各具体事项的是祠部，祠部掌握着有关祭祀的各项法规的执行权。门下省行使的是实际上的终审权。其他国家预算、授官和断罪等方面的政务，其申报过程中具体的裁决权和执行权，同样掌握在尚书六部的相关各司。门下省的审读，很大程度上是一种对程序是否规范的审查，同时也是呈送皇帝御画“闻”之前的最后把关。

正如学者们所指出的那样，唐代前期，当律令格式成文法体系完成之时，对法治的强烈志向是一种时代精神②。如果是已有立法依据的事务，处理起来就必须依照法规政令进行裁决。尚书六部处理的政务，基本上是在律令格式体系内进行的。存世的唐人各种《判集》中反映出，在判案过程中，大量引用律令格式并遵照执行。《唐律》也明确规定，“诸断罪皆须具引律令格式正文”，因为“犯罪之人，皆有条制。断狱之法，须凭正文。若不具引，或致乖谬”③。

如果是一些新出现的事务，在现有法规中找不到依据，其具体执行部门或官员就要向最高决策层提出，体现为向皇帝进呈的议、表、状等。再回到前一个问题，我们发现奏抄、奏弹、露布所处理的政务与议、表、状等所处理的政务，在

① 大唐六典：卷四“礼部祠部郎中员外郎之职”条，96-97.

② 池田温．敦煌本判集三種//末松保和博士古稀记念会．古代東アジア史論集（下）．东京：吉川弘文馆，1978：419-462.

③ 唐律疏议：卷三〇，561.

是否具有现行法规依据的问题上，其性质有着根本的不同。

门下省在朝廷裁决政务及文书运作中的作用，第二个环节表现为署。“署”是门下省审读奏抄的职权和执论封还制敕的职权在文书上的体现。门下省官员在文书上的署名，不仅体现在审驳奏抄、露布等上行文书，也体现在制敕下颁过程中。除了在上述奏抄、露布等文书中侍中审署、黄门侍郎省署、给事中读署之外，在制敕类下行文书中，侍中、黄门侍郎、给事中也都要署名。编号为 P. 2819 的敦煌文书背面保留的唐公式令残卷“制授告身式”中，有侍中、黄门侍郎、给事中“具官封臣名”。中村裕一著《唐代制敕研究》一书，收录了大量的制敕文书，提供了门下省官员署制敕的实例。

需要说明的是，制和敕作为两类不同级别的文书，门下省官员署名的意义是不同的。《唐六典》卷八所谓“凡制敕宣行，大事则称扬德泽，褒美功业，覆奏而请施行，小事则署而颁之”①。制书是大事，敕书是小事。在制书中，中书、门下两省官员的署名紧连在一起，是以两省官员的名义共同发布的，其下发至尚书省的用语为“制书如右，请奉制付外施行。谨言”。在敕书中，中书门下两省官员的署名分开，中书省官员宣奉行之后，门下省官员的作用只是转牒尚书省施行。在中书省官员署名之后，门下省官员先写上“奉敕如右，牒到奉行”，注年月日之后，再署名。

唐人对于制和敕两种不同文书的理解，正说明门下省在其中作用的区别。出土的杨晋撰《大唐开元十三年岁次乙丑六月癸丑朔二日甲寅赵州象城县光业寺碑并颂》② 中引用了此

① 大唐六典：卷八，179.

② 吴钢. 全唐文补遗：第一辑. 西安：三秦出版社，1994：14-15.

前的一份诏书（即制书）和一份敕书，按公式令规定的文书格式进行简单复原后移录如下（括号内文字为笔者所补）：

甲、仪凤之（元?）年追上宣简公尊号诏

1.（前略）仍令所司备礼，昭告

2. 宗庙。思叶慎终，以申孝享。主者施行。

3. 　　　　　　　　　　［仪凤元？年　月　日］

4. 　　　　　　　　　　　中书令臣李敬玄　宣

5. 　　　　　　　　中书侍郎门下三品臣薛元超　奉

6. 　　　　中书舍人弘文馆学士上柱国臣郭正一　行

7. 侍中太子宾客　假

8. 通议大夫守黄门侍郎同中书门下三品上骑都尉臣恒　［等言］

9. 奉诏书如右。臣闻惟

10. 圣君图列鸿名，以光七庙。惟

11. 皇纂统□至道，以亲九族。是以追奉

12. 大王，（中略）奉

13. 诏付外施行。［谨言。］

14. 　　　　　　　　　　　［仪凤元？年　月　日］

15. ［制可］

乙、其年（同上年）五月敕：

1. 皇祖

2. 宣皇帝陵，以建昌为名。

3. 皇祖

4. 光皇帝陵，以延光为名。有司依式。

5. 　　　　　　　　　　［仪凤元？年五月　日］

6. 　　　　　　　　　　　中书令臣李敬玄　宣

7. 中书侍郎同［中书］门下三品臣薛元超 奉

8. 中书舍人臣刘祎之 行

这是开元年间唐人在同一碑文中引用的基本同时的制书和敕书，除了省略一些固定的用语外，应为制敕原文。值得注意的是，碑文引用制书至门下省官员签署并覆奏后的“奉诏付外施行”，即作者认为至此制书才主体完成。而碑文引用敕书则至中书省官员宣奉行止，说明作者认为敕书主体至此完成。也就是说，只有经过门下覆奏画可之后，制书才告完成，制书是以中书、门下两省的名义共同发布的；而敕书是以中书省的名义发布的，门下省官员署名的意义只是奉敕而牒尚书省，而不是敕书的最初发布者①。

皇帝在制、敕上御画的位置，亦可说明这个问题。制书画“可”在门下覆奏之后，以下是中村裕一根据大量制书对仁井田陞复原制书式的补正：

1. 门下。云云。主者施行。

2. 年月御画日

3. 中书令具官封臣姓名 宣

4. 中书侍郎具官封臣姓名 奉

5. 中书舍人具官封臣姓名 行

6. 侍中具官封臣名

7. 黄门侍郎具官封臣名

① 端方《匋斋藏石记》卷二一所收“门下省行尚书省文刻石”，如众位日本学者所指出的，实际上是一通制授告身的断片，原书定名欠妥。制书是中书、门下两省共同下发的。敕书则有门下省行尚书省的性质，是门下省转发的中书省签署的公文（中村裕一．唐代制勅研究，38，44）。

8. 给事中具官封名　　　等言
9. 制书如右。请奉
10. 制付外施行。谨言。
11. 　　　　　　年月日
12. 可　　御画[①]

需要补充的是，既以“门下”开头，则为经门下省重写之后的制书，中书令宣之前的御画日，应为中书省对御画的重写，门下省官员签署之后的御画可则应为侍中所注的“制可”。中村裕一的补正尚需要补正。

制书的形成，首先是中书舍人的起草，进画。进画即由皇帝御画日，是皇帝意志在制书中的体现。中书省将御画日之后的制书重写一份，原件留中书省制敕甲库存档。然后中书省将重写的制书向门下省宣奉行，门下写好覆奏文后进行覆奏，皇帝御画可后，下门下省，重写一份，侍中注制可，下尚书省施行，原件留门下省制敕甲库存档[②]。

关于中书省进画为皇帝御画日，然后还要重写一份，中村裕一和李锦绣分别引用日本《养老令》诏书式和《新唐书·百官志》所载詹事府的材料进行了间接的论证，对内藤乾吉关于唐代制书成立过程的理解进行了纠正[③]。《唐律疏议》卷二五“诸诈为制书及增减者”条疏议曰：

注云“施行，谓中书覆奏”，此谓诈为敕语，及虽奉

① 中村裕一．唐代制勅研究，63．
② 参见前引李锦绣《唐“王言之制”初探》。
③ 内藤乾吉．唐代的三省//日本学者研究中国史论著选译：第 8 卷，225-251．

制敕处分，就中增减，中书承受，已覆奏讫。①

中书的覆奏即指进画。中书覆奏讫即是已“施行”，这是对于诈为制书的法律界定，并不说明制书已经完成。

敕书的御画比较复杂，包括御画发日的发日敕、画日并画敕的论事敕书等，其御画都是在中书省官员宣奉行之前②。而敕旨则无御画。

尽管如此，敕书仍须经过门下省的转牒，中书省不能直接向尚书省宣行。如果门下省官员不署敕，敕书仍无法律效力，此即刘祎之所谓“不经凤阁鸾台，何名为敕”③。门下省的署敕权，正是其枢纽地位的体现之一。

署敕权体现的是门下省在制敕下颁过程中对中书省的制约，是东晋南北朝以来诏令下发须过门下制度的发展。贞观元年（627），唐太宗对黄门侍郎王珪说，“中书所出诏敕，颇有意见不同，或兼错失而相正以否。元置中书、门下，本拟相防过误”④。贞观三年（629），唐太宗再次对侍臣强调，中书、门下的官员对于“诏敕如有不稳便，皆须执论。……若惟署诏敕、行文书而已，人谁不堪？何烦简择，以相委付？自今诏敕疑有不稳便，必须执言，无得妄有畏惧，知而寝默”⑤。太宗即位之初担任给事中的魏徵，对于中书省起草的关于征点十八岁以下中男壮大者为兵的敕文，尽管已经过皇帝的签署下发到门下省，但他坚持不肯署敕，这个决定终于

① 唐律疏议：卷二五，457-458.

② 中村裕一《唐代制敕研究》复原的各种敕书式。又：雷闻. 从 S. 11287 看唐代论事敕书的成立过程//荣新江. 唐研究：第 1 卷. 北京：北京大学出版社，1995。

③ 旧唐书：卷八七，2848.

④ 贞观政要：卷一，13.

⑤ 同④14.

没有颁下施行①。这种在诏敕下颁过程中的执论，甚至拒绝署敕，就逐渐发展成为给事中封还敕书的权力，但并不称为驳正，而可以称之为“封还”，后来发展为“涂归”。《新唐书·百官志》概括为，“凡百司奏抄，侍中既审，则驳正违失。诏敕不便者，涂窜而奏还，谓之‘涂归’”②。

“封还”与“驳正”是两个概念，封还针对下行文书即皇帝的制敕，驳正针对上行文书即百司奏抄，合起来称为“封驳”。这是给事中职权的集中体现，也是理解门下省枢纽地位的关键。史乘中有许多给事中“封还敕书”的记载，虽多为唐后期的事例，仍可说明封还的含义③。《通典》卷一五《选举三》谓吏部授六品以下官的奏抄上于门下省后，“给事中读之，黄门侍郎省之，侍中审之。不审者皆得驳下，既审然后上闻，主者受旨而奉行焉”④。这是对驳正的具体表述。

由于唐代政治体制的变化及因此带来的给事中职权的转换，到唐代中后期，门下省除了“过官”（即对尚书吏部任官奏抄的审读）等少数审读奏抄的程式还保留外，少有对上行文书的审读，给事中的职掌重心也从审读上行文书为主转为对制敕下颁过程中的执论封还为主。宋人根据中唐以后和宋朝当时给事中的职权，将“封驳”仅仅理解为对于下行文书的审查，理解为对中书省草制权的制约，实在是对唐前期三省制一个极大的误解。而且，这种误解可谓贻误千载，直到今天，仍有不少人为其所蔽。

---

① 贞观政要：卷二，66；资治通鉴：卷一九二“武德九年十二月”条．北京：中华书局，1956：6026-6027.

② 新唐书：卷四七，1207.

③ 毛汉光．论唐代之封驳．中正大学学报，1992，3（1）：1-50.

④ 通典：卷一五，84.

如司马光根据自己的理解，在《资治通鉴》中将上引贞观元年（627）太宗对王珪的那段话改写为“国家本置中书、门下以相检察，中书诏敕或有差失，则门下当行驳正”①。将“执论”“执言”改写为“驳正”，并将原本针对奏抄而言的“驳正”理解为针对诏敕的行为。这种情况在其他大量的宋人著述中都可见到。由于对“封驳”的片面理解，致使宋人对三省制的理解也停留在“中书出令，门下审驳，分为二省，而尚书受成，颁之有司”② 这样一种笼统的概念上。此种说法自宋朝以来很流行，如宋人赵陞《朝野类要》卷一云：“中书拟定，门下进画，尚书奉行”③。宋人陈振孙云：“中书造命，门下审覆，尚书奉行”④。明人王鏊曰：“中书主出命，门下主封驳，尚书主奉行”⑤。而且，这种观点一直影响到今天人们对三省制的理解。

唐前期重大政务的决策都要经过政事堂，即三省长官和以他官参掌朝政的知政事官组成的宰相联席会议的讨论，而且政事堂就设在门下省，讨论结果的记录整理由侍中“执政事笔”。所以，门下省“封还制敕”的情况很少，尤其是封还制书的情况几乎没有，给事中最重要的职掌是对奏抄类上行文书的驳正⑥。

门下省在朝廷裁决政务及文书运作中的作用，第三个环节表现为申。“申”是指门下省对奏抄审查后，申报皇帝批

① 资治通鉴：卷一九二“贞观元年十二月”条，6041.
② 文献通考：卷五〇．杭州：浙江古籍出版社，1988：456.
③ 赵陞．朝野类要：卷二．王瑞来，点校．北京：中华书局，2007：44.
④ 陈振孙．直斋书录解题：卷六．上海：上海古籍出版社，1987：172-173.
⑤ 王应麟．困学纪闻：卷一三．北京：商务印书馆，1959：1043.
⑥ 参见前引毛汉光《论唐代之封驳》。又：祁德贵．论唐代给事中的主要职掌．中国史研究，1995（1）：63-72。

准。皇帝批准的程式是御画“闻”，再下发上奏机关执行。如大量的奏授告身，就是侍中审后申皇帝御画“闻”的奏抄，再经尚书都省转发至吏部施行。至于门下省向皇帝申奏的具体程序和途径，则是一个还有待进一步研究的问题。

门下省在朝廷裁决政务及文书运作中的作用，第四个环节表现为覆。“覆”即是指对制书类文书进行覆奏。需要指出的是，这种覆奏并不是对制敕的封还。内藤乾吉《唐代的三省》一文注释中，已举出肃宗《命皇太子监国制》之后门下省的覆奏文为例加以说明。覆奏是相对于中书起草进画和中书覆奏而言的呈请皇帝画“可”的手续。

制书处理的是大事，敕书处理的是小事，故制书下颁过程中需要覆奏，敕书下颁过程中则直接“署而颁之”。这与传世和出土的制授告身和敕授告身正相吻合。《唐六典》所谓“凡制敕宣行，大事则称扬德泽，褒美功业，覆奏而请施行，小事则署而颁之”①，乃综括言之。这种概括的说法，是读《唐六典》时需要特别注意的。

因只有制书才需覆奏，故《唐六典》“侍中”条在说明侍中对于下通上的文书（实际上也包括上达下的文书）“皆审署申覆而施行焉”之后，注云：“覆奏画可讫，留门下省为案。更写一通，侍中注‘制可’，印缝，署送尚书省施行”②。这完全是针对制书而言的，而不包括敕书在内，当然所指更非奏抄类上行文书。

又并非所有制书都要“称扬德泽，褒美功业”，一些处理重大事件的制书有这样的覆奏文，一般的制书则没有。完整

① 大唐六典：卷八，179.

② 同①177.

的有覆奏文的制书，见于《唐大诏令集》卷三〇《肃宗命皇太子监国制》、卷五《武宗改名诏》、卷一二五《诛王涯郑注后德音》。上引仪凤元年（676）诏也属于此类。中村裕一对这种有“称扬德泽，褒美功业”覆奏文的制书式进行了复原[①]。

一般的制书覆奏文只有“制书如右，请奉制付外施行。谨言”。敕书则无须覆奏，门下省官员署名后直接转牒尚书省施行，“署而颁之”而已。如果不同意，则可以不署敕，封还中书省。

《新唐书·百官志二》“门下省侍中之职”条作：“自露布以上乃审，其余覆奏，画制可而授尚书省”[②]。其实，这段话有错漏。根据《唐六典》，当作：“自露布以上乃审，其余不审。覆奏，画制可而授尚书省”[③]。即使这样，这段话也还是不清楚，没有说明覆奏只是针对制书而言。故张国刚认为：“可见议、表、状这些‘其余不审’的公文只需覆奏画可就行了。其具体办法是：‘覆奏画可讫，留门下省为案，更写一通，侍中注制可，印缝送尚书省施行’。”而奏抄等需要经过侍中审查的文书，还得由给事中驳正。他还将“制书如右，请奉制付外施行”看作是“小事则署而颁之”的文书程式[④]。这里面存在着对于以门下省为中心的公文运作机制的一些误解。

综上所述，唐前期门下省以其沟通内外的建制，其长官侍中主持政事堂会议，并与黄门侍郎、给事中一起审驳各种上行文书和签署各种诏（制）敕，在皇帝与百官百司以及三

① 中村裕一．唐代制勅研究，73.
② 新唐书：卷四七，1205.
③ 大唐六典：卷八，176-177.
④ 张国刚．唐代官制，32-33.

省之间起到枢纽的作用。

二、制（诏）敕文书的成立及以中书省为中心的公文运作

唐前期中书省的职权主要体现为起草制敕和参议表章两个方面，起草制敕是其在下行文书中的作用，参议表章是其在上行文书中的作用。以起草制敕为中心，中书省担负着为皇帝进奏宣读章表、起草宣行各种命令文书的重大责任，在政务申奏与裁决的程序中，是比门下省离皇帝更近的一个环节。以中书省为基点来总揽唐前期中央的政务运作，其中的主角是中书舍人，最核心的公文书是以皇帝名义发布的制敕。

如前所述，在唐前期的政务裁决机制中，如果是在律令格式制定之后新出现的政务或律令格式无法涵盖的特殊情况，按照现有规定无法处理，就需要在门下省审读奏抄的途径之外开辟新的裁决机制。最初也许由政事堂会议进行商议，但随着此类事务越来越多也越来越具体，就落实为由中书省帮助皇帝随事裁决，尤其是中书舍人参议表章，提出初步处理意见。以中书省为中心的表状的运作及需要皇帝敕裁的政务审批，构成了唐前期公文运作和政务裁决的另外一个主要途径。但是，这种机制是在高宗后期至武则天统治时期逐渐形成的，是三省制向中书门下体制转变过程的关键步骤，将在第四章再具体论述。

（一）隋朝内史省的内外建制及其起草宣行诏敕的职权

中书省在隋朝称为内史省。隋初内史省置内史监、内史

令各一人，内史侍郎四人，内史舍人八人，通事舍人十六人，主书十人，录事四人。开皇初年，内史监有虞庆则，内史令有李德林、赵芬，内史侍郎有李安，内史舍人有薛道衡等①。寻废监，置内史令二人。炀帝大业三年（607）定令，内史省减侍郎员为二人，减内史舍人员为四人。加置起居舍人员二人，次舍人下。改通事舍人员为谒者台职。减主书员，置四人，加为正八品。大业十二年（616），改内史为内书②。《隋书·百官志》未言内史省职掌，但在北齐中书省则记为“管司王言，及司进御之音乐”，又领舍人省，置中书舍人、主书各十人，“掌署敕行下，宣旨劳问”③。隋朝内史省之职大体同于此，主要职掌是起草、宣行诏敕。不过，北齐舍人省分置，至隋则已合并于内史省，内史省因此有了内省和外省之分。

魏晋以来，帮助皇帝进行决策的中书、门下两省，都是处于宫禁之中的内省，南朝的情况也大体如此。自北朝开始，这种格局发生了变化。《通典·职官三》云：“后魏有舍人省，而不言其员。”④ 一方面，中书省是处于禁中的内省，在宫禁之内帮助皇帝草诏；另一方面，在北魏之初负责宣旨后来“并掌诏诰”的舍人省，尽管它也归中书省统领，但却是设于皇宫之外的机构⑤。北齐的中书省和舍人省继承的就是北魏之制，所谓“后齐制官，多循后魏”⑥。这样，原本处于禁中帮助皇帝进行机密决策的中书省，实际上就具备了沟通内外的

① 见《隋书》诸人本传。

② 隋书：卷二八，795.

③ 隋书：卷二七，754.

④ 通典：卷二一，126.

⑤ 祝总斌对此有详密的考证，见《两汉魏晋南北朝宰相制度研究》，第374页。袁刚也提出北魏、北齐决策机构即有内外之分，见《隋唐中枢体制的发展演变》。

⑥ 同③751.

条件。

隋朝建立的禁省制度，即在禁中设立已经属于外廷的门下、中书两省的内省。于是，门下、中书两省都有了内省、外省之分，两省官员具有内外朝官的双重身份，在唐代称为“供奉官”，是一种沟通内外的建制①。唐前期中书、门下两省设有内省。《贞观政要》卷一《政体》载贞观元年（627）诏“京官五品以上，更宿中书内省”②。而且直到唐高宗初年，中书省仍置内省。崔融撰《薛元超墓志铭并序》讲到薛元超在高宗时期担任中书舍人说：

> 仍与上官仪同入阁供奉。从容诏制，肃穆图书。（中略）中书内省旧有磐石，相传云，内史府君常踞以草诏。公每游于斯，未尝不潸然下泣。③

《旧唐书·薛收传附子元超传》略云：

> 高宗即位，擢拜给事中，时年二十六。俄转中书舍人。中书省有一盘石，初，（薛）道衡为内史侍郎，尝踞而草制。元超每见此石，未尝不泫然流涕。④

薛道衡是薛元超的祖父，隋朝时为内史侍郎，在中书内省起草诏令，说明中书省分为内省和外省的建制，在隋朝已经确立。但是，薛道衡以内史（中书）侍郎起草诏令，又说明当时中书省内部的分工还没有确立由中书舍人专门起草诏令的制度。两省被撵出宫禁，撤销内省建制，则是高宗龙朔三年（663）将朝

① 袁刚．隋唐中枢体制的发展演变，15．

② 贞观政要：卷一，12．

③ 全唐文补遗：第1辑，70．

④ 旧唐书：卷七三，2590；又：钱易．南部新书：甲．黄寿成，点校．北京：中华书局，2002：3。

政中枢从西内太极宫移至大明宫（蓬莱宫）时完成的[①]。

隋朝内史省的主要职掌是起草、宣行诏敕。

李德林在杨坚篡周过程中担任丞相府属，后进授丞相府从事内郎，实际上相当于内史令，故在杨坚即位之日，授内史令。其间，为杨坚起草了大量的文书。“未几而三方构乱，指授兵略，皆与之参详。军书羽檄，朝夕填委，一日之中，动逾百数。或机速竞发，口授数人，文意百端，不加治点。”到了禅代之际，“其相国总百揆、九锡殊礼诏策笺表玺书，皆德林之辞也”。开皇五年（585），敕令撰录做相时文翰，李德林因此编成了五卷的《霸朝杂集》。在文集的序言中，李德林谈到了自己所做的起草诏令之事，他认为自己“非勋非德，厕轩冕之流；无学无才，处艺文之职。……出入闾阖之闱，趋走太微之庭，履天子之阶，侍圣皇之侧，枢机帷幄，霑及荣宠者也”。他说自己所起作用，有时是对杨坚言论的记录，“发言吐论，即成文章，臣染翰操牍，书记而已”，如果有“词理疏谬，遗漏阙疑，皆天旨训诱，神笔改定”；有时是自己撰作或对他人起草的文书加以润色，“檄书露板，及以诸文，有臣所作之，有臣润色之。唯是愚思，非奏定者”。由于当时军国多务，簿领纷纭，起草文书之事异常繁忙，“加以奏阁趋墀，盈怀满袖，手披目阅，堆案积几。心无别虑，笔不暂停，或毕景忘餐，或连宵不寐，以勤补拙，不遑自处”。李德林在隋朝建立后做了内史令，主要工作是参与修订律令和典机密，起草诏令之事主要落到了内史侍郎和内史舍人身上。到开皇十年（590），因廷议忤旨，隋文帝数之曰：“公为内史，典朕机密。

① 袁刚. 隋唐中枢体制的发展演变，64.

比不可豫计议者，以公不弘耳。宁自知乎?”于是出为湖州刺史，李德林拜谢曰：“臣不敢复望内史令，请预散参”①。

尽管内史侍郎被认为是“枢要”之职，但现有关于隋朝内史省的史料中，内史侍郎和舍人事皆不显。这也许是隋朝内史省地位不显的一个旁证。个别内史侍郎享有声名，是因为皇帝的特别赏识。如开皇后期，薛道衡为内史侍郎，起草文书时，搜肠刮肚，隐坐沉思，在空斋踏壁而卧，闻户外有人便怒。这是一种“构文”的状态，重要的是如何写文章，更好地体现出皇帝的旨意。所以，隋文帝说“薛道衡作文书称我意”。当隋文帝给他加官晋爵时，薛道衡辞以无功，而隋文帝说：“尔久劳阶陛，国家大事，皆尔宣行，岂非尔功也?”② 说明皇帝诏令的军国大事，都是由内史侍郎起草宣行的。这种起草宣行，重在文章写作，而不是谋议决策。

不过，内史侍郎在起草宣行诏敕之外，还可以参与最高决策的谋划，所谓典机密或掌朝政。不过，其参掌朝政需经皇帝的特别授权。虞世基在隋朝灭陈后由陈归隋，从通直郎直内史省到内史舍人，炀帝时做到内史侍郎。“帝重其才，亲礼逾厚，专典机密，与纳言苏威、左翊卫大将军宇文述、黄门侍郎裴矩、御史大夫裴蕴等参掌朝政。于时天下多事，四方表奏日有百数。帝方凝重，事不庭决，入阁之后，始召世基口授节度。世基至省，方为敕书，日且百纸，无所遗谬。其精审如是”③。说明皇帝批答四方表奏的敕书，是由内史侍郎起草的。虞世基专典机密并参掌朝政，同时还要起草诏敕。

① 隋书：卷四二，1199，1200-1202，1208.
② 隋书：卷五七，1407-1408.
③ 隋书：卷六七，1572.

隋朝还没有形成中书舍人专门起草制敕的制度。

（二）唐前期中书舍人的主要职掌

唐前期中书省内部的机构建制和职能划分比隋朝更加明确。中书令具有双重身份，一方面是宰相，“佐天子而执大政”，体现了《唐六典》的宰相观念；另一方面作为中书省的长官，其职权主要体现在对“王言之制”的宣署申覆，已见前述。中书侍郎的地位在唐前期有所变化，到开元前后，也已经具有作为宰相和中书省副长官的双重身份。其在“王言之制”的各类文书上签署“中书侍郎奉”，是“掌贰令之职”的具体表现，体现的是其作为中书省副长官的作用。而中书侍郎从贞观时期开始进入宰相班子，如贞观十六年（642）正月，岑文本为中书侍郎“专典机密”；贞观二十二年（648）正月，崔仁师为中书侍郎“参知机务”。高宗武则天时期，中书侍郎带“同中书门下三品”衔入相的情况普遍起来。到开元时期，中书侍郎则一般都是宰相①。“凡邦国之庶务，朝廷之大政，皆参议焉”②，则是在中书侍郎普遍带衔入相的情况下，其作为宰相的作用。

唐前期中书舍人的作用突出，成为具体承担中书省职能的主要职务。根据《唐六典》卷九的记载，其主要职掌有六个方面：

(1) 起草和进画制敕。在唐代，尽管有时还以中书侍郎起草制敕，但制度上起草进画已成为中书舍人的专职，并在“王言之制”的各类文书上签署“中书舍人行”，具有签署和奏改制敕文书的职权。这就是“凡诏旨、制敕及玺书、册命，

---

① 新唐书：卷六一：宰相表上.

② 大唐六典：卷九“中书侍郎之职”条，201-202.

皆按典故起草进画；既下，则署而行之。……制敕既行，有误则奏而改正之”。

中书舍人起草制敕文书并非亲笔书写，有时只是口述或起草底稿，而由中书主书等小吏书写。如贞观初，岑文本擢拜中书舍人，渐蒙亲顾。“文本所草诏诰，或众务繁凑，即命书僮六七人随口并写，须臾悉成，亦殆尽其妙”①。天授元年(690)，“寿春郡王成器兄弟五人初出阁，同日受册。有司撰选仪注，忘载册文。及百僚在列，方知阙礼。宰相相顾失色，中书舍人王教立召小吏五人，各令执笔，口授分写，同时须臾俱毕。词理典赡，时人叹服”。景龙四年（710）六月二日，“初定内难，唯中书舍人苏颋在太极殿后。文诏填委，动以万计，手操口对，无毫厘差误。主书韩礼、谈子阳转书诏草，屡谓颋曰：‘望公稍迟，礼等书不及，恐手腕将废。’中书令李峤见之，叹曰：‘舍人思若涌泉，峤所不测也’”②。

中书舍人如果不能起草制敕，则不称职。如陆余庆，少与知名之士陈子昂、宋之问、卢藏用以及道士司马承祯、道人法成等交游，虽才学不逮子昂等，而风流强辩过之，累迁中书舍人。“则天尝引入草诏，余庆惶惑，至晚竟不能措一辞，责授左司郎中”③。

而按典故起草，是指在起草制敕文书之时，需要参考遵循古代的经典④，有时还需要参照存档的制敕旧本。如“阳滔

---

① 旧唐书：卷七〇，2536.

② 唐会要：卷五五，944.

③ 旧唐书：卷八八，2877.

④ 史载武宗会昌六年（846）三月太常博士段瑰等三十九人奏议曰：“当汉氏承秦焚烧之余，不识典故，至于庙制，率意而行”（旧唐书：卷二六，984）。典故指古代经典。

为中书舍人，时促命制敕，令史持库钥他适，无旧本检寻，乃斫窗取得之，时人号为斫窗舍人"[①]。

(2) 侍奉进奏。这是曹魏以来中书舍人掌"呈奏案章"职权的发展，至唐代体现为在几种不同的场合"受其表状而奏之"。下节关于中书省在中央文书运行中的作用将详述之。

(3) 在朝堂册命大臣时使持节和读册命。即"凡册命大臣于朝，则使持节、读册命，命之"。唐代选官制度，"凡诸王及职事正三品以上，若文武散官二品以上，及都督都护上州刺史之在京师者，册授"。唐代对大臣的册命，分为临轩册授和朝堂册授两种。"诸王及职事二品以上，若文武散官一品，并临轩册授。其职事正三品、散官二品以上及都督都护上州刺史，并朝堂册，讫，皆拜庙"[②]。中书舍人负责持节和读册命的场合是朝堂册授，具体礼仪为：

> 设受册者版位于东朝堂前近，南北向。又设［中书］舍人宣册位于其北，南向。将册舍人（案：即负责将册的通事舍人）引受册者就版位立，舍人公服，先以册书置于案，令史二人绛公服，对举案。又［通事］舍人引中书舍人持节者前导，持案者次之，出诣宣册位。持节者立于［通事］舍人之东少南，西向。持案者立于［通事］舍人西南，东面［向］。持节者脱节衣，持案者进［通事］舍人前，［通事］舍人取册，持案者退复位。［通事］舍人称"有制"，受册者再拜。宣册讫，又再拜。又［通事］舍人引受册者进舍人前，北面受册，退复位。[③]

---

① 张鷟．朝野佥载：卷二．赵守俨，点校．北京：中华书局，1979：48.
② 通典：卷十五，84.
③ 通典：卷一二五，656-657.

持节和读册命的，分别是两员中书舍人，即持节者和持案者。这是朝堂册授。如果是临轩册授，则有“临轩册命诸王大臣”之礼，由中书令读册。即《唐六典》“中书令之职”条所谓“册命勋贤，临轩则使读册”，“中书侍郎之职”条所谓“凡临轩册命大臣，(中书）令为之使，则持册书以授之”。

(4）劳问将帅宾客。即“凡将帅有功，及有大宾客，皆使以劳问之”。唐代皇帝对将帅宾客和地方官员的劳问，或遣中官，或颁玺书。中书舍人出使劳问，当是携带玺书。如贞观十五年（641）李勣打败薛延陀后，“勣还入定襄，天子遣使者赍玺书劳问，赏功恤死”[①]。万岁通天二年（697)，肃政台中丞检校幽州都督张仁愿在防御突厥默啜对幽州的进攻时，“流矢中手，贼亦引退。则天遣使劳问，赐以医药”[②]。这都是对有功将帅的劳问，其使者当是中书舍人。开元二十一年(733)，根据恒州刺史韦济以状奏闻，玄宗令通事舍人裴晤往迎方士张果，张果对使绝气如死，良久渐苏，晤不敢逼，驰还奏状。于是，玄宗“又遣中书舍人徐峤赍玺书以邀迎之，果乃随峤至东都，肩舆入宫中”[③]，说明派中书舍人赍玺书邀迎是迎问大宾客的最高礼节。

中书舍人出使劳问，不仅是针对有功的将帅和大宾客，还包括对受灾民众的巡省慰问。如开元二十二年（734）春正月乙酉，怀、邢、相等五州乏粮，遣中书舍人裴敦复巡问，量给种子[④]。贞元八年（792)，奚陟擢拜中书舍人，“是岁，

① 新唐书：卷二一七下，6136.
② 旧唐书：卷九三，2981.
③ 旧唐书：卷一九一，5106.
④ 旧唐书：卷八，200.

江南、淮西大雨为灾，令陟劳问巡慰，所在人安悦之”[①]。

(5) 受理天下冤滞。即“凡察天下冤滞，与给事中及御史三司鞫其事”。中书舍人与给事中和御史组成的三司，是一个受理上诉的机构，又称为“三司受事”[②]。唐代司法制度中规定了严密的诉理程序，对有司断罪量刑“不伏”而以为冤滞者，可以逐级上诉。“凡有冤滞不申欲诉理者，先由本司本贯，或路远而踬碍者，随近官司断决之。即不伏，当请给不理状，至尚书省左右丞为申详之。又不伏，复给不理状，经三司陈诉。又不伏者，上表。受表者又不达，听挝登闻鼓，若惸独老幼不能自申者，乃立肺石之下”[③]。所谓“三司受事”，是在听取尚书省左右丞申详之后还不伏者的陈述，“凡天下冤滞未申及官吏刻害者，必听其讼，(给事中) 与御史、中书舍人同计其事宜，而申理之”[④]。经三司陈述后，可以向皇帝上表申奏，但必须由三司监受。《唐律疏议》卷二四《斗讼律》“越诉”条疏议曰：

> 问曰：有人于殿庭诉事，或实或虚，合科何罪？
>
> 答曰：依令，“尚书省诉不得理者，听上表”。受表恒有中书舍人、给事中、御史三司监受。若不于此三司上表，而因公事得入殿庭而诉，是名越诉。不以实者，依上条杖八十。得实者，不坐。[⑤]

---

① 旧唐书：卷一四九，4022.

② 史载“凡三司理事，则（侍御史）与给事中、中书舍人更直于朝堂受表”（大唐六典：卷十三“侍御史之职”条，271）。“(侍御史）又分直朝堂，与给事中、中书舍人同受表里［理］冤讼，迭知一日，谓之三司受事”（通典：卷二四“御史台”条，144）。

③ 大唐六典：卷六“刑部郎中员外郎之职”条，148.

④ 旧唐书：卷四三“给事中之职”条，1844.

⑤ 唐律疏议：卷二四，448.

三司受理申诉冤滞的奏表，当是中书舍人“侍奉进奏”职掌的延伸。以中书舍人、给事中和御史组成的“受事”的三司，在唐前期具有对重大案件的审判权，所谓“鞫其事”[①]，高宗武则天以后，这种权力也逐渐被由尚书刑部、御史台、大理寺组成的另一个“三司”所取代。《新唐书·刑法志》谓“自永徽以后，武氏已得志，而刑滥矣。当时大狱，以尚书刑部、御史台、大理寺杂按，谓之‘三司’”。肃宗收复两京后，确立了《新唐书·百官志一》“尚书刑部”条所谓“凡鞫大狱，以［刑部］尚书侍郎与御史中丞、大理卿为三司使”的制度[②]。

（6）预裁百司奏议及文武考课。即“凡百司奏议，文武考课，皆预裁焉”。百司奏议，指的是百官针对朝政提出建议的论事文书和就疑难问题进行讨论而上奏的文书，包括《唐六典》卷八“门下省侍中之职”条所云六种下通上文书中的“状”和“议”[③]，《唐六典》对“状”没有具体的解释，但云

---

① 《大唐六典》卷十三“侍御史”条，三司“更直于朝堂受表”注曰：“其鞫听亦同”（第271页）。鞫，是推按审判。《资治通鉴》卷一九七记贞观十七年四月，有告太子谋反事，“敕长孙无忌、房玄龄、萧瑀、李世勣与大理、中书、门下参鞫之”。胡三省注曰：“唐制，凡国之大狱，三司详决。三司，谓给事中、中书舍人与御史参鞫也”（资治通鉴：卷一九七，6139）。

② 刘后滨．唐代司法“三司”考析．北京大学学报（哲学社会科学版），1991（2）：37-44.

③ 权德舆撰《唐陆宣公翰苑集序》，将陆贽之文分为制诰、奏草、中书奏议三类。“公之秉笔内署也，推古扬今，雄文藻思，敷之为文诰，伸之为典谟。俾傈狡向风，懦夫增气，则有制诰集一十卷。览公之作，则知公之为文也，润色之余，论思献纳，军国利害，巨细必陈，则有奏草七卷。览公之奏，则知公之为臣也，其在相位也，推贤与能，举直错枉，将斡璇衡而揭日月，清氛沴而平泰阶，敷其道也，与伊说争衡，考其文也，与典谟接轸，则有中书奏议七卷”。其“中书奏议”收录的主要是论事状。又，宋人编《颜鲁公文集》卷一首列奏议一目，其中包括论事状和议。明嘉靖时都穆所作后序中，概括为“以奏议第一，表次之，碑铭次之，书序与记之类又次之，而以诗终焉”。则宋人的理解中，奏议包括状和议，表则不在其中。以上两书俱见《四部丛刊》初编本。

“谓朝之疑事，下公卿议，理有异同，奏而裁之”。《唐六典》将所有“凡下之通于上”的六种文书都置于门下省论列，称“皆审署申覆而施行焉”，是说包括状和议在内的奏议文书也是由侍中“奏裁”。但在注文中又说“其奏抄、露布，侍中审，自余不审”[①]。根据注文所说，议、状等百司奏议不经过门下省审查，实际上是通过中书省上奏的[②]。但《唐六典》正文所说的“皆审署申覆而施行焉”，也并非虚文，所指当是唐前期的制度，而注文所说当是开元天宝时期的制度。也就是说，在唐初的一段时期里，议、表、状等上行文书也是要经门下省审查上奏的。如张文瓘在高宗上元二年（674）拜侍中兼太子宾客，“文瓘性严正，诸司奏议，多所纠驳，高宗甚委之”[③]。在门下省的职权从以驳正奏抄之违失为主转变为以封还制敕为主的过程中，百司奏议呈奏渠道的改变是一个重要环节，即转为直接由中书省向皇帝进呈，门下省只在皇帝裁决后进行执奏，形成了《唐六典》注文中所说的门下省不审百司奏议的情况。关于门下省职权重心的转变和给事中在文书运作中的作用等，详见上章。

奏议上奏之后，皇帝要与宰相商议，进行裁决，称为“裁可”。这与门下省的“纠驳”是不同环节上的职权。如武则天在高宗时期召用的北门学士，其主要职权之一就是“密裁可奏议”，即用北门学士帮助裁决百司奏议，是用体制外的官职取代中书舍人的职掌，目的是“分宰

① 大唐六典：卷八“门下省侍中之职”条，176；新唐书：卷四七“门下省”条作“自露布以上乃审，其余覆奏，画制可而授尚书省”，1205. 据《唐六典》，《新唐书》此处有缺误，当作“自露布以上乃审，其余不审。覆奏，画制可而授尚书省”。

② 李锦绣. 唐“王言之制”初探//季羡林教授八十华诞纪念论文集.

③ 旧唐书：卷八五，2815.

相权”①。

史料中所见唐代的议，多是关于礼仪制度的讨论，见于《旧唐书》的《礼仪志》和《舆服志》等。如贞观十四年(640)，太宗因修礼官奏事之次，言及丧服，太宗曰：“同爨尚有缌麻之恩，而嫂叔无服。又舅之与姨，亲疏相似，而服纪有殊，理未为得。宜集学者详议。余有亲重而服轻者，亦附奏闻”。于是侍中魏徵、礼部侍郎令狐德棻等奏议曰云云，“制可之”②，说明对奏议的批复所用为制书。

中书舍人对奏议的预裁，是在奏议不经门下省审查之后，中书舍人负责在奏议的呈奏过程中，对奏议的裁决提出初步处理意见并签署姓名。中书舍人预裁奏议的职权，当是在高宗武则天时期政治体制转变的过程中逐渐取得的，后发展为参议表章。而且，这种职权在唐后期还有所保留。如元和年间，崔群“累迁右补阙、翰林学士、中书舍人。数陈谠言，宪宗嘉纳，因诏学士：‘凡奏议，待群署乃得上’。群以‘禁密之言，人人当自陈，一为故事，后或有恶直丑正，则它学士不得上言矣’，固让，见听”③。这里见到的是中书舍人和翰林学士对奏议的预裁。

中书舍人对文武考课的预裁，是参与官员考课的裁定。唐

---

① 新唐书：卷七六，3476.《资治通鉴》卷二〇二“上元二年三月条”载武则天引文学之士对抗外朝宰相，“朝廷奏议及百司表疏，时密令参决，以分宰相之权，时人谓之北门学士”(第6376页)。当时朝廷政局的基本情况是，高宗多病，常令太子弘代行君权，监国理政，武则天并未掌握日常政务裁决权。宰相大都由太子的东宫僚属兼任，在太子也因多病无法亲理庶政的情况下，宰相实际上成为总理庶政的核心。武则天引北门学士分宰相之权，实际上暗藏着与太子争权的意味。雷家骥. 武则天传. 北京：人民出版社，2001：211.

② 旧唐书：卷二七，1019-1021.

③ 新唐书：卷一六五，5080.

代官员考课的主持者是吏部考功郎中、员外郎："郎中、员外郎之职，掌内外文武官吏之考课。凡应考之官家，具录当年功过行能，本司及本州长官对众读，议其优劣，定为九等考第，各于所由司准额校定，然后送省。内外文武官，量远近以程之有差，附朝集使送簿至省。每年别敕定京官位望高者二人，其一人校京官考，一人校外官考。又定给事中、中书舍人各一人，其一人监京官考，一人监外官考"①。中书舍人参与对百官考课的监督，到后期形成了使职化的职掌，称为监考使。如德宗建中二年（781）五月庚寅，以御史中丞一员为理匦使，谏议大夫一员为知匦使，给事中、中书舍人为监考使②。文宗大和七年（833），高铢以给事中为外官监考使③。

（三）中书省对"王言之制"的宣署申覆

唐初的下行文书体系还没有形成《唐六典》所说的七种"王言之制"，即使在唐前期出现的与《唐六典》所说名称相同的文书，其应用场合和运作程式是否相同，也还是一个需要论证的问题。从《独断》记载的汉朝的皇帝命令文书形态来看，可以分为策书、制书、诏书、戒敕四种，而唐初实际运行中的皇帝命令文书，主要是制、诏、敕。

《唐六典》卷九记中书令之职为掌军国之政令，对七种"王言之制""皆宣署申覆而施行焉"。所谓宣署申覆，其实是对中书省宣行制敕文书职掌的一个概括，所指并非完全针对制敕文书而言，还包括对各类表状的申奏。而且，对于制敕

---

① 旧唐书：卷四三"考功郎中员外郎之职"条，1822.
② 旧唐书：卷一二，329.
③ 旧唐书：卷一六八，4387.

文书的宣署，也只是制敕文书成立过程中的一个环节，而不是制敕文书成立的全过程，更不是唐代最高决策的全过程。

宣，就是上文所说的对制敕文书的宣行，也就是制敕文书要由中书省发布。唐初中书省的职掌还是以宣行诏敕为主。《旧唐书·萧瑀传》载：

> 武德元年，迁内史令。时军国草创，方隅未宁，高祖乃委以心腹，凡诸政务，莫不关掌。……高祖常有敕而中书不时宣行，高祖责其迟，瑀曰："臣大业之日，见内史宣敕，或前后相乖者，百司行之，不知何所承用。所谓易必在前，难必在后，臣在中书日久，备见其事。今皇基初构，事涉安危，远方有疑，恐失机会。比每受一敕，臣必勘审，使与前敕不相乖背者，始敢宣行。迟晚之愆，实由于此。①

中书令承受皇帝之制敕，然后向外宣行。又《唐会要》卷五一《识量上》：

> 至（神龙）四年，中宗遗制，韦庶人辅少主知政事，安国相王参谋辅政。中书令宗楚客谓韦温曰："今既请皇太后临朝，宜停相王辅政。且皇太后于相王，居嫂叔不通问之地，甚难为仪注，理全不可。"（尚书右仆射苏）瓌独正色拒之，谓曰："遗制是帝意，若可改，何名遗制。"楚客大怒，竟削相王辅政，而宣行焉。②

中书令宗楚客在宣行已经起草好的制书之前，竟削除原来制书上相王辅政的内容。按唐律，这属于增减制书之罪。《唐律

① 旧唐书：卷六三，2400.

② 唐会要：卷五一，890.

疏议》卷二五《诈伪》“诸诈为制书及增减者”条疏议曰：

> 注云“施行，谓中书覆奏”，此谓诈为敕语，及虽奉制敕处分，就中增减，中书承受，已覆奏讫。若其不须覆奏者，即据已入所司。①

但值特殊时期，竟无奈之何。中书省的宣行是对皇帝御画之后的制敕文书的宣行，从皇帝那里承受制敕，中间一般都经过宦官的传递。《唐六典》规定：“内侍之职，掌在内侍奉，出入宫掖，宣传制令”②。高力士在武则天时就以“性谨密，能传诏敕，授宫闱丞”③。

中书省发布制敕文书的职权，落实到文书形态上，就是署。在皇帝对制敕文书御画之后，自中书令以下连署，记入表示中书令宣、侍郎奉、舍人行之意的宣奉行三字，转送门下省。在中书令是“署而宣之”，在中书侍郎是“署而奉之”，而在中书舍人则是“既下，则署而行之”。以制书为例，具体文书格式如下：

1. 门下。云云。主者施行。
2. 　　　　　　　年月［御画］日
3. 　　　　　　　　中书令具官封臣姓名　　宣
4. 　　　　　　　　中书侍郎具官封臣姓名　奉
5. 　　　　　　　　中书舍人具官封臣姓名　行
6. 侍中具官封臣名
7. 黄门侍郎具官封臣名

---

① 唐律疏议：卷二五，457-458.

② 大唐六典：卷一二，259.

③ 旧唐书：卷一八四，4757.

8. 给事中具官封名　　　等言

9. 制书如右。请奉

10. 制付外施行。谨言。

11. 　　　　　　年月日

12. 可　御画[①]

如果中书省三官之中有缺职，则“宣奉行”的程序发生相应的变通。尽管唐代中后期政治体制发生了变化，但制书和敕旨的宣奉行程序还保留。因此我们可以用中后期的制书实物史料来说明此种变通。如敦煌文书 S. 3392 天宝十四载（755）秦元骑都尉告身（局部）[②]。这份告身中中书侍郎缺，则由中书舍人签署姓名“奉行”。又如《南宋馆阁续录》名贤墨迹第 68 轴会昌二年（842）李绅守中书侍郎同中书门下平章事告身[③]。这份告身与开元“制授告身式”的区别在于，中书令和侍中的署位还保留，但实际上已无人签署，而由中书侍郎同平章事署名“宣奉”。《大正新修大藏经》第 2156 号《大唐贞元续开元释教录》卷中有建中二年（781）敕旨文书[④]，这里因为中书令郭子仪休假，所以由中书侍郎同平章事杨炎宣，由中书舍人于邵奉行。

不过，以在文书上签署官封臣姓名形式的宣奉行，只是宣的一种形式，另外一种是宣读册书。《唐六典》接着记中书令之职为，“亲征纂严，则使戒敕百寮。册命亲贤，临轩，则

---

① 中村裕一. 唐代制勅研究，63.

② 大庭脩. 唐告身の古文書學的研究，303-307.

③ 大庭脩. 唐告身の古文書學的研究，307-311；毛汉光. 论唐代制书程式上的官职. 附录资料十四，33-34.

④ 大正新修大藏经：第 55 册. 东京：大正一切经刊行会，1927：762.

使读册；若命之于朝，则宣而授之”①。这是说在册命亲贤之时，如果是临轩册授，则由中书令读册，中书侍郎“则持册书以授之”。如果是在朝堂册授，中书令则宣而授之，而中书舍人“则使持节，读册命，命之”②。

此外，并非所有七种“王言之制”都要由中书省官员宣奉行。例如，从现有材料看，敕牒就是由宰相集体签署的，既无皇帝的御画，也不需要中书省的宣奉行。在唐前期，由中书省宣行的制敕文书，最后都要经过尚书省承受施行。“凡制敕施行，京师诸司有符移关牒下诸州者，必由于都省以遣之”③。《唐律疏议》卷二五《诈伪》“诸诈为制书及增减者”条疏议曰：“或有诈为中书宣出制敕，文书已入所在曹司，应承受施行及起请行判曹司者，并为‘已施行’。”④ 即说明中书宣出的制敕，都要经过尚书曹司。

不过，唐前期皇帝的命令有两个发布渠道：凡是需要发往尚书省诸司制为政令行下实施的，都要经过中书省的宣奉行。而对于一些皇帝直接“遣使就问”的事情，则用“别制”，而不须经过三省颁诏程序，自然也不需要经过中书省宣奉行。《唐律疏议》所谓“别制下问”，谓不缘曹司，特奉制敕，遣使就问⑤，就是由以皇帝名义派出的使职直接奉行“别制”进行处置。

申是申奏，中书省将上行文书中的表状申奏于皇帝。《唐

① 中华书局标点本《旧唐书》作“亲征纂严，戒敕百僚，册命亲贤，临轩则使读册。若命之于朝，则宣而授之”，误。旧唐书：卷四三，1849.

② 大唐六典：卷九“中书舍人之职”条，203.

③ 大唐六典：卷一“尚书都省左右司郎中员外郎之职”条，20.

④ 唐律疏议：卷二五，458.

⑤ 唐律疏议：卷二五“对制上书不以实”条疏议曰，459.

六典》卷九“中书令之职”条记有“凡制诏宣传，文章献纳，皆授之于记事之官”。所谓“文章献纳”，就是中书省对表状的申奏。所记中书舍人之职有“侍奉进奏”，具体说是“凡大朝会，诸方起居，则受其表状而奏之；国有大事，若大克捷及大祥瑞，百僚表贺亦如之”。其中包括三种情况下的“受其表状而奏之”，第一种是大朝会时的奏诸州表，第二种是诸方起居时奉表以进，第三种是国有大事时总奏各种贺表。这三种情况，俱见于《唐六典》卷四“礼部郎中、员外郎”条。其一曰：

> 凡元日大陈设于太极殿［原注：今大明宫于含元殿，在都则于乾元殿］。……二王后及百官、朝集使、皇亲、诸王并朝服陪位。皇太子献寿，次上公献寿，次中书令奏诸州表，黄门侍郎奏祥瑞，户部尚书奏诸州贡献，礼部尚书奏诸蕃贡献，太史令奏云物，侍中奏礼毕。然后，中书令又与供奉官献寿。时，殿上皆呼万岁［原注：按：旧仪缺供奉官献寿礼，但位次立，礼毕，竟无拜贺。开元二十五年，臣（李）林甫谨草其仪，奏而行之］。大会之日，陈设亦如之。①

中书令在元日皇帝受朝贺即所谓大朝会时，接着皇太子和上公献寿之后奏诸州表。这应是唐代《仪制令》里规定的。唐后期还不时重申此制，如德宗贞元四年（788）十一月十三日中书侍郎李泌的奏文中提到：“冬至朝贺，请准元日，中书令读诸方表。敕旨：宜依”②。这里只说中书令奏诸州表，没有

---

① 大唐六典：卷四“礼部郎中员外郎之职”条，88；唐会要：卷二四“旧制：元日，大陈设”条注曰同，455.

② 唐会要：卷二四，457.

提到中书舍人，而《唐六典》卷九“中书舍人之职”条有“凡大朝会，诸方起居，则受其表状而奏之”，当是由中书舍人奏于朝堂而后由中书令读之。皇帝上朝时，中书舍人侍立的位置离皇帝很近。武宗会昌二年（842）四月中书门下的奏文中提到，“元日御含元殿，百官就列，惟宰相及两省官，皆未索扇前立于槛栏之内，及扇开便侍立于御前”①。《唐六典》卷四“礼部郎中、员外郎”条又云：

> 凡车驾巡幸及还京，百官辞迎皆于城门外；留守官内者，在殿门外。行从官每日起居，两京文武职事五品已上三日一奉表起居，三百里内刺史朝见。东都留司文武官每月于尚书省拜表，及留守官共遣使起居，皆以月朔日，使奉表以见，中书舍人一人受表以进。

这是中书舍人在皇帝巡幸或还京后，对于诸方起居要“受表以进”。《唐六典》卷四“礼部郎中、员外郎”条又云：

> 凡元正，若皇帝加元服，皇太后加号，皇后、皇太子初立，天下诸州刺史，若京官五品已上在外者，并奉表、疏贺。皆礼部整比，送中书总奏之。凡祥瑞应见，皆辨其物名，……若大瑞，随即表奏，文武百僚诣阙奉贺。其他并年终员外郎具表以闻，有司告庙，百僚诣阙奉贺。②

这是中书舍人在“国有大事，若大克捷及大祥瑞，百僚表贺”时“受其表状而奏之”。睿宗景龙三年（709）二月有司奏文中引用了这一条规定：

---

① 唐会要：卷二四，458.

② 大唐六典：卷四，89-90.

皇帝践阼及加元服，皇太后加号，皇后、皇太子立及元日，则例，诸州刺史都督，若京官五品已上在外者，并奉表疏贺。其长官无者，次官五品以上者贺表，当州遣使，余并附表，令礼部整比，送中书录帐总奏。①

以上是中书舍人“受其表状而奏之”的三种情况。中书舍人的侍奉进奏，是在将表状面呈皇帝之时，当朝宣读，并进行解说。例如，武德初年，颜师古为中书舍人，“专掌机密。于时军国多务，凡有制诰，皆成其手。师古达于政理，册奏之工，时无及者”②。册所指为包括册书在内的制敕文书的起草，奏则指对表状的申奏。册之工，是说其起草文书的水平。奏之工，则是说其解说表状的水平。

中书舍人的侍奉进奏，并非简单地为皇帝照读臣下的表状，而是需要结合各种事例，甚至引经据典，条分缕析，以解说得通晓明白。如太宗时，马周为中书舍人，“有机辩，能敷奏，深识事端，动无不中。太宗尝曰：‘我于马周，暂不见则便思之。’中书侍郎岑文本谓所亲曰：‘吾见马君论事多矣，援引事类，扬搉古今，举要删芜，会文切理，一字不可加，一言不可减，听之靡靡，令人亡倦’”③。又如，中宗神龙初年(705)政变之后，“五王之请削武氏诸王也，求人为表，众莫肯为。中书舍人岑羲为之，语甚激切；中书舍人偃师毕构次当读表，辞色明厉”④。《旧唐书·毕构传》作“时敬晖等奏请降削武氏诸王，构次当读表，既声韵朗畅，兼分析其文句，

---

① 唐会要：卷二六，505.

② 旧唐书：卷七三，2594.

③ 旧唐书：卷七四，2619；册府元龟：卷四五八. 北京：中华书局，1960：5441.

④ 资治通鉴：卷二○八“中宗神龙元年”条，6592.

左右听者皆历然可晓”[①]。岑羲为五王起草请削除武氏诸王的上表，是一种义举，而非中书舍人的职掌。但毕构在朝堂上读表，则是中书舍人的固有职掌，所以作“次当读表”。

覆是覆奏，指中书省官员将皇帝御画之后的制敕向皇帝覆奏，或门下省写好覆奏文的制书经中书省覆奏皇帝。在门下省是“大事覆奏，小事则署而颁之”，故小事不须覆奏，但仍须在此前由中书舍人“进画”。进画是中书省官员将起草好的制敕文书送皇帝御画的手续。《唐律疏议》卷二五“诸诈为制书及增减者”条疏议曰：

> 注云“施行，谓中书覆奏”，此谓诈为敕语，及虽奉制敕处分，就中增减，中书承受，已覆奏讫。[②]

中书覆奏讫即是已“施行”，这是对于诈为制书的法律界定。制书的形成，首先是中书舍人的起草，然后是进画。《唐六典》卷九记中书舍人的职掌之一为“凡诏旨、制敕及玺书、册命，皆按典故起草进画；既下，则署而行之”。制书的进画，由皇帝御画日[③]，是皇帝意志在制书中的体现。中书省将

---

① 旧唐书：卷一〇〇，3113.

② 唐律疏议：卷二五，457-458.

③ 内藤乾吉《唐代的三省》一文中，以五品以上官的制授为例说明制书的成立，以为“天子画可的程序完了，则自中书令以下连署，记入表示中书令宣、侍郎奉、舍人行之意的宣奉行三字，转送门下省。此时经天子画可的原件，恐怕就作为档案留在了中书省，而以副本送往门下省”。修改时，对留在中书省作为档案的原件上皇帝画何字的问题，做了有保留的更正，注释［三］说：“天子对中书舍人起草进画的制书公文书写何字，当需进一步研究”。中村裕一和李锦绣分别引用日本《养老令》诏书式和《新唐书·百官志》詹事府的材料对此进行了纠正，认为皇帝在制书上御画日，并对制敕的成立过程进行了间接的论证。内藤乾吉文见史林，1930，15（4），后收录于中国法制史考証．京都：有斐阁，1963，译文见日本学者研究中国史论著选译．北京：中华书局，1992：239，249；中村裕一．唐代制勅研究，57；李锦绣．唐“王言之制”初探．

御画日之后的制书重写一份，原件留中书省制敕甲库存档。然后中书省将重写的制书向门下省宣奉行，门下写好覆奏文后进行覆奏，皇帝御画可后，下门下省，重写一份，侍中注制可，下尚书省施行，原件留门下省制敕甲库存档①。敕书的御画比较复杂，包括御画发日的发日敕、画日并画敕的论事敕书等，其御画都是在中书省官员宣奉行之前②。而敕旨则无御画。

如中村裕一和李锦绣所论，关于皇帝对制敕文书的御画，也可以从皇太子对令书的御画中得到旁证。《唐六典》卷二六“右庶子之职”条云：

凡皇太子监国，于宫内下令书，太子亲画日至春坊，则（右庶子）宣传之。③

《新唐书》卷四九《百官志》“詹事府”条云：

皇太子书称令，庶子以下署名奉行，书案，画日。④

对于《新唐书·百官志》所谓“书案，画日”，其义不明。李锦绣的解释是，书案就是对“重写一份，留皇太子所画日者为案”的省写；画日就是在重抄的诏书（按：应作令书）上画日⑤。按，皇太子与百官书疏的体式，是在贞观十九年（645）五月十日应高士廉、刘洎等人的奏请而确定下来的，其诏曰：“凡是处分论事之书，皇太子并画令，太子左右庶子

---

① 李锦绣. 唐“王言之制”初探.

② 参见中村裕一《唐代制勅研究》复原的各种敕书式。又见雷闻. 从S.11287看唐代论事敕书的成立过程//荣新江. 唐研究：第1卷，323-335。

③ 大唐六典：卷二六，478.

④ 新唐书：卷四九上，1292.

⑤ 同①275.

已下署姓名，宣奉行书案画日。其余与亲友师傅等，不在此限"[1]。据此，则画令（相当于皇帝的画敕）和画日是针对两种文书不同的画。孰是孰非，录此存疑。

附记：本章所论御画奏抄与发日敕属于两种性质不同的皇帝命令文书，尚有可补充者。从文字表述上看奏抄与发日敕行用范围在有些事务上有重叠，如二者都适用于授六品以下官和断（处）流以上罪，但并不能因此说发日敕就是对奏抄的批复文书。即如发日敕所"授六品以下官"，是指六品以下一些特殊的官职，即需要由宰相"进拟"的"敕授官"，与奏抄所授"旨授官"完全不同。

关于奏抄"断流已上罪"和发日敕"处流已上罪"的区别与联系，张雨指出：奏抄所处理的是由尚书刑部司汇总的"大理寺及诸州断流已上若除、免、官当"狱案，是常规的司法程序；发日敕所"处流已上罪"，则是针对一些入议、入请的特殊身份犯罪人或案件，因其属于"律不定刑名"者，便需要奏请皇帝以发日敕临时处分。皇帝裁决上述特殊案件所用的公文书，正是发日敕，即"别录奏请，听敕"和"具状上请，听敕处分"。参见张雨《唐代司法政务运行机制及演变研究》(上海古籍出版社，即出)。

2020 年 4 月

---

① 唐会要：卷二六，504.

第四章

使职发展的文书体现与中书门下体制的建立

唐代政治体制一直处于不断调整之中，总的来说，可以概括为两个基本形态，即三省制和中书门下体制。上一章我们对三省制在行政体制上的基本特征及以中书省和门下省为中心的公文运作进行了论述。从国家政务的申报与裁决机制来看，三省制下国家政令的制定和实施以尚书六部为主体，政务申报的主体文书是奏抄，政务裁决的主要渠道是门下省对奏抄的审读，最终体现为御画奏抄。这种机制运作的前提是律令格式的完善。中书省和门下省在国家体制中的作用有所区别，门下省侧重于行政的审批和立法的监督，中书省则侧重于法令的制定和颁行，以及法令制定过程中立法信息的甄别和呈递。

由三省制向中书门下体制的转变开始于高宗武则天时期，玄宗开元十一年（723）中书令张说奏改政事堂为中书门下，是这种转变在制度结构上发生变化的标志，但这个转变的基本完成则要到安史之乱以后。本书强调这种转变是一个过程，是自下而上的制度成长性变革。这种变革的基本动力，来自国家统治形势和任务的变化，以及由此带来的政务内容和实施主体以及公文形态的变迁。落实到制度层面上，就是使职差遣的发展并逐渐在行政体制内形成使职化的运作机制。

本章所要论述的就是随着使职差遣发展而产生的政务申报与裁决机制的变迁，这种变迁体现的文书形态的转变，以及由此带来的整体政治体制的转变。关于唐代使职差遣的研究，前人积累了大量的成果，如砺波护《关于三司使的成立——唐宋的变革与使职》，以及陈仲安[①]、何汝泉[②]等，提出了中唐以后行政体制以使职差遣为主的观点，已广泛地被学界接受并得到进一步发挥。本章在这些研究的基础上展开，重点是将使职的发展与政治体制的整体变革结合起来。

一、唐前期使职差遣的发展

使职指的是以皇帝的名义从原有行政机构中临时派遣一些大臣去处理各种特别事务，而不是通过原有的行政机构本身。使职产生的原因是政治军事形势的变化导致新问题、新事务的出现。制度本身具有一定的稳定性，随着官僚制度的发展完善，官僚体系的机构和职掌也越来越明确和固定，而国家机器所面对的事务却总是不断变化的，所以临时性的使职差遣就成为许多王朝都采取的措施。可以说，通过派遣使职来实现制度运作中的弹性效能，是中国古代政治体制中一

① 陈仲安. 唐代的使职差遣制. 武汉大学学报（人文科学版），1963（1）：87-103.

② 何汝泉. 武则天时期的使职与唐代官制的变化//中国唐史学会论文集. 西安：三秦出版社，1989：237-248.

个具有普遍性的重要特征。

但是，唐代自高宗武则天以后大量出现的使职差遣，却因为时代的特殊性而具有转折性的意义。在不断派遣使职的过程中，逐渐衍生出一种新的行政机制，临时派遣的使职演化为固定的官职，并逐渐形成一个与原有尚书六部行政体系不同的、按照新的机制处理政务的体系。唐以后各朝代，尽管行政体制经历着不断的调整，但在唐代使职差遣制度发展过程中形成的行政机制却一直发挥着作用。

使职差遣乃相对于律令规定的固有机构而言，一般是指以皇帝的名义派出的、独立于原有官僚机构之外的差遣性职务。唐令和唐律中对于皇帝遣使都有明确的规定。《大唐六典》所载令或式规定了内外官吏的“行李之命”，具体内容是：“凡别敕差使，事务繁剧要重者，给判官二人，每判官并使及副使各给典二人；非繁剧者，判官一人、典二人，使及副使各给典一人；四品已上清望官，别给孔目官一人。凡吏部差使，各循其次。若员外郎及鸿胪、太府、司农、将作、少府、军器等监、寺丞，及押当兵马、仓库、园厨、苑囿、邑司、伎术、当作等官，皆不在差限”①。别敕差使是皇帝遣使，吏部差使则是由吏部派遣。《唐律疏议·诈伪》规定：“‘若别制下问’，谓不缘曹司，特奉制敕，遣使就问。注云‘无罪名谓之问’，谓问百姓疾苦，丰俭水旱之类。案者，谓风闻官人有罪，未有告言之状，而奉制案问。推者，谓事发遣推，已有告言之者”②。这是使职在原有体制之外发展起来的法律依据，并规定了使职差遣的最初职掌就是问、案、推。

---

① 大唐六典：卷二，37.

② 唐律疏议：卷二五，459.

（一）唐高宗武则天时期统治形势的变化与使职差遣的发展

随着地方社会经济形势的变化，需要皇帝“别制下问”的情况越来越多，特奉制敕的使职也就逐渐多了起来。尤其是自高宗武则天以来，原有行政体制面临冲击。

唐高宗武则天时期面临着许多新的转折。随着农业生产力的发展，小农经济形态逐渐成熟，个体农户的生存能力不断提高，非门阀的一般地主经济迅速发展，进而势必导致土地兼并的加剧，严重冲击着当时的田制、户籍制度和赋税兵役制度。一方面，地主官僚占田过限的情况越来越多，而他们占有的土地又往往通过各种办法逃避国家的赋税；另一方面，土地兼并又导致自耕农民赋税负担加重乃至破产流亡，在个体农户的生存能力不断提高的情况下，逃户（已不同于汉代的流民）大量涌现。于是，限制兼并、检括逃户，以及解决与此相关的财政问题和因为人口流动而带来的基层社会秩序问题，就成为武则天至玄宗时期的重要任务。此外，从高宗统治的后期开始，边疆形势也发生了很大的变化。由于在边疆要长期驻兵把守，以征点卫士、兵募为主的行军总管制已经不能适应，加上农民的破产流亡，也使得征兵制缺乏相应的社会基础。屯防体系和军镇体制的建立以及用募兵制取代征兵制就成为必然。

高宗武则天以后，广大南方地区的社会经济有了很大的发展。在新得到开发的地区，唐朝政府不断设置州县来加强管理。另外，武则天时期对逃户采取了审慎的政策，赦免逃亡农民脱户的罪责，准许他们就地落籍，甚至通过免除赋税和贷给种子的办法来对他们加以安辑。这就使得逃户成为当时经济发展的一个推动力。并且随着人口的自然流动和增长，增加了许多新的居民点，在河南、江南、剑南等地区，武则天时期新设置了大量州县。在这个过程中，中央政府的行政事务也因此不断增加。

面对社会政治经济形势的变化，高宗武则天时期在政治体制上做出的最初反应是扩大和完善尚书机构。从《唐会要》卷五七至卷五九“尚书省诸司”记载的唐代尚书省职官置废的情况来看，高宗武则天时期尚书机构的扩大非常明显。总章二年（669）增置吏部侍郎、兵部侍郎各一员，垂拱四年（688）增置户部侍郎、刑部侍郎各一员，永昌元年（689）新置左右司员外郎各一人，加置吏部侍郎、吏部郎中各一人，长寿二年（693）加置兵部侍郎一员，延载元年（694）加置吏部员外郎一员。吏部、兵部、户部、刑部和尚书都省官员的增加，反映的正是这几方面行政事务的增加，选官问题、边疆问题、财政问题以及因为实行恐怖政策而导致的大量司法刑狱问题，正是武则天称帝前后统治形势的变化所带来的主要问题。

这种情况说明，当时为了应付行政事务的剧增，主要是通过增加尚书省一些部门的官员，依托于尚书省编制的扩大和行政体制的完善。尚书省的内部结构和职权分配也因此发生变化。尚书都省在不断完善机构的同时，其在行政事务中的地位和作用有所转变。在武则天称帝之前的永昌元年（689）三月二十日，下令提升尚书左右丞的品阶，敕曰：“元阁会府，区揆实繁，都省勾曹，管辖綦重。还依仍旧之职，未协维新之政。其文昌左右丞，进为从三品阶”[①]。当年十月

① 唐会要：卷五八，997.

五日，都省置左右司员外郎。这是在中央行政事务大量增加的背景下，对尚书都省勾检职能的加强。可见，反映在《大唐六典》上的尚书都省完善的职官设置和勾检职能的落实，都是在这个时期完成的，而并非自唐初就是如此。

尚书都省的职权重心也因此发生着变化。自贞观以后，仆射逐渐丧失处理庶务的权力，加上其职又长期空缺，而六部尚书入相参政的又日渐增加，故尚书都省实际上已经不可能对不断增加的六部事务汇总裁决，即使提高左右丞的地位，也不可能使之与六部尚书抗衡。所以，在如意元年（692）左右丞恢复为四品。到圣历二年（699），尚书省二十四司分别置印。而在此以前，只有吏、兵两部有印，其余诸司皆用都司印发遣公事，即所有其他各部司的下文都要用尚书都省的印。二十四司置印，说明部、司的行政独立性加强①。但都省作为勾曹和政务文书运行的枢纽，在行政运作中仍然具有重要地位。

尚书机构的扩大和尚书省行政体制的转换，仍不能适应新形势下加强中央集权的需要。因为，一个明显的矛盾是，面对地方不断出现的新情况和新问题，中央缺乏对地方的实际控制。而试图通过大量设置员外官的办法来应付繁杂的事务，事实上也行不通。于是，临时派遣使职处理地方事务就成为必然。

使职最先都出自御史台系统。唐代监察体制已臻于完善，御史台成为完全独立于行政体制之外的监察系统，其职权重心也逐渐从对官员个人行为的监察，转变为对官员所掌行政

① 唐会要：卷五七，985. 参见雷家骥. 隋唐中央权力结构及其演进，378；雷闻. 隋与唐代前期六部体制研究. 北京：北京大学硕士学位论文，1997。

事务的监察。御史分察尚书六部的制度，就是一个明显的体现①。在唐代政权结构中，御史台自成系统，在制度上具有从中央直贯地方的职能，“御史出持霜简，入奏天阙，其于励己自修，奉职存宪，比于他吏，可相百也。若其按劾奸邪，纠擿欺隐，比于他吏，可相十也”②。

武则天时期，御史机构有了明显的扩大，其目的即在于加强对百官的监察和对地方的控制。光宅元年（684）九月，将原来的御史台改为左肃政台，专管在京百司及监军旅；另外设立右肃政台，其职员一准左台，令按察京城外文武官僚。右肃政台的设立，完全是针对地方的，所谓“初置两台，每年春秋发使，春曰风俗，秋曰廉察”，根据条例，以察州县③。稍后的诸道按察使，就是从右肃政台发展而来的。大抵在开元中期以后，从御史台分化出来的中央派员按察地方的新职能，最终落实到诸道按察使（有时称巡察使）这样一个比较固定的使职身上。开元二十二年（734），根据宰相张九龄的奏请，初置十道采访处置使，并许各使置印④。采访处置使成为有了使印、判官，兼领地方事务的固定职务，但他还没有改变中央派员的身份。巡察、按察等使出巡的目的和任务，根据开元三年（715）敕，主要是针对地方吏治和地方政务的，即察官人善恶，所指地方官应负责任的事务包括户口流散、籍帐隐没、赋役不均、不务农桑、仓库减耗，以及当地有妖讹宿宵、奸猾盗贼、不事生业、为公私蠹害者⑤。这样一

① 胡沧泽. 唐代御史制度研究. 台北：文津出版社，1993.
② 旧唐书：卷九四，2994.
③ 唐会要：卷六十，1041.
④ 唐会要：卷七八，1420.
⑤ 唐会要：卷七七，1415.

套使职系统的发展，不断地对地方行政体制形成冲击。

使职差遣是在地方无法履行应尽职责的情况下普遍化起来的。如果地方能够很好地履行自己的责任，皇帝派遣的使职也只是到地方进行简单的慰问或进行官员犯罪的调查取证而已。例如处理逃户问题，本是地方政府应尽的职责，《唐律》规定了从脱籍者到里正到州县官对于户口逃亡应负的责任①。从高宗武则天时期开始，随着农民逃亡的加剧，户口流散、籍帐隐没和赋役不均成为唐朝政府面临的严重问题。但在问题出现的最初一段时间里，统治者把它看成是因吏治败坏而造成的情况，没有认识到这是一个具有深层原因的社会经济问题。因此，中央想要通过对地方官的督察来改变这种情况。而地方从自身实际利益出发，对检括逃户并不积极，有的甚至根本不按照中央的要求处理逃户问题②。二者的矛盾，促使遣使按察地方的做法经常化，但逃户问题并没有解决。于是，在武则天末年，又出现了专门的括逃使③。后来开元时期宇文融的括户，便是这种使职差遣制度的延续。详见后论。

（二）六部和寺监机构使职化的出现

自武则天至玄宗时期发展起来的使职，远不止于此。宇文融括户，标志着财经部门使职化达到了一个新的高度。其他的使职主要是出现在六部九寺中的一些部门，由于其

---

① 唐律疏议：卷一二第150-153条，分别为“脱漏户口增减年状”“里正不觉脱漏增减”“州县不觉脱漏增减”“里正官司妄脱漏增减”，231-235.

② 孟宪实．唐前期括户研究．北京：北京大学硕士学位论文，1998.

③ 大谷文书集成：第1辑，第2835号，105-106．参见唐长孺．关于武则天统治末年的浮逃户．历史研究，1961（6）：90-95。

所掌事务的增加及其重要性的提高，从而形成原有职能的使职化。即在原来由尚书六部和寺监所掌具体政务的处理中，逐渐形成了一种按照使职机制运作的新的政务处理机制。

吏部职能的使职化，体现在南曹和选院的设立以及选补使的派遣。本来吏部掌管以选官为核心的事务，是吏部、司封、司勋、考功四司按照不同的环节进行分工的，四司分别掌选人的铨试、封爵和勋官的核定奏拟以及在职官员的考核。四个环节联结起来，才能完成一个完整的官员选拔和任命升迁程序。

高宗时期选官事务中一个重要的变化就是应选人数的大量增加，导致在对选人进行资格审查和铨试的环节上，事务性的工作急剧增加。在这样的背景下，总章二年（669）对选官制度进行了改革。在扩大吏部官员编制的基础上，以宰相身份兼检校吏部侍郎的李敬玄奏请设置吏部南曹，负责审勘选人文状，并新增一员吏部员外郎判南曹①，“其后，或诏同曹郎分主之，或诏他曹郎权居之，皆难其才而慎斯举也”②，说明吏部南曹所掌事务已经使职化了。兵部所掌武官铨选之事，也大体相同。开元十二年（724）三月，正式规定吏、兵两司员外郎专判南曹，诏曰：“文武选人，十月下解。既逼铨注，勘简难周。不能自亲，并委猾吏。恣成奸滥，为蠹尤深。自今以后，兵吏两司专定员外两人判南曹事。每年选毕，起五月一日，所是文状，郎预勘责关简，判南曹官亲自就覆。

① 唐会要：卷五八，1006；旧唐书：卷八一，2754-2755.

② 权德舆. 权德舆诗文集：卷三一. 郭广伟，校点. 上海：上海古籍出版社，2008：437.

每包攒作簿书，对本司长官连署，印记不得委其胥吏。勘责毕，各具人数奏闻。其判南曹官，所司郎进名，朕自简择”。结果是陈希烈、席豫判吏部南曹，刘同升、源复判兵部南曹[①]。至开元二十八年（740），又在开元二十五年（737）废弃不用的考功贡院之地置吏部南院，以置选人文书，或谓之选院。这个选院，就是原本在吏部三铨之内的南曹，至是移出之[②]。选院的设立就是吏部职掌中对选人资格和应选文件等进行审查的事务使职化的结果。选官事务的增加还体现在“南选”的出现，随着广大南方地区经济文化的发展，高宗上元二年（675），派遣郎官、御史为选补使，前往岭南、黔中主持“南选”。其后江南、淮南、福建大抵因岁水旱，皆遣选补使即选其人[③]。这也是一种使职化，是将原来吏部管辖不到的地区纳入中央选官体系之后，遣使选补。

礼部职能的使职化，体现在礼部贡院的设立和礼部尚书、侍郎知贡举制度的确立。随着科举在选官途径中地位的提高，原来由吏部考功司主持考试的情况出现了问题，开元二十四年（736）发生了考功郎中为士子所轻诋的事件，于是，“天子以郎署权轻，移职礼部，始置贡院”[④]。尽管此后大多数情况下都是以礼部侍郎知贡举，但是科举事务无疑已经使职化。严耕望谓安史之乱以后，尚书六部之中，“所职未废者惟礼部贡举；然事实上亦一使职耳”[⑤]。实际上，礼部贡举的使职化，

---

① 册府元龟：卷六三〇，7551；唐会要：卷五八作“开元十二年四月十六日”，1007.

② 玉海：卷一一七“唐选院”条；唐会要：卷七四，1348.

③ 新唐书：卷四五，1180.

④ 李肇. 唐国史补：卷下. 上海：上海古籍出版社，1979：56；新唐书：卷四四，1164.

⑤ 严耕望. 论唐代尚书省之职权与地位//唐史研究丛稿，72.

早在开元时期就已经出现。

户部职权使职化的明显事例是他官判度支。随着财政问题的凸显，除了派遣大量的使职到地方劝农、覆田、括逃之外，原有户部的一些职权也开始使职化，如唐人苏冕所谓“故事，度支按［案］，郎中判入，员外判出，侍郎总统押案而已，官衔不言专判度支。开元以后，时事多故，遂有他官来判者，或尚书侍郎专判，乃曰度支使，或曰判度支使，或曰知度支事，或曰勾当度支使，虽名称不同，其事一也”。正因为开元以后度支所掌事务的使职化，后来即使是度支郎中也要以判度支的名义才能掌理其事，出现了度支郎中判度支的情况，如贞元十二年（796）九月，苏弁除度支郎中兼御史中丞，副知度支①。这种变化的趋势是开元以后出现的。

以上是六部之中某些部门职掌使职化的情况。如果按照严耕望关于六部主要是掌政令的说法及其对政令和政务的划分②，以上情况只能说是六部所掌政务的使职化。这也表明尚书六部在唐代中央机构中地位和作用的变化：逐渐从政令机关转变为政务机构。

另外，九寺也有使职化的问题。从武则天执政到称帝前后，“任威刑以禁异议”，屡起大狱，许多重大案件就不是原来作为最高审判机关的大理寺所能审理的了。于是，诏派刑部、御史台、大理寺的长官或副长官会同鞫狱的情况逐渐增多，出现了审判事务的使职化。《新唐书·刑法志》载：“自永徽以后，武氏已得志，而刑滥矣。当时大狱，以尚书刑部、御史台、大理寺杂按，谓之‘三司’”。尽管自唐初以来就有

① 唐会要：卷五九，1018.

② 严耕望. 论唐代尚书省之职权与地位.

临时诏派宰相大臣会同鞫案之事，但是没有形成固定的使职；此前的司法“三司”也是由律令规定的由侍御史、给事中和中书舍人组成的更直于朝堂受表的“三司”①，不是使职。而自高宗武则天以后出现的由刑部、御史台、大理寺官组成的“三司”，则逐渐成为固定的“三司使”②。

又如太常寺所掌礼仪之事，也出现了礼仪使。始于开元九年（721）韦绶以国子司业知太常礼仪事，至开元二十三年（735），韦绶凡四改官，后来做到了太常卿还带着知礼仪事的头衔③，说明礼仪之事已经完全使职化，而与原来的太常寺无关。再如，随着议、表、状等文书的大量增加，以及皇帝在决策过程中专制权力的加强，诏令起草之事也逐渐使职化，形成了“知制诰”的制度。

军事使职是唐代使职体系中的重要一环，屯防体系和军镇体制的建立以及募兵制取代征兵制，与军事使职的产生和发展基本同步，其集中体现就是节度使的设立以及以宦官为主体的军事使职的出现。

使职的一个基本特点是，本司之官不治本司之事，要差遣他官来判决；即使以本司之官治本司之事，也需要特别的授权④。唐人李肇对于唐代使职的发展有准确的概括，所谓“开元已前，有事于外，则命使臣，否则止。自置八节度、十采访，始有坐而为使，其后名号益广。大抵生于置兵，盛于

① 大唐六典：卷一三，271.

② 刘后滨．唐代司法“三司”考析．北京大学学报（哲学社会科学版），1991(2)：37-45.

③ 唐会要：卷三七，671.

④ 陈仲安，王素．汉唐职官制度研究，99.

兴利，普于衔命，于是为使则重，为官则轻”[①]。

使职的出现和原有行政部门的使职化，势必与原来由尚书六部统属寺监和州县的行政体制发生冲突。如宇文融充使括户，以使职的身份实施对地方州县的行政领导，从而形成户部不管地方新出现的户田钱谷的情况。而且使职因为有皇帝的特别授权，在处理具体事务的过程中可以跨越尚书六部，直接向皇帝或宰相负责，这又将进一步引起宰相制度和整个政治体制的变化。

二、使职行用的文书及其运作机制

（一）使职与状的应用

使职“不缘曹司，特奉制敕”，并直接“入奏天阙”，形成了不同于尚书六部向上汇报政务的机制。使职最初是以个人身份参与政务处理的，他们是“特奉制敕”的皇帝近臣。而近臣向皇帝汇报工作，是以状的文书形态进行的，所谓“其近臣亦为状”[②]，而不走律令制规定的以尚书行政机构为文书行用主体的奏抄渠道。

如前所述，使职差遣是相对于律令规定的固有机构而言的，使职的发展是对律令格式规定的职官体系的一种突破。随着律令体制的完备，制度本身的局限也日渐明显。从高宗时期开始，在使职差遣普遍化的背后，变通的政务处理程式

① 唐国史补：卷下，53.
② 大唐六典：卷一，19.

就不断被提出。如高宗出巡时曾对留守长安的李晦说："关中之事，一以付卿，但令式跼人，不可以成官政，令式之外，有利于人者，随事即行，不须闻奏"①。到中宗景龙年间便出现了"诸司不遵律令格式，事无大小皆悉闻奏"②。遵照律令格式处理，大部分的政务是通过尚书省以奏抄的形式进行申报与裁决的。而不遵律令格式，就是在奏抄渠道之外，通过奏状，直接向皇帝申奏。尚书诸司是否开始用奏状申奏，而不通过奏抄的申奏程式，目前材料还不足以说明问题。但是，至少使职是通过状来报批政务而不走奏抄渠道的。如开元初，朝廷派遣驱蝗使往河南、山东灭蝗，遭到谏议大夫韩思复的反对。宰相姚崇又请派刘沼出使，刘沼采取强硬措施，驱使百姓灭蝗，并"回改旧状以奏之"。所谓旧状，是指此前驱蝗使所上的状③，说明驱蝗使所上的文书为状。后来宇文融为劝农使进行括户，玄宗令其"续状闻奏"④，其所上文书亦为状。

随着使职所掌政务范围的扩大，使职所上状的内容范围扩大，性质也发生变化。状在唐初主要是大臣上于皇帝的一些礼节性或建议性的文书，在使职发展的过程中，逐渐转变为针对地方的汇报具体政务的文书。

关于唐代前期的上行文书，除了《大唐六典》卷八《门下省》所说的奏抄、奏弹、露布、议、表、状之外，《大唐六典》卷一"尚书省左右司郎中员外郎"条还有如下记载：

凡下之所以达上，其制亦有六，曰表、状、笺、启、

① 旧唐书：卷六〇，2350.
② 资治通鉴：卷二〇九，6630.
③ 旧唐书：卷一〇一，3149.
④ 唐大诏令集：卷一一一. 北京：商务印书馆，1959：577.

辞、牒。表上（广池千九郎训点本注曰，上当作状）于天子，其近臣亦为状。笺启［据下引《唐会要》，此处当补“上”字］于皇太子，然于其长亦为之，非公文所施。九品已上公文皆曰牒，庶人曰辞。

两处都没有说表状的应用范围和场合，而只是提到其应用的对象。据《唐会要》卷二六“笺表例”的解释，谓“旧例，上所及下，其制六；（下）之达上，其制有六”。注曰（括号里的字据上引《大唐六典》补）：

上天子曰表，其近臣亦为状；上皇太子曰笺启，［然］于其长［亦为之］；［九品已］上公文皆为牒，庶人之言曰辞。

广池本《大唐六典》改“上”为“状”，不知所本。据《唐会要》，应为“上”。“表上于天子，其近臣亦为状”，谓表是上于天子的公文，如果是近臣上于天子的公文，则称为状。本书将这种规定理解为唐前期的公文书制度，即《唐会要》所说的“旧例”。按照《唐会要》的说法，“上天子曰表，其近臣亦为状”，也只能理解为表状都是上于天子的文书，一般称为表，而只有近臣所上的文书才称为状。

广池本《大唐六典》的改写，似乎根据的是唐后期的制度。因为唐后期大量的状是上于朝中官员如宰相、枢密使等人的，此种状遍见于唐人文集和出土敦煌文献如《甘棠集》等①，《甘

① 赵和平对《甘棠集》的题解：“写本名《甘棠集》，前三卷之表状绝大部分撰于大中八年至十一年刘邺入高少逸幕府为陕府（陕虢观察使府）从事时；第四卷撰于刘邺由左拾遗充翰林学士的大中十四年末至咸通元年间。前三卷多为代高少逸拟表状，第四卷则为自身所用”。赵和平．敦煌表状笺启书仪辑校．南京：江苏古籍出版社，1997：49.

棠集》中就有“上中书门下状”“贺正上四相公状”“贺冬上两中尉并长官状”“贺冬上两枢密状”等，无须备举。如果将这种情况用来分析唐前期的状，则广池本《大唐六典》改“上”为“状”有一定的道理。如此，则可理解为仅仅是上于皇帝的文书才能称为表，但状则不仅是上于皇帝，也可以上于皇帝身边的近臣或朝中要员。问题是，有什么理由断定，唐后期的状上于朝中要员不是对状原来的应用范围的突破呢？

本书的理解倾向于认为唐前期的状只是上于皇帝的文书，唐后期的状则与此不同，也可以是上于朝中官员的文书，这是唐朝公文制度变化的一个部分。至少目前还没有见到唐前期上于朝中官员的状。由于文献缺载，包括《文苑英华》所载的状也都是唐后期的，又没有实物史料的证明，关于唐前期的状是否也可以是上于皇帝身边近臣的文书，只能是一种推测。根据司马光的《司马氏书仪》卷一《表奏》所载“奏状式”和《公文》所载“申状式”，知北宋时的状有奏于皇帝和申于所统属上司两种。中村裕一根据唐后期的材料，认为唐代的状也应有此两种类型，但没有解释唐前期状的运用情况①。

有几件可能被认为是唐前期的“状”的文书，需要进行具体的甄别考证。

其一，编号为64TAM19：48＼38的吐鲁番文书，整理者定名为《唐上元三年（676）西州都督府上尚书都省状为勘放还流人贯属事》②，是西州都督府为了勘检放还流人的贯属，上于尚书都省的文书，有印文为“西州都督府之印”的朱印。文书前后残缺，仅存的两片分别为：

① 中村裕一. 唐代制勅研究，438.

② 吐鲁番出土文书：第6册. 北京：文物出版社，1985：529-530.

A1. ［前缺］解并目上尚书省都省

2. ［前缺］放还流人贯属具状上事

3. 九　月四　日

B1. ［前缺］勘放还流人贯属具状上事

2. 上元三年九月四日录事［后缺］

3. 参军判录［后缺］

显然，整理者将此件文书看成西州都督府上于尚书都省的状。这样，对于“具状上事”的读法，就是将“状”和“上”分开，以“状”为文书名，“上”做动词，理解为将状上于尚书都省。如此一来，则“事”字不好理解。笔者的读法，“状”是一个动词[①]，陈述的意思，“状上”可理解为向上陈述，“具……事”是一个固定的用法，意思是将要状上的事情详细（或具体）开列如前。此件文书不应是一份“状”，而应是西州都督府状上于尚书省的“牒”。

其二，在吐鲁番文书中，有一件柳谷镇上西州的文书，内容是关于一匹从西州送使往北庭的长行马在当地死亡的报告。此件文书完整，题为“柳谷镇状上州”，结语为“仍具录申州，今以状上听裁。牒。件状如前，谨牒”。柳谷镇签署的日期是神龙元年（705）三月一日，署衔为“典孙怀俊牒”[②]。

中村裕一把此件文书作为状，置于吐鲁番出土的公式令规定文书的“状”一类中进行论述，理解为状的一种变形，

① 状，在古代汉语中可读作动词，见《康熙字典》引《韵会》“形容之也，陈也”，引用的例句是《庄子·德充符》“自状其过，以不当亡者众。不状其过，以不当存者寡”。

② Henry Maspero，Les Documents Chinois，图版302。转引自中村裕一．唐代公文書研究，183-185。

是地方官府行用“状”的证明。他的根据是文书题名为“柳谷镇状上州”，以及“件状如前”的文书用语。如前所述，“状上”和“件状如前”的“状”都应读为动词，此件文书也是一份柳谷镇上西州的牒。

总之，以上两件文书都应视为牒，都不能作为唐前期状也用于地方官府之间或地方官府与中央部门或大臣之间的证明。吐鲁番文书中有一件《唐景龙三年（709）八月尚书比部符》，其中提到“状”和“商量状”，正说明唐前期的“状”是以大臣个人名义上于皇帝的文书。现据池田温先生的录文移录如下：

（前缺）

1\. 益思效□

2\. 石，及雍州奉天县令高峻等救弊状，并臣

3\. 等（?）司，访知在外有不安稳事，具状如前。其勾

4\. 征逋悬，色类繁杂。　　　　恩敕虽且停纳，于后

5\. 终拟征收。考使等所通，甚为便稳，既于公有益，

6\. 并堪久长施行者。奉　　敕：宜付所司，参详逐

7\. 便稳速处分者。谨件商量状如前。牒奉者，今以

8\. 状下州，宜准状，符到奉行。

9\. 主事 谢侃

10\. 比部员外郎　奉古　　令史　钳耳果

11\.　　　　　　　　书令史

12\.　　　　　　景龙三年八月四日下

13. 十五日 倩。 九月十五日录事 押 受

14. 连、顺白。 参军摄录事参军押 付

15. 十六日。[①]

此件文书最终下发到各州是以尚书比部符的形式，我们看到的是下发到西州的一份。实际上，它的成立过程可能包含了以下环节：(1) 雍州奉天县令[②]高峻等所上救弊状，这是一些地方官员上于皇帝的状，提到停止勾征逋悬，即停止追缴百姓拖欠的往年税赋；(2) 皇帝进行了批复，批复状的文书是敕，内容是“停纳”；(3) 这个政策出台后，在执行过程中还存在一些问题，各地进京述职的官员将这些问题反映了上来，这就是“考使等所通”，其文书形态当亦为状；(4) 由于停止勾征逋悬涉及的面很广，还必须有许多具体的实施办法，所以皇帝下令将其出付中书省或具体的政务部门商量，这就是“敕：宜付所司，参详逐便稳速处分者”；(5) 有关官员达成了一份商量状，并上于皇帝，这被称为“敕后商量状”；(6) 皇帝对敕后商量状还需进行批复，然后经过出令程序，由尚书省负责向各州府下发，这就是比部符。文书中“牒奉者，今以状下州，宜准状，符到奉行”，表面看来，尚书符转发的文件是“状”，但这是经过皇帝批准的奏状，否则不可能下发各州府执行。

以上我们论证了“状”在唐前期是近臣上于皇帝的奏事文书。原本近臣的范围是有限的，其所奏请的事务即使涉及

① 池田温. 中国古代籍帐研究（录文）. 东京：东京大学东洋文化研究所，1979：346.

② 雍州奉天县是京县，其县令是最高级别的县令，《旧唐书·职官志一》所载官品令云，“武德元年敕，雍州诸县令阶从五品上，七年定令改（正六品上阶）”。故雍州奉天县令仍可被视为近臣。

地方，也仅限于京畿地区。但是，随着使职差遣的普遍化，作为近臣的使职遍及各个地方或各种事务的处理之中，“状”在国家政务中重要性的提高就是势所必然的了。

既然使职在行政运作中行用的文书为状，随着使职在行政体制中作用的加强和突出，行政运作中的文书主体势必发生变化，从而引起整个中央行政体制的变化。这种变化集中反映到中书省职权的转换上，中书省从以起草制敕为主要执掌的机构转变为参与政务裁决的机构。其参与政务裁决的方式和环节，就体现为参议表章，也就是对各种奏事表状的商量裁决。这是使职在行政过程中公文运作的上层环节，涉及使职所上文书的呈递和裁决机制。

（二）使职所上文书的裁决机制与中书舍人参议表章

如前所述，唐前期的文书制度规定，各种上行文书中，议表状不经过门下省而由中书省进奏。随着高宗以后议、表、状等文书的大量增加和内容的扩大，中书省地位的改变，以及皇帝上朝议事的减少，中书舍人侍奉进奏的职掌，逐渐发展为参议表章，从而逐渐获得裁决政务的职权。

《大唐六典》卷九“中书舍人之职”条注曰：

> 按今中书舍人、给事中每年各一人监考内外官使。其中书舍人在省，以年深者为阁老，兼判本省杂事；一人专掌画，谓之知制诰，得食政事之食；余但分署制敕。六人分押尚书六司。凡有章表，皆商量可否，则与侍郎及令连署而进奏。其进画事繁，或以诸司官兼者，谓之兼制诰。

这是在中书舍人基本职掌之后的一段关于其职掌变化的叙述，而且是作为开元时期的“今制”加以叙述的。以下对这一段文字进行考释。

关于中书舍人和给事中充监考使始于何时，姑置不论。关于中书舍人在省内的分工：一人为阁老，兼判本省杂事；一人专掌画，谓之知制诰，得食政事之食；余但分署制敕。这样的格局是在开元以后形成的。知制诰官得食政事之食，是从开元元年（713）苏颋任中书侍郎知制诰开始的。“上曰：苏颋可除中书侍郎。仍令宰臣宣旨，移入政事院，便供政事食。明日，加知制诰。今知制诰有政事食者，自颋始也”①。而知制诰的中书舍人得食政事之食，当在此之后。但中书舍人一人“专掌画”，谓之知制诰，则是在高宗时期就出现了。高宗时，孙处约累转中书舍人。其年，中书令杜正伦奏请更授一舍人，与处约同知制诰，高宗曰：“处约一人足办我事，何须多也。”② 孙处约做中书舍人时只有一员，负责起草进画，即知制诰。制敕文书的成立，在中书省有起草、进画、签署等环节。起草和进画当由同一人负责，署制敕则是在皇帝御画之后再签署颁下。在《大唐六典》所说的中书舍人六人的编制和分工中，知制诰一人，余但分署制敕。判本省杂事的称为阁老的中书舍人，是其中的年深者，也可称为杂事舍人。如德宗贞元八年（792）擢拜中书舍人的奚陟，所处理的就是省内杂事。“中书省故事，姑息胥徒，以常在宰相左右也，陟皆以公道处之。先是右省杂给，率分等第，皆据职田顷亩，

---

① 唐会要：卷五四，933.

② 旧唐书：卷八一，2758. 按，“知制诰”在孙处约时为动宾词组，是一种授权。到苏颋时“加知制诰”，则已成为一种职衔。

即主书所受与右史等。陟乃约以料钱为率，自是主书所得减拾遗。时中书令李晟所请纸笔杂给，皆不受，但告杂事舍人，令且贮之，他日便悉以遗舍人。前例，杂事舍人自携私入，陟以所得均分省内官。又躬亲庶务，下至园蔬，皆悉自点阅，人以为难，陟处之无倦”①。

“六人分押尚书六司”与“凡有章表，皆商量可否，则与侍郎及令连署而进奏”，所指应是一个制度的两个阶段，这个制度就是“参议表章”。前者是所谓“六押”，即六员中书舍人分别负责押判尚书六部上奏的表章。“故事，舍人六员各押尚书省一行，天下众务，无不关决”②。后者是所谓“五花判事”，“凡中书有军国重事，则中书舍人各执所见，杂署其名，(调)［谓］之五花判事。其舍人中选一人明练政事者，专典机密，谓之解事舍人”③。五花判事是对六押制度的改进，这个变革是由紫微令（中书令）姚崇在开元二年（714）做出的。《唐会要》卷五五《省号下》“中书舍人”条：

> 开元二年十二月二十日，紫微令姚崇奏：“中书舍人六员，每一人商量事，诸舍人同押连署状进说。凡事有是非，理均与夺，人心既异，所见或殊，抑使雷同，情有不尽。臣令商量，其大事执见不同者，望请便作商量状，连本状同进。若状语交互，恐烦圣思。臣既是官长，望于两状后略言二理优劣，奏听进止。则人各尽能，官无留事。”敕曰：可。

六押强调的是中书舍人对尚书六部章表的押判，五花判

---

① 旧唐书：卷一四九，4022.
② 通典：卷二一，565.
③ 钱易．南部新书：乙，17.

事的重点是中书舍人各执己见。姚崇改革以前，中书舍人六押之制已经存在。而姚崇的改革导致了六押之制的变化，故史称“中书舍人分押尚书六曹，以平奏报，开元初废其职”①。六押之制的具体运作方式是，每一舍人负责押判尚书一部，其余五舍人也要在已判的文书上同押连署，每一份上奏到皇帝的文书，都是以六员中书舍人的集体意见押判的。同押连署后的文书直接上奏皇帝，不需经过中书令的审校。五花判事的具体运作方式是，其余五员中书舍人不再对主判舍人的意见一律签名表示同意，诸舍人如有不同意见，则另作商量状，将反映不同意见的商量状与主判舍人押判的本状，一同进奏。如果本状与商量状存在大的分歧，则中书令需要在两状后进行优劣的评判，然后申奏。五花判事更多地体现出中书令的政务裁决权。《南部新书》在提到“五花判事”时，强调的也是“凡中书有军国重事，则中书舍人各执所见，杂署其名”，最后由中书令做出裁决。

从六押到五花判事，反映出中书省对政务裁决的进一步加强，以及中书令在行政事务中地位的提高。因为中书省原本只是以起草制敕为主要职掌的机构，现在对上行文书中的章表或表状进行押判，针对的是通过此类文书申报的政务。而六押最初也许只是一种技术上的处理，逐渐地押判的舍人可以提出初步处理意见，供皇帝采择。到五花判事的制度确立，则由中书令裁决中书舍人商议的章表，实际上中书令已经成为政务裁决的重要环节。其中，还涉及尚书六部所上政务文书的公文形态问题。在唐前期的上行文书中，通过尚书

① 旧唐书：卷一一八，3423-3424.

六部上奏的文书要通过门下省，体现的是门下省官员的作用。而六押强调的是中书舍人“六人分押尚书六司”和“舍人六员各押尚书省一行”，是中书舍人对尚书省上奏的文书进行押判。中书舍人押判的尚书上奏的文书，当不是奏抄而是各种章表。《大唐六典》强调的是中书舍人“参议表章”而不是对奏抄的押判。在中书舍人逐渐获得参议表章权的过程中，各种章表的重要性在提高。这里还有一个问题需要进一步研究，即中书舍人押判的尚书省上奏的文书（即所谓章表），是原本门下省审读的文书，还是门下省审读范围之外的文书？

六押和五花判事是中书舍人参议表章权的两种方式。中书舍人的这种职掌，是否从唐初就具备呢？有学者认为，中书舍人的日常基本工作应是批答百司奏抄章奏，隋以前虽不见“六押”之名，但“魏晋南朝以来，中书舍人分押尚书诸司，充当机要秘书，分工对口批札公文奏表的制度已逐渐形成”[①]。这种说法，给人以从唐初或魏晋南朝以来中书舍人就具有这种职掌的印象。首先，这种说法对魏晋南朝制度的理解不是很准确，《晋书·职官志》所说的“案晋初初置舍人、通事各一人。江左（注：指东晋）合舍人、通事，谓之通事舍人，掌呈奏案章”，并不能说明中书舍人已经具有分工对口批札公文奏表的制度上的职权。东晋的通事舍人并不完全等同于后来的中书舍人，后来还省去了，以“侍郎兼其职”[②]，说明东晋时期中书省设置舍人的制度都还没有固定下来。通事舍人也只是负责“通事”的舍人，承担的纯粹是文书传递的具体任务，并无制度上的参决之权。从南朝刘宋末开始，

---

① 袁刚．唐朝的五花判事和六押制度．安徽史学，1996（4）：11-16．

② 大唐六典：卷九，202．

中书通事舍人的职掌开始向代替中书侍郎掌诏命演变，起草诏命是其核心职权，而所谓“参决于中”，也只是恩幸之权，而没有在制度上固定下来①。其次，这种说法不仅忽略了奏抄和章表是不同类别的文书，审批途径并不完全相同，而且也忽略了文书形态的演变中间还有一些环节，特别是没有注意到《大唐六典》的说法并不能代表整个开元以前的制度。唐前期中书舍人职掌的重心是对制敕文书的起草进画和侍奉进奏，而参议表章的职权是在唐高宗武则天以后逐渐取得的。

中书舍人获得参议表章权（或六押）的一个重要背景是，随着国家统治形势的变化，体现政务运行的公文书也在发生变化。按照《大唐六典》的记载，唐代上行文书有奏抄、奏弹、露布、议、表、状。而从高宗武则天时期开始，议、表、状等奏事文书大量增加，其内容和性质也逐渐发生变化。中书舍人在这个过程中逐渐获得了对这些类别文书的参议权。议的情况比较复杂，大体是百官对朝之疑事发表议论。唐前期的表、状则主要是礼节性的谢状、贺表和涉及国家重大典礼与人事安排的建议性文书，虽说是以皇帝为中心的有关帝制王朝根本的大事，但并不太多涉及国家日常政务的处理，只有奏抄才是国家日常政务运作的主要文书。而大抵从武则天执政时期开始，各种使职和地方官上奏的表状多了起来，表状文书的内容也因此更多地涉及日常政务。

大抵从武则天时期开始，地方官上奏的表状要经过中书省呈奏。所以，中宗景龙三年（709）二月有司奏，诸州刺史

---

① 祝总斌. 两汉魏晋南北朝宰相制度研究，356-367.

都督以及京官五品以上在外者所上之贺表，“令礼部整比，送中书录帐总奏”；又说，“诸奏军国事者，并须指陈实状，不得漫引古今。凡须奏请者，皆为表状，不得辄牒中书省”[①]。不得辄牒中书省，是指不能直接向中书省汇报并请求批准，而是要写成表状，通过中书省上奏皇帝批准。随着地方需要向中央报批的事务增加，地方官的表状越来越多。而且，这里强调“不得辄牒中书省”，说明事实上已经有不少地方官直接向中书省汇报政务，中书省成为地方报批政务的上级，表明中书省开始兼掌行政。此外，这里提到地方官的贺表在由中书省录帐总奏之前，要由尚书省礼部整比，说明地方所上表状等文书也是要经过尚书省的。

除了地方官之外，大量的表状来自使职。如上所述，唐高宗武则天以来，皇帝派遣的使职越来越多。使职上奏皇帝的文书为状，随着使职所掌政务范围的扩大，使职所上状的内容范围扩大，性质也发生变化。状在使职发展的过程中，逐渐转变为针对地方具体政务的汇报文书。

随着高宗以后议、表、状等文书的大量增加和使用范围的扩大，最初是高宗让武则天帮助处理。显庆五年（660）十月，“上初苦风眩头重，目不能视，百司奏事，上或使皇后决之”[②]。乾封（666—668）前后设立的北门学士，一个重要的职掌就是参决“朝廷奏议及百司表疏”[③]。到高宗去世后，侍奉进奏的中书舍人，逐渐取代内廷学士参议表章，从而获得

① 唐会要：卷二六，505.

② 资治通鉴：卷二〇〇，6322.

③ 资治通鉴：卷二〇二“高宗上元二年三月”条；旧唐书：卷一九〇中，5011. 北门学士初设于乾封前后，据胡戟. 武则天本传，44。

裁决政务的职权。中书舍人侍奉进奏，只是在一些特定的场合宣读或申奏章表奏议，而并不包括对章表进行商量并提出初步处理意见。也就是说，侍奉进奏是将章表奏达皇帝的一个程序。而参议表章，是在皇帝接受了章表之后，将其出付中书舍人进行商量，提出初步处理意见，以供皇帝决策时采择。《大唐六典》卷九“匦使院知匦使之职”条：

> 垂拱元年置。常以谏议大夫及补阙拾遗一人为使，专知受状，以达其事。事或要者，当时处分。余出付中书及理匦使，据状申奏。理匦使常以御史中丞及侍御史一人为之。

说明垂拱元年（685）设置知匦使时，已有部分文书交由中书省处理。知匦使在匦使院受理的各类表状，是直接送达皇帝（当时是武则天听政）的。在皇帝接受了表状之后，重要的事情当时予以处理，而其他需要进一步研究再处理的事务，则“出付中书及理匦使”，等他们提出初步处理意见后，再“据状申奏”。

又，中宗神龙三年（707）二月敕：“诸色理诉兼抑论内状，出付中书。应制敕处分者，留为商量；自余并封本状，牒送所司处分”①。何谓“诸色理诉兼抑论内状”，目前还不是很清楚。但是，这些属于状类的文书要出付中书省处理，正与中书舍人获得参议表章权的时间相吻合。如果是需要皇帝下制敕处分的，则要留在中书省商量；不需要制敕处分的，则由中书省“牒送所司处分”。而所谓中书省留为商量，正是中书舍人“六押”的具体表现。

① 唐会要：卷五四，927.

敦煌文书 P. 3078 神龙（705—707）散颁刑部格残卷前半部第 20-28 行云：

> 法司断九品以上官罪，皆录所犯状进内。其外推断罪定，于后雪免者，皆得罪及合雪所由并元断官同奏。事若在外，以状申省司，亦具出入之状奏闻。若前人失错，纵去官经赦，亦宜奏。若推断公坐者，不在奏限。应雪景迹状，皆于本使勘检，如灼然合雪，具状牒考、选司。若使司已停，即于刑部、大理陈牒，问取使人合雪之状，然后为雪。仍牒中书省，并录状进内，讫，然后注。①

此格文本于《唐会要》卷四一《杂记》所载永淳二年（683）二月制："官人犯罪经断后得雪者，并申尚书省详定。前被枉断及有妄雪者，具状闻奏"②。本来唐律规定，法司断五品以上官死罪，须录所犯状奏闻。而格文将应录所犯状进内之对象，由五品以上官扩大到九品以上官，由死罪扩大到一切犯罪，正是对官员法律特权的提高及司法事务方面中央集权的进一步加强。值得注意的是，法司在断九品以上官人之罪时，皆录所犯状进内。及雪免犯罪官人时，于刑部、大理寺陈牒以后，"仍牒中书省，并录状进内，讫，然后注"。即雪免官人犯罪之状，须牒中书省，并录状进内，即直接进呈于皇帝。参照上引神龙三年（707）二月敕，诸色理诉兼抑论内状，或许应包括这些断九品以上官人之罪和雪免官人犯罪的状文。所谓录状进内，就是内状，在处分过程中要出付中书，由中

---

① 刘俊文. 敦煌吐鲁番唐代法制文书考释，247-248.

② 同①260. 该书附录的"有关研究论著索引"，介绍了有关敦煌吐鲁番出土唐代律令格式等法制文书的研究成果，可参看。

书省决定，是留为商量还是封送所司处分。

六押的另外一个背景，是中书舍人必须有六员。《大唐六典》记中书省置中书舍人六员，秩正五品上。但六员的建制并非唐初就是如此。“隋初改曰内史舍人，置八人，专掌诏诰，正第六品上。开皇三年加从第五品上。炀帝三年，减置四人。十二年改曰内书舍人。皇朝改曰内史舍人。武德三年改曰中书舍人。龙朔、咸亨、光宅、神龙、开元，并随省改复”。《大唐六典》并没有说明唐朝何时始置中书舍人六员。但是，从实际情况看，在高宗咸亨（670—674）以前，中书舍人基本是不足六员的。如前引高宗初年孙处约为中书舍人时，中书令杜正伦奏请更授一舍人，与处约同知制诰，高宗曰：“处约一人足办我事，何须多也。”说明当时只有一员中书舍人，负责起草进画，即知制诰。咸亨元年（670）在位的中书舍人徐齐聃，“善于文诰，甚为当时所称。高宗爱其文，令侍周王等属文。以职在枢剧，仍敕间日来往焉”[①]。徐齐聃既要侍周王等属文，又要在中书省起草文诰，以至只能间日与周王等来往，说明当时在位的中书舍人并不多。所以当时高宗使以参决百司表奏的主要是皇后武则天和引入内廷的北门学士等。高宗去世后，中书舍人的员数开始增加。光宅元年（684），在位的中书舍人有陆元方、韩大敏、李景谌、元万顷、范履冰等五人[②]。此后，如神功元年（697）同时在位的中书舍人有六员，如下表[③]：

---

① 旧唐书：卷一九〇上，4998.

② 据两《唐书》诸人本传。

③ 以下中书舍人在职时间表，资料出处皆据两《唐书》诸人本传。

姓名	在位时间
张　说	永昌中（689）—睿宗即位（710）
韦承庆	长寿中（693）—长安初（701）
苏味道	延载初（694）—圣历初（698）
李　峤	证圣元年（695）—圣历初（698）
崔　融	神功元年（697）—久视元年（700）
王　剧	神功元年（697）

长安二年（702）在位的中书舍人六员，见下表：

姓　名	在位时间
薛　稷	圣历二年（699）—景龙末（709）
韦嗣立	圣历二年（699）—长安中（701—704）
宋　璟	长安中（701—704）—神龙初（705）
魏知古	长安中（701—704）—神龙初（705）
刘知幾	长安中（701—704）—景云中（710）
刘允济	长安二年（702）

神龙二年（706）至景龙元年（707）在位的中书舍人六员，见下表：

姓　名	在位时间
刘知幾	长安（701—704）—景云中（710）
毕　构	神龙初（705）—景龙末（709）
卢藏用	神龙中（705—706）—景龙三年（709）
苏　颋	神龙中（705—706）—开元四年（716）
沈佺期	神龙中（705—706）
李　乂	景龙元年（707）

景云元年（710）在位的中书舍人六员，见下表：

姓　名	在位时间
刘知幾	长安（701—704）—景云中（710）
苏　颋	神龙中（705—706）—开元四年（716）
韩思复	景龙中（707—709）—延和元年（712）
刘幽求	景云元年（710）
贾　曾	景云元年（710）
韦元徽	景云元年（710）

玄宗开元以后，中书舍人基本是足额设置。只有在足额的情况下，中书舍人才能“以久次者一人为阁老，判本省杂事；又一人知制诰，专进画，给食于政事堂；其余分署制敕。以六员分押尚书六曹，佐宰相判案，同署乃奏，唯枢密迁授不预”①。

中书舍人参议表章的制度，在安史之乱以后被破坏。《新唐书·百官志》云：“兵兴，急于权便，政去台阁，决遣专出宰相，自是舍人不复押六曹之奏”。这种破坏在于“决遣专出宰相”，即由宰相的专权所导致。从这个意义上说，开元二年(714)姚崇改革，中书令对中书舍人的押判进行审校，就是中书舍人政务裁决权削弱的开始。所以《旧唐书·杨炎传》云“旧制，中书舍人分押尚书六曹，以平奏报，开元初废其职”。唐后期，有几次恢复中书舍人参议表章之制的努力，但基本未能实现。元和十五年(820)闰正月，新即位的穆宗有意恢复“六押”之制，他说：“中书舍人职事，准故事，合分押六司，以佐宰臣等判案。沿革日久，顿复稍难。宜渐令修举，有须慎重者，便令参议。知关机密者，即且依旧”②。到

① 新唐书：卷四七，1211.

② 唐会要：卷五五，946.

武宗会昌末，宰相李德裕建议："台阁常务、州县奏请，复以舍人平处可否"①。李德裕认为："伏见天宝以前，中书舍人六员，除枢密迁授之后（按：《旧唐书·武宗纪》后作外），其他政皆得商量。宰臣姚崇奏云……自艰难以来，务从权便，政颇去于台阁，事多系于军期，决遣万机，事在宰弼（按：《旧唐书·武宗纪》事在宰弼作不暇博议）"。他建议的具体内容是："臣等商量，今日以后，除枢密及诸镇奏请有司支遣钱谷等，其他台阁常务，关于沿革，州县奏请，系于典章，及刑狱等，并令中书舍人依故事商量，臣等详其可否，当别奏闻"②。李德裕的奏请是在朝臣怨其太专的背景下做出的应变之举，并非真正要恢复中书舍人的职权。加上不久后武宗去世，李德裕失势，此奏自然没有得到很好的执行。

综括言之，中书舍人参议表章，是高宗武则天以后发展起来的，一直到天宝以前还实行的制度。其间，开元二年（714）姚崇的改革，使中书舍人参议表章之权的行使方式由"六押"变为"五花判事"，在某种程度上权力受到宰相的削夺。

在唐前期，中书舍人参议表章与门下省审驳奏抄，是两种不同的政务裁决机制。门下省审驳奏抄，主要是对尚书省汇总的政务进行审查批复，体现了律令体制内日常政务的裁决权主要在门下省，皇帝只是画闻通过，而不行使否决权。中书舍人参议表章，主要是由中书舍人帮助参决进呈于皇帝

① 新唐书：卷四七，1211.

② 唐会要：卷五五，947.《旧唐书》作："臣等商量，今后除机密公事外，诸侯表疏、百僚奏事、钱谷刑狱等事，望令中书舍人六人，依故事先参详可否，臣等议而奏闻。"（旧唐书：卷十八上，608）关于李德裕上奏的时间，《唐会要》系于会昌四年十一月，《旧唐书·武宗纪》系于会昌五年十二月，《新唐书·百官志》作会昌末。

的各种奏事文书，要处理的是一些不断出现的新情况、新问题。从唐高宗武则天以来，中书舍人参议表章的职权在扩展，并逐渐被宰相所控制。这种变化，一方面体现了君主政务裁决权的加强，标志着君主走向处理国家政务的前台，政治运作中的行政主导地位在不断强化；另一方面也体现了君相关系发展的新趋势，宰相逐渐成为帮助皇帝裁决政务的助手。

三、中书省地位的变化与政事堂裁决政务

武则天参政与“北门学士”的设立，开创了内廷参决政务的机制。太宗贞观时期和高宗初年，皇帝与大臣联系密切，重大决策都是由皇帝与宰相商讨做出的。至于一般的日常政务，则由尚书省汇总再申报到门下省进行裁决，皇帝只是“画闻”而已。随着国家统治形势的变化，各级官僚以及派往地方的使职向皇帝进奏的表状大量增加，如上所述，这些表状不经过尚书省和门下省，而是上奏于皇帝，大都需由皇帝批阅，而不是由门下省裁决。最初帮助皇帝进行政务裁决的是皇后和召入内廷的“北门学士”。北门学士表面看来是武则天干预朝政的产物，而在制度演变过程中，恰好起到了一个承前启后的作用。这批人到武则天称帝之前都先后被抛弃。武则天掌权后，转而运用原有制度上规定的国家机构来处理政务①。所以，原来内廷的决策，就逐渐由“侍奉进奏”的中书舍人来帮助进行。这就是上文所述中书舍人获得参议表章

① 刘健明．论北门学士//中国唐史学会论文集．西安：三秦出版社，1989：205-218.

权，成为皇帝决策的助手。

（一）中书省地位的提高和职权的转换

在唐前期三省与皇帝的关系中，中书省因为掌军国之政令和“侍奉进奏、参议表章”，处于与皇帝关系更近的地位。随着君主专制的加强，国家政务运作中行政主导地位的强化，皇帝走向处理国家政务的前台，中书省地位不断提高，就是一个必然的趋势。

在实际的权力格局中，从高宗中期开始，中书省地位提升的趋势就明显地呈现出来。在集体宰相中，中书令的重要性不断提高。永淳元年（682）四月，高宗幸东都，中书令薛元超与太子少傅刘仁轨、侍中裴炎留住长安辅佐太子监国，另一员中书令崔知温随往东都。临行前，高宗对薛元超说：“朕之留卿，如去一臂。但吾子未闲庶务，关西之事，悉以委卿，所寄既深，不得默尔”①。中书令俨然首相姿态。永淳二年（683）三月，崔知温去世。七月，薛元超罢相。弘道元年（683）十二月，高宗去世。随后，裴炎由侍中迁中书令，并将原本设在门下省的政事堂迁到了中书省，“以中书执政事笔，其政事堂合在中书，遂移在中书省”②。中书令因此在政事堂中居于主导地位。政事堂迁移事件，是唐代政治体制发生变化的一个重要环节，中书省的优势地位因此得以确立，门下省的枢纽地位却因此丧失。

北门学士的设立，开启了内廷近臣在禁中参决谋议的机制；移政事堂于中书省，完成了中书省在三省关系中居于主

① 旧唐书：卷七三，2590-2591.

② 唐会要：卷五一，883.

导地位的变革。这两方面的变化，在某种意义上都为中书省职权的转化起到了促进作用。中书省职权的重心由此前掌军国之政令和侍奉进奏转为参议表章，也就是逐渐由出令机关转化为政务裁决的行政机关。

武则天执政以后，中书令以其在政事堂执政事笔的实际首相身份，在权力格局中的优势地位更加明显。裴炎在废中宗立睿宗的过程中，有定策之功，是当时起核心作用的宰相。由于在是否还政于睿宗的问题上与武则天存在分歧，裴炎被诬以勾结徐敬业谋反的罪名被杀。又如李昭德，“寻加检校内史。长寿（692—694）中，神都改作文昌台及定鼎、上东诸门，又城外郭，皆昭德创其制度，时人以为能”。当武承嗣向武则天谮毁李昭德时，武则天的回答很明确：“自我任昭德，每获高卧，是代我劳苦，非汝所及也”。武则天对李昭德委任之重，超过了当时在位的任何一位宰相。也正因为如此，李昭德才有可能“专权用事，颇为朝野所恶”。大臣们在上疏中所列举李昭德的罪状，主要就是专权。其文曰：

> 天授已前，万机独断，发命皆中，举事无遗，公卿百僚，具职而已。自长寿已来，厌怠细政，委任昭德，使掌机权。……天下杜口，莫敢一言，声威翕赫，日已炽盛。臣近于南台见敕目，诸处奏事，陛下已依，昭德请不依，陛下便不依。如此改张，不可胜数。昭德参奉机密，献可替否，事有便利，不预谘谋，要待画旨将行，方始别生驳异。①

自裴炎以后，由侍中升迁为中书令成为一个普遍模式。三省长官平等的格局被打破。直到睿宗、玄宗之际的姚崇，

---

①　旧唐书：卷八七，2856.

开元中期的张嘉贞、张说，开元后期的张九龄及其后长期专权的李林甫和杨国忠等，都是以中书令的职位成为首相的。

从裴炎到姚崇，是中书省地位和职权变化的一个重要阶段。裴炎奏请将宰相议事的政事堂由门下省迁到了中书省，中书省在政事堂的主导地位得以确立。而上述姚崇对中书舍人参议表章之制的改革，表面上是为了使诸位中书舍人的意见都能够体现出来，避免“抑使雷同，情有不尽”的弊端，实际上是中书令的政务裁决权得到加强。改革后，中书令的判决介入到中书舍人对章表的押判和皇帝的决策之间。中书令既然在主判舍人押判的本状和诸位中书舍人的商量状后“略言二理优劣，奏听进止”，皇帝所能采择的主要是中书令的意见，而不是中书舍人的商量。这是中书令的政务裁决权在中书舍人职权重心变化的基础上得到了加强。中书舍人原本是帮助皇帝判案的，经过姚崇的改革，就成为帮助宰相判案了，所以又被称为“宰相判官”①。穆宗在试图恢复中书舍人参议表章之制时，也说“中书舍人职事，准故事，合分押六司，以佐宰臣等判案”②。

需要指出的是，制度的作用只是一定程度上的、相对的，人为的因素在皇帝的用人和国家政务的实际运作中，同样起很大作用。只要皇帝看上了，在其他职务上也可以委以重任，不见得一定要中书令才能在中枢政局中发挥核心作用。或者说即使是中书令，如果皇帝不是特别委任，个人才能也一般的话，同样只能是陪衬。如豆卢钦望，长寿二年（693）代宗秦客为内史。“时李昭德亦为内史，执权用事，钦望与同时宰

---

① 南部新书：丁，48.

② 唐会要：卷五五，946.

相韦巨源、陆元方、苏味道、杜景俭等并委曲从之”①。但是，皇帝的用人和国家政务的运作，在很大程度上又不得不在制度的范围内进行。毕竟，根据职务分工获得的职权，从体制上说，具有一定的稳定性和保障性。

在中书省逐渐获得政务裁决权的过程中，尚书省的地位在下降。尚书左右仆射从贞观十七年（643）或十八年（644）以后就长期缺置②，尚书八座会决政务的制度实际上成为虚设。三省长官共为宰相的制度因此发生转型。随着尚书都省地位的下降，其作为政务中枢的地位逐渐丧失，而演化成以尚书左右丞为首长的纯粹勾检文案的收发机关。

（二）政事堂裁决政务及其实体化

开元以后，中书、门下两省长官兼任六部尚书的情况越来越普遍，六部官员拜相出席政事堂会议的人数也越来越多，三省之间在国家政务裁决过程中的分工越来越模糊，政事堂越来越实体化，大量的国家政务也就逐渐移至政事堂裁决。开元四年（716），汴州刺史倪若水抵制姚崇领导的灭蝗工作，姚崇乃牒报若水，强令其采取灭蝗措施。面对朝廷的喧议，姚崇又对玄宗说：“此事请不烦出敕，乞容臣出牒处分”③。姚崇以中书令的身份牒汴州刺史进行灭蝗，正是中书省及政事堂政务裁决权的实际体现。

以中书令为首的政事堂，逐渐改变了政事堂在门下省时作为宰相议事之所的性质，成为宰相裁决政务的机关，中书

---

① 旧唐书：卷九〇，2922.

② 严耕望．唐仆尚丞郎表．北京：中华书局，1986.

③ 旧唐书：卷九六，3024.

令也成为掌庶政的行政首脑。《资治通鉴》卷二一〇“开元元年（先天二年，713）十月”条叙姚崇为政之事：

> 姚元之尝奏请序进郎吏，上仰视殿屋，元之再三言之，终不应；元之惧，趋出。罢朝，高力士谏曰：“陛下新总万机，宰臣奏事，当面加可否，奈何一不省察！”上曰：“朕任元之以庶政，大事当奏闻共议之；郎吏卑秩，乃一一以烦朕邪！”会力士宣事至省中，为元之道上语，元之乃喜。闻者皆服上识君人之体。①

以中书令为首的宰相，在皇帝看来成了任之以庶政的行政长官。中书令职掌的此种转变，也进而影响到中书省与门下省之间的职权关系。在唐初的权力格局中，中书省与门下省主要是在诏敕起草颁行的不同环节上进行分工，两省关系是以诏敕颁行为中心的，而在审批尚书奏事方面并不发生直接联系。现在，中书令成了事实上的行政长官，实际上负责审批日常政务，但这种事实上的转变并没有落实到制度的调整上，在制度上还是由门下省负责审读尚书奏事。所以，中书令姚崇要对还在坚持按制度办事的黄门侍郎进行控制，“开元二年八月，李乂为黄门侍郎，多所校正。紫微令姚崇遂荐为紫微侍郎，外托荐贤，其实引在已下，去其纠驳之权”②。校正、

① 《资治通鉴》将出自李德裕《次柳氏旧闻》的此事记于先天二年十月，大概是依据高力士所说的“陛下新总万机”之语。此时的政事堂宰相班子中，张说是中书令，刘幽求是尚书左仆射兼侍中，姚崇只是兵部尚书同中书门下平章事，并未成为宰相中的首要人物，也并未被玄宗完全任以庶政。《旧唐书·姚崇传》记其任兵部尚书同中书门下平章事之后，“复迁紫微令”。据《旧唐书·玄宗纪上》，改中书令为紫微令在先天二年十二月初一改元大赦之时，次年正月“紫微令姚崇上言请检责天下僧尼”的记载，说明姚崇任紫微令在开元元年底或二年初，其时张说和刘幽求都已罢相。此事可理解为稍后姚崇担任紫微令之后发生的故事。

② 唐会要：卷五四，931-932.

纠驳，皆针对尚书奏事而言，门下侍郎按照制度本有纠驳尚书奏事之权，这种权力与姚崇作为中书令裁决尚书政务发生冲突，所以要将其引在己下。这说明政治体制转变过程中，实际运作与制度规定的冲突，往往是通过兼职和人事安排来解决的。而姚崇的这个安排，因为正处于制度转变的关键时期，所以成为中书省加强政务裁决权的重要步骤。

随着中书省裁决政务权力的加强，其内部运行机制也需要进行调整。在中书令逐渐走向兼掌决策行政的首相之位时，中书侍郎成为中书省起草制敕之事的实际负责人。《唐会要》卷五四“中书侍郎”条略云：

> 开元元年十二月，以工部侍郎苏颋为中书侍郎，仍令宰臣宣旨，移入政事院，便供政事食。明日，加知制诰。今知制诰有政事食者，自颋始也。……至三年二月，上谓曰：“卿所制文，朕自识之。自今已后，每进画（畫。原文作‘書’，误），皆别录一本，云臣某进，朕要留中。”迄今以为故事。

中书侍郎加知制诰，负责起草制敕之事，这是中书侍郎和中书令职权分化的体现。另外，此处称“政事院”，似说明政事堂作为宰相裁决政务机关的实体化。当大量的最高决策主要由中书令进行议决时，制敕文书的起草更多地成为技术性的工作，这方面主要由中书侍郎负责，而在制敕成立和下颁的过程中，中书令的权力十分集中。正因为有这样一个变化，开元年间的中书省内部事实上已经形成了由中书令承宣制命，侍郎署位而已的局面。开元十二年（724）六月中书令张说推荐崔沔为中书侍郎时，就有人对他说道，“今之中书，皆是宰相承宣制命，侍郎虽是副贰，但署位而已，甚无事也”。尽管崔沔从唐初的制度理想出发，坚持认为“设官分职，上下相维，各申所见，方为济理”，但他违背现实的做法很快受到张说的压制①。中书侍郎署位而已的事实，正是政事堂实体化和中书令专权的表现，中书省本身在制敕下颁过程中逐渐成为“署位”即履行程式化职能的机构。

随着中书省政务裁决权的加强和政事堂兼掌政务，兼职宰相的办公制度也进行了调整。本来以仆射兼中书、门下之职者，皆“午前决朝政，午后决省事”②，开元以后，尚书省官员拜相者就已经不回本省办公了。正如《新唐书·选举志》所说，“初，诸司官兼知政事者，至日午后乃还本司视事。……开元以来，宰相位望渐崇，虽尚书知政事，亦于中书决本司事以自便”③。尚书省官员充任的兼职宰相可以在政事堂决本司事，说明政事堂已经掌政务，且实体化，宰相成为专职。政事堂置印的问题与此有关④。

总之，到姚崇担任中书令的开元前期，中书省的职权和内部机制的变化已经完成。原本作为宰相议事之所的政事堂，

---

① 旧唐书：卷一八八，4928；唐会要：卷五四，934.

② 资治通鉴：卷二〇八，6594.

③ 《旧唐书》也有类似的记载，谓“先天已前，诸司官知政事，午后归本司决事……开元已后，宰臣数少，始崇其任，不归本司”（旧唐书：卷一〇六，3244）。这里的中书指的是开元十一年由政事堂改称的中书门下，亦应包括此前的政事堂。

④ 关于政事堂是否置印及何时置印，陈振提出政事堂在开元十一年以前就有专印，开元十一年只不过是将政事堂印改为中书门下之印而已（《政事堂制度辩证》质疑．中国史研究，1985（1）：89－94）。按：根据诸书关于开元十一年张说奏改政事堂为中书门下的记载，大都提到其政事印改为中书门下之印，说明中书门下之印不是凭空新置的，而是由原来的政事印改置而来。这种政事印，当不是中书省印，而应为政事堂指挥百司和地方政务所用之印。如果这种推测能够成立，则政事印的设置应在开元初年政事堂实现实体化的时期。或者可以进一步做如下推测，开元四年姚崇牒汴州刺史倪若水的文书，就是以政事堂而不是中书省的名义发布的，是政事堂牒而不是中书省牒，其印就是政事堂印。

也演变成为以中书令为首相的宰相裁决政务的常设机构。

四、中书门下体制的建立

开元十一年（723）中书令张说奏改政事堂为中书门下，是中书门下体制建立的标志。《通典・职官三》“宰相”条云：“旧制，宰相常于门下省议事，谓之政事堂。至永淳二年七月，中书令裴炎以中书执政事笔，其政事堂合在中书，遂移在中书省。开元十一年，张说奏改政事堂为中书门下，其政事印亦改为中书门下之印”。《新唐书・百官志一》有更为详细的记载：“开元中，张说为相，又改政事堂号‘中书门下’，列五房于其后：一曰吏房，二曰枢机房，三曰兵房，四曰户房，五曰刑礼房，分曹以主众务焉”。

相对于由三省互相配合、互相牵制并共同构成宰相职权的三省制来说，中书门下体制的基本特征就是宰相有了裁决政务的常设机构，中书门下成为最高决策兼行政机关，超然于三省之上，使职和使职化的六部寺监成为政务执行的主体，涉及国家政务的公文书形成了新的上传下达程式。

使职的发展及中书省和政事堂职权的转化，是张说奏改政事堂为中书门下的制度性背景。但促成这个变革的具体动因，则是宇文融括户。武则天长安三年（703）括户以后，户口脱籍问题更加严重。所以当开元九年（721）正月监察御史宇文融最初提出“请急察色役伪滥并逃户及籍田”时，立刻得到玄宗的支持，被委派为覆田、劝农等使。后来还充任勾当租庸地税使、诸色安辑户口使、括地使等（以下概称为劝农使），先后奏用的判官达二十多人，而宇文融的本职也由监察御史升为侍御史、御史中丞。由宇文融主持的括户，可以分为三个主要阶段：从开元九年（721）二月到开元十一年（723）五月为第一阶段，以排比审核地方上报的相关资料为主；从开元十一年（723）五月到开元十二年（724）年底为第二阶段，主要内容是根据前一阶段掌握的土地户口的基本情况，派遣劝农判官到各地实际括户，“诸道括得客户凡八十余万，田亦称是”[1]；开元十三年（725）以后，是第三阶段，主要是进行善后处理，巩固括户成果[2]。

宇文融充使括户，对原有行政体制形成很大的冲击。玄宗对宇文融的授权范围很广，“乃授其田户纪纲，兼委之郡县厘革”[3]。使职实际上在某些方面实施对地方州县的行政领导。地方逃户和隐占田地等问题，属州县管辖范围，本来就是户部职权范围之外的事情。而据《唐律》，丁夫在役亡者，以及人（民）有课役，全户亡者，罪止徒三年；占田过限，罪止徒一年半，皆由县断定，州覆审后送配所，不需申报刑部，故也与刑部无涉[4]。开元时，逃户范围广，人数众多，按原有律令并由州县按常规处理已经无法解决。因此，只好另设使职，并做出一些临时处分来解决这些问题。

使职所掌地方逃户和隐占田地的事务性质，与户部所掌地方户田、钱谷并不相同，二者不是简单的权力取代关系。使职所掌为新出现的事务，六部的职权范围依旧。不过，这

① 唐会要：卷八五，1563.

② 关于宇文融括户阶段的划分及各阶段工作内容的分析，参见孟宪实．唐前期括户研究．北京：北京大学硕士学位论文，1998。

③ 旧唐书：卷一〇五，3219.

④ 唐律疏议：卷二八，534；卷三〇，561.

种变化对尚书六部统领地方州府的体制形成的冲击却是显而易见的。这种体制的破坏，将进一步影响到三省制的转变。

随着“特奉制敕”的使职的常设化及其行政职能的扩展，产生了一个归属问题。使职系统是旧有体制所不能包容的，它作为一个行政系统，不能接受尚书省的领导。但它必须要一个上级机关来进行统领，纳入中央行政体制之内。从当时的实际情况看，玄宗的指导思想是顺着武则天以来的发展趋势，革新宰相制度。姚崇、宋璟、张嘉贞、张说等，都在玄宗的授权下成为专权的宰相。任命宇文融为劝农使主持括户，主要是出于当时形势的需要，并不是为了架空宰相张说。至于后来宇文融和张说的矛盾，更多的是政见上的分歧，是由于政见分歧导致了权力之争。而且这种斗争的结果并不是要抛开宰相，而恰是要将使职行政系统纳入宰相领导之下。

开元十一年（723），括户进展到一个新的阶段。五月，宇文融奏置劝农判官 19 名，分往天下，安辑户口，检责剩田。八月，根据各地劝农判官反映上来的情况，有关允许逃户就地落籍的政策出台，规定“前令检括逃人，虑成烦扰，天下大同，宜各从所乐，令所在州县安集，遂其生业”①。括户工作大规模展开。削弱宇文融的权势，将这些政务直接纳入宰相的管辖之下，是张说奏改政事堂为中书门下的直接动因②。

---

① 资治通鉴：卷二一二，6756.

② 开元十一年，正是宇文融的劝农判官在地方进行检田括户工作的时期，这件事与张说奏改政事堂为中书门下二者之间不会没有联系。政事堂的实体化，已经具备了接管使职的条件。而一旦将使职所掌全国规模的政务都集中到政事堂处理，政事堂的内部建制就必须做出相应的调整，需要有专门的办公室和属官，政事堂的名称也随之改换了。

由于政事堂改为中书门下是顺理成章的事情，而且似乎没有明确地制度化，当时人们对这个事件并不特别重视，仅有的几条记载也都很笼统，没有确切的解释。也不见有专门的诏令，更无具体的时间。司马光也只能将此事放在开元十一年（723）年末记叙，作“是岁，张说奏改政事堂曰中书门下”。张说担任中书令执掌朝政，在开元十一年初。二月任命张说以兵部尚书兼中书令，制书中说到“中书政本”，其为兵部尚书兼中书令是“兼出纳之任”①。四月，玄宗再次任命他为中书令②，并下诏对他进行褒奖，曰：“政令必俟其增损，图书又藉其刊削”③，正可说明张说主持朝政的情况。诸书记载此事均作中书令张说奏改政事堂为中书门下，故张说的奏改应在四月其掌朝政之后。而在“十一月戊寅亲祀南郊大赦天下制”中，已经提到中书门下④，说明张说的奏改在四月至十一月之间。

开元十二年（724）六月，宇文融巡行州县，“融乘驿周流天下，事无大小，诸州先牒上劝农使，后申中书；省司亦待融指扮，然后处决”⑤。牒，是劝农判官或地方政府上于劝农使的文书，而申于中书的文书，就是经劝农使汇总各地牒文而成的状。这种公文书运作程式，可概括为诸州先牒上劝农使，然后由劝农使申于中书门下，中书门下再申奏于皇帝。所以出现了《旧唐书·张说传》所说“融等每有奏请，皆为说所抑”的情况。这种运作程式，正说明使职在某些事务范

① 张说兼中书令制//唐大诏令集：卷四四，219-220.
② 张说中书令王晙同三品制//唐大诏令集：卷四五，222.
③ 旧唐书：卷九七，3054.
④ 册府元龟：卷八五，1004. 参见唐大诏令集：卷六八，380-381。
⑤ 资治通鉴：卷二一二，6761.

围内领导地方行政以及使职纳入中书门下统领之下，体现了中书门下体制建立之后的政务运作机制。

由政事堂改称为中书门下，并不仅仅是名号上的改变，而意味着中枢体制的重大变革。过去三省长官皆为宰相，三省之间构成一个有明确分工但又互相制衡的整体，三省以其在不同环节上分工制衡又互相配合的关系构成完整的宰相权力，政事堂只是作为宰相的议事之所。政事堂改为中书门下之后，三省机构依然存在，且三省出入命令的分工在形式上日趋严密和完善。但三省与宰相分离，中书门下成为宰相府署，超然于三省机构之上。在这种体制下，中书门下直接指挥诸使、诸郡、诸军执行皇帝的命令，其决策权也就表现在对于一般日常政务的处理，而不再体现为对于大政方针的议定。尚书都省成为纯粹勾检文案、收发文书的机关。使职系统日渐完善，直接面向中书门下，形成了新的不同于尚书六部二十四司的行政体制。中书、门下两省的内部结构和职权也发生了变化，逐渐演变成为与宰相分离的、具体负责起草和审查诏令的机关。

第五章

中书门下体制的结构与运行

上一章主要从制度变迁的背景和实际政治动因论证了中书门下体制的建立。中书门下体制建立的过程，实际上也是唐代政治体制的一个成长性变革的过程。既然认为开元十一年（723）改政事堂为中书门下开创了一个新的政治体制，那么，就必须回答这个体制所具有的自身架构和运作机制，包括中书门下的机构建制、以使职系统为主的中书门下体制下的行政体系，以及中书门下与三省、使职和地方的关系等。

一、中书门下的机构建制

关于改政事堂为中书门下的两段最集中的记载，见于《新唐书》卷四六《百官志一》：

> 初，三省长官议事于门下省之政事堂。其后，裴炎自侍中迁中书令，乃徙政事堂于中书省。开元中，张说为相，又改政事堂号“中书门下”，列五房于其后：一曰

吏房，二曰枢机房，三曰兵房，四曰户房，五曰刑礼房，分曹以主众务焉。

及《资治通鉴》卷二一二“开元十一年”：

是岁，张说奏改政事堂曰中书门下，列五房于其后，分掌庶政。胡注：旧制，宰相常于门下省议事，谓之政事堂。永淳元年，中书令裴炎以中书执政事笔，遂移政事堂于中书省。至是说改政事堂为中书门下，其政事印改为中书门下之印。五房，一曰吏房，二曰枢机房，三曰兵房，四曰户房，五曰刑礼房。

对于中书门下“分曹以主众务”和“分掌庶政”在制度史上的意义，已经越来越多地为学界所重视并揭示出来，它是唐代政治体制的一次重大变革，意味着政事堂从宰相议事之所变为宰相裁决政务、指挥行政运作的施政机关，标志着最高决策和行政的合一①。但是，中书门下作为宰相裁决政务的独立机构，其机构建制如何，是一个一直没有解决的问题。

（一）中书门下作为一个常设机构的法律定位

改政事堂为中书门下之后，中书门下作为一个独立于三省之外的常设机构之称取代了此前作为两省机关的连称②，成为宰相处理政务的实体的“相府”。《新唐书》卷一四二《韦

① 崔瑞德. 剑桥中国隋唐史，376；罗永生. 唐前期三省地位的变化. 历史研究，1992（2）：98-109；吴宗国. 隋唐五代简史，165-168；吴宗国. 盛唐政治制度研究，8.

② 孙国栋早已指出：开元十一年以后中书门下成为一个独立的机构。其所举事例为，此前宰臣奏事或贺表多以本官名义，其后始有以中书门下名义进奏。他还指出，改政事堂为中书门下是政事堂不断呈现独立趋向的结果（唐代三省制之发展研究//唐宋史论丛，146-147）。

处厚传》："堂史［吏］汤铢数招权纳财赂，处厚笑曰：'此半滑涣也。'斥出之，相府肃然"。这里的"相府"就是指中书门下。

唐前期的一些史料中有所谓中书门下之称，但所指为中书、门下两省①。改政事堂为中书门下以后，中书门下在法律用语中成为一个固定的称谓。《唐律疏议》卷七"诸奉敕以合符夜开宫殿门"条疏议曰：

> 依《监门式》：受敕人具录须开之门，并入出人帐，宣敕送中书，中书宣送门下。其宫内诸门，城门郎与见直诸卫及监门大将军、将军、中郎将、郎将、折冲、果毅内各一人，俱诣閤覆奏。御注听，即请合符门钥。监门官司先严门仗，所开之门内外并立队，燃炬火，对勘符合，然后开之。

《唐六典》卷八"城门郎"条：

> 若非其时而有命启闭，则诣閤覆奏，奉旨、合符而开阖之。注曰：殿门及城门若有敕夜开，受敕人具录须开之门，宣送中书门下。其牙内诸门，城门郎与（见）［监］直监门将军、郎将各一人俱诣閤覆奏，御注"听"，即请合符门钥，对勘符［合］，然后开之。

同样一项规定，在《唐律疏议》中为中书、门下两省的程序，

① 陈仲安先生认为隋朝就已出现中书门下的称谓，玄宗时改政事堂为中书门下是对这个称谓的正式确定。他所引用的主要依据是《唐会要》卷七四《选部上》"论选事"条一段综述性的话："旧制：内外官皆吏部启奏授之，大则署置三公，小则综核流品。自隋以降，职事五品以上官，中书门下访择奏闻，然后下制授之。唐承隋制。"其实，这段话只是苏冕或王溥的概述性文字，反映的是唐后期或宋人以中书门下指称宰相的概念，并不能说明隋朝就有中书门下之称（陈仲安，王素．汉唐职官制度研究，90-91）。

其所记为唐前期的制度，在《唐六典》中则直接宣送中书门下。完成于开元二十五年（737）的《唐六典》此处所记正是开元十一年（723）改政事堂为中书门下以后的制度。

开元时期，许多方面的制度都在进行调整，而律令的修订却远为滞后，一些具有深远意义的重大变革，并没有进行立法，而是通过《唐六典》的编纂取得某种合法性。“虽然《唐六典》不是法典，但由于《唐六典》是皇帝敕令修定，并题名御撰，因此不论编撰者是否意识到，这样做的结果，都是使一些实际运行的重要制度借此取得了一种法律上的依据”①。改政事堂为中书门下正是属于此类没有明确进行立法但意义深远的变革，《唐六典》虽没有直接记载此次变革，但对此还是多有反映的，在许多地方都体现了中书门下作为宰相府署的性质。如卷一“尚书令之职”条云“其国政枢密皆委中书，八座之官但受其成事而已”，就使中书门下体制由此得到了法律的肯定。此“中书”谓中书门下，而非中书省。

《唐六典》中体现的中书门下体制，是关系到《唐六典》的编撰宗旨及《唐六典》与当时实际运行制度之间关系的重要问题，值得进一步探究。以下略举数例，便可说明《唐六典》是充分反映了中书门下体制及其运行机制的。

《唐六典》卷二“吏部尚书侍郎之职”条云：

> 五品已上以名闻，送中书门下，听制授焉。六品已下常参之官，量资注定；其才识颇高，可擢为拾遗、补缺、监察御史者，亦以名送中书门下，听敕授焉。其余

---

① 吴宗国．盛唐政治制度研究，8．

则各量资注拟。①

《唐六典》卷二“吏部郎中员外郎之职”条云：

凡应入三品、五品者，皆待别制而进之，不然则否。注曰：……并所司勘责讫，上中书门下重勘讫，然后奏闻，别制以授焉。②

凡内外官清白著称、强干有闻，若上（第）[中]，则中书门下改授。③

《唐六典》卷三“户部郎中员外郎之职”条：

凡天下十道，任土所出而为贡赋之差。注曰：其物产经不尽载，并具下注。旧额贡献，多非土物。或本处不产，而外处市供；或当土所宜，缘无额遂止。开元二十五年，敕令中书门下对朝集使随便条革，以为定准，故备存焉。④

《唐六典》卷三“度支郎中员外郎之职”条：

开元二十二年敕，诸司繁冗，及年支色役，费用既广，奸伪日滋。宜令中书门下与诸司长官量事停减冗官及色役、年支、杂物等，总六十五万八千一百九十八，官吏稍简而费用省矣。⑤

《唐六典》卷三“金部郎中员外郎之职”条：

凡库藏出纳皆行文榜，季终而会之。若承命出给，

---

① 大唐六典，25.
② 同①33.
③ 同①35.
④ 同①53.
⑤ 同①72.

则于中书省覆而行之。[1]

按：这里“省覆”，乃审查覆核之谓；中书即谓中书门下。据中华书局点校本《旧唐书》卷四三《职官志二》“金部郎中员外郎”条，“则于中书省覆而行之”作“则于中书、门下省覆而行之”[2]。“省覆”本为一词，点校本“中书门下”之间的顿号误，中书即中书门下之简称，此处中书门下是开元十一年(723)以后的宰相施政机构而非两省。《唐六典》与《旧唐书》实同。

《唐六典》卷四“礼部尚书侍郎之职”条：

开元二十五年敕，……其进士唱及第讫，具所试杂文及策，送中书门下详覆。其明经口问，仍须对同举人考试。其试弘文、崇文生，自依常式。[3]

《唐六典》卷五“兵部郎中之职”条；

凡左、右金吾卫有角手，诸卫有弩手，左、右羽林军有飞骑及左、右万骑、彍骑；天下诸军有健儿，皆定其籍之多少与其番之上下，每季上中书门下。[4]

《唐六典》卷六“刑部郎中员外郎之职”条：

凡决死刑皆于中书门下详覆。注曰：旧制皆于刑部详覆，然后奏决。开元二十五年，敕以为庶狱既简，且无死刑，自今已后，有犯死刑，除十恶死罪、造伪头首、劫杀、故杀、谋杀外，宜令中书门下与法官等详所犯轻重，具状

① 大唐六典，74.
② 旧唐书：卷四三，1827.
③ 同①83.
④ 同①119-120.

闻奏。其左降官，除逆人亲，并犯贿赃、名教，如有刻己自新，以功补过，使司应合闻荐，不须限以贬黜。①

凡天下诸州断罪应申覆者，每年正月与吏部择使，取历任清勤、明识法理者，仍过中书门下定讫以闻，乃令分道巡覆。②

不过，由于开元、天宝年间中书门下作为宰相施政机构的性质还没有完全立法，处于一种事实上的过渡状态，在一些政务的运作中还时有以中书、门下两省程序分工，故容易造成一些误解。如李林甫、杨国忠等人在开元、天宝时期担任宰相，其头衔皆依托于尚书省官职，说明中书门下裁决政务时还以尚书省为凭借，中书门下作为施政机构还没有完全取得法令上的依据。

中书门下的地理位置，应是设于中书省。开元十一年(723)改政事堂为中书门下，只是名称的改变，并未有迁址的记载。《唐六典》卷七“工部郎中员外郎之职”条：“百僚廨署列乎其（皇城）间……注曰：六省谓尚书，中书，门下，秘书，殿中，内侍省。……今按：中书门下凡有三所，并在宫城之内”③。在记载大明宫的布局时，只有门下省和中书省，日华门的门东有门下省，月华门的门西有中书省④，而无“中书门下”的空间位置。

（二）五房与堂后官

既然中书门下是一个独立于三省之外的常设机构，是宰

① 大唐六典，144.
② 同①148.
③ 同①158.
④ 同①160.

相裁决日常政务的府署，就应该有常设的固定的具体办事人员。所谓“堂后官”，就是直属于中书门下的具体办事人员。

唐代中书门下有“堂后官”并无疑义，但是否有“五房”却无直接证据。关于“五房”的直接记载，仅见于《新唐书》卷四六《百官志》和《资治通鉴》及胡注，所记五房分别是吏房、枢机房、兵房、户房、刑礼房。这都是宋人的说法。北宋承唐后期之制，在中书门下也设立五房，但五房的名称分别是孔目房、吏房、户房、兵礼房、刑房[①]。唐朝史料并未见“五房”的记载，不知宋人的说法何所本。

据《册府元龟》卷三一七《宰辅部·正直二》载，文宗时，“(汤)铢为中书小胥，其所掌谓之孔目房。宰相遇休假，有内状出，即召铢至延英门付之，然(后)送知印宰相。由此稍以机权自张，广纳财贿”。中书小胥是堂后官，唐后期“堂后官”已分房办公，且亦有孔目房。又，“元和三年四月，裴均于尚书省都堂上仆射，其送印及呈孔目唱案授案，皆尚书郎为之”[②]，似亦说明唐后期中书门下有孔目房。

《旧五代史》卷一四九《职官志》“内职”条据清人邵晋涵《旧五代史考异》补入的项安世《家说》：“唐于政事堂后列五房，有枢密房，以主曹务”。《玉海》卷一六七“宋朝枢密院”条也说到唐朝五房的情况：“开元中，设堂后五房，而枢密自为一司，其职秘，独宰相得知”。从这些宋人的说法看出，唐后期一直都设有五房，但五房的建制有一个不断变化的过程，由于材料阙如，难以稽考。

五房是宰相府署的具体办事机构，与中书门下称为政事

---

① 宋会要辑稿. 北京：中华书局，1957：2408.

② 唐会要：卷五七，991.

堂相对应，五房称为堂后。政事堂是宰相处理政务的地方，其中宰相各有阁，又称为舍。如兴元元年（784），诸相奏对皇帝之后，同归中书。“中使冯钦绪续至，揖（宰相刘）从一，附耳语而退，诸相各归閤”①。《顺宗实录》记顺宗时王叔文见韦执谊，韦执谊“竟起迎叔文，就其閤语良久”②。宰相与五房各自处于相对独立的厅事。

五房的人员编制，未见记载。南唐尉迟偓所撰《中朝故事》云，“中书政事堂后有五房堂后官共十五人”③。不知具体所指。又，《宋会要辑稿·职官三》之二二“五房五院”条载：

> 五房五院，旧制每房置堂后官三人，并自京诸司选人。……逐房堂后官，一人主承受批凿圣语，定押敕草；一人主点检书写熟状，呈押进入；一人主对读印押发放。④

江少虞《宋朝事实类苑》卷二五“中书五房”引文莹《湘山野录》云：

> 中书有制敕院，院内有五房，第一曰孔目房，次吏房、户房、刑房、礼房。旧每房堂后官三人，一人主生事，第二人主熟事，第三人发敕向下。逐房有主事、守当官名目，行遣文书。⑤

---

① 唐会要：卷五一，893.

② 《顺宗实录》卷二“贞元二十一年三月”条，见韩昌黎文集校注. 马其昶，校注. 马茂元，整理. 上海：上海古籍出版社，1986：704。《唐会要》记其事作“韦执谊起迎，就其舍语”（唐会要：卷五一，895）。

③ 丛书集成新编：第86册. 台北：新文丰出版公司，1985：238.

④ 宋会要辑稿，2408.

⑤ 宋朝事实类苑. 上海：上海古籍出版社，1981：305.

所指为北宋中书门下五房设职情况。

金毓黻较早注意到堂后官的问题，提出“大抵三省之都事、录事、主事、令史、守当官，俱可概称为堂后官，然堂后官之入品者，又可为五房之长，非都、录之外，余人不得以堂后官称之也”[①]。周道济也说，唐代的五房堂后官，“有一部分即系由中书省官员兼任，或由中书省官员中调充，而其本职则仍在中书”，自后宰相的官属“与其谓为中书、门下二省之僚佐，殆不如谓为‘中书门下’之五房僚佐矣”[②]。

改政事堂为中书门下时，未见有移址的记载，而政事堂从裴炎迁至中书省后，一直未变，所以中书门下也应在中书省，五房堂后官有一些就是由中书省官员兼任的。此种情况，可以从中书主书、主事等胥吏的活动得到证明。《唐六典》卷九《中书省》规定：主书四人，从七品上。流外入流，累转为之。主事四人，从八品下。皇朝并用流外入流累转为之。旧令，从九品上，开元二十四年敕，进入八品。主书、主事是中央机构胥吏体系中主管文书的官员，虽属流内官，但为流外入流者累转而来，实际上是中书省胥吏的首领，负责皇帝制敕的传宣书写等[③]。中书主书、主事在改政事堂为中书门下之前，由于政事堂兼掌行政及其实体化，在其主管文书的基础上，已经获得了很大的职权，成为以中书令为首的宰相属下的办事人员。《通典》卷二一《职官三》“中书舍人”条注曰：

---

① 金毓黻．堂后官考．文史杂志，1945，5（7/8）：23－42.

② 周道济．汉唐宰相制度．台北：大化书局，1978：325.

③ 叶炜．隋唐中央文官机构“吏”制简论．北京：北京大学硕士学位论文，1998.

> 开元二年十一月紫微令姚崇奏……因是舍人唯知撰制，不复分知机务。既文书填委，遂令书、录委之堂后人，其权势倾动天下。姚竟因主书赵诲赃犯所累罢相。姚诚多才，而隳政擅权，以成斯弊，可哀哉！

姚崇建议改革中书舍人六押之制以后，随着中书舍人不复分知机务，中书主书、门下录事等胥吏首领就获得了参与机务的机会。所谓“遂令书、录委之堂后人”，当指命主书、录事将各种文书交给堂后官处理。其时并未将政事堂改为中书门下，而有所谓堂后人，反映的是实体化的政事堂在处理实际政务过程中以中书省胥吏为依托。

从姚崇为中书令时中书主书赵诲权势倾动天下以后，有关中书主书、主事专权的记载逐渐多了起来。开元十四年(726)张说被鞫问于尚书省的同时，中书主事张观也被鞫问伏罪。原因是他在张说担任中书令期间，“依倚说势，诈假纳赂”①。张观作为中书主事，其与中书令张说的关系至为密切。李林甫执政时期的中书主书吴珣“持籍就左相陈希烈之第，希烈引籍署名，都无可否”②。永泰之后宰相元载秉政，“公道隘塞，官由贿成。中书主书卓英倩、李待荣辈用事，势倾朝列，天下官爵，大者出元载，小者自倩、荣”③。影响最大的当数贞元元和年间的滑涣。《旧唐书》卷一五八《郑余庆传》：

> 有主书滑涣，久司中书簿籍，与内官典枢密刘光琦情通。宰相议事，与光琦异同者，令涣达意，未尝不遂

---

① 旧唐书：卷九七，3055.

② 旧唐书：卷一〇六，3244.

③ 旧唐书：卷一一九，3440. 又见唐会要：卷五三，914。

所欲。宰相杜佑、郑絪皆姑息之，议者云佑私呼为滑八，……及余庆再入中书，与同僚集议，涣指陈是非，余庆怒其僭，叱之。寻而余庆罢相，为太子宾客。其年八月，涣赃污发，赐死。

《新唐书》卷一四六《李栖筠传附李吉甫传》：

中书史滑涣素厚中人刘光琦，凡宰相议为光琦持异者，使涣请，常得如素。宦人传诏，或不至中书，召涣于延英承旨，迎附群意，即为文书，宰相至有不及知者。

《资治通鉴》卷二三七“元和元年九月”条：

堂后主书滑涣久在中书，……中书舍人李吉甫言其专恣，请去之。上命宰相阖中书四门搜掩，尽得其奸状。

很明显，滑涣就是以中书主书的身份成为堂后官的，故胡三省注曰：堂后主书，即今之堂后官也。甘露之变后宰相王涯被禁军所执，后被斩杀。同时，有“中书房吏焦寓焦璿、台吏李楚等十余人，吏卒争取杀之，籍没其家”①。前述文宗时的中书小胥汤铢，在《新唐书》卷一四二《韦处厚传》中作“堂史汤铢数招权纳财赂，处厚笑曰：‘此半滑涣也。’斥出之，相府肃然”。滑涣成为堂后官中专权纳贿的典型了。

中书主书能够得知皇帝与宰相议事的详情，是沟通宰相与宦官枢密使的人物。如果宰相绝班，主书还可以直接承旨。如“(贞元) 十二年八月，贾耽私行，绝宰相班，中使出召主书承旨”②。贞元十四年 (798)，德宗与宰臣议将赈给禁卫六

① 旧唐书：卷一六九，4405.

② 唐会要：卷五三，922.

军，“事未行，为中书吏所泄”，中书侍郎平章事郑余庆因此贬官①。滑涣、汤铢等都能够在延英门承旨，以至宰相都不知情。

五房堂后官称为“堂吏”，屡见于唐五代和宋人笔记史料中。如五代王定保《唐摭言》卷三“过堂”条记载礼部侍郎带领新录取的进士参见宰相和中书舍人时的经过，其中负责通报的“堂吏”当即五房堂后官之一。其文如下：

> 其日，团司先于光范门里东廊供帐备酒食。同年于此候宰相上堂后参见。……宰相既集，堂吏来请名纸；生徒随座主过中书宰相，横行在都堂门里叙立。堂吏通云：“礼部某姓侍郎，领新及第进士见相公。”俄有一吏抗声屈主司，乃登阶长揖而退，立于门侧，东向，前后；状元已下叙立于阶上。状元出行致词云：“今月日，礼部放榜，某等幸忝成名，获在相公陶铸之下，不胜感惧。”言讫，退揖。乃自状元已下，一一自称姓名。称讫，堂吏云：“无客。”主司复长揖，领生徒退诣舍人院。②

堂后官中又有所谓“堂头”。《八琼室金石补正》卷七十《唐故元从奉天定难功臣游击将军守冀王府右亲事典军上柱国勒留堂头高平郡郜公（才志）墓志铭并序》：

> 自建中四年癸亥岁……执持堂印，随驾奉天。重围之内，苦历艰危，克复之时，功勋崇奖。遂迁五品（五品散官游击将军），职佐台阶。累序勋劳，历更九任（至

---

① 旧唐书：卷一五八，4163.

② 唐摭言：卷三. 上海：上海古籍出版社，1978：27.

于冀王府典军，正五品上)。勤效干蠹，靡资台鼎。

邵才志在元和十四年（819）被贬以前，其任官身份为亲王府官勒留堂头①。出土的何肇所撰《唐故吉州长史郭公（克全）墓志铭并序》，谈到墓主郭克全时任宛陵别驾的兄弟“以泣血请志”，其对宛陵别驾的履历记之如下：

> 公棣萼皆登缙绅之荣……宛陵（宣州）别驾，名挂凤池……台辅迭任，靡不眷焉。是以藉其才敏，勒留中书，专掌枢务。②

时在咸通十四年（873），所谓“勒留中书”当即在中书门下任职。以王府官或地方官勒留中书门下任堂后官，说明了堂后官的来源逐渐超出原来中书、门下两省主书、录事的范围③。

编号为 S.1156 的敦煌文书《沙州进奏院状》，是设在长安的沙州进奏院知院官夷则（其姓不明）向归义军节度使张淮深汇报三般专使入京求节经过和结果的文书。文中提到这些使节通过请托“堂头要人”求取旌节之事，是有关“堂头”的重要线索，可见堂头在外官求见宰相时起着穿针引线的作用。兹略引如下：

---

① 李锦绣认为，“堂头当负责政事堂庶务，亦即政事堂群吏的领导人，是从政事堂吏职发展起来的”(唐代的勒留官//唐代制度史略论稿，187)。由于李锦绣没有进行论证，笔者也未见到更充分的材料，对于堂头是否为五房堂后官的领导人，不敢妄加推断。

② 全唐文补遗：第三辑. 西安：三秦出版社，1996：274.

③ 李锦绣在《唐代的勒留官》中认为，掌枢务的中书门下勒留官，参与中书决策，比掌吏职的堂头地位高，郭某本官是从四品下的宣州别驾，品级较高。按：勒留官即今之所谓借调，主要是将地方官借调到中央机构或使职机构中任职。而所谓“勒留中书，专掌枢务”，并不见得其地位比“堂头”高，而应是相当于中书主书一类官员的执掌。

> 其宰相、长官（笔者按：长官当为枢密使）依稀似许。其宋闰盈、高再盛、史文信、李伯盈等遂遣夷则通彻求嘱，得堂头要人，一切口称以作主检例成持与节及官告者。遂将人事数目立一文书呈过，兼设言约。……夷则见他四人言语苦切，同见堂头要人，子细商量，言："不用疑惑，但频过状，我与成持。"至廿三日，又遣李伯盈修状四纸，经宰相（下缺）[①]

出土《唐故振武节度押衙陇西郡李府君（审规）重迁祔墓记》[②]，撰者李楷为墓主第三子，咸通十五年（874）撰志时署衔为"堂头通引官、游击将军、前右神武军中郎、上柱国"。李审规原葬于河阴县王宋村先茔之侧，咸通十五年（874）改葬于万年县王寨村。撰者在《重迁祔墓记》中叙述了自己为父亲改葬的经过，为我们了解中书门下的"堂头"提供了一段难得的资料。其文如下：

> 第三男楷，守职相府，因缘府君，岂敢废忘。未及甘脆，天降斯祸。号叫天地，无所追及。每至节序，远望长思。涕泣所恨，祭奠无期。愿使关东，得获启举，是楷号哀所望。咸通十四年九月初，差使大梁，是以乞假启取，特蒙允许。十五年二月五日到河阴县，将宰相判状呈告先祖及诸亡伯。至二月十六日吉辰，启发府君神灵。

作为"堂头通引官"的李楷，因为在"相府"守职，公务繁

① 张国刚. 两份敦煌"进奏院状"文书的研究. 学术月刊，1986（7）：57-62. 录文据荣新江. 归义军史研究. 上海：上海古籍出版社，1996：187-189。断句标点，笔者有所改动。

② 全唐文补遗：第三辑，276.

忙，只能“远望长思”，而无法亲临祭奠。后来获得出使关东的机会，并向宰相乞假前往河阴启取亡父神灵。所谓“将宰相判状呈告先祖及诸亡伯”，似堂后官的此类家事亦须经过宰相的同意。

欧阳修在谈到宋朝翰林学士与唐朝学士在见宰相仪式方面的区别时，也提到唐朝宰相之下有“堂头、直省官”，其文曰：

> 往时学士，循唐故事，见宰相不具靴笏，系鞋坐玉堂上，遣院吏计会堂头、直省官。学士将至，宰相出迎。①

联系《资治通鉴》卷二三六“永贞元年三月”条王叔文至中书，令直省通报宰相韦执谊之事，胡三省注曰：“直省，吏职也，以直中书省，故名”，堂头、直省官似为二职。或“堂头”只是一概称，根据分工的不同又有通引官、直省官等。

以上仅就史料所见五房、堂后官、堂头、堂吏等进行了初步的考证分析，虽还不足以反映中书门下机构建制的全貌，但可以为理解中书门下的性质及其政务运作机制提供一重要前提。中书门下作为宰相施政机构，有着以中书门下名义下发的处理公务的文书“堂帖”和“堂案”（详见下章），有着常设的直属“相府”的办公机构“五房”和专门的办事人员“堂后官”。这种建制说明，中书门下是超然于三省之上的宰相兼掌决策行政的独立府署，由此导致了不同于此前三省共同构成宰相施政体系的制度的形成。

---

① 欧阳修．归田录：卷二．李伟国，点校．北京：中华书局，1981：32.

二、使职行政体系的确立及其运行机制

（一）安史之乱及其后的战争环境造成的行政体制的变化

如前所述，唐代的使职差遣在安史之乱以前已经很普遍。安史之乱的爆发，给唐帝国带来了一场全国规模的战争。这场战争给唐王朝的统治带来了一系列的新问题，从而造成行政制度上使职体系的初步形成。

首先，战争带来的新问题表现在财政供应方面。本来在天宝年间，由于土地兼并及其引起的土地占有状况的变化，均田制和租庸调制遭到破坏，而新的赋税征收原则尚未完全确立，国家的赋税收入发生了严重的困难。在这种背景下，财政问题凸显，财政使职不断扩大。而杨国忠以其特有的经济之才以及特殊的背景，先后以度支员外郎、郎中兼领十数个使职，并以给事中兼御史中丞专判度支事，取得了总理财政收支的大权，成为事实上的财政总管。而这种在特殊背景下出现的由一人总管财政的制度，由于战备供应的需要，在安史之乱后被继承和巩固下来。战争之初，第五琦至蜀中奏事，向玄宗奏言："方今之急在兵，兵之强弱在赋，赋之所出，江淮居多。若假臣职任，使济军须，臣能使赏给之资，不劳圣虑。"玄宗大喜，即日拜监察御史，勾当江淮租庸使。寻拜殿中侍御史。寻加山南等五道度支使，迁司金郎中兼御史中丞，使如故。迁户部侍郎兼御史中丞，专判度支，领河南等道支度都勾当转运租庸盐铁铸钱、司农太府出纳、山南

东西江西淮南馆驿等使①。从第五琦的仕历可以看出，战争使得整个官僚机构遭到破坏，更加不可能由原有户部诸司来承担赋税征敛和战备供应的任务，而是直接继承了开元、天宝以来发展起来的使职制度，即依托于御史系统派使勾当，并由一人总管。然其阶官尚须寄托于户部，随着第五琦所领的使职越来越多，他的阶官也从司金郎中、度支郎中做到户部侍郎，说明户部职官已经演化成为寄托财政使职品级身份的阶官了。

由一人以判度支的使职身份总理财政的制度，在使得财政事务的管理完全使职化的同时，也为唐代财政管理体制的转换提供了契机。唐前期的财政管理体制是户部四司按照土地户籍与租调征收、支度国用、库藏出纳、仓储出纳等不同环节分工管理的，其中尤以户部根据户口丁身确定岁入为基础，以度支制定支度国用计划（即财政预算的编制）为中心②。而安史之乱以后的财政管理，其发展方向是通过使职按照钱谷来源的种类或地域划分进行的③。两种体制转换的前提，是经过战争强化了的判度支总揽财政的制度，它以一人总管的方式打通了财政管理的各个环节，其后由度支使、盐铁转运使和户部使三司分掌财政的制度，不过是将原有判度支的职权进行平面的分割，而不同于唐前期户部四司在不同

① 旧唐书：卷一二三，3517. 据《唐会要·尚书省诸司下》“度支使”条，“乾元元年，第五琦除度支郎中，河南五道度支使”（唐会要：卷五九，1015），其时当在迁司金郎中之后、户部侍郎之前。又《唐会要·尚书省诸司中》“户部侍郎”条，“至乾元元年十月，第五琦改户部侍郎，带专判度支，自后遂为故事，至今不改”（唐会要：卷五八，1011）。

② 李锦绣. 唐代财政史稿：上卷. 北京：北京大学出版社，1995：291-298.

③ 吴丽娱. 论唐代财政三司的形成发展及其与中央集权制的关系. 中华文史论丛，1986（1）：169-204.

环节上的分工管理。

其次，战乱还造成了官员人事档案的丢失以及由此带来的铨选和考课的混乱。这种混乱局面要到德宗贞元四、五年间才开始得到整顿。贞元四年（788）八月的吏部奏文中，已经指出了这种状况："伏以艰难以来，年月积久。两都士类，散在远方，三库敕甲，又经失坠。因此人多罔冒，吏或诈欺。分见官者，谓之擘名；承已死者，谓之接脚。乃至制敕旨甲，皆被改张毁裂。如此之色，其类颇多。比来因循，遂使滋长。所以选集加众，真伪混然。实资检责，用甄泾渭。"并因此提出了整顿的办法："谨具由历状样如前。伏望委诸州府县，于界内应有出身以上，便令依样通状，限敕牒到一月内毕，务令尽出，不得遗漏。其敕，令度支急递送付州府，州司待纳状毕，以州印印状尾，表缝相连，星夜送观察使。使司定判官一人，专使勾当都封印，差官给驿递驴送省，……其状直送吏曹，不用都司发。人到日，所司造姓攒勘合，即奸伪必露，冤抑可明"①。在这次对铨选的整顿中，吏部直接指挥州府，其间又通过度支使的急递系统，并由观察使将管内州府应有出身以上者的由历状汇总上报，直接送到吏部，而不通过尚书都省。这就反映出使职在沟通中央和地方政务方面的重要地位，以及在尚书省内部都省地位的下降。

铨选的整顿并未在行政体制上造成多大影响，因为选官管理体制在高宗武则天至玄宗时期即已基本调整完成。而安史之乱后对考课混乱局面的整顿，则使得考课事务中的使职有了发展。考课在安史之乱以后出现了混乱局面和流于形式

① 唐会要：卷七四，1340.

化的弊病，“自至德以来，考绩之司，事多失实。常参官及诸州刺史，未尝分其善恶，悉以中上考褒之”①。还在宝应二年(763) 正月，根据吏部考功司的奏请，设立了京、外按察司，“京察连御史台分察使，外察连诸道观察使，各访察官吏善恶。其功过稍大，事当奏者，使司案成便奏，每年九月三十日以前，具状报考功；其功过虽小，理堪惩劝者，按成即报考功，至校考日，参事迹以为殿最”②。这是考课机构和监察机构在官吏考核事务中的有机结合，是中国古代官吏考核制度由考课向考察发展的重要环节③。而且，这种结合是以使职的形式出现的。《唐会要》“考功郎中”条载：“贞元二年九月二十日停考使”。所谓“考使”，当即指上述京、外按察司，说明考课事务已经使职化。在贞元初年的制度整顿中，放弃了宝应二年设立京、外按察司即由考课机构和监察机构联合组成使司进行考核的做法，根据安史之乱以前“其外官考，……每年定诸司长官一人判校，京官即考功郎中自判”的传统，在开元二十四年 (736) 以后考功员外郎不掌贡举的情况下，改为由考功郎中校京官考、考功员外郎校外官考，即“其考课付所司准式授定，遂令员外校外官考”。

再次，战争带来的另外一个直接后果，是造成了一大批在安禄山占领长安洛阳期间被胁从的受伪官。肃宗收复两京后，这些人都相率待罪阙下。为了审理那些受伪官，“竟置三司使”④，确立了《新唐书 · 百官志一》所谓“凡鞫大狱，以

① 唐会要：卷五八，1009.

② 唐会要：卷八一，1503.

③ 邓小南. 课绩与考察——唐代文官考核制度发展趋势初探//荣新江. 唐研究：第 2 卷，295-324.

④ 旧唐书：卷五〇，2151.

(刑部)尚书侍郎与御史中丞、大理卿为三司使”的制度。这是由御史台、大理寺和刑部官员组成的“三司使”制度化的完成①。

最后，战争还造成了礼仪制度的混乱，不仅出现了家礼散佚和私家礼仪逾制的问题，皇帝在南郊祭天的圆丘和李唐皇室的太庙亦毁于兵火，造成了国家大礼陵寝之礼和郊祀之礼的停废和紊乱②。于是对礼仪制度的整顿，成为国家政治生活中的一个重要内容。而开元以来派使检校礼仪、祠祭之事的做法得以延续③。掌管礼仪之事的机构也逐渐由“掌天下礼仪、祭享之政令”的礼部和“掌邦国礼乐、郊庙、社稷之事”的太常寺转变为以礼仪使为首的，以整顿礼制、制定仪注为主的太常礼院。

以上是由于战争带来的新问题从而造成行政制度上使职进一步发展的几个明显的方面。正是由于使职的不断发展，进一步冲击原有尚书行政系统的职权，进而造成尚书机构的逐渐闲废和新的行政体系的形成。

在使职行政体系形成的过程中，使司与原有尚书六部的职权发生了明显的冲突，并进而引起了一系列的调整。

安史之乱以前尚书省之地位与职权本已有逐渐下降之势，而经过战争冲击后的尚书六部体制，其原本依据的整齐划一原则被打破，尚书省部分机构被闲废。正如严耕望所说：“及安史之乱，戎机逼促，不得从容，政事推行，率从权便。故

① 旧唐书：卷五〇．参见前引刘后滨《唐代司法“三司”考析》。

② 姜伯勤．唐贞元、元和间礼的变迁//敦煌艺术宗教与礼乐文明．北京：中国社会科学出版社，1996：442-458.

③ 唐会要：卷三七，671.

中书以功状除官，随宜遣调，而吏、兵之职废矣。军需孔急，国计艰难，权置使额，以集时务，而户部之职废矣。至于刑工之职亦不克举。诸部之中，所职未废者惟礼部贡举；然事实上亦一使职耳”①。唐人于邵在大历元、二年间（766—767）上表中提到：“属师旅之后，庶政从权，会府旧章，多所旷废。惟礼部、兵部、度支，职务尚存，颇同往昔；余曹空闲，案牍全稀，一饭而归，竟日无事”②。随着战争带来的财政问题、军事问题的凸显，户部度支司（实为依托于度支司的使职）和兵部的职权（主要是武官的选举和管理）稍有保留，而其余诸司如“省中司门、都官、屯田、虞部、主客，皆闲简无事。时谚曰：司门、水部，入省不数”。因为当时形成最鲜明反差的是虞部和吏部，所以有角抵之戏，假作吏部令史与虞部令史相见，忽然俱倒，闷绝良久，云冷热相激③。

安史之乱以后，尚书机构闲废的趋向，是整体的而不是局部的，这可以从许多材料中得到证明。所谓“自至德以来，诸司或以事简，或以餐钱不充，有间日视事者。尚书省皆以间日”④。《旧五代史·职官志》也说：“自天宝末，权置使务已后，庶事因循，尚书诸司，渐至有名无实，废堕已久”。即如户部司，随着其职权的闲废，本来在天宝年间建造得很宏丽的户部郎中厅、员外郎厅和户部考堂，“乾元以后，毁拆并尽”，成了一片荒芜的“户部园”⑤。大体在于邵上表二十年之

① 参见前引严耕望《论唐代尚书省之职权与地位》。

② 文苑英华：卷六〇一. 北京：中华书局，1966：3123. 时间根据严耕望的考证。

③ 南部新书：丁，45.

④ 唐会要：卷五七，987.

⑤ 唐会要：卷五九，1019.

后，陆长源对于尚书六部的职权就提出了不同的看法，认为："兵部无戎帐，户部无版图，虞、水不管山川，金、仓不司钱谷，……官曹虚设，禄俸枉请"[①]。这就是说，不仅是过去的闲司更加闲简无事，即使如兵部、户部，亦成虚设。

兵部的失权，是由于方镇跋扈于外，宦官擅兵于内。户部的失权，则是由于财政诸使位权日重，形成所谓三司制度[②]。然而除此之外，更有其深层次的原因，而不仅仅是不同官职间职权的转移。高宗武则天以来均田制、租庸调制和府兵制的破坏，赋税征收方式的转变和募兵制的出现，势必造成"兵部无戎帐，户部无版图"而使其职权失去重要性的情况。

唐前期的户部本来就无"版图"，《唐六典》谓户部尚书侍郎之职"掌天下户口、井田之政令"，《旧唐书·职官志》谓其"掌天下田户、均输、钱谷之政令"，而不言"版图"事。在唐前期以租庸调为主的赋税制度下，征收标准以户口丁身为主；而均田制下政府并不掌握各地的实际耕地面积，户部统计的全国田亩数只是根据"百亩授受"之制理想而确定的"应授田"数，而不是实际耕地面积[③]。版图在唐前期并不成为问题。所谓"版图"的概念，是安史之乱后，随着藩镇割据和其他形式地方分权的出现而出现的，指的是政府控制的据以征收赋税的实际土地状况。两税法实施后，赋税征收标准由以户口为主变为以土地财产为主，中央政府对各地土地的实际控制（即版图）变得至关重要。如元和七年

① 全唐文：卷五一〇，5184.

② 参见前引严耕望《论唐代尚书省之职权与地位》。

③ 汪篯. 汪篯隋唐史论稿. 北京：中国社会科学出版社，1981：40-55.

(812)，“河朔三镇”之一的魏博发生军乱，都知兵马使田兴被兵众推为留后，其令军中士卒曰：“勿犯副大使，守朝廷法令，申版籍，请官吏，然后可。”① 此版籍指的即是版图和籍帐。两税法实施后，国家财政的重心从以掌握户口丁身为主转变为以掌握土地面积为主，以管理户口丁身为主的尚书户部，其地位和重要性自然因此降低。

同样，唐前期的兵部也不管“戎帐”，即不负责实际统领军队。《唐六典》谓兵部尚书侍郎之职为“掌天下军卫武官选授之政令。凡军师卒戍之籍，山川要害之图，厩牧甲仗之数，悉以咨之”。《旧唐书·职官志》谓其“掌天下武官选授及地图与甲仗之政令”。唐代前期没有大规模的常备军，而且负责统领军队、指挥战争的也不是兵部，主要是诸卫大将军和将军以及由皇帝临时指派的行军元帅、行军总管等。募兵制取代府兵制以后，军队的统领体制发生了变化，形成了以节度使为主的地方军将专兵及其后中央宦官统领禁军的局面。但不能说是节度使和宦官夺了兵部之权，因为这是在原有兵部职权之外新出现的事务。

实际上，战争造成的军事问题的凸显，并不意味着兵部军事职权的强化，而是造成了宦官和宰相掌兵权，而这种权力在唐前期基本上是由皇帝控制在自己手里。同样，财政问题的凸显，则导致了财政使职的膨胀，以及宰相掌财权。这是宋代最高行政权一分为三，即由中书门下、枢密院、三司分掌民政、兵政和财政的制度的滥觞。

---

① 资治通鉴：卷二三八，7694.《旧唐书》作“以六州版籍请吏”（旧唐书：卷一四一，3849）。《新唐书》作“举六州版籍请吏于朝”，并谓其“图魏、博、相、卫、贝、澶之地，籍其人以献”（新唐书：卷一四八，4782）。

安史之乱被认为是将唐代历史划分为前后两期的转折点，其对于政治制度的变革也产生了重大影响。战争是影响政治制度演进的关键性因素之一，安史之乱及其后的战争环境对唐帝国在制度层面上变革的意义不应被忽略。实际上，它为唐代制度的演进促生了许多新的因素，并使得高宗武则天以来尤其是玄宗时期制度的调整，在新的形势下出于战争的特殊需要，得到进一步的强化和发展，并且逐渐形成为新的使职行政体系。从中国古代政治体制演进的整体角度看，安史之乱及其后直至德宗建中年间（780—783）的战争环境，在由唐制向宋制的过渡之中，有着不可忽略的意义。

新形势下不断增加的新事务，导致了使职系统的发展和尚书六部在行政事务中地位的下降。但是，旧有的制度模式和政治体制在制度转型时期仍然具有强大的影响。安史之乱的爆发以及由此暴露出来的政治体制的弊端，促使人们对开元、天宝时期的制度进行反思，在没有找到新的制度模式之前，恢复开元以前的制度便成为理想的目标。而事实上不断发展的使职大都因事而设，或表面上仍依托于六部体系，或权宜济急而毫无章法，从而导致实际政务运行中的混乱。在这种背景下，由于不同官僚集团的实际利益依托于不同的体制，对于制度的整顿就成为高层权力斗争的重要内容之一。

安史之乱结束后，开始了以恢复尚书六部和九卿之职权为目的的制度整顿。代宗大历中及德宗初年，不断下敕重建尚书省之地位与职权。永泰二年（766）四月十五日制及大历五年（770）三月二十六日敕，都强调了尚书省的“会府”“政源”地位以及政治体制中六部九卿与使职系统的本末关系，透露出深刻的政治文化背景，即谓尚书六部犹如《周礼》

六官之分掌国柄，“犹天之有北斗也”，是“法天地而分四叙，配星辰而统五行”①。制度变革中的这种指导思想与安史之乱以后儒学的复兴是分不开的。建中、贞元年间杨炎、刘晏和崔造、韩滉围绕着罢使和还职六部的斗争，以及关于尚书省官员是否每日视事的争论，都是在这种政治文化背景下展开的。

不过，由于使职是适应当时形势的需要而产生的，自有其合理性。在新的行政机制尚未产生之前，不可能由原有尚书六部完全取代。形势的变化使得制度不可能发生简单的回归。如贞元二年（786）正月宰相崔造“嫉钱谷诸使罔上之弊，乃奏天下两税钱物，委本道观察使、本州刺史选官典部送上都；诸道水陆运使及度支、巡院、江淮转运使等并停；其度支、盐铁，委尚书省本司判；其尚书省六职，令宰臣分判”②。其目的，除了权力斗争之外，还是想罢使而还职尚书六部。但到年底，崔造的改革导致了“事多不集”的后果，由于“诸使之职，行之已久，中外安之”，使职体系得以恢复③。

尽管在安史之乱以前使职的差派就已经很普遍，但正是由于安史之乱的影响，使职得到了进一步的发展，使职体系才逐渐形成，并最终取代尚书六部成为政务的主要执行者。在尚书六部和使职系统职权的冲突与调整过程中，经历过一些反复。但是，随着社会政治经济形势的变化，原有行政体制已经不适应时代的需要，必须进行调整。这种调整实际上

① 唐会要：卷五七，986.

② 旧唐书：卷一三〇，3626.

③ 资治通鉴：卷二三二，7475.

是行政体制的转换，不是简单的不同官职之间职权的转移，最终也不可能通过对原有行政机构职权的转变来完成；而必须产生新的机制，形成新的行政体系。安史之乱以后使职体系与尚书六部职权的冲突和调整，正是这样一个行政体制转换的过程。

（二）唐后期使职行政体系的确立

安史之乱以后行政体制转换的过程，经过晚唐五代延续到北宋前期，直到宋神宗元丰年间的官制改革才最后完成。不过，在唐后期的冲突和转换过程中，尽管尚书六部还起着一定的作用，使职行政体系实际上已经确立下来。

贞元、元和年间，使职逐渐融合于中央机构，使职行政体系的运作走上正轨，各个因事而设的使职逐渐有了完备的机构和严密的组织系统，发展成为固定的使司，使职行政体系臻于完善。中央主要政务部门，包括尚书机构及寺监机构中尚保留原有职掌的部司局署和日渐完备的使司，以及地方政府，在政务上都直接对中书门下宰相机构负责。经过唐末五代的发展，这套体制为以使职差遣制为核心的宋朝制度的建立奠定了基础。

使职行政体系的确立，首先表现在使职本身的体系化及使职内部机构的严密和完善。中央行政体制中的使职，不仅仅是一般认为的财政诸使，也不仅仅局限在中央。财政系统、军事系统、司法系统、选官系统、礼仪系统等几个主要行政系统的使职，都有了完善的组织体系和更加明确的职权范围，使职与尚书六部和卿监的关系也更加趋于明确，有些使职还具有从中央直贯地方的职能。

财政三司是最主要的使职行政系统。从代宗时期刘晏兼任盐铁、转运使后，盐铁、转运开始合为一使，称为盐铁转运使[①]。户部事务也逐渐以他官兼判，如宪宗元和六年(811)，王绍以兵部尚书兼判户部事[②]。这样，在贞元、元和年间，逐渐形成了度支使、户部使、盐铁转运使三司。按照钱谷来源的不同，三司之间有明确的职权划分：度支使掌管两税正税、酒税及西部盐池、盐井等收入，盐铁转运使掌管江淮赋税的转运、东南盐铁及天下山泽之利如矿冶、竹木茶漆等，户部使负责除此之外散在各地的阙官俸料、职田钱及除陌钱等。度支使在一些重要的地区设有分支机构，称为度支巡院。盐铁转运使在各地也有众多的场、监、巡院官，并在扬州和江陵分别设立留后院，以盐铁转运副使主持。

元和六年（811），对三司的职权进行了调整，以盐铁转运使的扬子留后为江淮以南两税使，江陵留后为荆、衡、汉、沔诸州以东、彭蠡以南两税使，以度支山南西道分巡院官充三川地区两税使，原属盐铁转运使的峡内煎盐五监也割属度支。这种调整的起因是度支和盐铁转运使的地方分支机构经常发生事权争执。调整的结果是将盐铁转运使的权力由仅仅征收盐铁山泽之利扩展到所管盐铁税收地区的两税正税征收，财政三司对赋税的分割由钱谷来源的类别划分完全转变为按地域划分。经过调整，度支、盐铁和户部由各自为政的三使转变成为具有共同职能、分工协作的，向中书门下负责的财务行政体系。元和七年（812）盐铁转运使王播奏，“商人于

① 唐会要：卷八七，1588.

② 旧唐书：卷一二三，3521.

户部、度支、盐铁三司飞钱，谓之便换”[①]。此后，“三司”作为一个统一的名称，开始出现在各种官文书中。

三司互不统辖，都是直接向中书门下宰相机构负责。元和十三年（818）十月，中书门下奏文指出，户部度支盐铁三司钱物的管理混乱，“岁终会计，无以准绳”，所以要确立纲条，规定三司每年终各具本司当年所入钱数及所用数，分为两状闻奏，并牒中书门下。中书门下要具体审查其收支、节余、欠缴、侵用等情况。“条制既定，亦绝隐欺。如可施行，望为常典”。经过皇帝的批准，这种管理体制成为法定的制度[②]。

同时，三司内部机构日趋完备。太和六年（832）七月度支、户部、盐铁三司根据上月关于百官舆服的敕令，制定出三司系统内部官典及诸色场库所由等下属人员的乘马和穿衣标准。其中提到的几类人员是：（1）孔目、勾检、勾覆、支对、勾押、权遣、指引进库官、门官等；（2）驱使官有正官及（及字疑衍）在城诸色仓场官；（3）驱使官未有正官及与行按令史等；（4）不行按令史及书手；（5）行官、门子等；（6）拣子及诸色小所由；（7）向外监院执掌所由[③]。暂且不论这些人员的具体身份和职掌，仅从上述名称也可看出三司系统内部人员的庞大和结构的复杂性。这是一个严密而庞大的财政管理系统，从赋税收纳、财物运输储藏到帐目管理审计等，都有专门的机构和人员，甚至还有众多的驱使官、令史等从属人员。

---

① 唐会要：卷八七，1593.

② 唐会要：卷五八，1012.

③ 唐会要：卷三一，576.

财政使职直贯地方的体系也因此形成。度支使、盐铁转运使在地方分别设有监院、巡院等分支机构，判户部所掌为天下州府诸色钱物斛斗，也就是供地方政府支用或通过地方政府收纳的钱物，其地方分支机构没有度支、盐铁那样发达，但也时有设立。元和六年（811）四月，户部奏置巡官①，当属地方分支机构。从咸通四年（863）撤销的包括河南、江淮、荆襄、江西等道的户部分巡院机构看②，这个系统还是相当庞大的。在没有地方分支机构的时期，判户部可以利用地方政府进行监督管理。宣宗大中二年（848）十一月兵部侍郎判户部魏扶上奏指出，判户部所管钱物斛斗"散在天下州府，缘当司无巡院觉察，多被官吏专擅破除"，为了避免地方侵吞判户部所掌钱物，魏扶请以州府录事参军专判，仍与长史通判③。

财政使职往上直达中书门下，往下则直贯地方州县，户部官职成为财政三司官员寄托品级俸禄的职衔，一些重要的财政使职多由宰相兼领。财政事务逐渐从一般的政务中独立出来，自成系统，直属宰相。财政使职的兼宪衔成为一种象征，没有什么实际意义，由于其自身系统的独立和完善，可以不依托于御史系统了。这些都为财政使职成为中央的最高行政机关之一创造了条件。唐后期延资库（备边库）的设立，以宰相兼延资库使，就是对三司收纳财物的统一管理。唐亡前夕，曾以朱全忠为"盐铁、度支、户部三司都制置使"④，

① 旧唐书：卷一四，435.
② 唐会要：卷五八，1014.
③ 同②1013.
④ 资治通鉴：卷二六五，8658.

朱全忠虽未受任，但三司合并的趋势越来越明显。后梁建国后，以建昌宫使统一掌管国家财政，后唐则代之以租庸使，统辖盐铁、度支、户部三司。后唐明宗时，废租庸院，以宰相一人专判三司。长兴元年（930），以许州节度使张延明行工部尚书充三司使，三司使作为一个专门的掌管财政的最高使职从此确立下来。

军事系统的使职，并不表现在尚书兵部的使职化，也不表现在依托于尚书兵部的使职的出现，而是由于军事统领体制的变化导致了一系列与兵部无关的使职的出现。

宦官统领禁军，产生了一种新的军事体制。左右神策军中尉是宦官充任的最高使职，直接面向皇帝，不仅取代了唐前期诸卫大将军、将军掌管宿卫军队和行军总管、行军元帅领兵征战的职权，而且通过神策军本身的系统以及诸道监军系统，形成一套从中央直贯地方的使职体系。中尉下属的使职，先后有神策军中尉副使、中护军、六军辟仗使、闲厩飞龙使、军器使、内弓箭库使等，他们构成了以神策中尉为核心的北军内司系统，负责北衙禁军步骑军的军政管理、监督纠察、武器装备等①。神策军系统的官员，主要是一些原有军事系统正员官的兼职，也有由神策军自己奏请任命的，但经常受到限制。如会昌元年（841）二月敕，“左右神策军先有奏正员官大将请授官事。起今已后，宜依资改转。如无正员官者，军司欲为奏论，须有功绩者，宜具事迹奏闻，当为甄奖，不在注拟之限”②。神策军本身有自己的官员编制，元和二年（807）敕规定了神策军的十员定额官，包括判官三员，勾覆

① 陈爽．唐代中使内司制度考论．北京：北京大学硕士毕业论文，1991．

② 唐会要：卷七二，1297．

官、支计官、表奏官各一员，孔目官二员，驱使官二员。会昌五年（845）七月敕又对这些官的迁转做出了规定，“改转止于中下州司马，并不拟登朝官”①，说明神策军已经完全纳入国家正式的官僚体系之中。神策军不仅驻守京师担任戍卫重任，还驻扎在一些重要的地方，甚至一些地方将领也请求遥隶神策军，称为神策行营。

在地方上，节度使、观察使、团练使、防御使等，有自己统帅的军队，并在逐渐向地方军政长官转化。地方军队具有一定的独立性，但除了割据自雄的跋扈藩镇之外，一般地方军将在军政事务中亦直达中书门下，具有一定的中央派员（即使职化）的色彩。为了加强对地方军队的监督控制，从安史之乱以前派宦官监阵的制度中逐渐演化出在方镇普遍设立监军机关的制度。贞元十一年（795），始置监军印，监军使职成为固定的使司②。这样，地方军队具有由中书门下和宦官使司双重领导的性质。

各地监军使司具有完备的组织机构，监军使之下设有副监、判官、小使等，与中央的内司大体相同③。监军使属于宦官使司系统，其在中央的统属关系逐渐落实到归枢密使统辖。所以李德裕要“与枢密使杨钦义、刘行深议，约敕监军不得预军政”④。整个宦官使司的内部机制包括统属关系、迁转次序、军政事务的承继等，是一个还需要进一步探讨的课题，但可以肯定，这个庞大的系统相对于南衙官僚系统来说，是

---

① 唐会要：卷七二，1297.

② 资治通鉴：卷二三五，7569.

③ 张国刚. 唐代监军制度考论. 中国史研究，1981（2）：120-133.

④ 资治通鉴：卷二四八，8009-8010. 参见前引陈爽《唐代中使内司制度考论》。

一个独立的使职体系。这个体系是在贞元、元和之际确立下来的。

军事系统的使职与尚书兵部之间原本也是互相补充的关系，是在征兵制和行军总管制被募兵制和镇兵制取代后，对兵部职权的延伸。如已经使职化的北衙诸军，在贞元年间还有敕规定由尚书兵部召补，“左右羽林军飞骑等，兵部召补，格敕甚明，军司不合擅有违越。自今以后不得辄自召补”①。但由于宦官专兵局面的出现，兵部的职权逐渐淡化，军事系统的使职以宦官为主体，使其与兵部并无直接的依托关系。宦官统领禁军和节度使专兵、宦官监军的体制，是在原有兵部职权之外的新发展，这是专制皇权体制下一个特殊的权力系统。在唐前期的军事体制中，尚书兵部并不掌握军事统帅权，主要是负责军队的行政管理。而尚书省六部行政权逐渐丧失之后，兵部的军事行政权也转而纳入新的军事统领体制之中。宦官对于中央禁军和节度使对于地方军队都拥有完整的军事行政管理权和军队统帅权，包括将吏的选用、军籍的管理等。正如太和二年（828）刘蕡在对策中指出的那样，“夏官不知兵籍，止于奉朝请；六军不主兵事，止于养勋阶。军容合中官之政，戎律附内臣之职”②。

在宦官和地方节度使专兵的体制下，调遣军队和从全局指挥战争进行决策的，则是皇帝和宰相。统领禁军和战争决策、军队调遣两方面职权的分离，是宋朝三衙掌统领禁军和枢密院掌调遣军队制度的滥觞。宋朝三衙统领禁军的体制来源于唐朝宦官统领禁军的体制，而宋朝枢密院的权力是从唐

---

① 唐会要：卷七二，1293.

② 旧唐书：卷一九〇下，5074-5075.

朝宰相参决军政大事的权力演化而来的，与唐朝由宦官掌握的枢密院无关，是军事参谋决策系统从宰相机构中分化出来的结果。这种分化本身是政治体制不断完善、分工逐渐明晰的反映。

其他如以礼部贡院和吏部选院为代表的选官系统的使职，以太常礼院为代表的礼仪系统的使职，以司法“三司”为代表的司法系统的使职，都有了更加系统和完善的组织体系。但这些使职不像财政三司那样取代了其所依托的尚书各部和寺监机构，而是与部监处于一种互补的关系。这是以原有尚书各部和寺监机构为主体的使职化，使职是对部监职能的扩展和补充，正如杜佑所说的，“设官以经之，置使以纬之”①。

如唐后期的司法“三司”主要由刑部、御史台、大理寺官员组成，是出于处理一些重大案件的需要而设置的。尽管在德宗即位之初就为“三司使”设使院，置幕屋，有了相对固定的机构和处所②，但并没有取代原有各部门，而是对它们职能的一种补充。如果属一般的案件，依然由各司法部门按照原来制度处理。如贞元十二年（796）五月，信州刺史姚骥举奏员外司马卢南史赃犯。德宗最初决定差派三司使前往鞫按，“令监察御史郑楚相、刑部员外郎裴澥、大理寺评事陈正仪充三司”。但裴澥认为卢南史所犯罪行属于一般的小案，“今忽缘此小事，差三司使，损耗州县，亦恐远处闻之，各怀忧惧”，故请求独往而不要令三司尽行。德宗同意了裴澥的意见，只派了他一人前往按问③。刑部员外郎仍然具有独立的司

① 通典：卷一九，473.

② 唐会要：卷七八，1440.

③ 唐会要：卷五九，1034-1035.

法权。

吏部铨选和考课、礼部贡举及太常礼仪事务的使职化已见前述。这些事务虽主要以本司官主持，但也常有以他官权判的情况，即使以本司官主持，也需要特别的授权。这就是使职化的表现。而使职化产生的是一种新的运行机制，是对各部寺监原有职权的扩展和延伸，使得各部门的职权突破了律令规定的限制，变得更加具有灵活性和适应性。

使职体系除军事系统外，还基本依托于尚书六部和寺监，使职与各部司、寺监并存，这是唐代后期政治体制中的一个显著特征。六部之中的一些部司和某些寺监，还保留着其原有的职掌，并不是部司寺监完全闲废失职。如文宗太和四年（830）七月吏部奏请恢复唐初尚书侍郎三铨的厅事次序，又奏请减少吏部三铨的令史名额，说明三铨注拟的制度一直存在[①]。太和五年（831）四月敕："盐铁判官守尚书刑部郎中李石，宜守本官。自今已后，刑部郎中，诸司诸使更不得奏请充职"[②]，说明刑部还有着繁重的职掌。武宗会昌年间（841—846）担任尚书兵部职方郎中的杨鲁士，负责接见入京之外国人，说明职方郎中并没有失去其原有职掌[③]。

总之，尚书部司和寺监是使职的依托，使职的品级和俸禄还须以部司或寺监官来寄托，使职本身还具有一些兼职性质。尽管兼任使职的部司寺监官基本不承担其本来的职掌，

---

① 唐会要：卷七五，1365.

② 唐会要：卷五九，1035.

③ 圆仁．入唐求法巡礼行记校注．白化文，等校注．石家庄：花山文艺出版社，1992：466.

例如刑部郎中判度支，并不执掌刑部事务，膳部郎中知制诰，也不承担膳部的职掌，但他们与本官所在机构还是有着密切关系的。唐代尚书诸司办公之处有留厅壁记的传统，“尚书诸厅，历者有壁记，入相则以朱点之。元和后，惟膳部厅持国柄者最多。时省中谓之朱点厅”[①]，说明元和以后尚书省六部二十四司还完整地设置着，尽管有的司闲简无事，但都有自己的厅衙。既然诸厅中都有历任该司郎官的壁记，说明即使作为寄寓品级和俸禄的尚书郎官，也还是与本官所在机构有密切关系的。六部寺监官的阶官化，在唐代后期还只是一种趋势，到北宋才完全成为寄禄官。

值得注意的是，尽管对某些行政事务的处理依然以部司、寺监为主体，使职仅仅作为部司、寺监的补充，有的事务更是完全由原来的部司或寺监执掌，但是，尚书省各部司已经丧失了对寺监和地方发文（即“尚书符”）指挥政务的权力，成为与使司一样直接向中书门下负责的具体政务部门，详见下节。这是使职体系确立的一个重要标志。

使职体系确立的另一个重要标志，是部司和寺监都已不遵循过去按照事务不同环节分工负责的运作体制，而是打通了各个环节，形成了对于所掌管事务贯通处分的使职运作机制。尚书六部独立性的提高及其对于各司领导作用的加强，部分司的闲废，司级机构职能的合并，体现的正是尚书部司行政运作机制转换的趋势。这种趋势与使职的发展相一致，就是对行政事务进行归并，进而采用贯通处分的机制。例如吏部所掌选官事务，逐渐以吏部选院为中心，将选官事务的

---

① 南部新书：甲，1.

各个环节打通，从资格审查、主持考试到录取、任命，都由以吏部尚书侍郎为首、以吏部司为主体的选院负责，吏部其他司考功、司勋、司封的职掌则逐渐向选官事务归并，考课成为选官事务的一部分，勋官和封爵的授予也越来越成为选官事务中的附属性内容。所以，到北宋时选官事务的管理就纯粹是按照拟任官员品级的高低来分工的，铨选、考课、磨勘叙迁一体化，都由审官院、流内铨等机构主持，而不再区分为吏部四司。如审官院成为总管京朝官考课、选任事务的机构，流内铨成为“总管幕职州县官考课、选任事务的机构”①。尽管选官事务依然由吏部主持，但按照官员品级的高低而不是任官环节分工管理，与财政三司对财赋管理的分工实质是一样的。这是唐朝后期行政体制转变的大势，是北宋制度与唐前期制度的根本性区别。及元丰官制改革时，尽管罢使职而恢复六部，但已经不是唐代前期的尚书六部，而是以六部之形式容纳了使职行政体系的运作机制。

使职行政体系的确立，还表现在其归属问题的解决。相对于原有的三省六部制来说，使司是体制外的机构。在使职体系发展的过程中，必须建立新的归属关系。自开元十一年(723)改政事堂为中书门下后，设置五房，分掌庶政，就是与尚书六部基本对应。中书门下获得了原尚书都省统领尚书六部和寺监的最高政务裁决权，其中包括部分由门下省执行的政务裁决权。而不断设置和完善的使职，统属关系也逐渐明确，由皇帝临时差派的使职，逐渐归属到中书门下宰相机构

① 张希清. 宋朝典制，30-31.

的统一领导之下。到贞元、元和以后，几个行政系统的使司都纳入中书门下领导之下，中书门下领导部司、寺监和使司的行政体制因此确立。

唐后期的使职体制是中书门下统领之下的行政体制。一方面，一些重要的使职往往由作为宰相的同中书门下平章事兼任，即宰相直接担任使职，中书门下在某种意义上等同于具体的行政部门；另一方面，各个系统的使司和使职化的部司寺监机构，都直接向中书门下汇报政务，中书门下与中央行政体系中的部司、寺监和各个使司之间，没有了其他的中间环节，各行政机构对政务的裁决须经过中书门下的批准。中书门下对财政事务、选官事务、科举考试、官员考核、司法事务等方面的控制逐渐加强。以下略举数例。

财政使职直属中书门下。作为主管财政的贯通中央和地方的行政部门，各财政使职由宰相兼任的情况很普遍。三司互不统辖，都是直接向中书门下宰相机构负责，其政务裁决权在中书门下。元和十三年（818）十月，中书门下奏文指出，户部度支盐铁三司钱物的管理混乱，“岁终会计，无以准绳”，所以要确立纲条，规定三司每年终各具本司当年所入钱数及所用数，分为两状闻奏，并牒中书门下。中书门下要具体审查其收支、节余、欠缴、侵用等情况。“条制既定，亦绝隐欺。如可施行，望为常典”。经过皇帝的批准，这种管理体制成为法定的制度①。财政三司以一个整体进入中央行政体制之内。

军事系统有其特殊的统辖体系，但有关军将的选补、考

① 唐会要：卷五八，1012.

课、迁转等军政事务，也要向中书门下汇报。文宗开成三年(838)九月敕，“左右神策军所奏将吏改转，比多行牒中书门下，使覆奏处置。今后令军司先具闻奏状到中书，然后检勘进覆”。武宗会昌五年（845）七月敕更明确规定，神策军的十员官“如官满及用阙，本军与奏，仍由中书门下依资拟注官判以下员”①。

礼部贡院直属中书门下。在知贡举官成为一种差遣的同时，总管各有关贡举事务的贡院，实际上也就成为一个依托于(而不是统属于)礼部的使司，有独立的贡院之印。贡院与礼部之间并无统属关系，有事则上呈中书门下，而不是上报礼部。从开元二十五年（737）由礼部侍郎知贡举后，礼部成为科举考试的主持机关，其上级主管部门就是中书门下，“礼部考试毕，送中书门下详覆”②。安史之乱后送中书门下详覆的制度遭到破坏，但大抵在元和以后就成为定制，或在录取之前呈送中书门下定夺，或在录取之后呈报中书门下审查③。所以说，礼部贡院事实上成为中书门下的一个直属机构④。

选官事务，很大一部分归属到中书门下。唐后期选官制度中存在着“敕授官”范围扩大的趋势。所谓“敕授官”，即由中书门下提名报皇帝用敕旨批准，而不经过尚书吏部。包括州录事参军和县令等原本属吏部选任的“奏授官”，也日渐改由中书门下选任，成为敕授范围的职官。列入正式官员编

① 唐会要：卷七二，1297.
② 新唐书：卷四四，1165.
③ 同②1166.
④ 吴宗国. 唐代科举制度研究. 沈阳：辽宁大学出版社，1992：50.

制的诸司诸使诸道州府的大量佐官，也大都由其长官上奏请求敕授，即由中书门下任命而不归吏部[①]。即使还保留在吏部的选官事务，其最终的申报审批也在中书门下。唐前期有由门下省审查吏部奏授官的“过官”制度。《新唐书·选举志》记载，天宝年间杨国忠以宰相（侍中）兼吏部尚书身份主持选官时取消门下过官的环节之后，“由是门下过官、三铨注官之制皆废”。事实上，在唐后期还有门下“过官”之制。如裴度在元和十年（815）以门下侍郎同中书门下平章事，即以主持“过官”的宽容大度而受到时人的称誉[②]。形式上，门下侍郎同平章事与给事中一起主持“过官”，是过去的旧制。因为门下侍郎在名义上还是门下省的长官，还要“领省事”。实际上，门下侍郎同平章事是宰相，由其主持“过官”，具有中书门下直接领导的性质。开成四年（839）四月关于处理滞留在京的未获官职选人的敕文中，提到“如未经中书门下陈状，敕下后，不得续收”[③]。这是针对吏部而言的，要求吏部向中书门下申报任命名单。在中书门下，这方面的事务是由门下侍郎同平章事负责的。

总之，诸行政使职和使职化的部司寺监机构，在中书门下的统领下，构成了一个完整的完全不同于唐前期行政体制的使职行政体制。使职从皇帝的特派人员到宰相机构的下属行政职务的转变，是唐后期使职行政体系确立的重要标志，是中古帝国官僚体制由以皇帝个人为中心到以整个朝廷为中

---

① 关于唐代中后期敕授官范围的扩大，从大量的敕旨文书和唐人文集中可以看出。具体论证，尚须专文。

② 赵璘《因话录》卷二载“裴晋公为门下侍郎，过吏部选人官，谓同过给事中曰”云云（上海：上海古籍出版社，1979：80-81）。

③ 唐会要：卷七四，1343.

心转变过程中的重要一环。

三、中书门下体制下三省职权与地位的变化

改政事堂为中书门下之后，三省依然存在，但从机构建制到职权范围都与三省制下的三省有了重大的改变。这是研究唐代政治制度史不易澄清但又必须澄清的关键问题之一。

（一）尚书都省机构和职权的变化及其与中书门下之关系

尚书都省的变化是三省制向中书门下体制转变的一个重要方面，这种变化是一个曲折的过程。三省制下的尚书都省，是左右仆射会决庶务的政务裁决机关，也是政务文书上下的收发总署和勾检总署①。在唐代政治体制转变的过程中，尚书都省的地位不断下降，成为以左右丞为长官的中书门下下属的制敕下发过程中签署转发的机关，在国家政务的实际运作中处于通过勾检文书进行行政监察的地位。关于中书门下体制下尚书都省职权的具体论证，详见下章。

改政事堂为中书门下后，中书门下取代尚书都省成为政务裁决的中心。在尚书左右仆射退出宰相行列的背景下，尚书左右丞成为都省的实际长官。《资治通鉴》卷二一二“开元十三年春二月”条：“上自选诸司长官有声望者大理卿源光裕、尚书左丞杨承令、兵部侍郎寇泚等十一人为刺史，命宰相、诸王及诸司长官、台郎、御史饯于洛滨，供张甚盛”。这

① 王永兴. 唐勾检制研究，35-37.

是将尚书左丞作为台省长官看待的。如果说这是司马光的语言，还不足以说明问题，那么，唐人自己将尚书左右丞看成都省长官，则见于陆贽《请许台省长官举荐属吏状》：“况于台省长官，皆是久当朝选，孰肯徇私妄举，以伤名取责者乎？所谓台省长官，即仆射、尚书、左右丞、侍郎及御史大夫、中丞是也。陛下比择辅相，多亦不出其中。今之宰相，即往日台省长官也，今之台省长官乃将来之宰臣也”①。

需要指出的是，这种情况并不是左右丞对尚书令和仆射职掌的简单取代，而是随着中枢体制的变化，尚书都省的机构设置和工作性质发生了变化。在中国古代政治体制的演进过程中，不断有某个机构或官职的职权被削弱并被其他机构或官职所取代的现象。以往的研究往往过分强调了权力之争的作用，实则由于社会政治经济的变化引起体制的转换，从而带来权力运作机制或职务内容的变化，导致官职权力重心的变化。职权被削弱的官职还执掌其原有事务，只是这些事务的重要性降低了，职权加强的官职则是其所掌事务的重要性提高了，而不是对其他官职职权的简单取代。将制度史的研究视角做如此转换，有利于进一步解释有关制度演进的问题②。

从实际情况看，左右丞要承担起尚书都省长官的职责，一般都要入相即带同中书门下平章事衔。如果左右丞没有带宰相衔，则需要以他官知尚书省事，尤以仆射和六部尚书知

---

① 陆贽. 陆宣公集：卷一七，173. 又见唐会要：卷五一，895；册府元龟：卷三一三，3692。

② 刘后滨. 安史之乱与唐代政治体制的演进. 中国史研究，1999（2）：93-102.

省事为多。唐代以尚书左右丞入相的仅有十余人[①]，大部分时间里都有仆射或某部尚书知省事。以代宗时期为例，代宗初(763)，颜真卿以检校刑部尚书知省事[②]；大历（766—779)后期以侯希逸为检校尚书右仆射，知省事[③]；大历二年（767)检校尚书右仆射、判左仆射田神功知省事[④]；王昂，永泰元年(765）正月，检校刑部尚书，知省事……大历五年（770）六月，昂复检校刑部尚书，知省事[⑤]。其他时期以左右仆射或六部尚书知省事的情况也很普遍，不必备举。对于左右仆射或六部尚书知省事的意义，似应从维护三省制的形式加以理解，而未必就是尚书省的实际长官，也不能说明尚书都省地位的提升。

尚书都省的变化，与其说是左右丞地位的上升，还不如说是尚书都省地位的下降。以左右丞为长官的都省是作为中书门下之下签署转发制敕文书并实施行政监察的机关，其地位自然不能与以尚书左右仆射为长官的作为部分行使最高行政机关职权的尚书都省相比。

尚书都省的职官设置，除了左右仆射成为虚宠勋臣节帅的加官之外，左右丞、左右司郎中员外郎及以尚书都事为首的主典和吏员的变化不是很大，因为他们行使的还是尚书都省作为签署转发制敕机关的职能。这种职能是此前一直存在

---

① 张建利．唐代尚书左右丞初探．北京：北京大学硕士学位论文，1992．宋敏求说："唐制，宰相不兼尚书左右丞，盖仆射常为宰相，而丞辖留省中领事。元和中，韦贯之为右丞，平章事，不久而迁中书侍郎"（春明退朝录：卷中．诚刚，点校．北京：中华书局，1980：22)。此说不确。

② 旧唐书：卷一二八，3592.

③ 旧唐书：卷一二四，3534；新唐书：卷一四四，4703.

④ 新唐书：卷一四四，4702.

⑤ 旧唐书：卷一一八，3414.

的，只是其统属关系发生了变化。

以上只是尚书都省变化的一种趋势，其间经历了反复曲折。安史之乱结束后，在对安史之乱进行反思的背景下，出现了一种回到开元以前制度的思想潮流。代宗和德宗初期政治体制的调整，就是以恢复三省制为目标的。这种改革的一个重要体现，在于恢复尚书都省“会府”地位以及尚书六部行政职权。正如严耕望所指出的那样，“代宗大历中及德宗初年，君相深惜旧章之坠失，屡敕规复旧章，重建尚书省之地位与职权”①。不过代宗、德宗时期恢复尚书省职权的改革措施很快就被废弃，尤其是尚书都省始终没有恢复其早已失去的“政源”“会府”的行政枢纽的地位。所以贞元二年（786）崔造奏请恢复尚书省职权之时，仍请将尚书省六职令宰臣分判，即将政务汇总于宰相府署中书门下②。行政枢纽还在中书门下，尚书都省始终没有恢复其行政枢纽的地位。即如贞元四年（788）八月吏部奏，“其状直送吏曹，不用都司发”③，是令地方将有关官员资格认定的文书直接送到尚书吏部，而不经过尚书都省。尚书都省收转地方文书的职权也被取消。

在尚书都省地位下降的同时，尚书左右仆射逐渐与都省分离，成为重臣兼职所依托的重要头衔④，故其上任的仪式往往非常隆重。如元和三年（808）四月丁丑，以荆南节度使裴均为右仆射、判度支。己卯，裴均于尚书省都堂上任仆射。

---

① 严耕望．论唐代尚书省之职权与地位//唐史研究丛稿，73.

② 唐会要：卷五七，987.

③ 唐会要：卷七四，1340.

④ 尚书左右仆射只是一种名誉头衔，其任命的制书也比一般任相制书轻。史载“唐节度使除仆射、尚书、侍郎，谓之纳节，皆不降麻，止舍人院出制”（春明退朝录：卷中，22）。

尽管人们对裴均的做法议论纷纷，但他以其地方藩帅的雄厚实力，还是搞了一个隆重的仪式①。不过，这件事引起了一场关于仆射上任仪式的大讨论。由于裴均依据的是开元时张说为右丞相（右仆射）上任时的仪注，但那次被认为是张说恃宠妄自尊大，而非旧典。元和六年（811）朝廷就这种“越礼随时之法”进行了讨论，“于是修改旧仪，送都省集众官详议”。元和七年（812）二月，尚书左丞段平仲汇总各种议论上奏，废除了“仆射上，独受侍郎、中丞等拜”之礼②。这就是《旧唐书·宪宗纪下》元和七年（812）二月辛丑“尚书省重定左右仆射上事仪注”的过程。据《唐会要》卷五七“左右仆射”条的记载，可知后来关于仆射上事仪注的争论还有多次，往往与任仆射者的身份地位有关。

无论仆射上任仪注的级别高低，那都是一些礼节、仪式上的事情，与仆射的实际职掌无关，更不可因此断定尚书省地位的重要与否。与仆射成为一种仪节之争的焦点相对应的是，尚书都省的衙署（称“都堂”）成了一个礼仪中心。尽管在中书门下体制下政务运作的中心已转移到中书门下（或称为政事堂），但作为国家权力象征和礼仪中心的，还是尚书都堂。一些由宰相主持的国事活动都在尚书都堂举行，如元和元年（806）正月，顺宗去世后，宪宗停听政，以宰相杜佑摄冢宰，杜黄裳为礼仪使，右仆射伊慎大明宫留守，视事于尚书省。元和元年（806）三月丙午，命宰臣监试制举人于尚书省，以制举人先朝所征，不欲亲试也③。一些重大的礼仪性的

---

① 旧唐书：卷一四，425.
② 唐会要：卷五七，992.
③ 同①417.

宴会，一般也在都堂举行。“左右仆射上，……元和已后，悉去旧仪，唯乘马入省门如故。上讫，宰相百僚会食都堂”①。处理一些重大的政治事件，往往也在尚书都堂。如泾原兵变以后，“吏部甲库，有朱泚伪黄案数百道，省中常取戏玩，已而藏之。柳辟知甲库，白执政，于都堂集八座丞郎而焚之”②。

由于尚书都省成了没有实权的象征性的机构和礼仪中心，其经济状况也就难以为继，以至正常的食堂开支都成为问题，故郑元要以河中羡余钱充助都省厨米③；更不用说屋舍的修葺了，故裴均请取荆南杂钱万贯修尚书省④。

以上简要论证了中书门下体制下尚书都省地位和职权性质的变化，这种变化主要体现在：尚书都省作为左右仆射会决政务的行政中枢地位的丧失，以及原本作为一般程式性工作的签署制敕文书的职权成为都省职权的重心，尚书左右丞因此成为都省的实际长官，都省的地位下降，左右仆射则成为尊崇大臣的虚衔，仆射地位的高低与尚书省的实际地位无关。造成这种变化的主要原因在于唐代政务裁决的中心转移到了中书门下，国家最高权力的行使不再通过三省分工制衡的机制，而是以中书门下为核心形成了新的运作机制。

（二）中书省机构和职权的变化及其与中书门下之关系

唐前期中书省的结构，按四等官制以中书令为长官，侍

---

① 唐国史补：卷下，50.

② 同①51.

③ 册府元龟：卷五〇七，6083.

④ 册府元龟：卷五一〇，6117.

郎为副长官（通判官），中书舍人为判官，主书、主事等为主典。中书省的职掌主要体现在出令权和勘议权[①]，凡是皇帝的命令需要发往尚书省诸司制为政令行下实施的，都要经过中书省的宣奉行，是为出令权；百官所上议表状，需经中书舍人进呈于皇帝，并提出初步处理意见供皇帝决策时采择，是为勘议权。改政事堂为中书门下以后，中书令作为首相，成为中书门下执政机构的首长。自安史之乱以后，中书令逐渐虚空，常用作功臣节帅的加官。唐后期的中书侍郎则固定地都带同平章事为相，实际上成为中书门下的首长[②]。唐前期的四等官制至此完全发生变化。中书省职权的重心也因此发生转变。

中书门下系由政事堂改称而来，政事堂最先设在门下省，高宗去世（683）后，裴炎自侍中除中书令，执政事笔，遂移政事堂于中书省[③]。开元十一年（723）改政事堂为中书门下时，未见有移址的记载，中书门下仍然设在中书省。故中书侍郎同平章事不仅是中书门下的长官，同时名义上也是中书省的长官。大历十二年（777）中书侍郎同平章事杨绾卒后，“时既无中书侍郎，舍人崔祐甫领省事，衮以为同中书门下平章事兼得总中书省，遂管综中书胥吏、省事去就及其案牍，祐甫不能平之，累至忿竞”[④]。在中书侍郎阙职的情况下，中书舍人就可以作为中书省的领导者承担起应有的权力与责任。

---

① “勘议权”一词，采用雷家骥的提法（雷家骥．隋唐中央权力结构及其演进，405）。

② 俞钢．唐后期中书、门下侍郎平章事职权的变化及特点//文史：第 39 辑．北京：中华书局，1995．

③ 关于政事堂从门下省迁往中书省的时间和背景，参见刘健明．裴炎迁政事堂事件考析//严耕望先生纪念论文集．台北：稻乡出版社，1998：405-417。

④ 旧唐书：卷一一九，3446；册府元龟：卷三三八，4003．

其实，当时有中书令郭子仪，因在外做节度使，不能领导中书省，故崔祐甫以舍人领省事。这是中书侍郎作为中书省长官的例证，中书侍郎同平章事和门下侍郎同平章事与中书省的关系还是有所区别的。但是，常衮以门下侍郎同平章事的身份想要兼管中书省，也正说明了中书门下设在中书省，是中书、门下两省纳入中书门下领导之下的反映。在安史之乱以后的很长一段时间里，中书门下与两省的关系始终处于一种过渡时期的冲突之中。

安史之乱以后，宰相格局在长时间内维持中书侍郎与门下侍郎平行的局面，宰相之间的矛盾都是在中书侍郎同平章事与门下侍郎同平章事之间展开的。门下侍郎同平章事为了与中书侍郎同平章事争夺对中书门下的控制权，便需要杜绝来自中书舍人的威胁，因为中书侍郎与中书舍人在名义上有领导与被领导的关系。《南部新书》乙载："政事堂旧有后门，盖宰相时过舍人院，咨访政事，以自广也。常衮塞之，以示尊大"①。舍人院是中书侍郎同平章事据以自广的阵地，所以担任门下侍郎同平章事的常衮要将其门闭塞。《旧唐书·杨炎传》记建中二年（781）杨炎和卢杞的斗争：

> 旧制，中书舍人分押尚书六曹，以平奏报，开元初废其职。杞请复之，炎固以为不可。杞益怒，又密启中书主书过，逐之。炎怒曰："主书，吾局吏也，有过吾自治之，奈何而相侵？"

① 又据史载：建中四年，常衮为中书侍郎同平章事。政事堂旧有后门，盖宰相过中书舍人院，咨访政事。衮欲自尊大，乃塞其门，以绝往来（唐会要：卷五三，922）。《旧唐书·常衮传》此事不记时间。根据《旧唐书·德宗本纪》、《旧唐书·常衮传》及《新唐书》宰相表等，知建中四年误，或为大历十四年；中书侍郎同平章事当为门下侍郎同平章事。

门下侍郎同平章事卢杞请复舍人六押之制，是为了压制中书侍郎同平章事杨炎，说明舍人六押之制对中书侍郎不利。但杨炎所说中书主书是自己的局吏，正说明中书侍郎同平章事之所以比门下侍郎同平章事居于实力地位，就在于其与中书省官属保持着密切的联系，在中书门下办事的那些中书省官吏名义上是中书侍郎的属官[①]。而卢杞以门下侍郎的身份逐之，是一种相侵的行为，说明当时两省的界限是分明的。建中三年（782）六月诏，中书、门下两省各置印一面[②]，便是两省区分的表现。

尽管中书省的官吏依然被看成是中书侍郎同平章事的属官，但是，中书省与中书门下的分离趋势亦日渐明显。在这个分离过程中，中书省逐渐向以中书舍人为首的专门负责撰写制敕的机构过渡[③]。其中一个重要的表现，就是舍人院相对独立于中书门下之外[④]。常衮堵塞的政事堂后门，就是中书门下通往舍人院之门。《唐摭言》卷三“过堂”条记主司领新进士见宰相之后，复见中书舍人，“主司复长揖，领生徒退诣舍人院”。相对独立的舍人院的存在，本身就是中书省朝着以中书舍人为首的专门负责撰写制敕机构过渡的证明。

以中书舍人为长官的独立的舍人院的存在，还可以从中书舍人有独立的公厨得到说明。唐代内外官员有公厨会食的

① 参见前引俞钢《唐后期中书、门下侍郎平章事职权的变化及特点》。

② 唐会要：卷五四，928.

③ 《春明退朝录》引唐裴廷裕《正陵遗事》云：“舍人上事，知印宰相当压角”（春明退朝录：卷上，10），说明中书舍人成为宰相领导下的起草制敕的机构。

④ 不过，因为中书门下设在中书省，中书舍人有时也可称为中书门下舍人。如《唐会要》载大中元年正月敕：“自今以后，谏议大夫、给事中、中书门下舍人，未尝曾任刺史县令及在任有败累者，并不在进拟之限”（唐会要：卷六九，1210）。

制度，所谓“京百司至于天下郡府，有曹署者则有公厨”①。公厨是按照机构设立的，同一机构不同级别的官员，在同一个公厨会食。如《唐语林》卷八载御史台会食的座次为，“杂端在南榻，主簿在北榻，两院则分坐。虽举匕筯，皆绝谭笑”。而据《旧唐书·李泌传》载，李泌入相后，“又奏请罢拾遗、补阙，上虽不从，亦不授人，故谏司惟韩皋、归登而已。泌仍命收其署餐钱，令登等寓食于中书舍人，故时戏云：‘韩谏议虽分左右，归拾遗莫辨存亡。’如是者三年”。

在舍人院内部，有了一定的职权分化，其中一位年深的中书舍人成为实际上的主事者。《旧唐书·杨绾传》载，肃宗时，杨绾“迁中书舍人，兼修国史。故事，舍人年深者谓之‘阁老’，公廨杂料，归阁老者五之四。绾以为品秩同列，给受宜均，悉平分之，甚为时论归美”。而在众位中书舍人中有实际上的长官，也是舍人院成为独立机构的需要。

中书舍人之外，中书主书、主事等主管文书的胥吏系统在中书门下和中书省之间处于一种什么状态呢？其中有一些成为中书门下的堂后官，其地位和作用更加突出，成为唐代中后期影响中央政局的一支重要力量②。至于中书省本身是否还有一些胥吏，包括令史、书令史等，史无明文，难以稽考。或者中书省的胥吏只是作为兼职充任中书门下堂后官的，其本职还在中书省。

总之，中书门下体制建立之后的中书省，由三省制下皇帝

① 全唐文：卷八百六，8472．参见拜根兴．试论唐代的廊下食与公厨//朱雷．唐代的历史与社会．武汉：武汉大学出版社，1997：342-353。

② 刘后滨．唐代“中书门下”机构建制考//北大史学：第七辑．北京：北京大学出版社，2000：180-195.

的机务秘书机关和宰相构成的一部分，成为超越于三省之上的宰相府署所依托的办事机构。原中书省的副长官中书侍郎成了中书门下的首长，尽管在名义上他还是中书省的长官，但中书省有逐渐走向独立的趋势，作为宰相独立府署的中书门下与中书省逐渐分离，中书省向以中书舍人为长官的专门负责撰写制敕的机构过渡。作为中书门下首长的中书侍郎同平章事与唐前期作为中书省副长官的中书侍郎，其地位和职权都发生了很大的变化，并影响到中书省机构设置和职权性质的转变。三省制下中书舍人在决策过程中的最重要作用是“参议表章”①，中书门下体制下中书舍人的职掌，从开元时期以参议表章为主，转变为以起草制敕为主。且起草制敕之职逐渐使职化，形成“知制诰”的制度，并逐渐形成与翰林学士的分职。

由于中书舍人起草制敕成为纯粹的程式，并不能发挥决策作用，所以出现了起草的舍人“封还词头”的规定。《唐六典》卷九“中书舍人之职”条云：“制敕既行，有误则奏而改正之”，所指当为改政事堂为中书门下之后的制度。中书舍人“封还词头”也有一些具体事例，如白居易《论左降独孤朗等状》云：“右。今日宰相送词头，左降前件官如前，令臣撰词者。臣伏以李景俭因饮酒醉，诋忤宰相，既从远贬，已是深文，其同饮四人，又一例左降。臣有所见，不敢不陈。……其独孤朗等四人出官词头，臣已封讫，未敢撰进，伏待圣旨”②。宋朝以后中书舍人封还词头的现象多了起来。“富

① 李蓉．关于唐代前期中书舍人参议表章的问题．北京：北京大学硕士学位论文，1995.

② 白居易．白居易集：卷六〇．顾学颉，校点．北京：中华书局，1979：1268-1269.

弼为知制诰，封还刘从愿妻封遂国夫人词头。唐制，唯给事中得封还诏书。中书舍人缴词自弼始”①。这种封还也被认为与给事中的封还具有同样的性质和意义，以至称为“给、舍封驳”②。

北宋元丰改制恢复三省后，设立了以中书舍人为长官的中书后省，分案办公，并通领中书省点检房③。这是唐代舍人院发展的落脚点，是中书门下体制下中书省发展的必然结果。三省制下的中书省，其职权性质包括两部分，一是作为宰相机构的部分，二是作为宰相统属的为皇帝起草诏命的机构。改政事堂为中书门下之后，作为宰相机构的职权合并到了中书门下并获得了新的内容，但作为宰相统属的为皇帝起草诏命机构的部分，则保留下来，在机构设置上体现为中书舍人院或中书后省。在一切政令以文书运作为核心的中国古代帝国体制中，为皇帝起草诏命的职权一直是中枢权力的重要组成部分。从魏晋时这种权力归于中书省之后，一直到两宋时期，尽管中书省与宰相机构的关系不断有所变化，但都有以中书省或中书省官员为名的诏命起草系统。到元明清时期，起草诏命之职不再以中书省官员为名，而归诸起源于唐代的翰林学士或由此衍生而来的各种名号的学士。宋朝由翰林学士主内制、中书舍人主外制的“两制”，是这种转变的过渡，唐代中书门下体制下中书省职权的演进是这个转变的前提。

(三) 门下省机构和职权的变化及其与中书门下之关系

改政事堂为中书门下以后，门下省的机构设置与中书省

---

① 文献通考：卷五一，465.
② 资治通鉴：卷三五，1115.
③ 宋史：卷一六一，3785.

一样，发生了相应的变化。侍中逐渐成为勋臣节帅的加官，或长期虚空。门下侍郎则固定地加同平章事为宰相，宰相都在中书门下办公，而不回本省处理省务。尽管门下侍郎名义上还是门下省的长官，但给事中逐渐独立地承担起门下省的事务，门下省向以给事中为长官的独立机构过渡。北宋元丰改制后，成立了以给事中为长官的门下后省，正是中书门下体制下门下省的发展方向。

但是，在唐朝，给事中始终没有在制度上成为门下省的长官，如果侍中和门下侍郎阙职，还要任命其他宰相“知门下省事”。如《旧唐书》卷八《玄宗纪上》云：开元二十四年(736) 十一月侍中裴耀卿、中书令张九龄罢相后，在位的宰相只有兵部尚书兼中书令李林甫，兵部尚书同中书门下三品牛仙客，门下省没有长官，故在十二月任命牛仙客“知门下省事”。《新唐书》卷一三三《牛仙客传》作“故以工部尚书、同中书门下三品，知门下事”；《旧唐书》卷九《玄宗纪下》开元二十六年 (738) 正月乙亥，“工部尚书牛仙客为侍中”，说明牛仙客一直负责门下省的领导工作。又如，据《旧唐书》卷一〇《肃宗纪》和《新唐书》卷一四〇《吕諲传》载：肃宗乾元二年 (759) 三月甲午，以兵部侍郎吕諲同中书门下平章事，次日（乙未），侍中苗晋卿罢相，在位的宰相除了吕諲外，还有吏部尚书李岘、礼部侍郎李揆、户部侍郎第五琦，门下省长官阙职，所以吕諲“知门下省”。会母丧解，三月复召知门下省事。

不过，如果给事中加同中书门下平章事衔，就可以领导门下省，即使侍中和门下侍郎阙职，也不必以他官“知门下省事”了。如德宗贞元二年 (786) 正月壬寅，给事中崔造同平章事，门下侍郎同平章事卢翰罢相，其后未见有以他官知门下省者。

在门下省机构设置的变化中，由负责文书校勘的录事与主事、负责文书保管的甲库令史、负责送制敕的传制等构成的胥吏系统，也势必发生一些变化。如录事作为“吏长”，在三省制下的职掌是勘检奏抄，经录事勘检之后才由给事中读、黄门侍郎省、侍中审。所以对他们的要求是明习律令、通晓文簿、达于从政、处断明速[①]。改政事堂为中书门下之后，录事随门下侍郎同平章事到中书门下任职，似已成为中书门下堂后官的重要兼职者之一。所以张说在开元十三年（725）封禅时提拔的人，就主要是中书主书和门下录事。“（张）说自定侍从升中［按《唐会要》，中作山］之官，多引两省录事主书及己之所亲摄官而上，遂加特进阶，超授五品”[②]。

《旧唐书·职官志二》记门下省有令史 11 人，书令史 22 人，《唐六典》不记，《新唐书·百官志二》记令史 22 人，书令史 43 人。《新唐书》比《旧唐书》在数量上增加了几近一倍。据考证，《新唐书》反映了会昌年间的情况[③]。令史、书令史与文书的抄写有关，以给事中为实际长官的门下省并无多少文书的抄写任务，其人员的扩充，说明他们也是跟随门下侍郎同平章事进入中书门下的胥吏系统，到中书门下五房负责文书的抄写。只是他们在名义上还是门下省的人员，借调到中书门下办事。这是两省侍郎同平章事在中书门下的一

---

① 旧唐书：卷七〇，2531，2533.

② 旧唐书：卷九九，3098；唐会要：卷五五，945.

③ 叶炜．隋唐中央文官机构“吏”制简论．北京：北京大学硕士学位论文，1998.

种平衡措施。为了求得两省侍郎在职权和地位上的相对均衡，门下侍郎势必需要将一些门下省的胥吏带到中书门下任职，令史、书令史当属于堂后官之外行遣文书的人员，且到唐后期其人员规模与中书省的“令史二十五人，书令史五十人”[①]大体相当。不过，这种均衡还只能是相对的，毕竟中书省在中书门下占有地理优势，从《新唐书·百官志二》看，其设置的胥吏系统的人员，总体上比门下省还是要多一些。

改政事堂为中书门下以后，门下省职能势必发生变化。门下省在三省制下的作用，主要是对于一般政务的裁决以及制敕下颁过程中的覆奏和署名。《唐六典》卷八将给事中在上、下行文书运行中的作用概括为，“凡百司奏抄，侍中审定，则先读而署之，以驳正违失。凡制敕宣行，大事则称扬德泽，褒美功业，覆奏而请施行，小事则署而颁之”。给事中在决策过程中的主要作用是“审读奏抄”，以驳正违失。至于覆奏和署颁制敕，一般只是制敕颁行过程中的固定程式。唐前期不署敕的事例很少，因为三省制下重大决策的形成通过宰相集体商议，而一般少有如贞观初封德彝那样以仆射的身份直接向皇帝奏请以至给事中魏徵不署敕的情况[②]。一般政务的裁决，其权力则在门下省和给事中本身，也不存在不署敕的问题。

中书门下体制下，政务裁决机制出现了由以奏抄为主向以奏状为主的转变，一般政务多由宰相汇总以中书门下的名义直接向皇帝申奏，而后以“敕旨：依奏”的形式批准实施。给事中的职掌也随之从以审读奏抄为主转变为以封还制敕

① 新唐书：卷四七，1212.

② 贞观政要：卷二，66-67.

为主。

由于奏状的申奏不经过门下省，由各种使职和使职化的部司寺监上于中书门下，中书门下进呈于皇帝，皇帝批准后再以敕旨的形式颁发，经过中书省宣奉行和门下省签署，给事中在决策程序中的作用由事先的审驳变为事后的检查把关。敕旨是对奏状的批复，有关政务的具体实施内容都是奏状上申明的，所以针对敕旨的审核，实际上也就是对奏状的驳正，封与驳具有同一对象。这是“封驳”针对制敕进行审核之词义产生的制度变化背景。

本来“封还”与“驳正”是两个概念，封还针对下行文书即皇帝的制敕，史籍中有许多给事中“封还敕书”的记载，虽多为唐后期的事例，仍可说明封还的含义[①]；驳正针对上行文书即百司奏抄[②]，二者合起来称为“封驳”。这是给事中职权的集中体现，只是在不同时期其侧重点有所不同。从开元中期以后，原本针对奏抄一类上行文书的用语“驳正”，逐渐应用到对制敕类下行文书的审查程序之中。开元十九年(731)四月二十六日敕：“加阶入三品，并授官及勋、封甲，并诸色阙等进画，出，至门下省重加详覆。有驳正者，便即落下，墨涂讫，仍于甲上具注事由，并牒中书省”[③]。这里的驳正，明显是针对制敕的。任官文件经中书省起草进画再出

---

① 毛汉光搜罗了26个给事中封还制敕的事例(论唐代之封驳．台湾中正大学学报，1992，3(1)：1-50)。还有可为补充者，如《旧唐书·穆宗纪》载长庆二年八月己未，“以绛州刺史崔弘礼为河南尹，兼东畿防御副使。给事中韦颖以弘礼望轻，封还诏书。上遣使谕之，乃下”(旧唐书：卷十六，498-499)。

② 《通典》卷一五《选举三》谓吏部授六品以下官的奏抄上于门下省后，“给事中读之，黄门侍郎省之，侍中审之。不审者皆得驳下，既审然后上闻，主者受旨而奉行焉”，这是对驳正的具体表述。

③ 唐会要：卷五四，927.

至门下省，标志着这件制敕已经成立。门下省通过墨涂的方式进行驳正，是在制敕成立之后的程序。这种程序反映的正是门下省职掌从以驳正奏抄为主到以封还制敕为主的转变。这个敕后来编入了格，成为唐后期被引用的法规。如《唐会要》卷五四“中书省”载建中四年（783）六月中书门下两省状，便引用了此敕。故有的学者认为这是唐后期给事中“涂归”诏书的最初法律依据①。此后，针对制敕的驳正、封驳便有了法律依据，逐渐频繁起来。仅《唐会要》卷五四“给事中”条中就有数例，不烦备举。

到唐代中后期，封还和驳正有逐渐混用的趋势。如开成三年（838）八月敕，“给事中封驳制敕，宜令季终具所驳闻奏”②。李德裕也说：“且有司封驳，岂复禀宰相意邪!”③ 这种“封”“驳”合一的趋势，实际上是以给事中封还制敕为主的。所以《新唐书·百官志二》“门下省给事中”条谓“诏敕不便者，涂窜而奏还，谓之‘涂归’”。《唐国史补》卷下作：“黄敕既行，下有小异同，曰帖黄，一作押黄”。涂归或帖黄，比封还要进一步，不仅是不同意行下，还提出修改意见。在这种情况下，给事中具有一定的决策发言权，与纯粹的被动封还不同。但是，这种涂归或帖黄的方式并不常用。常被引用的元和三年（808）李藩批敕的事例④，只是一个极端的例子。

---

① 祁德贵．论唐代给事中的主要职掌．中国史研究，1995（1）：63-72．

② 唐会要：卷五四，941．

③ 资治通鉴：卷二四五，7898．

④ 史载：元和三年，以国子司业李藩为给事中。时制敕有不可，遂于黄敕后批之。吏曰：“宜别连白纸。”藩曰：“只是文状，岂曰批敕!”裴洎言之，上以为有宰相器。俄而郑絪罢免，遂拜藩门下侍郎平章事（唐会要：卷五四，938）。

门下省的职掌变为以封还制敕为主的同时，仍未失去对上行文书进行审驳的职权。授官、断罪一类三省制下奏抄处理的事务，在中书门下体制下继续成为门下省审驳的内容。如白居易《授郑覃给事中制》所说，“刑狱有未合于理者，得驳正之”，“有司选补不当者，得与侍中裁退之”①。唐后期，门下“过官”之制在制度上还存在。如代宗时常衮为门下侍郎同平章事，主持过官，以至负责吏部选官事务的崔祐甫还受到其压制，“所拟官又多驳下”②。贞元三年（787）柳浑以宰相身份“仍判门下省”③，属下的吏还告诉他应当主持过官。不过，门下侍郎同平章事主持过官，与其说是门下省的职权，还不如说是中书门下的职权。给事中协助侍中裁退有司选补不当者，是作为中书门下的下属机关行使职权的。至于其是否仍为奏抄，由于没有确切材料，只能暂且存疑。

以上论证说明：随着三省制向中书门下体制转变，门下省作为宰相机构的部分职权转移到了中书门下，而在以给事中为实际首长的门下省中，尽管还保留了对上、下行文书的审核之职，但其职权的重心已经发生转移，对上行文书的驳正逐渐减少，对制敕文书的封还成为其最主要的职掌。这是给事中职权发展的趋势，直到明清时期六科给事中的设立，仍具有对皇帝的命令进行驳奏的言官的性质。

综上所述，改政事堂为中书门下之后，三省依然存在，而且在皇帝诏命的起草和审核等方面的运作机制更加完善，

---

① 文苑英华：卷三八一；白居易集：卷四八，1010.

② 旧唐书：卷一一九，3446.

③ 时间据《旧唐书》卷一二《德宗本纪上》，柳浑知门下省事据《新唐书》卷一四二《柳浑传》。

并一直延续到后世。中书门下体制下的三省，尽管还与宰相机构有着密切的联系，一般情况下三省长官皆由宰相兼领，尤其是中书、门下两省的名义长官必须由宰相兼领。但从机构建制上看，宰相与三省发生分离，宰相府署超然于三省之上。宰相的职衔也从共为宰相的三省长官，发展到同中书门下平章事成为宰相的唯一署衔，这种职衔完全是以最高政务裁决机关中书门下为依托的。尽管中书门下体制下还是集体宰相制度，但宰相裁决政务，实行宰相轮流秉笔决事的制度，并逐渐向首相制度过渡。穆宗长庆（821—824）以后，宰相的身份有了新的等级标志，即以馆阁职的加衔作为依据，不再以两省侍郎为宰相分工的依据。如宋敏求《春明退朝录》所说："唐制，宰相四人，首相为太清宫使，次三相皆带馆职弘文馆大学士、监修国史、集贤殿大学士，以此为次序。"此后展开的两党之争，实际上是一种首相轮流组阁的形式。在这种背景下，中书、门下两省职权重新归位，以中书舍人和给事中为核心的中书、门下机构在国家政权中的地位和作用进一步明确，并一直影响到宋朝甚至明清时期。

四、中书门下体制下中央与地方关系的新格局

中书门下作为裁决全国政务的宰相机构，取代尚书省实施对地方州府的行政领导。唐前期，地方向中央汇报工作，根据所奏报的事务性质，由州县向尚书省对口部门上报，然后由尚书都省汇总经门下省审查上奏和予以批准，最后报皇帝签字认可。中央政府指挥地方政务，也是通过尚书诸部司

向地方政府发布命令。尚书都省作为行政中枢的地位丧失后，尚书各部司（南省、省司）也逐渐丧失了对地方的行政领导地位，转而成为中书门下之下具体承接地方政务上报的事务性机构。中书门下制定各项政令，经皇帝批准后向全国颁布，审批来自全国各地各部门的政务，中书门下的堂后五房具体承担了宰相审批政务过程中的事务性工作。

在中书门下的统领之下，形成了管理地方官员和地方政务的行政系统，地方政务纳入中书门下的统一领导之下。

首先，中书门下有了管理地方官员的行政系统。通过观察使、御史台及出使郎官御史和度支、盐铁的分巡院官，中书门下对地方五品以上官员（包括五品以下的一些敕授官）进行考课和决定任免。具体事例有：

太和七年（833）七月中书门下奏，关于刺史任满后政绩的考察，其程序是：刺史去任一个月后，委知州的上佐及录事参军到属县调查，然后将调查结果申本道观察使，观察使“检勘得实，具以事条录奏”，此种奏状观察使需与判官连署。同时，委度支盐铁分巡院内官同访察，他们访察的结果申报本使，由度支使或盐铁使录奏。

开成元年（836）八月中书门下奏，令观察使岁终具状申奏部内刺史县令的政事优劣，其程序是：一方面专委廉察（即观察使），同时仍令两都御史台并出使郎官御史及巡院法宪官，常加采访，具以事状奏申中书门下①。

观察使和度支使、盐铁使以及出使的郎官御史等，他们上奏的文书都是奏状。奏状的审批程序是宰相决定后由皇帝

① 以上俱见唐会要：卷六八，1205-1207。

以敕旨进行批准。对奏状的裁决，是中书门下指挥政务的最重要方式之一①。裁决由观察使和度支使、盐铁使以及出使的郎官御史等上报的关于地方官员考核的奏状，就是对地方官员的人事行政管理。对于地方其他五品以下官，则由吏部具体进行考课任免，报中书门下批准。

其次，中书门下有了完善的指挥地方政务的系统。中书门下可以通过使司和尚书部司，或直接实施对地方的行政领导。节度观察使具有中书门下派出机构的性质，直接向中书门下负责，而不经过尚书部司。

实际上，州也可以直接向中书门下汇报，在州向中央汇报政务的程序中，节度观察使等道一级的官员还没有构成不可逾越的一级。如会昌四年（844）二月，越州军事押衙携带越州牒文直接进呈中书门下审批。日人圆仁在《入唐求法巡礼行记》中载潘押衙云：“（圆）载上人欲得入城来，请得越州牒，付余令进中书门下。余近日专候方便入中书送牒，宰相批破，不许入奏例。上人事不成也”②。

中书门下可以“牒”节度观察使，由节度观察使指挥诸州府。如会昌五年（845）检勘天下州府寺院、条流僧尼的事件，就是由“中书门下准敕牒诸道”③。既可通过尚书部司，也可通过中央的使职指挥诸州府，这是中书门下指挥地方的两个系统。这两个系统都不构成行政机构的一级，而是属于

① 唐中后期，地方向中央申报政务的文书主要是各种使职（包括节度观察使等）所上的奏状，而奏状的裁决机制也已经完全不同于唐前期三省制下以尚书省为文书主体的奏抄的审批。关于奏状和敕旨的文书特性、应用范围和审批程式等问题，详见后论。

② 圆仁．入唐求法巡礼行记校注，439.

③ 同②459.

中书门下政务系统内的派出机构或附属机构。

中央指挥地方政务的公文书，也由中书门下的“牒”和“符”取代了尚书省的“符”。史籍中有许多中书门下“牒”诸道节度观察使的记载，而唐后期尚书部司下诸州府的“符”（如常见于敦煌吐鲁番文书中的旨符、敕符等）却极少见到。《入唐求法巡礼行记》中多次提到“下符诸州”，又说“相公奏状之报符来扬府”，“又闻敕符到州”等。这里的“符”，当是由中书门下下发的，而已不同于唐前期由尚书省下发的“符”。

总之，中书门下体制在政务运作方面完全不同于唐前期以尚书六部二十四司为主体的行政体制，形成了中书门下与使职、中书门下与尚书部司和寺监、中书门下与节度观察使以及中书门下与地方州府等多方面的新型关系。这些方面关系的调整，是唐制向宋制过渡的历史运动的内在要求，是中国古代官僚政治制度演进过程中的一个重要环节。

中书门下体制的一个重要特点，就在于宰相通过中书门下对行政事务的干预越来越强，甚至直接下行过去由尚书六部处理的事务。宰相的职权进一步朝着掌管具体政务的方向发展，这里称之为宰相的政务官化。这是宋朝以宰相职能的分离和职权的分化为核心的制度建立的前提。

第六章

中书门下体制下的宰相制度与中枢格局

行政权是国家政权中最基本的权力之一。在唐初三省体制下，三省以其不同的作用在不同环节上共同完成行政运作，其中尚书省是基础。在中枢体制转换的过程中，中书门下不断获得行政权就成为这种新体制完善的方向。这个过程自玄宗时期开始，安史之乱以后经历了一些反复。不过，宰相的职权朝着掌管具体政事的方向发展，已是一种不可逆转之势。

一、中书门下体制下宰相制度的演进

开元、天宝时期，六部尚书尤其是吏部、兵部尚书和重要的财政使职已经多由宰相兼领，而诸司官知政事者，“不复视本司事”[①]，这被认为是尚书省诸司官因参政而废本职，表明八座之官成了用以酬勋的虚衔，尚书省因此职权坠落[②]。而

① 新唐书：卷二〇六，5848.

② 参见前引严耕望《论唐代尚书省之职权与地位》。

安史之乱以后，由财政使职和吏部、兵部尚书入相或宰相兼领财计以及兼任吏部、兵部尚书的情况越来越普遍。这种情况在当时人看来是宰相之任等同于有司。即诸司官知政事者在不归本司视事的同时，等于把本司之事带到了宰相府署中书门下进行处理。在这种情况下，中书门下的主要职能即在于掌管选官、贡举、财政、军政等具体政务，形成了中书门下指挥使职、部司、寺监和州县的行政体系。

尽管代宗和德宗初期有过恢复三省制的改革，但尚书都省始终没有恢复其唐初那种“政源”和“会府”的地位。到贞元时期全国政务汇总于中书门下，中书门下作为行政枢纽的地位逐渐巩固下来，并且形成了宰相判事的具体规程和专门的文书堂帖与堂案等。详见第七章。

中书门下体制建立的关键，就是过去作为宰相议事之所的政事堂，演化成为一个指挥百官百司处理政务的兼有决策行政职能的机关——中书门下。元人朱礼指出，唐代“宰相下行尚书之事，尚书卿监又上任宰相之权，此所谓无定制也”①。这是将新体制下宰相的职权与过去的尚书六部和诸寺监进行简单的类比，很不确切，是宋元时人对唐制理解偏差中典型的一类。实际上，宰相职权的这个变化，正是中枢体制由三省制向中书门下体制转变后政治体制发展的必然趋势。

与宰相职权转化为掌政务为主的同时，皇帝也更加走向了处理国家政务的前台。国家形态因此发生了重大转变，国家所要处理的事情越来越世俗化，从“国之大事，在祀与戎”的形态，进入到由国家最高权力处理日常政治、经济问题

① 朱礼．汉唐事笺：唐事笺卷三，339．

（即所谓“庶政”）的形态。在此背景下，决策与行政不再区分为不同的权力系统，有关庶政的裁决，实际上就是国家最高决策的主要内容。

中书门下体制下的宰相，其职权主要体现为参与最高决策和裁决诸司诸使上报的政务。但在某些时期内，宰相对于军国大事（主要是皇位继承、高级官僚的任命等）的谋划权，则有所削弱。其决策权主要表现在签署制敕和对于具体政务的裁决。个别专权的宰相参与军国大事的谋划，事实上也已经等同于天子的私臣，即必须经过天子的特别授权，而不是作为宰相在制度上所固有的权力。尤其是德宗在经过建中时期军事上、政治上的风风雨雨之后，到贞元时期更加不任宰相，造成了宰相之间的排挤争夺，宰相的议政决策之权遭到严重削弱①。这种情况要到宪宗元和时期才有所改变。宰相有一定的决策权，是皇权官僚政治体制的内在要求。德宗时期中枢体制的某些特征，是体制转型期所特有的。

元和时期中枢体制的调整，首先表现在宰相谋议权的回升。宪宗恢复了对宰相的信任，在一些重大的军国事务上，都依靠宰相进行决策。《资治通鉴》记载元和三年（808）任命裴垍为相时有一段议论：“初，德宗不任宰相，天下细务皆自决之，由是裴延龄辈得用事。上在藩邸，心固非之；及即位，选擢宰相，推心委之”②。

宰相与皇帝沟通渠道的重新建立，表现在延英奏对的制

---

① 孙国栋列举了德宗时期宰相之间互不与闻国政、互相推诿不敢决事以至群相轮流知印秉笔，以及一相专政其他宰相禁止发言等情况，正可说明德宗不任宰相和宰相决策权力削弱的问题，此不备举。参见前引《唐代三省制之发展研究》。

② 资治通鉴：卷二三七，7654.

度化。这也是宰相谋议权得到一定恢复的体现。

唐前期中央最高决策是由皇帝和宰相、大臣共同讨论决定的。正规的上朝典礼结束后，百官退出，宰相则参加仗下密议，商讨机务。军国之务则在政事堂讨论，由宰相筹划稳便之后，向皇帝及时汇报批准。当时，中书、门下两省是一种沟通内廷与外朝的建制，宰相与皇帝沟通，得到制度上的保证。

高宗龙朔年间（661—663），政治中心从太极宫移到大明宫，并因此撤销了两省的内省建制，宰相与皇帝的距离拉大了。宰相要见皇帝，就有了更严格的规程。除了皇帝定期在宣政殿视朝，完成礼仪性的正衙奏事外，皇帝与宰相的主要议政方式是入阁到紫宸殿议事。从武则天起，皇帝在宫中的延英殿接见宰相，听受朝政，也逐渐成为沟通内廷与外朝的一条渠道。

安史之乱以后，正常的上朝制度被打破，皇帝与宰相大臣的正常沟通受到阻隔，许多军国大政的决策都在内廷进行，所谓“深谋密诏，皆从中出”①。到代宗、德宗时期，入阁议政也成为一种礼节性的活动，而不拘常规的延英奏对越来越受到重视。德宗贞元年间（785—805），出现了“每宰相间日于延英召对”的情况②。贞元十八年（802），因为有人在上朝时“自理逋债”，德宗决定取消宰相百官于正衙奏事的制度，“如要陈奏者，并于延英进状请对”③。延英奏对成为宰相与皇帝之间主要的沟通渠道。与正衙奏事相比，延英奏对最初排

① 旧唐书：卷四三，1854.

② 旧唐书：卷一三六，3747.

③ 唐会要：卷二五，478.

除朝廷百官的参与，即使如谏官，也是“大不得豫召见，次不得参时政”[1]，具有更大的随意性，宰相处于更加被动的位置。而且，在正衙奏事和入阁议政制度被破坏，延英奏对又没有形成制度的情况下，宰相与皇帝议政的渠道没有制度上的保障，议政的层次也受到限制。

宪宗即位后，宰相不仅在政务裁决方面的职权得到了较大的恢复，军事指挥权有了扩展，在与皇帝沟通，参与大政方针的谋议方面，也有了很大的改善。落实到制度上，就是延英奏对的深层化和经常化。

元和元年（806），左拾遗元稹上疏请次对百官，要求恢复正衙奏事。尽管正衙奏事的制度没有得到恢复，但延英奏对却在元和以后成为君相沟通的主渠道，逐渐制度化。元和五年（810）十二月，义武节度使张茂昭入朝，至京师后正遇皇帝不坐朝，于是皇帝就为他“特开延英”[2]。也就是在这一时期，宪宗经常与宰相在延英殿议事，讨论治国之道，甚至不顾酷暑体乏，表示不愿在禁中与宫人、宦官相处，而乐与宰相等商谈“为理之要”。元和十四年（819），宪宗对宰相说：“今天下虽渐平，尤须勤于政治。若遇休假，频不坐朝，有事即诣延英请对，勿拘常制”[3]。也就是说，在皇帝不上朝的时候，宰相如果有事须与皇帝请示，可以随时到延英殿诣见。宰相与皇帝并非隔绝不通，宰相仍为最高决策的主角，延英奏对讨论的都是军国大政[4]。

---

① 资治通鉴：卷二三七，7631.

② 唐会要：卷二五，474.

③ 同②475.

④ 袁刚．隋唐中枢体制的发展演变．

元和以后，延英奏对进一步制度化。开延英有了固定的日期，延英奏对时讨论的内容如果是国家的重要政务，要作为《时政记》记录下来。《时政记》是由宰相撰录的宰相与皇帝商讨的军国政要，起源于武则天时期。当时宰相与皇帝议事多在“仗下后谋议”，而负责记录皇帝言行的起居官“不得预闻”，所以宰相姚𤪌提出，“仗下所言军国政要，宰相一人专知撰录，号为时政记，每月封送史馆”①。由宰相撰写《时政记》的制度其后时行时辍，除了宰相出于避免影响信史直书之考虑以及宰相政务繁忙等原因外②，还有一个重要的原因，就是宰相与皇帝议事的制度不完善。随着元和以后延英奏对的制度化，这个问题再次被提了出来。元和八年（813），宪宗在延英殿会见宰相大臣时就提出了《时政记》的问题，正表明延英奏对的重要性③。文宗开成三年（838），宰相杨嗣复建议，“延英对宰相语关道德刑政者，委中书门下直日纪录，月付史官”，以编为《时政记》④。由于其他宰相的反对，这个建议被搁置。直到会昌三年（843），根据宰相延英奏对等编为《时政记》才成为一项经常性的制度。如杜牧《论阁门延英奏对书时政记状》所说，“旧例，宰臣每于阁内及延英奏论政事，及退归中书，知印宰臣尽书其日德音及宰臣奏事，送付史馆，名《时政记》，史官凭此编入简策”⑤。

总之，元和以后宰相权力有所恢复，宰相通过延英奏对等途径，依然参与最高决策。尽管中书门下体制下的宰相和

① 旧唐书：卷八九，2902.

② 谢保成. 隋唐五代史学. 厦门：厦门大学出版社，1995：77.

③ 唐会要：卷六四，1109.

④ 新唐书：卷一七四，5239；唐会要：卷六四，1112.

⑤ 杜牧. 樊川文集：卷一五. 上海：上海古籍出版社，1978：227.

三省制时期一样，都是集体宰相制，但宰相执政的分工机制不一样。宰相的职衔也发展到同中书门下平章事成为宰相的唯一署衔。中书门下作为一个常设的机构，有负主要责任的长官即首相，一般为中书侍郎同中书门下平章事。穆宗长庆(821—824)以后，宰相有了新的等级标志，即以馆阁职的加衔作为依据，不再以两省侍郎为宰相分工的依据。如宋敏求所说："唐制，宰相四人，首相为太清宫使，次三相皆带馆职，弘文馆大学士、监修国史、集贤殿大学士，以此为次序"[①]。此后展开的两党之争，实际上是一种首相轮流组阁的形式。两党党魁个人的升降，带来的是整个宰相班子的交替。在同一个宰相班子里，很少有宰相之间的互相制约。这已经完全不同于三省制下三省之间的相互制衡机制了。

随着中书门下体制的建立和完善，在唐代中后期产生了新的关于政府权力构成的观念和官僚等级序列。中央政府机构的构成以尚书省为首的观念有了改变，中书、门下两省地位在上升，位于尚书省之上。在百官朝谒的班序中，开元以前侍中、中书令在吏部尚书之下，中书、门下两省侍郎在尚书左丞下；开元官品令移侍中、中书令在吏部尚书上，又将门下、中书侍郎移在尚书左丞上；大历官品令升侍中、中书令为正二品，位在仆射上，又升门下、中书侍郎为正三品，在六部尚书之上；会昌二年(842)，谏议大夫升为正四品，分为左右，以备两省四品之阙[②]。

百官上朝议事班序排列中的这种变化，是政府机构职权和地位变化的反映。在实际运作中的制度发生变化后，这种

---

① 宋敏求. 春明退朝录：卷上，12.

② 参见《旧唐书·职官志》相关职官的原注；唐会要：卷五五，955。

变化进一步落实到典礼的仪式和观念上，形成了一种新的等级序列。此外，在朝贺的仪式上，在除授官职后进行拜谢的位次中，以及百官的各种待遇方面，都体现出这种新的等级序列：中书、门下、御史台为一等，尚书省为一等，其余为一等。中书、门下两省的地位突出。

御史推按弹劾百官，体现出这种等级。“故事，其百僚有奸诈隐伏，得专推劾。若中书门下五品以上，尚书省四品以上，诸司三品以上，则书而进之，并送中书门下”①。

百官除授拜谢的仪式，同样体现了这种等级。元和元年(806)三月，御史中丞武元衡在就有关百官除授拜谢的仪式向宪宗请示时，做出了这样的安排：“中书门下御史台五品以上官，尚书省四品以上官，诸司正三品以上官及从三品职事官，东都留守，转运盐铁节度观察使，团练防御招讨经略等使，河南尹，同、华州刺史，诸卫将军三品以上官除授，皆入阁谢。其余官，许于宣政（殿）南班拜讫，便退”②。在这些可以入阁向皇帝当面拜谢的特殊官员之中，除了三省官员外，都是三品以上官，而尚书省是四品以上官，中书、门下两省是五品以上官。

据唐前期的《礼部式》，文武官赴朝从骑的数量根据品级有严格的限制：一品、开府仪同三司，七骑；二品、特进，五骑；三品及散官，三骑；四品、五品，二骑；六品以下，一骑，完全是根据品级来确定的。文宗太和六年(832)五月，对此做了调整：职事官一品职，七骑；二品及中书门下三品，五骑；三品及中书门下御史台五品、尚书省四品，三骑；四

① 唐会要：卷六〇，1042.

② 唐会要：卷二五，474.

品、五品，两骑；六品，一骑；七品以下非常参官，不得以马从[①]。中书、门下两省官的突出地位已经超越了品级的标准。

不过，由于唐代政治体制的重大变化开始出现于唐高宗武则天时期，中书、门下地位的上升也在那个时期就已经显现出来。武则天圣历三年（700）四月三日敕：赐物，中书、门下省官，正三品准二品，四品准三品[②]。但当时中书、门下省官的品级本来就比尚书省官低，尚书左右仆射为从二品，中书省长官中书令和门下省长官侍中为正三品，规定正三品准二品，四品准三品，是为了将三省的地位拉平。而维持三省地位的平等，是三省制的内在要求。但在大历官品令提高中书、门下官的品级之后，再将中书、门下官的地位列于尚书省和其他机构同级官员之上一等或二等，其意义就不同了。

中书、门下和尚书省之间的这种区别在修撰《唐六典》时还没有形成，以上变化是在贞元、元和以后逐渐定型的。这从一个侧面反映了唐代的政治体制已经发生了根本的变化，是使职体系发展并进而取代了尚书六部在国家政务中核心地位的结果，也是中书门下兼掌决策行政体制的必然要求。

二、中书门下体制下的中枢权力格局

随着宰相权力和君相关系的演进，安史之乱以后中枢权力格局出现了新的动向，翰林学士和枢密使逐渐成为中枢政

① 以上见唐会要：卷三一，573。
② 唐会要：卷五四，926.

治中的重要因素。

《旧唐书·职官志二》载翰林学士的演变为：玄宗即位，将张说等人召入禁中，谓之翰林待诏。“王者尊极，一日万机，四方进奏、中外表疏批答，或诏从中出。宸翰所挥，亦资其检讨，谓之视草。故尝简当代士人，以备顾问。至德已后，天下用兵，军国多务，深谋密诏，皆从中出。尤择名士，翰林学士得充选者，文士为荣。亦如中书舍人例置学士六人，内择年深德重者一人为承旨，所以独承密命故也”。从中可以看出，玄宗时期的翰林待诏是在国家事务不断增加的情况下，将一些文学之士召入禁中，以备顾问，未完全取代中书舍人侍奉进奏、参议表章和起草制敕的职掌。而到安史之乱以后，则是“深谋密诏，皆从中出”了。

正是战争的环境使得翰林学士的参谋出令权得以凸显，并且在制度上固定下来。安史之乱前后，由于宰相议政决策之权的削弱，君、相在决策环节上的分离越来越严重，导致了中枢决策体制的不完善。而战争环境中又需要中央决策机密而迅速，需要有高度集中的权力。正如肃宗乾元二年(759)针对李辅国专权的制书中所说：“比缘军国务殷，或宣口敕处分”[①]。所以，在开元以来以“知制诰”为标志的起草诏令之职逐渐使职化的情况下，以翰林学士供奉制敕的做法得以继承下来，翰林学士的权力在特殊背景下扩展至极致。代宗、德宗时期，多次下令罢除使职以还职六部九卿，恢复开元以前的行政制度，但对于中枢体制却少有涉及。因为以翰林学士掌内诏，符合加强君主专制的时代需要。而制度调整的反复也还

① 资治通鉴：卷二二一，7074.

只是停留在行政体制的层面上，中枢体制却在朝着加强君主决策权的方向发展。

唐人论翰林学士之权重，都强调这是肃宗至德（756—758）以后的现象。如陆贽在贞元三年（787）上疏中所说，“肃宗在灵武、凤翔，事多草创，权宜济急，遂破旧章。翰林之中，始掌书诏”①。元和年间韦处厚撰《翰林院厅壁记》，也说：“逮自至德，台辅伊说之命，将坛出车之诏，霈洽天壤之泽，导扬顾命之重，议不及中书矣”②。

所谓“议不及中书”，指的就是翰林学士取代了宰相的机密谋议之权，填补了因为君、相在决策环节上分离之后的权力空间。而“权宜济急，遂破旧章”，更道出了由中书舍人起草制敕到翰林学士掌书诏的制度的转变，实因权宜济急的战争环境而促成。

陆贽本人的经历便是最好的说明。他在德宗时期之所以能够在军国大事的决策中发挥那么大的作用，以至于被称为“内相”，关键在于“时天下叛乱，机务填委，征发指踪，千端万绪，一日之内，诏书数百”。是战争的特殊背景使得翰林学士的权力扩展到极致。也正因如此，人们并未把翰林学士的这种权力视为合法的制度，而认为这只是一种权宜之计，即如陆贽本人后来也说，“学士私臣，玄宗初令待诏，止于唱和文章而已”。又说“词诏所出，中书舍人之职，军兴之际，促迫应务，权令学士代之；朝野乂宁，合归职分，其命将相

---

① 李肇. 翰林志//傅璇琮，施纯德. 翰学三书：卷一. 沈阳：辽宁教育出版社，2003：3.

② 全唐文：卷七一五，7351.

制诏，却付中书行遣”[①]。说明翰林学士还没有超出作为天子私臣所具有的权力范畴。

元和初年，翰林院的建制进一步完善。宪宗即位后，始命郑细为承旨学士，位在诸学士上。翰林院内部有了负责的首长，成为一个严密的独立机构，而不再是依托于其他官僚体系的临时机构，也最终改变了“应对顾问、参会旅次，班第以官为上下”[②] 的局面。元和初，翰林院单独设置书诏印[③]，说明翰林学士的作用逐渐固定到起草诏令上，与中书舍人对掌“二制”的格局因此确定下来。“凡赦书、德音、立后、建储、大诛讨、拜免三公将相曰制，百官班于宣政殿而听之。赐与征召、宣索处分之诏，慰抚军旅之书，祠飨道释之文，陵寝荐献之表，答奏疏赐军号，皆学士院主之；余则中书舍人主之。其翰林学士、中书舍人分为两制”[④]。翰林学士院成为内廷的独立机构后，翰林学士在朝着中枢重臣的方向发展，尤其是承旨学士，被称为“学士院长”[⑤]，参天子密议，下一步往往升为宰相。“贞元已后，为学士承旨者，多至宰相焉”[⑥]。

但是，翰林学士作为中枢重臣，仍然具有皇帝内臣的性质[⑦]。翰林学士院设在禁中，与禁廷相通，“又学士院北扉者，以其

---

① 旧唐书：卷一三九，3817-3818.

② 元稹. 元稹集：卷五十一. 冀勤，点校. 北京：中华书局，1982：559；又，承旨学士院记//岑仲勉. 郎官石柱题名新考订（外三种）. 上海：上海古籍出版社，1984：460.

③ 册府元龟：卷五五〇，6600.

④ 同③.

⑤ 新唐书：卷一三二，4541.

⑥ 旧唐书：卷四三，1854.

⑦ 翰林院在唐后期始终没有摆脱宦官权力系统中使内司的控制，以宦官充任的翰林院使在翰林学士的任免迁除中起着重要作用。这个事实，也正好说明了翰林院内廷机构的性质。参见陈爽. 唐代中使内司制度考论. 北京：北京大学硕士学位论文，1991。

在浴堂之南，便于应诏”[1]。他们体现的是皇帝的旨意，被纳入皇权运作的范畴，不像宰相在政务裁决中具有自己独立的意志，他们没有取得与宰相平等的权力和职位。在重大决策的过程中，翰林学士不能指挥宰相，而宰相却可以指挥翰林学士。宋人叶梦得指出，“唐诏令虽一出于翰林学士，然遇有边防机要大事，学士所不能尽知者，则多宰相以其处分之要者自为之辞，而付学士院，使增其首尾常式之言而已，谓之诏意，故无所更易增损。今犹见于李德裕、郑畋集中”[2]。在李德裕指挥讨泽潞的过程中，“自非中书进诏意，更无他诏自中出者”[3]。所以王夫之在《读通鉴论》中说，“德裕之相也，首请政事皆出中书”。中书是与内廷（禁中）相对而言的。

宪宗时对翰林学士的倚重，“上每有军国大事，必与诸学士谋之”[4]，并不能说明翰林学士能与宰相构成平等制衡的关系。这与宰相决策权的恢复并不矛盾，而与德宗时不任宰相一切由内廷决策的情况不同。宰相的决策权体现在对日常政务的裁决，是主动的、经常的、务实的，而翰林学士只是作为皇帝的参谋顾问，其参与决策只是表现在为皇帝出谋划策，而且是被动的、偶发的、务虚的。《资治通鉴》在提到“是时，上每有军国大事，必与诸学士谋之”的情况时，是为了说明宪宗“尝逾月不见学士”，以至翰林学士李绛等请求宪宗向他们“访询理道，开纳直言”。此正说明了翰林学士决策的上述特征。皇帝可以“逾月不见学士”，却不可能长期不见宰相。

---

① 江少虞《皇宋类苑》卷二九引欧阳修《归田录》，又见于沈括《梦溪笔谈》卷一。参见欧阳修．归田录，48-49。

② 叶梦得．石林燕语：卷五．北京：中华书局，1984：74.

③ 资治通鉴：卷二四八，8010.

④ 资治通鉴：卷二三八，7676.

宦官在政治体制中的特殊地位在安史之乱前后逐渐形成。玄宗信任宦官高力士，“每四方进奏文表，必先呈力士，然后进御，小事便决之”①，并在一些方面承担着沟通君、相的角色。安史之乱爆发后，“深谋密诏，议不及中书”，皇帝在内廷的决策机制逐渐形成，宰相在机密决策中的权力大为削弱，君相之间的沟通问题显得更加重要。所以宦官负责机密文书出纳传递的职掌被继承下来，并且得到了进一步的发展。从代宗时期开始，宦官的这种职权被称为“掌枢密”。永泰二年(766)，用宦官董秀掌枢密，史言“始以中人掌枢密用事”②。在安史之乱以后政治体制的转换过程中，宦官适时地填补进来，充当了皇帝与宰相联络的中介。这就为元和、长庆年间枢密使制度的确立打下了基础。加上宦官因为特殊的机缘获得了统领禁军的权力，随着贞元年间左右神策中尉的设立，宦官专权的局面形成。

关于“枢密使”之称的意义，雷家骥先生进行了考证。他认为“枢密”就是枢务密命，宰相机构中书门下就是枢密机关，如陆贽《崔造右庶子制》中称崔造担任宰相是“参掌枢密”，权德舆为中书门下起草的谢状中称宰相为“忝迹枢密，亲承圣渥”。天子差遣中使专赴中书门下，宣传枢密之事，因而命其职，称为枢密使。其命名方式与差遣中使监军旅而称之为监军使，差遣至飞龙厩而称为飞龙使，差遣至弓箭库而称为弓箭库使等正同③。

枢密使在政务运行中的作用，主要体现为在上下文书运

① 旧唐书：卷一八四，4757.
② 册府元龟：卷六六五，7955.
③ 雷家骥. 唐枢密使的创置与早期职掌. 中正大学学报，1993，4 (1)：69.

行过程中的传递，详见第七章和第八章的相关论述。

掌握了禁军的统帅权，是宦官专权的基础。但左右神策中尉是行政体制上的军事使职，对中枢决策体制的影响不是很大。到穆宗长庆年间（821—824），正式设置枢密使。枢密使因为在最高决策的过程中沟通皇帝和宰相，“承受表奏于内中进呈，若人主有所处分，则宣付中书门下施行”①，在中枢体制中具有重要的地位。枢密使的权力相对于中书门下宰相机构来说，是体制外的，但在整个皇权系统内，却具有一定制度上的根据。而且它还可以利用制度上的缺环，与宰相施政机构中书门下的堂后官相结合，影响宰相的决策，甚至对宰相颁发诏令进行干预。枢密使权力的扩大和地位的提高，其背景是枢密使与宰相和地方力量的结合，一些重要方镇既是宰相的回翔之地，也是枢密使的回翔之地。一些宦官从大镇监军入为枢密使，又引节度使为宰相。

但是，枢密使的权力是皇权的附属，是皇权本身的外化，并不与宰相构成平等的关系。对于这一点，当时的人们包括枢密使本身就有明确的认识。如大和七年（833）六月，文宗不顾宰相李宗闵的反对，在没有宰相“进拟”任命名单的情况下，直接由枢密使向宰相宣出任命郑覃为御史大夫的制书。于是，李宗闵对枢密使崔潭峻说：“事一切宣出，安用中书!”崔潭峻的回答是：“八年天子，听其自行事亦可矣!”② 很显然，李宗闵在此并非责让枢密使夺宰相之权，而是说皇帝不任宰相。而作为枢密使的崔潭峻，也认为直接宣命是皇帝“自行事”，而枢密使是不起什么作用的。

---

① 文献通考：卷五八，523.

② 资治通鉴：卷二四四，7885.

对一些关于枢密使权重于宰相的说法，应做具体分析。

武宗会昌三年（843）五月，任命翰林学士承旨崔铉为宰相，召翰林学士草制，而“宰相、枢密皆不之知”。当时的枢密使刘行深、杨钦义“不敢预事”，没有参与宰相的任命，所以老宦官认为这是“刘、杨懦怯，堕败旧风故也”①。这条材料往往被引用来作为宦官参预宰相任命的证明。按照这种说法，参预宰相任命是枢密使固有的权力，或至少是一种“旧风”惯例。

问题是枢密使在什么意义上参预？如果是承宣制命，即负责向外宣出皇帝的任命，那本身就是枢密使的职权。无论如何，这个事例并不能说明枢密使可以任命宰相，或其权重于宰相。它反映的实际上是皇帝撇开宰相和枢密使任命宰相。老宦官所说的“刘、杨懦怯”，也不是说他们对宰相“懦怯”，而是指对皇帝而言。所谓“旧风”，也就是元和以来宦官挟持君主以行政令甚至擅自废立的风气。随着皇帝的废立都由宦官操纵，宰相的任命受到宦官的控制也就理所当然。至此，已无复制度可言。对于懿宗时宰相杜悰对两枢密使所说“内外之臣，事犹一体，宰相、枢密共参国政”②，以及僖、昭之际枢密使杨复恭、西门季玄在宰相的“堂状”帖黄指挥公事③，也应做如

① 资治通鉴：卷二四七，7985.

② 资治通鉴：卷二五〇，8093.

③ 孙光宪. 北梦琐言：卷十. 林艾园，校点. 上海：上海古籍出版社，1981：83；文献通考：卷五八，523. 按：“堂状”当是宰相进呈于皇帝的处分政务的文书，皇帝批准后由中书门下下发执行。枢密使因其沟通君主和宰相，“堂状”当由其传递，其在“堂状”后帖黄，所行乃皇帝的权力而不是侵夺了宰相的权力，正如同明朝宦官的“批红”，是代行皇权，与门下省对诏敕进行封驳的所谓“帖黄”有所不同。《北梦琐言》所记为：“唐左军容使严遵美，于阉宦中仁人也。……又云枢密使廨署，三间屋书柜而已，亦无视事厅。堂状后（帖）［贴］黄，指挥公事，乃是杨复恭夺宰相权也”。恰好是要说明宦官中的明白人对枢密使实际地位不可高估的看法，枢密使想要通过在传递文书的中间环节上下其手来控制宰相，正说明其在制度上无法与宰相匹敌。

是看。

又如枢密使参与延英议事的问题。延英奏对主要是皇帝与宰相商讨政事，有时尚书六部和寺监长官等也参加。而翰林学士不参加，枢密使即使出席，也是立侍左右，不得与议政事。文宗太和九年（835）甘露之变后，“宦者气盛，凌轹南司，延英议事，中贵语必引（李）训以折文臣”[①]。干扰延英奏对，这是宦官权势恶性膨胀的结果，并不说明宦官具有在延英议事的权力。随着宦官势力的升降，他们对延英奏对的干预程度也不断变化。到宣宗大中年间（847—860），形成了一种惯例，“对延英，两中尉先降，枢密使候旨殿西，宰相奏事已毕，案前受事”。在这种议事规程中，枢密使并不参与延英议事。

不过，在唐末却一度出现了枢密使参与延英议事并乘机篡改议政结果的情况。“延英宰相奏事，帝平可否，枢密使立侍，得与闻，及出，或矫上旨谓未然，数改易桡权”。昭宗在诛杀谋乱的宦官之后，重申恢复大中故事，并认为枢密使请求“于屏风后录宰相所奏”也是一种侵权行为，加以杜绝[②]。

五代至北宋，枢密院逐渐取得了与宰相平等的权力。但这已经不是唐代制度中由宦官担任的枢密使，而是经过不断发展而形成的新中枢体制下的枢密使[③]。宋人对此有明确的认识。沈括说：“晚唐，枢密使自禁中受旨，出付中书，即谓之宣。中书承受，录之于籍，谓之宣底。今史馆中尚有（故）

---

① 旧唐书：卷一七二，4483.

② 新唐书：卷二〇八，5896.

③ 李全德．五代至北宋前期的枢密院体制．北京：北京大学博士学位论文，2003.

[梁]《宣底》二卷，如今之《圣语簿》也。梁朝初置崇政院，专行密命。至后唐庄宗，复枢密使，使郭崇韬、安重诲为之，始分领政事，不关由中书，直行下者谓之宣，如中书之敕。小事则发头子，拟堂帖也"①。到五代后唐以后，枢密使才分领政事，成为与宰相平等的"执政"之官。

唐后期中枢体制的基本格局中，以中书门下为主体，这是中书门下体制的基本特点。翰林学士和由宦官担任的枢密使，在体制上只是作为中书门下与皇帝两个权力点之间的补充或沟通环节。

① 沈括. 新校正梦溪笔谈：卷一. 胡道静，校注. 北京：中华书局，1957：25.

第七章

中书门下体制下的奏事文书与政务裁决机制

本章主要研究中书门下体制下宰相处理政务三种方式中文书的运作机制。中书门下体制下，政务文书的主体由奏抄转变为奏状，奏状是向皇帝申奏并需要皇帝以敕旨或敕牒形式做出裁决的。中书门下体制下，形成了新的分层决策机制。在各种奏状之中，有敕后起请和敕后商量状这样两种政务文书，反映了宰相在决策过程中处于具体政务裁决者的地位，体现了宰相决策权的实务化即宰相职权的政务化趋向。

内外百官的奏状，无论是直接申奏于皇帝还是由中书门下转呈于皇帝，在批复处理过程中都需要宰相进行商量处分，宰相的作用是辅佐皇帝决策和监督百官执行。这是宰相处理政务的第一种方式。宰相处理政务的第二种方式，是宰相以“中书门下奏”的形式就有关政务主动提出奏请，敕后商量状就是以中书门下为申奏主体的奏状之一种。此类奏状同样需要申奏皇帝批准，但体现的是宰相直接处理政务的职权，是宰相在形成了处理政务的意见后报请皇帝裁决。第三种方式是宰相对内外百官上报的政务进行直接裁决，在文书上体现为堂帖与堂案。而敕牒则是介于申奏皇帝裁决与宰相直接裁决二者之间的文书，部分地体现了宰相裁决政务的职权。

所有这些，都表明政务裁决机制逐渐向君主直辖化和宰相领导使职垂直管理的模式演进，体现了宰相处理政务职权的加强。

一、奏状与中书门下的商量处分

（一）从奏抄到奏状——政务申报与裁决文书形态的转变

中书门下体制下政务文书运用的最重要变化，首先体现在政务文书的主体由奏抄到奏状的转变。

本书第三章已经论及，奏抄是三省制下申报与裁决日常政务的主体文书，是尚书省六部中的某司为某事向皇帝申奏的公文书。在上奏的过程中，以尚书省的名义而不是曹司的名义，尚书省的长官左右仆射需领衔上奏，某司所在部的尚书侍郎也要签署官封臣名。左右仆射和尚书侍郎签署之后，由具体上奏的某司郎中署名“上”于门下省，再经过门下省官员的读省审。由于皇帝对于尚书省二十四司所上的奏抄不行使否决权，其审批权在门下省的驳正，而奏抄的内容又涉及国家日常政务的主体部分，奏抄的此种性质及其运作机制，体现了三省制的特征。

政事堂改为中书门下，在文书运作上的重要背景，就是各种表状的增加，以及表状应用范围扩展到日常政务领域。中书门下体制建立后，奏抄的应用情况如何，由于史料的阙如，尚无法研究清楚。

从总体趋势看，随着国家统治形势的变化，奏抄的应用在逐渐减少，上奏皇帝的表状大量增加，这是自高宗武则天以来出现的明显变化。据《唐六典》的记载，奏抄的应用范围主要是祭祀、支度国用、授六品以下官、断流以上罪及除免官当。由于财政管理体制的变化，国家预算的制定和申报主要由度支使（而非六部体制下的户部度支司）负责，作为使司的度支使所用文书，属于“其近臣亦为状”的一类，向上申报预算的文书为奏状，而不同于户部度支司所上的奏抄。六品以下官的选授有一些还是吏部奏拟，如有选补不当还需要门下省的“裁退”，如白居易《郑覃可给事中制》中所说，“有司选补不当者，得与侍中裁退之”①；但更多的是节度、观察使等地方长官或台省长官对属吏的举荐，应用敕旨或发日敕对奏状进行批复。断罪量刑的申报有的还是采用前期刑部申奏、门下省进行“驳正”的机制，即白居易《郑覃可给事中制》中所谓“刑狱有未合于理者，得驳正之”；但也有一些以奏状申奏，然后用敕旨批复，如元稹《论浙西观察使封杖决杀县令事》②。详见第八章论敕旨。尤其是唐后期节度、观察使成为普遍的实体化地方政权，绝大多数地方事务都须经其申奏，而节度、观察使的申奏文书也是奏状，直接申中书门下或皇帝，而不经过尚书省汇总上报。因此，地方汇报上来的政务基本摆脱了奏抄的申奏程式。

总之，到安史之乱以后，表状成为政务申报中的主要公文，包括以官员个人名义上奏的状、以一般官府机构名义上

---

① 白居易集：卷四八//文苑英华：卷三八一，1010.

② 元稹．元稹集：卷三八，430.

奏的状以及“中书门下奏”等。从唐人文集中保存的大量表状文书，以及《文苑英华》中汇集的各类表状，可知表状应用的普遍性。敦煌本《甘棠集》反映的就是地方节度使向皇帝和中央各级官员所上的表状书仪①。

中书门下体制下是否还有奏抄的应用？由于没有直接的文献规定，也没有实物奏抄史料的证明，目前尚难断定。白居易《郑覃可给事中制》中所说的还需要门下省和给事中驳正和裁退的原本属于应用奏抄处理的政务，在唐后期是否还应用奏抄，或其处理的文书是否还称为奏抄，依然没有直接的证据。《金石萃编》卷一〇二《颜鲁公书朱巨川告身》二通，任命日期分别为建中元年（780）和建中三年（782）。其中建中元年一通被认为是奏授告身式②，论者多以此说明唐后期还有奏抄的应用。兹节略移录如下：

（前略）

右壹人，拟朝议郎正陆品上行起居舍人试知制诰

尚书左仆射阙

开府仪同三司尚书右仆射知省事上柱国臣希逸

光禄大夫行吏部尚书上柱国吴郡开国公臣真卿

朝议郎权知吏部侍郎赐绯鱼袋臣　　　　说

正议大夫吏部侍郎未上

银青光禄大夫行尚书左丞

朝议大夫吏部侍郎上柱国吴县开国男赐紫金鱼袋

未上

---

① 刘邺．甘棠集//赵和平．敦煌表状笺启书仪辑校．

② 大庭脩．唐告身の古文書學的研究；刘俊文．敦煌吐鲁番唐代法制文书考释，241-243；李锦绣．唐“王言之制”初探．

朝议郎权知吏部侍郎赐绯鱼袋臣说等言 谨件朱巨川王密关播

谢良辅独孤弼等伍人拟阶如右，谨以申闻，谨奏。

建中元年八月廿二日 朝议郎守尚书吏部郎中赐绯鱼袋臣王定上

朝议大夫守给事中臣崔容 读

银青光禄大夫守门下侍郎同平章事上柱国臣杨炎省

侍中阙

闻 押

告朝议郎行起居舍

人试知制诰朱巨川

计奏被

旨如右符到奉行

主事　意

郎中　定　令史

书令史

建中元年八月　日下①

这份告身的流传过程并不是很清楚，编集者也说有一些环节“不可得而知矣”，很难说就是唐后期奏授告身的实物证明，所以也不能以之分析唐后期的奏抄形态。大庭脩在《唐告身的古文书学的研究》一文中进行了更改，兹移录如下：

右一人，拟朝议郎正六品上行起居舍人试知制诰

① 王昶．金石萃编：卷一〇二．北京：中国书店，1985：5页下-6页上．

尚书左仆射阙

开府仪同三司尚书右仆射知省事上柱国臣希逸

光禄大夫行吏部尚书上柱国吴郡开国公臣真卿

正议大夫吏部侍郎［上柱国吴县开国公赐紫金鱼袋］未上

朝议郎权知吏部侍郎赐绯鱼袋臣说等言 谨件朱巨川王密关播

谢良辅独孤弼等五人拟阶如右，谨以申闻，谨奏。

建中元年八月廿二日　朝议郎守尚书吏部郎中赐绯鱼袋臣王定上

朝议大夫守给事中臣崔容 读

银青光禄大夫守门下侍郎同平章事上柱国臣杨炎省

侍中阙

闻 押

月日都事受

左司郎中付吏部

光禄大夫吏部尚书上柱国吴郡开国公真卿

朝议郎权知吏部侍郎赐绯鱼袋说

正议大夫吏部侍郎 未上

银青光禄大夫行尚书左丞

告朝议郎行起居舍

人试知制诰朱巨川

计奏被

旨如右符到奉行

主事　　意

郎中　定　　　　　　　　　令史

书令史

建中元年八月　日下

大庭脩完全是根据唐前期的奏授告身式进行订正的，与《金石萃编》的原文有很大出入。颇有以前期之制比附后期之制的嫌疑。按《通典》卷一五《选举三》注云："供奉官若起居、补缺、拾遗之类，虽是六品以下官，而皆敕授，不属选司。开元四年始有此制"。朱巨川被任命为"行起居舍人知制诰"，应属敕授。同一甲任命的关播，在建中元年（780）可能被任命为兵部员外郎或河中少尹①。少尹为从四品，当制授，故此次当授从六品的兵部员外郎，属敕授。

从《文苑英华》"中书制诰"类目所收任官告身来看，唐后期总的趋势是敕授官范围的扩大，而此为"奏授告身"，是否为特例？前文已经论明建中年间有过恢复开元以前旧制的举措，此是否可以视为恢复旧制的体现？建中元年六月崔祐甫死后，八月间真正在位的宰相只有杨炎，任门下侍郎同平章事，检校尚书右仆射侯希逸并没有带宰相衔，郭子仪也已赋闲。在这种情况下，又正值恢复三省制的背景，杨炎强调奏抄授官的旧制，有利于加强自己审查官员任命的权力。这只是一种推测，更进一步的论证需要新材料的发掘或发现。无论如何，这份奏授告身并不能说明唐后期奏抄应用的普遍情况。

而奏状的应用却是广泛而普遍的。中村裕一按状的用途

① 关播在德宗即位后以都官员外郎奉命出使，宣抚湖南，"使回，改兵部员外，迁河中少尹"（旧唐书：卷一三〇，3628）。

将唐代的状分为谢状、贺状、荐举状、进贡状、杂奏及陈请等几大类[①]。除了谢状和贺状一般为礼节性的上奏文书外，其他都是有关政务处理的文书。各种上奏的状，都可称为“奏状”[②]。如元和七年（812）五月，宰相李绛回答宪宗关于江淮是否有水旱为灾之事时，对曰：“臣昨见浙西东及淮南奏状云，本道水旱，稻麦不登”[③]。又，大中五年四月敕：“应诸道州府及京诸司所有推勘奏状，宜令具小节目状，于大状前同进。”《唐会要》原注曰：今天下谓之小状，自此始也[④]。唐人文集中有一些就将各种状概称为“奏状”，如《白居易集》卷五八至卷六一为奏状，除了卷六一为贺表外，共收四十一篇状，包括论事状、谢状、举荐状等。《柳河东全集》卷三九亦为“奏状”。这些所谓“奏状”即使是文集编集者所加，也应是本自唐朝当时的说法。各种奏状按照上奏者的身份，可以分为个人奏状和官府奏状，官府奏状中除了地方长官奏和一般机构的奏状外，还有一类特殊的“中书门下奏”。史籍中记载的“中书门下奏”，有的是宰相向皇帝的面奏而非奏状，有的则是宰相机构所上奏状。这种奏状是中书门下体制下新出现的处理政务的上奏文书。“中书门下奏”有两种形式，一种是中书门下对各级官府或官僚个人奏状的转奏，另一种是中书门下就有关政务提出处理意见。中书门下上皇帝的奏状，需要宰相集体签署，如大和八年（834），“会李德裕连贬至袁

① 中村裕一．唐代制勅研究，419－437.

② 《唐律疏议》卷一〇《职制》“事直代判署”条疏议曰：“公文”，谓在官文书。有本案，事直，唯须依行。或奏状及符、移、关、解、刺、牒等，其有非应判署之人，代官司署案及署应行文书者，杖八十。说明“奏状”在唐前期即已存在（唐律疏议，203)。

③ 唐会要：卷五二，900.

④ 唐会要：卷四一，747.

州长史，（门下侍郎路）随不署奏状，始为郑注所忌”①。又，宋敏求《春明退朝录》卷下云：

> 唐宰相奉朝请，即退延英，止论政事大体，其进拟差除，但入熟状画可。今所存有《开元宰相奏请状》二卷，郑畋《凤池稿草》内载两为相奏拟状数卷，秘府有《拟状注制》十卷，多用四六，纪其人履历、性行、论请，皆宰相自草。五代亦然。寇莱公谓杨文公曰：“予不能为唐时宰相”。盖孏于命词也。②

说明宰相在进拟官员等政务中需要自己起草奏状，所谓“但入熟状画可”，或就是申报皇帝以敕旨批“宜依”的手续。

在三省制下，政务文书以奏抄为主体，最初的表状以贺表、谢状之类礼节性的文书为主，还有一些则是官员个人就国家大事提出的建议性文书。这些表状都不需皇帝当即批示，有的贺表、谢状皇帝或作“批答”，有的表状则无须批复。而自高宗武则天以来大量增加的表状，主要是针对国家政务的。其中有许多是需要皇帝以“敕旨”进行批复的，即所谓“伏候敕旨”者。在今存唐人如权德舆、韩愈、柳宗元、白居易、元稹、李德裕、杜牧等的文集中，保留了大量申报政务的奏状和论事表状，如前所述，有些文集径称之为“奏状”。其中有很大一部分是需要“取旨”，即需要请示皇帝批准处分的。

奏状取代奏抄成为政务运作的主体文书，是随着国家统治形势变化而出现的政治体制变化的必然结果。三省制下，

---

① 旧唐书：卷一五九，4193.《资治通鉴》卷二四五“太和九年四月丙申”条不取此说。

② 春明退朝录：卷下，39-40.

奏抄的审批权在门下省，经过门下省官员审省读之后，皇帝只是画“闻”表示批准，并不可否。而奏状则需要由皇帝做出裁决，对奏状的批准，需要皇帝下制敕处理，主要是以“敕旨”的形式批准，“伏候敕旨”已经落实到奏状的程式上。

中村裕一认为，唐朝奏状的样式大体与宋朝相同。为了比较唐代前后期奏抄与奏状在政务运作程序上的差异，兹将其引用的《司马氏书仪》卷一《表奏》所载“奏状式”移录于下：

> 某司。自奏事则具官，贴黄节状内事。①
>
> 某事。云云。若无事因者，于此便云右臣。
>
> 右。云云。列数事，则云右谨件如前。谨录奏闻。谨奏。取旨者，则云伏候敕旨。
>
> 乞降付去处。帖黄在年月前。
>
> 年月　日具位臣姓名　有连书官，即依此列位。状奏。②

由此可知，大量的见于《唐会要》中的凡中书门下及百官百司“奏”而敕旨“依奏”者，皆非奏抄而是奏状。皇帝对奏状的批复，在文书形式上体现为敕旨。详见下章所论。

今存唐人文集中，保留了不少“伏候（听）敕旨”及类似程式的奏状。如韩愈《举荐张籍状》，是韩愈在元和十五年（820）为国子监祭酒时举荐张籍为国子监博士的奏状，其状云，“伏乞天恩，特授此官，以彰圣朝崇儒尚德之道。谨录奏

---

① “帖黄节状内事”的实例，见《韩昌黎文集校注》第8卷《应所在典帖良人男女等状》。其状首有标目云“应所在典帖良人男女等”，校注本引朱熹《韩文考异》说，“此是状首标目，……犹今之帖黄及状眼也”（韩愈．韩昌黎文集校注，640）。

② 司马氏书仪//丛书集成初编．北京：中华书局，1985：2.

闻。伏听敕旨”[①]。《应所在典帖良人男女等状》，是韩愈对此前在袁州刺史任上检责到的当地“典帖良人男女作奴婢驱使”事请求放免的奏状，其状云，“今因大庆，伏乞令有司重举旧章，一皆放免。仍勒长吏严加检责，如有隐漏，必重科惩。则四海苍生，孰不感荷圣德？以前［按：据‘奏状式’，前当作谨］件如前，谨具奏闻。伏听敕旨”[②]。这种程式在唐人文集中大量存在，不烦备举。

（二）奏状的呈递机制与中书门下的商量处分

以上是对奏状的特性和运用情况进行的分析。现在的问题是，奏状的呈递程序和裁决机制，如何反映出中书门下体制下政务裁决的特征？中书门下作为宰相裁决政务的机构，在其中发挥着什么样的作用？这是关系到政务处理规程，也就是政治体制运作的大问题。

天宝八载（749）七月，中书门下奏指出：

> 比来诸司使及诸郡并诸军，应缘奏事，或有请中书门下商量处分者。凡所陈奏，皆断自天心，在于臣下，但宣行制敕。既奏之内，则不合别请商量。乃承前因循，有此乖越。自今已后，应奏事，一切更不合请付中书门下，如有奏达，听进止。[③]

《唐会要》卷七二《京城诸军》：

① 大凡“举人自代状”皆是例行公事，无须“伏听敕旨”。而长官举荐属吏状，及地方官举荐属官为朝官等状，则需要朝廷当时予以批准，故须“伏听敕旨”。

② 韩昌黎文集校注，640.

③ 唐会要：卷五四，927.

开成三年九月敕：左右神策军所奏将吏改转，比多行牒中书门下，使覆奏处置。今后令军司先具闻奏，状到中书，然后检勘进覆。①

天宝至开成的一奏一敕，都提出了同样的问题，说明诸司使、诸郡、诸军所上奏状，要求由中书门下商量处分。所谓“商量处分”，或就是奏状申奏于中书门下，由宰相提出初步处理意见，然后“覆奏”于皇帝。不过两次都是要求改变这种状况，开成三年（838）敕更是强调左右神策军改转将吏的奏状，须先闻奏，然后下中书门下检勘。无论是在上奏皇帝之前进行审核，提出处理意见，然后覆奏处置，还是在皇帝出付之后进行检勘进覆，都说明中书门下在奏状处理过程中，是帮助皇帝进行裁决的主要辅佐机构。以上情况也表明，直到开成年间，奏状是否由中书门下转奏皇帝还没有形成固定的程式②。

从总体趋势看，各种奏状的处理程式是先直接上奏皇帝，然后由皇帝出付中书门下，中书门下进行商量处分，即对奏状进行检勘并提出初步处理意见后，再覆奏，皇帝同意后，以敕旨的形式进行批复，颁下施行。但在某些宰相专权的时候，则各种奏状乃是通过中书门下的转奏，百官百司不能直接上奏皇帝。上引二例都说明了此种情况的存在。又，《资治通鉴》卷二二四“代宗大历元年（即永泰二年，766）二月辛卯”条：

---

① 唐会要：卷七二，1297.

② 宋朝皇帝处理章奏的办法，其程序大体如下：如果事关机密者，皇帝要留中处置，一般军国事务则批付中书门下和枢密院二府，或指定相关机构看详、详定（龚延明．宋史职官志补正．杭州：浙江古籍出版社，1991：159）。这种机制可为我们理解唐朝的奏状处理程式提供参考。

> 元载专权，恐奏事者攻讦其私，乃请："百官凡论事，皆先白长官，长官白宰相，然后奏闻。"仍以上旨谕百官曰："比日诸司奏事烦多，所言多谗毁，故委长官、宰相先定其可否。"刑部尚书颜真卿上疏，以为："郎官、御史，陛下之耳目。今使论事者先白宰相，是自掩其耳目也。……夫人主大开不讳之路，群臣犹莫敢尽言，况令宰相大臣裁而抑之，则陛下所闻见者不过三数人耳。……昔林甫虽擅权，群臣有不谘宰相辄奏事者，则托以他事阴中伤之，犹不敢明令百司奏事皆先白宰相也。陛下倘不早寤，渐成孤立，后虽悔之，亦无及矣!"载闻而恨之，奏真卿诽谤。乙未，贬峡州别驾。

正如颜真卿所说，"诸司长官皆达官也，言皆专达于天子也。郎官、御史者，陛下腹心耳目之臣也。故其出使天下，事无巨细得失，皆令访察，回日奏闻，所以明四目、达四聪也"①。宰相要在百官上奏皇帝之前对奏状进行裁抑，实际上是一种壅蔽。但是，元载所奏行的这个奏事程式，可能在其后一个相当长的时期内得到了实行，并不断有所反复。

另外，代宗和德宗初期恢复三省制的改革，也对奏状的呈递程序产生了影响。《唐会要》卷五七《尚书省诸司上》"尚书省"条：

> 永泰二年（766）四月十五日制：（前略）其尚书宜申明令式，一依故事。诸司诸使及天下州府有事，准令

① 旧唐书：卷一二八，3593. 传中载录了颜真卿上疏的全文，可参看。又《颜鲁公文集》卷一作《论百官论事疏》，四部丛刊本。文中讲到权臣阻碍百官奏事是一种壅蔽，李林甫是通过至中书宣诏的宦官而得知玄宗动静的，以此达到阻碍群臣奏事的目的。

式各申省者，先申省司取裁，并所奏请（疑有缺漏）。敕到省，有不便于事者，省司详定闻奏，然后施行。

大历十四年（779）六月敕：天下诸使及州府，须有改革处置事，一切先申尚书省，委仆射以下商量闻奏，不得辄自奏请。

这是欲将奏状的申奏程序纳入唐前期的奏抄申奏机制之中，以恢复尚书都省的“政源”“会府”地位，即一切政务文书都要经过尚书省长官左右仆射及相关的部司官员审查商量，诸司诸使及天下州府都不得以自己的名义直接奏请。另外，永泰二年制所规定的程序被认为是“一依故事”，也说明唐前期三省制下诸司诸使及天下州府上奏的各种表状，都要经过尚书省按照六部的分工进行上奏。

还有一些表状，被规定为必须上中书门下。《唐会要》卷二六“举人自代”条：

建中元年正月五日敕文：［武］常参官及节度、观察、防御、军使、城使、都知兵马使、诸州刺史、少尹、赤令、畿令，并七品已上清望官，及大理司直、评事，授讫三日内，于四方馆上表，让一人以自代。其外官与长吏勾当，附驿闻奏。其表付中书门下。每官阙，即以见举多者，量而授之。①

据《唐会要》卷二六“举人自代”条，元和六年（811）

---

① 唐会要：卷二六，490. 中华书局排印本“敕文武常参官”缺武字，断为“敕文：常参官”，误。今据《白居易集》卷六〇《奏状三》所收《举人自代状》引建中元年正月五日敕补改。又据《旧唐书·德宗纪上》，建中元年正月五日大赦天下，颁布的赦文内容很多，关于举人自代亦是其中一部分，故此处亦可断为“建中元年正月五日赦文：常参官”。参见日本东洋文库唐代史研究委员会. 唐代詔勅目録. 东京：东洋文库，1981：327。

中书门下奏和咸通四年（863）正月敕对此进行了重申，要求举人自代状上中书门下，而不能直接进呈于皇帝。从大量唐人文集中保存的举荐状看，这个规定一直在执行。如《刘宾客文集》卷一七《苏州举韦中丞自代状》：

> 苏州状上　　中书门下
>
> 诸道盐铁转运江淮留后朝议郎守太仆少卿兼御史中丞上柱国赐紫金鱼袋韦应物
>
> 右。臣蒙恩授苏州刺史。伏准建中元年正月五日制：刺史上后举一人自代者。前件官历掌剧务，皆有美名。（中略）今具闻奏。　大和六年十二月九日

说明大和时期的举人自代状（亦即中村裕一所说的“荐举状”），即上于中书门下，而不是直接上于皇帝的。

百司奏事是否经过宰相，要视皇帝是否重视宰相的作用或宰相专权的程度而定。前引开成三年（838）九月敕：“左右神策军所奏将吏改转，比多行牒中书门下，使覆奏处置。今后令军司先具闻奏，状到中书，然后检勘进覆”，反映的是此前奏状呈递程序中先牒上中书门下然后进呈皇帝的情况，以及对军司先具状闻奏的要求。《唐会要》卷七四《选部上》“论选事”载开成四年（839）四月敕，委吏部重收长名驳放选人，以比远残阙注拟。其敕文曰：

> 如员阙不相当、不唱不伏官者，便任冬集，不复更论诉限。如未经中书门下陈状，敕下后，不得续收。今冬已后，不得以为例。①

① 唐会要：卷七四，1343.

这道敕文意谓敕下前已经通过中书门下陈状但尚未有结果者，可以重收，说明个人向皇帝陈状须经过中书门下。

中书门下对奏状的审核和商量处分，是宰相裁决政务的重要方式。官员任命是国家政务的一个重要方面，中书门下在任官中的作用即体现为进拟状和审核。如前所述，三省制下门下省负责过官，即对吏部以奏抄形式提出的任命名单进行审查。在中书门下体制下，敕旨授官大量增加，大量的任官申报文书是奏状，负责审查的是中书门下，由中书门下对中央和地方各级长官以奏状形式提名任命的名单进行审查，上章所举敕旨授官的告身便是明证。又，肃宗乾元元年（758）三月五日敕："县令、录事参军，自今已后，选司所拟，宜准故事过中书门下，更审详择。仍永为常式"①。县令、录事参军等地方官的除授，本来不同于一般官员的选授，具有特殊性，唐后期的长时期内，都是由节度观察使和刺史进行荐举的，有时还是由诸军诸使自己任命然后奏请中央批准的②。无论是荐举还是任命后奏请中央批准，所用皆为奏状。《唐会要》卷六九《县令》载元和四年（809）正月中书门下奏：

> 伏准元和二年制书，举荐县令等前后敕文非一，有司难于遵守。今请中外所举县令，并随表状，十月三十日到省，省司精加磨勘，依平选人例，分入三铨注拟。③

这是要将举荐县令之制纳入吏部注拟的范围之内，但举荐所用为表状即举荐状则是明确的。长庆元年（821）以后一度停

---

① 唐会要：卷六九，1217.

② 刘后滨．论唐代县令的选授．中国历史博物馆馆刊，1997（2）：51-58.

③ 同①1219.

止举荐县令，但到会昌六年（846）又得以恢复。《唐会要》卷六九《县令》载会昌六年五月敕：

> 县令（中略），委观察使刺史于前资官及承前摄官曾有课绩人中精加选择，具名闻奏，中书门下勘资历记，除本道县令。①

中书门下的勘资历记，就是对举荐状进行审勘，而后进行任命。除了地方官之外，神策军也可以经长官提名然后由中书门下进行审查或向皇帝提请批准。《唐会要》卷七二《京城诸军》载会昌五年（845）七月敕：

> 左右神策军定额官各十员：判官三员，勾覆官、支计官、表奏官各一员，孔目官二员，驱使官二员。改转止于中下州司马，并不拟登朝官。（中略）其十员官，如官满及用阙，本军与奏，仍由中书门下依资拟注。②

同上书上卷载会昌六年十一月敕：

> 左右神策军自今已后如有奏判官以下官额十员请转官者，宜委中书门下依元和二年［条］流例，与覆奏进拟。其会昌五年七月四日厘革定额转官敕，自今已后不要行。③

会昌五年敕规定神策军十员官的改转，由中书门下依资拟注，而会昌六年敕则强调神策军十员官的改转由中书门下覆奏进拟。无论是依资拟注还是覆奏进拟，强调的都是中书门下对

---

① 唐会要：卷六九，1221.
② 唐会要：卷七二，1297.
③ 同②.

任官奏状的审查检勘。

任官之外，其他有关政务处理的奏状的处置，同样反映出中书门下检勘覆奏的地位和作用。裴廷裕《东观奏记》记大中九年（855）五月枢密使改奏状之事，云：

> 度支奏状言“渍污”匹段误书“清污”，上一见觉之。枢密使承旨孙隐中谓上未省也，添成“渍”字。及中书覆入，上赫怒，勘添改表奏者，罚责有差。[1]

说明这时度支奏状首先是直接向皇帝闻奏，然后由枢密使转送至中书门下，由中书门下进行检勘后，再覆奏于皇帝。在度支将奏状上奏皇帝的时候，宣宗已经发觉了书写的错误，所以当枢密使承旨孙隐中在转送中书门下的过程中进行添改，并由中书门下覆奏后，宣宗当即发现有人对奏状进行了添改。这条材料也说明，奏状在出付中书门下的过程中，负责转递的枢密使和负责检勘的宰相，都是不能进行添改的。

中书门下处理奏状的机制，是由中书省参议表状的制度演变而来的。在三省制下，议、表、状是不经过门下省审而呈递给皇帝的。关于议、表、状的上奏过程，中村裕一在研究唐代制敕时进行了分析，指出中书省在表状受付过程中的分工，为通事舍人受，中书舍人付[2]。唐朝通事舍人是隶属于中书省的四方馆官员，“掌朝见引纳及辞谢者，于殿庭通奏”，

---

① 《资治通鉴》载：“度支奏渍污帛，误书渍为清。枢密承旨孙隐中谓上不之见，辄足成之。及中书覆入，上怒，推按擅改章奏者罚谪之”。胡三省注曰：“内出度支奏付中书，中书宣署申覆，还而奏之，谓之覆入”（资治通鉴：卷二四九，8057）。胡三省的解释存在着以前期之制对后期制度进行注释的嫌疑。这里的中书是中书门下而不是中书省，覆入也不可能是三省制下中书省对制敕的“宣署申覆”。

② 中村裕一．唐代制勅研究，412-418.

“凡四方通表，华夷纳贡，皆受而进之”①。而中书舍人有一个重要的职掌为，“凡大朝会，诸方起居，则受其表状而奏之。国有大事，若大克捷及大祥瑞，百寮表贺亦如之”②。中书省内部通事舍人和中书舍人在表状上奏过程中的分工配合关系，以及四方馆和通事舍人的具体职掌，还有待进一步的研究。但是，基本可以认为，议、表、状经过中书省上奏而不经过门下省。

在三省制下，奏抄是政务文书的主体，议、表、状是补充。随着中书门下体制的建立，奏状成为政务文书的主体③，原来那种内状出付中书省进行商量处分的机制④，就发展为中书门下对奏状进行“勘会宣下”的制度。建中四年（783）六月中书门下两省状：

> 应送诸司文状，检勘节限中考文状等，并是每年长行之事，尚书省各依限录奏。旧例，经一宿即出。如经三日不出，请本司更修单状重奏，又三日不出，即请本司长官面奏，取进止。其内状到，各令本司两日内具省案及宣黄，送到中书，依前件所定限，勘会宣下，即事免稽滞。⑤

“内状”是需要中书门下“勘会宣下”的。随着奏状成为主要

---

① 大唐六典：卷九，206.

② 同①203.

③ 百官奏事并非一切皆上奏状，有的可以直接对仗面奏。但随着皇帝上朝的减少，主要的政务文书都是进状而奏的。如《唐会要》载开元十八年（730）四月二十一日敕：“五品以上要官，若缘兵马要事，须面陈奏听。其余常务，并令进状。”（唐会要：卷二五，477）

④ 参见本书第四章第二节。

⑤ 唐会要：卷五四，928.

的政务文书，中书门下体制建立后，中书门下对奏状的覆奏处置或勘会宣下也就成为国家政务日常的处理规程了。这个转变标志着国家政务运作机制的重大变化，随着宰相职掌政务化的加强，君主也随之走到了处理国家政务的前台。

《唐会要》中大量的“中书门下奏”，有一类就是对中央百司或地方政府所上奏状进行的覆奏，报请皇帝以敕旨批准。这是中书门下体制下最通常的政务处理规程，而且这种情形在不断加强。文宗开成三年（838）二月敕，“中书文状，悉在中书断割、裁量，须归根本，如关钱谷刑狱等事，有宣付诸司处置者，宜更令覆奏，候旨敕［当作敕旨］施行”①，就是强调中书门下在处理有关钱谷刑狱的奏状时，必须覆奏，由君主下敕施行。

中书门下对有关政务处理的奏状进行商量处分的权力，是宰相政务裁决权的主要体现，因而容易受到政治斗争的影响和冲击。如果想要限制甚至削夺宰相的权力，最关键的一着就是要求上奏的百官百司直接听命于皇帝，排斥中书门下商量对奏状处分的权力。如前引《唐会要》卷五四载天宝八载（749）七月中书门下奏提到的“承前因循”的惯例，是诸司使、诸郡、诸军的奏状，在上奏皇帝的同时，注明请付中书门下商量处分。因此此次中书门下要求奏状上奏皇帝后，不应再出付中书门下商量，只能由君主裁决，中书门下的作用只是宣行制敕而已，奏事的机关或个人直接听命于皇帝，即听进止。这种情况是不正常的，是天宝八载时杨国忠对宰相李林甫的排挤所致。因为当时正是杨国忠恩幸日隆，而李

① 唐会要：卷五四，930.

林甫渐被疏薄的时候。正是在天宝八载前后，“吉温为国忠陈移夺执政之策，国忠用其谋，寻兼兵部侍郎”①。在杨国忠的逼迫下，善于探知玄宗心意的李林甫被迫上奏请求百官奏事一切由玄宗听断，而不合请付中书门下。

总之，中书门下对奏状的商量处分，无论是在奏达皇帝之前进行审查然后覆奏处置，还是由皇帝出付中书门下进行勘会宣下，都体现了中书门下作为最高政务裁决机关的作用。皇帝以敕旨对奏状的批复，其前提是中书门下的审核，处理意见实际上是由中书门下做出的。

二、敕后起请与商量状的应用

在奏状的运用中，有两类特殊的上奏文书，即敕后起请和商量状，至今未见有专门论述，需要在此略做申论。

《唐会要》卷五七《尚书省诸司上》“尚书省”条载开元十九年（731）四月二十六日敕：

> 尚书省诸司，有敕后起请及敕付所司商量事，并录所请及商量状，送门下及中书省，各连于元敕后。所申仍于元敕年月前云起请及商量如后。

所谓“敕后起请及敕付所司商量事”，包括的是敕后起请和敕后商量状两个方面。这里指的是尚书省诸司的起请和商量状，其状仍送于门下及中书省，具有三省制下的政务裁决特征。或许在开元年间，中书门下体制还处于初创阶段，三省制以

① 旧唐书：卷一〇六，3242-3243.

其旧有的惯性还在发挥作用。

（一）敕后起请的文书形态

什么是“敕后起请”？兹先举史籍中有关起请的记载，然后再进行分析。《唐会要》卷二三《牲牢》载有天宝六载（747）正月敕文及起请，以及上元二年（761）九月敕文及起请[①]。天宝六载正月敕文：

> 祭祀之典，牺牲所备。将有达于虔诚，盖不资于广杀。自今以后，每大祭祀应用骍犊，宜令所司量减其数，仍永为常式。
>
> 其年起请：天地合祭四时各用二犊，五帝迎气各用一犊，冬至圜丘用一犊，夏至方泽用一犊。九宫贵神四时祭，每祭各用一犊，神州用一犊。太庙五享，每用一犊，东京准上。文宣王三祭，每祭各用一犊。东京三祭，五岳每载一祭，各用一犊。
>
> 右。据旧料，每载用犊五百一十四头。今请减一百六十五头，既用三十九头（按：此处有脱误，当作三百四十九头），余祠享并请停用犊。

上元二年九月二十二日敕文：

> 国之大事，郊祀为先。贵其至诚，不美多品。黍稷虽设，犹或非馨。牲牢空多，未为能享。圜丘方泽，任依常式。宗庙诸祠，但临时献熟。用怀明德之馨，庶合

---

① 唐会要：卷二三，447-448. 中华书局排印本《唐会要》断句有误，两处“起请”条分别作“其年起，请天地合祭”，“其年起，请昊天上帝”。此为不理解何谓“起请”所致。

西邻之祭。

其年起请：昊天上帝、太庙，各太牢一，羊豕各三，余祭随事而供。[注曰：太庙，羊豕旧各九头。]

天宝六载的起请，较多地保留了文书的原貌。敕文要求“自今以后，每大祭祀应用骍犊，宜令所司量减其数，仍永为常式”。敕文只是确定了减少祭祀用犊的原则，具体如何减省，在敕中没有规定。而起请则是在原来制度规定的基础上，具体制定减省的细则。起请的第一段当是祠令的内容，可参见仁井田陞复原的《祠令》①。第二段为起请的具体内容，在原来总共用犊五百一十四头的基础上，请减一百六十五头，既用三百四十九头，其余祠享并请停用犊。上元二年的起请，只是一个节录。我们可以根据天宝六载的起请，看出其作为敕后具体决策的性质。不过，以上两条起请都未云是何部门所作。根据起请内容，当为尚书礼部。

由此看来，敕后起请是政务决策过程中的一种重要形式或一个重要环节，体现的是具体政务执行部门的决策权力。大量的具体政务，只有政务执行部门才真正了解其实施过程中的问题，才能做出真正符合实际的决策，上奏皇帝只是一种申报批准的法律手续。而对于日常政务裁决，只有将敕文和起请结合起来，才能理解政务裁决的整体过程。《元稹集》卷三六《中书省议举县令状》：

元和十五年八月日中书舍人武儒衡等奏（驾部郎中知制诰李宗闵、中书舍人王起、库部郎中知制诰臣牛僧孺、祠部郎中知制诰臣元稹）：吏部重奏举荐县令节

① 仁井田陞．唐令拾遗．

文……伏请但依起请节文处分，仍请据今年县令员阙，先尽举荐人数。留阙有余，然后许注拟平选人等，冀将允当。同前五舍人同署。[①]

这是穆宗即位后强调恢复中书舍人“分押六司，以佐宰臣等判案”[②] 旧制的结果，即令中书舍人对尚书六部上奏的奏状进行押判[③]。这是吏部所上“起请状”，其内容应为有关县令荐举任命的具体操作程序。

《唐会要》卷五九“兵部侍郎”条载太和五年（831）三月兵部奏，所引太和四年（830）五月起请节文如下：

伏以三卫出入禁署子弟，期于恭恪。近日顽弊，皆非正身。诸司公言纳资，访闻亦不雇召。士庶假荫，混杂缙绅。幸隙一开，奸滥纷入。其［纳］资三卫，并请停废。

这条起请当是兵部所做出，内容是关于厘革三卫的。太和五年三月兵部奏，是对前一年起请内容的重申，结果得到了“敕旨：宜依”的批准。根据天宝六载（747）的起请，此前应先有皇帝的敕，要求兵部就有关三卫当番或纳资的制度提出具体的改革方案，而兵部起请的内容是请将“纳资三卫”予以停废。或许当年的起请上奏后没有得到皇帝的批准，故次年兵部上奏再次重申，结果被批准了。

《唐会要》卷六九《县令》载大中二年（848）二月刑部

① 元稹集，416-417. 按：“元和十五年八月日中书舍人武儒衡等奏（驾部郎中知制诰李宗闵、中书舍人王起、库部郎中知制诰臣牛僧孺、祠部郎中知制诰臣元稹）”句，点校者以为不应是本文之首句，而根据自己对上下文意的理解，作为落款，移至前一篇之末。

② 唐会要：卷五五，946.

③ 张连城. 论唐后期中书舍人的职权. 北京：北京大学硕士学位论文，1990.

起请节文如下：

> 自今已后，县令有赃犯，录事参军不举者，请减县令二等结罪。其录事参军有罪，刺史不举者，刺史有罪，观察使不举者，并所司奏听。
>
> 敕旨：宜依。

这是刑部做出的起请，内容是关于地方官犯罪，其上司有关官员应举不举的连带责任的处理规定。本条起请后，有“敕旨：宜依”的程式，说明起请也是需要上奏，并得到皇帝以“敕旨”进行批准后，才能生效。至于起请上奏与批复的程序，当与前述各种奏状的上奏与批复程序相同。

《唐会要》卷六五“殿中省”条记载了元和三年（808）五月的一份敕旨，应是对与起请相类似的奏状进行批复的。兹引录如下：

> 元和三年五月，殿中省奏：
>
> 敕：当司尚食、尚衣、尚舍、尚药、尚辇等，共五局伎术直官，听在外州府官来直本司。
>
> 伏以五局所置官，不请课料，若不授伎术官，即多逃散。伏请宣付吏部，准旧例处分。
>
> 敕旨：依奏。①

本件文书先有皇帝的敕，命令殿中省以在外州府官充任伎术直官。其次是在原敕之后的殿中省奏请，请按旧例，以本省五局官充任伎术直官。然后是皇帝批依的敕旨。此种程式的敕旨，在《唐会要》中有大量的保存。其中在前敕和后一个

---

① 唐会要：卷六五，1127.

敕旨之间的"奏请"，当即属"敕后起请"之类，故曰"伏请"云云。

《宋刑统》中载录了编撰官所上起请三十二条，窦仪在进书表中说，"其有今昔浸异，轻重难同，或则禁约之科，刑名未备，臣等起请，总三十二条"①。翻检所有三十二条起请，全部都是在格（即编敕）或敕之后，编撰官提出的补充意见，并皆有"臣等参详"的句式，说明宋朝的起请也是在敕后所作的请示报告，基本特征与唐朝的起请相同。只是唐朝的起请都是皇帝下敕令有关机构详定，然后有关部门提出起请，而《宋刑统》中的起请是在立法过程中对原有敕条（皆为编入格式的唐朝敕旨）的修改。

综上所述，所谓"敕后起请"，是有关政务执行部门在皇帝的敕令下发后，根据自己所掌握的情况，对敕所定原则制定的具体实施细则或补充修改意见。然后上奏皇帝，经批准后，以敕旨的形式颁布。敕后起请的成立，首先不是具体政务部门和宰相机构的奏请，而是皇帝主动下敕，令相关机构制定某一方面的实施细则。这种决策程序，一方面体现了君主在决策上主动性的加强，另一方面则体现了具体政务执行部门决策责任的加强。宰相施政机构中书门下，则更多地作为君主裁决政务的助手，在"起请"上奏和批复的过程中进行复核和提出处理意见。

（二）两税法的实施与敕后起请的应用

中书门下体制下，对"敕后起请"的批复，是一些重

① 窦仪，等. 宋刑统. 吴翊如，点校. 北京：中华书局，1984：6.

大政策出台的重要法令形式。除了上引诸事外，还有如著名的两税法，也是通过“敕后起请”的形式制定实施细则的。

关于两税法的实施经过，学术界虽有过认真的研究，如陈明光根据《唐会要》做出的叙述，笔者认为非常准确。但作者着重预算方案的内容，没有从立法的角度对不同环节上的决策程序进行具体的分析①，故仍有进行研究之必要。

郑学檬在《中国赋役制度史》一书中讨论“两税法的成立与实施”时，对此做了进一步的考析，指出《旧唐书》的《杨炎传》《德宗本纪》《食货志》所载杨炎奏请实施两税法的时间都不明确，根据《新唐书·杨炎传》“及炎为相，……乃请德宗为两税法”的记载，推断杨炎奏请实行两税法的时间是大历十四年（779）八月入相之时或不久，从而断定《唐会要》卷八三《租税上》将杨炎上疏系于建中元年八月，显系误录②。张泽咸也早就提出，“大历十四年八月任命杨炎为宰相。杨炎随即上疏，谈到玄宗以来贫富升降的巨大变化，……他为此总结了全国各地税制改革方面的成功经验，提出了一套完整的税收方案。他的建议得到唐德宗的批准，建中元年二月颁行全国”③。显然，张泽咸主张杨炎的上疏是在大历十四年八月任相后提出的，但法令的颁布则在建中元年（780）二月。据《旧唐书·食货志》：建中元年二月，遣

① 如陈明光指出，首先是杨炎在任相后抓住时机上疏奏请改革税法，其次是德宗在建中元年正月五日的赦文中采纳杨炎的建议，宣布实施两税法，然后是同年二月十一日中央有关部门拟定《起请条》，对杨炎的建议做了修订补充，上报德宗批准实施（唐代财政史新编. 北京：中国财政经济出版社，1991：207-210）。

② 郑学檬. 中国赋役制度史. 厦门：厦门大学出版社，1994：266-267.

③ 张泽咸. 唐五代赋役史草. 北京：中华书局，1986：117-118.

黜陟使分行天下，其诏略曰，云云。一般认为，这个诏令就是德宗的《定两税诏》，《全唐文》卷五〇收录了这份诏书。问题是，在大历十四年八月杨炎上疏至建中元年二月颁诏施行中间，还有一些什么程序？《定两税诏》到底是一道什么诏令？

杨炎的奏，见于两《唐书》的《杨炎传》和《唐会要》，也见于《全唐文》卷四二一《请行两税法奏》，是在大历十四年（779）八月奏上的。杨炎的奏状在当时并没有随即得到批准，因为如此重大的改革需要一段时间的酝酿，故在次年正月五日的赦文中才正式确定。《唐会要》卷八三《租税上》建中元年（780）正月五日赦文：

> 宜委黜陟使与观察使及刺史、转运、所由，计百姓及客户，约丁产，定等第，均率作，年支两税。如当处土风不便，更立一限。其比来征科色目，一切停罢。①

又，据《册府元龟》卷四八八《邦计部·赋税第二》载唐德宗建中元年（780）正月制：

> 自艰难已来，征赋名目繁杂，委黜陟使与诸道观察使、刺史作年支两税征纳。比来新旧征科色目，一切停罢。两税外，辄别率一钱，四等官准擅兴赋，以枉法论。其军府支计等数，准大历十四年八月七日敕处分。②

---

① 唐会要：卷八三，1535．据东洋文库唐代史研究委员会编《唐代詔勅目録》（1981年颁布），此赦文的内容很多，散见于多处。关于实施两税法的原则，只是其中的一部分。

② 《全唐文》卷五〇《停杂税制》与此段完全相同。但据《唐代詔勅目録》的著录，此应为正月五日赦文的一部分，《唐会要》引用的赦文可能是改写而非原文。如果这种分析能够成立，则《全唐文》所谓“停止杂税制”，是后人从赦文中录出并加写标题。

在上引赦文之后，《唐会要》紧接着记载了同年二月十一日［按：当作二月一日，详见后论］“起请条”：

> 请令黜陟、观察使及州县长官，据旧征税数及人户土客，定等第钱数多少，为夏秋两税。其鳏寡惸独不支济者，准制放免。其丁租庸调，并入两税。州县常存丁额，准式申报。其应科斛斗，请据大历十四年见佃青苗地额均税。夏税六月内纳毕，秋税十一月内纳毕。其黜陟使每道定税讫，具当州府应税都数，及征纳期限，并支留合送等钱物斛斗，分析闻奏，并报度支、金部、仓部、比部。①

《唐会要》接着记其事云：

> 其月，大赦天下，遣黜陟使观风俗，仍与观察使、刺史计人产等级为两税法，此外敛者，以枉法论。

此段叙事混乱，需要略加条析。大赦天下在正月五日，赦文中并做出了派黜陟使推行两税法的决定，但真正派遣黜陟使则在二月一日。故不应系大赦天下之事于起请之后，正如不应系杨炎的奏请于起请之后一样。其实，此段内容是讲遣使推行两税法，推行的原则是正月五日的赦文。据上引《唐会要》和《册府元龟》所记赦文，可知“仍与观察使、刺史计人产等级为两税法，此外敛者，以枉法论”云云，正是对赦文的改写，如《资治通鉴》在叙述其事时，引用赦文就有“而税外辄率一钱者，以枉法论”。此处应如《旧唐书·食货志》及《资治通鉴》作“其月（二月一日），遣黜陟使分行天

① 根据前述“敕后起请”的文书格式，此起请当亦为节文，而非全文。

下”，与观察使、刺史各量风土所宜、人户多少，均定两税；或如《册府元龟》作“二月，发黜陟使分往天下作两税之法”，而不应有“大赦天下”之句。

正如潘镛先生所说，关于两税法综合叙述之史料，除《册府元龟》外，似以《唐会要》为善①。我们应注意到，《唐会要》保留了杨炎的上奏、赦文、起请和遣使执行等完整的程序，除了其叙事在时间上有错乱之处以外②，关于两税法实施的程序，比《册府元龟》的记载要详尽。如上所述，《册府元龟》则记录赦文的内容比《唐会要》完整，并在“二月，发黜陟使分往天下作两税之法”的叙述之后，较完整地引用了杨炎奏请的内容。需要注意的是，这种引用也是一种转写，而非照录原文。

根据以上分析，两税法实施的大体程序为：先有大历十四年（779）八月杨炎的奏请，提出了两税法改革的具体方案；次有建中元年（780）正月五日赦文，肯定了杨炎的奏请，确立了要施行两税法的总原则，这就是“德宗善而行之”所指；又有建中元年（780）二月一日的“敕后起请”，主管财政的度支司遵照赦文规定的原则和精神，根据杨炎的奏状，制定了具体的实施细则③；最后当是德宗对此“敕后起请”进行批复的敕旨，并下达了《遣诸道黜陟使敕》，当即遣使到各地推行。其间包含了奏状、赦文（制书）、起请、敕旨四份公文书，故史籍中关于两税法内容的记载，因取材不同而多有

① 潘镛．旧唐书食货志笺证．西安：三秦出版社，1989：67.

② 关于《唐会要》的叙事忽略了时间性的问题，王永兴先生早已指出。参见王永兴．隋唐五代经济史料汇编校注．北京：中华书局，1987：720-721。

③ 陈明光也认为，建中元年二月十一日的《起请条》，是唐中央实施两税法的具体方案（“量出制入”与两税法的制税原则．历史研究，1986（1）：89-100）。

歧异[①]。

总之，两税法的具体实施细则，是以“赦后起请”的形式制定的。由于当时正处于罢使还职尚书六部的改革之中，负责起请的当是尚书户部的度支司，故曰“令黜陟使各量风土所宜、人户多少均之，定其赋。尚书度支总统焉”[②]。

关于《全唐文》所记《定两税诏》，则需要做进一步的分析。《定两税诏》被认为是两税法颁布实施的诏令，主要是根据《旧唐书·食货志》的记载：“建中元年二月，遣黜陟使分行天下，其诏略曰”。《全唐文》所记《定两税诏》的内容与《食货志》“其诏略曰”后的内容几乎相同，而《食货志》作“其诏略曰”，明显不是当时奏状或诏令的原文，只是根据杨炎的奏请和赦文、起请等叙述其事，是编撰史料对当时文献的转写。所以在《唐大诏令集》卷一一一“赋敛”门中，没有所谓《定两税诏》。日本学者在《唐代诏敕目录》中亦未著录这样一份诏令，说明他们是不认为有所谓《定两税诏》的。《全唐文》编录所谓《定两税诏》，根据的是叙述此事的《食货志》的“其诏略曰”，正如《全唐文》所谓《停杂税制》乃是从赦文录出并加写标题一样，并非当时诏令的原有文本。

《旧唐书·德宗纪上》记“二月丙申（初一），遣黜陟使一十一人分行天下”。《唐大诏令集》卷一〇四编录了这道

① 李锦绣对两税法的实施过程进行了专门论述，从整个国家财政改革的角度，分析了两税法实施过程的五个环节：1. 大历十四年八月七日敕（对杨炎当日所上奏文的批复）；2. 大历十四年十二月乙卯诏（批复杨炎十二月所上论天下财富归左藏的奏文）；3. 建中元年正月五日赦文；4. 建中元年正月甲午诏（批复杨炎关于财政机构改革方案的奏状）；5. 建中元年二月起请条（唐代财政史稿：下卷．北京：北京大学出版社，2001）。李著所论，视野宏大，然关于两税法实施步骤的论列，则与拙稿所论并无原则上的冲突，但却比拙稿要精当。其主旨与拙稿所关注的角度并不相同。

② 旧唐书：卷四八，2093.

《遣诸道黜陟使敕》，其中提到这些黜陟使需要解决的问题之一是“封圻郡县，赋税不一”，如正月五日赦文要求，黜陟使是派往各地执行包括推行两税法在内的任务的。而《唐会要》记度支起请在二月十一日。果真如此，则是派遣黜陟使在前，度支的起请在后。那么，这些黜陟使就不应有推行两税法的任务，而是负责调查了解各地赋税征收的现状。这又明显与事实不符。所以，可以判定《唐会要》记“起请”的时间有误。“二月十一日”或应作“正月十一日”，如此，则起请在正月五日赦文下发之后六日提出，至二月一日遣使推行；或应作“二月一日”，如此，则当日起请，当日批示，当日派遣黜陟使推行。故《新唐书·德宗纪》作“（建中元年）二月丙申，初定两税”，当以关于施行两税法的起请得到批复并遣使到各地推行为“定两税”的标志。而《资治通鉴》则将其事系于正月五日赦文批准杨炎的奏请、颁布实施两税法的原则之时。

以上对两税法的实施的分析，进一步论明了中书门下体制下一些重大政策的出台，是以批准“敕后起请”的形式颁布实施的。

（三）敕后商量状的应用

与“敕后起请”相关的政务裁决文书，还有敕后商量状。其与起请的不同在于：起请是在敕决定某项政策的实施原则后，具体政务执行部门根据这个原则制定出实施细则，包括对原敕的补充或修改，一般由行政部门如尚书六部做出；而敕后商量状或是皇帝对于一些具体的政务并没有明确的原则或方案，主动下敕向宰相征求意见，并委宰相负责商量出具体的处置办法。

《册府元龟》卷五〇六《邦计部·俸禄二》载贞元四年(788)正月中书门下奏，是一份完整的敕后商量状。对于在京文武官员及京兆府县官总共3 077员的俸禄，状文中逐一做出了具体规定，由于该状文太长，不能具引，兹将其节引如下：

> 京文武及京兆府县官总三千七十七员，据元给及新加，每月当钱五万一千四百四贯六百一十七文，一年都当六十一万六千八百五十五贯四百四文。……右。中书门下准去年十一月二十八日敕："京官宜加料钱"，准敕商量，谨件如前。敕旨：依。

这份奏状中提到的"去年十一月二十八日敕"，亦见于《册府元龟》，载于此状之前，作（贞元）三年十一月敕："京官宜加给料钱"。此敕命令给京官增加料钱，但皇帝并没有明确的方案，中书门下"准敕商量"，根据这道敕的精神，制定出具体的实施细则。"准敕商量"后所上的状，就是敕后商量状。

《唐会要》卷七一《十二卫》"上将军"条载：

> 贞元二年九月一日敕：（前略）自今已后，内文武官阙，于文武班中才望相当者，相参叙用。仍待已后各改事，于本卫量置卫兵。所司续商量条件，奏听进止。①

这道敕应就是"敕付所司商量事"的敕，敕中对于如何"于本卫量置卫兵"并没有明确的原则，故需要所司"续商量条

① 唐会要：卷七一，1287.

件”，而所司将“奏听进止”的奏状，当为“准敕商量”的敕后商量状。

还有一类与“准敕商量”的状不同的奏状，主要是对原有法令或制敕进行修改，但不是皇帝下敕令修改，而是宰相或御史台官等商量后报请修改。《旧唐书·宪宗纪上》元和二年（807）十二月癸亥，御史台奏：

> 文武常参官准乾元元年三月十四日敕，如有朝堂相吊慰及跪拜；（中略）非公事入中书等：每犯夺一月俸。班列不肃，所由指摘，犹或饰非，即具闻奏贬责。臣等商量，于旧条每罚各减一半，所贵有犯必举。

这是御史台所上的对原有法令进行修改的状，与《宋刑统》所载起请的性质基本相同。史言“从之”，即得到了敕旨的批准。《唐会要》卷六九《县令》所载大中三年（849）九月中书门下奏状，也属于此类文书，都是“臣等商量”而非“准敕商量”。兹节录如下：

> 两府畿令及次赤令。（中略）近日入仕门多，交替稍速。近以降手敕，续又面奉德音：应选择者不得其人，欲使抚字者久安其任。臣等商量：自今已后，其两府判司及县丞［簿］尉，不带敕额［职］事及不知捕贼，不得非时奏请。如或政绩尤异，朝廷别有奖拔。及职事不修，须议替者，不在此限内。敕旨：依奏。①

① 唐会要：卷六九，1222.《唐会要》卷六九“丞簿尉”条载大中三年九月敕：两判司县丞簿尉，不带敕额职事者及不知捕贼，不得非时奏请。如事故非常，须行奖黜者，不在此限（唐会要：卷六九，1223）本条括号内［簿］和［职］字，据此补入。

对此类商量状的批复也用敕旨。又，开成三年（838）文宗御延英，问宰臣新修《开元政要》叙致何如，杨嗣复对曰："臣等未见。陛下若欲传之子孙，请宣付臣等参详可否。元宗或好游畋，或好声色，与贞观之政不同，故取舍须当，方可流传。"从之①。以理推之，这里宰臣参详后所上的奏状，亦当为敕后商量状。

在《唐会要》所载大量的奏状中，有一些就是宰相或具体政务部门所上的商量状，并皆有"准敕商量"或"臣等商量"的语句。此处不烦赘引。

综上所述，敕后起请主要是具体行政部门如尚书六部所上的，敕后商量状则主要是宰臣所上。这两种政务文书应用的出现和增加，体现了新的分层决策机制，也反映了宰相在决策过程中逐渐处于具体政务裁决者的地位，成为皇帝命令的完善和补充者，君主的最高决策权则不断强化。宰相逐渐纳入政务执行部门的范畴之中，宰相与君主的联系更多地作为总理庶务的政务官而不是"坐而论道"的咨询者。宰相决策权逐渐走向实务化，宰相职权日渐政务化，这是中书门下体制的一个重要特征。

三、枢密使在奏状传递中的作用

政务文书从以奏抄为主体到以奏状为主体的转变，也带来了中枢体制中的另外一个重大变化，这就是枢密使的出现。

① 唐会要：卷五二，903.

因为无论奏状是否先经过中书门下的审核，百官百司和地方的奏状都不可能直接送达皇帝，中间还是要通过宦官的承受进奏。这就是枢密使的最初职掌。

宦官机构内侍省的主要职掌就是“出入宫掖，宣传制令”①。在三省制下，奏抄经门下省审驳后进呈皇帝画“闻”，由于皇帝只是御画闻而不可否，即不实施否决，即使奏抄由宦官传递，也就仅仅是传递而已，不可能参与谋划对奏抄的处理。至于制敕的起草进画，则是由中书舍人本身负责的，其间可能也要经过宦官的传递。随着百官百司进奏皇帝的表状逐渐多了起来，这些表状是需要由皇帝来进行裁决的，能够出入禁中进行传递的宦官，因此逐渐获得对奏状进行参决的权力。由于公文运用的变化，在原有内侍省职权的基础上，逐渐产生了新的枢密使之职权。唐代宦官在政治上发挥作用，正是从中枢体制发生重大变化的玄宗时代开始的。

从高力士充任传递奏状的角色时起，就具备了后来枢密使的某种职权。《旧唐书·高力士传》载：“每四方进奏文表，必先呈力士，然后进御，小事便决之”。这里的四方进奏文表，除了派出监军的宦官所进奏的表奏外，主要还应该是百官百司关于处理政务向皇帝进呈的各种奏状。但是，高力士的官职还是右监门卫将军、知内侍省事，他处理四方表奏还是在内侍省进行的，他的这种职权还属于皇帝的临时授权②。

继高力士而起的权宦李辅国，在战争时期的特殊背景下，

---

① 唐六典：卷一二，259.

② 雷家骥．唐枢密使的创置与早期职掌．中正大学学报，1993，4（1）：57-108.

其权力发展到极致。但他有一部分权力是与传递章奏有关的。《旧唐书·李辅国传》载：

> 肃宗即位，擢为太子家令，判元帅府行军司马事，以心腹委之，仍赐名护国。四方奏事，御前符印军号，一以委之。……肃宗还京，拜殿中监，闲厩、五坊、宫苑、营田、栽接、总监等使，又兼陇右群牧、京畿铸铁、长春宫等使，勾当少府、殿中二都监使。至德二年十二月，加开府仪同三司，进封郕国公，食实封五百户。宰臣百司，不时奏事，皆因辅国上决。常在银台门受事……

所谓“四方奏事”等一以委之，“宰臣百司，不时奏事，皆因辅国上决”，都是其在传递奏状时额外获取的权力。

随着宦官这种职权的发展，到代宗时，开始出现了“掌枢密”之称。《册府元龟》卷六六五《内臣部·总序》云，（代宗）永泰二年（766），始以中人掌枢密用事。注云，代宗用董秀专掌枢密。《文献通考》卷五八《职官考》“枢密院”条载：

> 唐代宗永泰中，置内枢密使，始以宦者为之。初不置司局，但有屋三楹贮文书而已。其职掌惟承受表奏，于内中进呈；若人主有所处分，则宣付中书门下施行而已。永泰中，宦官董秀参掌枢密事。①

所谓“内枢密使”，是宋人对唐制的理解，相对于宋朝的枢密院而言，唐代以宦官担任的枢密使自然是内职了。当时宦官所掌“承受表奏，于内中进呈；若人主有所处分，则宣付中书门下施行”之职，还没有称为枢密使，即还没有成为固定

① 文献通考：卷五八，523.

的使职，而被称为“掌枢密”。《文献通考》连用两个“而已”，旨在说明掌枢密之职初置时期的职掌是相当明确的、有限的。这种职掌的基础就是“承受表奏，于内中进呈”，进一步发展为“若人主有所处分，则宣付中书门下施行”。至于用以贮藏文书的那三楹屋舍，贮藏的恐怕就是掌枢密所传递的四方表奏。唐末僖宗时担任枢密使的严遵美，被认为是“唐世中人以忠谨著称者”，他曾对当时宦官的专权表示感叹，说：“北司供奉官以胯衫给事，今执笏，过矣。枢密使无厅（原文作聽，雷家骥改为廳，从之）事，唯三楹舍藏书而已。今堂状帖黄决事，此杨复恭夺宰相权之失也。”① 关于枢密使“堂状帖黄决事”，已在前文稍有论述，所指为枢密使在中书门下所上奏状后进行的裁决，相当于明朝司礼监秉笔太监对内阁票拟的批红，是代行皇帝的权力。在严遵美看来，枢密使的本分之事，仅仅在于承受表奏和宣传制命，如果在这个环节上进而对奏状进行裁决，就是对宰相职权的侵夺了。

前文已论及百司奏状进呈于皇帝的程序，或直接进呈于皇帝，或通过中书门下进呈于皇帝。如果加上枢密使这个环节，就应当是，或百司直接交给枢密使，或百司先牒上中书门下，由中书门下交给枢密使，最后由枢密使进呈于皇帝。皇帝收到奏状后，并非以一己之意而断决，而是将其出付（或称宣示）中书门下，由宰相商量处分，中书门下的覆奏即就此而言。当然，出付、宣示中书门下和覆奏传递的工作也是由枢密使来承担的。最后才是皇帝以制敕批准实施，下中

---

① 新唐书：卷二〇七，5872. 传称严遵美之父严季寔“终内枢密使”，也是宋人的说法，唐代并无内外枢密使之分。正如雷家骥所说，严氏父子都担任枢密使，其关于早期枢密使情况的回忆应是可信的。

书门下施行。雷家骥先生描述的“枢务处理程序”为（枢密使）承表—（枢密使）进呈—（人主）处分—（枢密使）宣传—（宰相）施行。其中，少了皇帝将表奏出付中书门下，中书门下商量处分后进行覆奏这一环节。这是本书所研究的中书门下体制的一个重要内容，故在此略加申论。兹以雷家骥在文中引用《全唐文》卷四八四所载权德舆的两份“贺表”为例，其一为《中书门下贺蔡州破贼表》：

> 臣某等言：伏奉宣，示蔡州行营招讨使韩全义所奏，云四月二十七日于逆贼吴少诚界破贼骡子及马步军三千余人。……臣等谬居枢近，喜倍恒情，……谨奉表陈贺以闻。

另一为《中书门下贺滑州黄河清表》：

> 臣某等言：今日内侍朱希颜奉宣进止，示臣郑滑观察使姚南仲所奏今月一日至六日白马县界三十里黄河清，……臣等忝登枢近，……谨奉表陈贺以闻。

这两份“贺表”明确反映出，使司或其他地方官上奏的奏状，直接进呈于皇帝之后，再由宦官宣示至中书门下。由于这是不需要裁决处理的军情报告或祥瑞事件的报告，所以宰相只是上贺表。如果是处理政务的奏状，则中书门下接到宦官所宣示的由内中出付的百官奏状后，就需要进行商量处分并覆奏于皇帝进行批准了。上引《东观奏记》云：

> 度支奏状言“渍污”匹段误书“清污”，上一见觉之。枢密使、承旨孙隐中谓上未省也，添成“渍”字。及中书复入，上赫怒，勘添改表奏者，罚责有差。

所谓“中书复入”，就是在对出付中书门下的奏状进行审勘和提出初步处理意见后的覆奏。又，《权载之文集》卷四五《表状》载：

> 中书门下奉韦皋奏南诏奉圣乐章状
>
> 右。中书门下奏：中使杨明义奉宣，“韦皋所奏南诏奉圣乐章，嘉其远诚，昨已阅试，卿宜知悉”者。伏闻乐以导志，感而成声。（中略）伏望宣付有司，编诸史册。
>
> 贞元十六年正月二十八日
>
> 奉敕：宣付所司。

这就是先有西川剑南节度使韦皋的奏状，上奏皇帝以后，皇帝派中使将韦皋的奏状（包括其所奏奉圣乐章）宣付中书门下，中书门下商量处分后，提出处理意见，建议“宣付有司，编诸史册”，覆奏后，皇帝下敕批准“宣付所司”。上引二例进一步说明，帮助皇帝进行政务裁决的主要人员是宰相而不是宦官，宦官或枢密使只是在其中起传递作用。

枢密使的职掌之一是承受百司表奏于内中进呈皇帝，百司自然包括宰相机关中书门下，这是文书的上行程序。除此之外，还承受皇帝的旨意，将其传宣至中书门下，这是文书的下行程序。总之，枢密使的出现与奏状成为政务文书的主体有关，而枢密使又是中枢体制变化中的重要方面。

四、堂帖、堂案与宰相独立裁决政务

中书门下体制下的政务裁决，除了以奏状和敕旨、敕牒为依托，以皇帝为中心的运作机制之外，还存在着宰相对政务的独立裁决。尽管中书门下体制下大多数政务宰相还需要上奏皇帝进行批准，但唐朝宰相处理政务的三种方式之一，即为一部分政务由宰相直接裁决。宰相裁决政务，在制度上的规定就是宰相秉笔决事。据《旧唐书·德宗纪下》贞元九年（793）秋七月条载，“故事，宰相秉笔决事，每人十日一易。至是贾耽、赵憬、陆贽、卢迈同平章政事，百僚有所关白，更相让而不言。始诏令旬日秉笔，后诏每日更秉笔”。宰相直接裁决政务的权力并已落实到具体的公文程式上，就是堂案和堂帖。

不同于敕牒需要以皇帝的名义发布，堂帖、堂案是中书门下（又称政事堂）独立指挥公务的文书。唐人李肇在记载唐朝宰相处分公务的职分时说：

> 宰相判四方之事有堂案，处分百司有堂帖，不次押名曰花押。黄敕既行下，有小异同曰帖黄，一作押黄。①

从此段记载来看，堂案和堂帖并不同于“黄敕”，而所谓黄敕，是包括用黄麻纸书写的发日敕（敕旨）和用黄藤纸书写的敕牒在内的。堂案和堂帖都要宰相集体署名，即不次押名，其用处是判四方之事和处分百司。

由于未见堂案和堂帖的实物史料，其具体的形态不得而知。宋人沈括说：“唐中书指挥事，谓之堂帖子。曾见唐人堂帖，宰相签押，格如今之堂札子也”②。中村裕一据天宝元年（742）颁布《新平阙令》的敕牒（P. 2504），认为这种场合的

---

① 李肇．唐国史补：卷下，49．
② 沈括．新校正梦溪笔谈，24．

敕牒大概就是“堂帖”或“政事堂帖”①。在其研究唐代文书制度的三部著作中，都没有对堂案和堂帖进行专门的论述。笔者认为，尽管唐人牒和帖有时混用，但堂帖不等于敕牒是显而易见的。敕牒是黄敕的一种，堂帖则不能称敕。

开元四年（716）指挥山东州县灭蝗之事，宰相姚崇就对玄宗说：“陛下好生恶杀，此事请不烦出敕，乞容臣出牒处分。”此前，面对拒绝往当地派杀蝗御史的汴州刺史倪若水，姚崇下牒对其进行了责让②。宰相下地方官的牒，或许就是判四方之事的堂案或处分百司的堂帖的滥觞。

有关堂帖的记载在史籍中有所见。《旧唐书》卷一七下《文宗纪下》太和八年（834）七月壬申，“堂帖：中外臣僚，各举善《周易》学者”。《资治通鉴》卷二四五“文宗太和八年（834）十二月”条载：

> 初，宋申锡与御史中丞宇文鼎受密诏诛郑注，使京兆尹王璠掩捕之。璠密以堂帖示王守澄，注由是得免，深德璠。胡三省注曰：帖由政事堂出，故谓之堂帖。

这里的堂帖当是宰相下发给京兆尹王璠的文书，命令他不动声色地捕捉勾结宦官的郑注。《唐会要》卷二五《杂录》载：

> （开成）三年二月御史台奏宣：自今以后，遇延英开，拟中谢官，委司台立一日（当作：委台司前一日）依官班具名列奏。如先奏，即不在中谢限。又敕：新授方镇，延英开日，便令中谢，其两省官中谢，即不在，令本司前一日奏闻。余依其年二月堂帖。

① 中村裕一．唐代公文書研究，93.

② 旧唐书：卷九六，3024.

说明在当年二月曾有一份堂帖对新任官员中谢及奏闻之事做出了规定，然其具体内容和格式已不得而知。《旧唐书》卷一八下《宣宗纪》大中九年（855）三月载：

> 御史台据正月八日礼部贡院捉到明经黄续之、赵弘成、全质等三人伪造堂印、堂帖，兼黄续之伪著绯衫，将伪帖入贡院，令与举人虞蒸、胡简、党赞等三人及第，许得钱一千六百贯文。据勘黄续之等罪款，具招造伪，所诈钱未曾入手，便事败。奉敕并准法处死，主司以自获奸人，并放。

黄续之等人伪造的堂印，当即中书门下之印。张说奏改政事堂为中书门下的同时，“其政事印亦改为中书门下之印”，中书门下之印的使用场合当是堂帖①。持盖有堂印的堂帖到礼部贡院，就可以命令主司与某人及第，正是“处分百司有堂帖”的有力证据。此外，还有一些可能与堂帖有关的史料，如《旧唐书》卷一一八《王缙传》载：“缙为宰相，给中书符牒，令（五）台山僧数十人分行郡县，聚徒讲说，以求货利”。《旧唐书》卷一一八《杨炎传》载：“及炎得政，建中二年二月，奏请城原州，先牒泾原节度使段秀实，令为之具。秀实报曰，……”

目前见到的“堂案”史料很少。《旧唐书》卷一八上《武宗纪》会昌元年（841）十二月奏修实录体例中提到：

> 又宰臣与公卿论事，行与不行，须有明据。或奏请允惬，必见褒称；或所论乖僻，因有惩责。在藩镇上表，必有批答；居要官启事者，自有著明，并须昭然在人耳

---

① 由于敕牒也是由宰相集体签署而不经过三省分工签署程式，故也有可能是用“中书门下之印”。

目，或取舍存于堂案，或与夺形于诏敕。前代史书所载奏议，罔不由此。近见实录多载密疏，言不彰于朝听，事不显于当时，得自其家，未足为信。今后实录所载章奏，并须朝廷共知者，方得纪述，密疏并请不载。如此则理必可法，人皆向公，爱憎之志不行，褒贬之言必信。

这个上奏的背景是在郑亚希旨删削《宪宗实录》中一些大臣所奏李吉甫不善之迹之后，李德裕试图掩人耳目。其中说藩镇上表和要官启事，“或取舍存于堂案，或与夺形于诏敕”，就是说地方官或各级要官所上表状，有的是由堂案加以取舍，有的是由诏敕进行与夺的。诏敕的与夺就是敕旨对奏状的批复，堂案的取舍则应是中书门下对一些奏状的直接裁决，正所谓“宰相判四方之事有堂案”。

总之，堂案与堂帖都是宰相指挥政务的公文书，此种文书形式的出现，反映了中书门下作为政务裁决机关的性质及唐代宰相职权政务化的特征。

综上所述，唐代宰相处理政务的三种方式，是围绕各种政务文书的处理机制而运作的：对百司奏状（包括起请状）的覆奏审查，对自身所上奏状（包括敕后商量状）的具体决策，以及用堂帖、堂案对一些奏事文书的直接批复处理。这三种方式既体现了宰相监督百官执行这个传统的宰相理政观念，也反映了宰相需要直接处理政务这样一个政治体制的发展趋势。事实上，由于宰相兼领各种使职以及六部尚书侍郎入相的普遍化，使得宰相亲自处理政务成为必然①。以中书门

① 俞钢．唐后期宰相结构研究：专论六部侍郎平章事职权的变化．上海师范大学学报（哲学社会科学版），1993（3）：101-107．

下体制为标志的唐朝后期的宰相制度，正是以其裁决处理政务的特征，开启了宋元时代宰相制度的先河。宋朝宰相的职权就是“佐天子，总百官，平庶政”[①]。元朝宰相处理政务主要有两种形式：一种是“总持纲维，不屑细务”，把政务交有关部门处理，宰相保留监督之权，而不亲自参与；一种是“兼理庶务”，即亲自参与有关具体事务的处理[②]。这些都体现出宰相裁决处理政务职权的加强，是中国古代政治体制演进的一个基本趋势。

附记：本章所论堂帖与堂案并为宰相独立处理政务的文书，是对《唐国史补》所述“宰相判四方之事有堂案，处分百司有堂帖”一语的误解。李全德撰文讨论了堂帖，指出其作为唐代宰相处理政务的主要文书，并根据李德裕奏改《宪宗实录》等事论证了堂案并非宰相指挥公事的行下公文，而是带有宰相部门内档案性质的文书。详见李全德：《从堂帖到省札——略论唐宋时期宰相处理政务的文书之演变》，《北京大学学报》（哲学社会科学版）2012 年第 2 期。

① 宋史：卷一六一，3773.
② 张帆．元代宰相制度研究，130-136.

第八章

中书门下体制下的制敕文书及其运作

中书门下体制的特征不仅体现在中书门下机构建制及其与三省之间的关系上，而且落实到具体的公文运作程式之中。唐代的政务运作是以制敕为中心进行的，大凡全国重要政务都要经过皇帝的批准或出自皇帝的旨意。《唐六典》卷九“中书令之职”条云：

> 凡王言之制有七：一曰册书［注：立后建嫡，封树藩屏，宠命尊贤，临轩备礼则用之］，二曰制书［注：行大赏罚，授大官爵，厘革旧政，赦宥降虏则用之］，三曰慰劳制书［注：褒赞贤能，劝勉勤劳则用之］，四曰发日敕［注：谓御画发日敕也，增减官员，废置州县，征发兵马，除免官爵，授六品已下官，处流已上罪，用库物五百段、钱二百千、仓粮五百石、奴婢二十人、马五十匹、牛五十头、羊五百口已上则用之］，五曰敕旨［注：谓百司承旨而为程式，奏事请施行者］，六曰论事敕书［注：慰谕公卿，诫约臣下则用之］，七曰敕牒［注：随

事承旨，不易旧典则用之]。

所谓“王言之制”，是关于唐前期以皇帝名义发布的处理国家政务文书的概括说法。《唐六典》的叙事体例，是将开元以前不同时期的制度进行汇总，统而叙之，而不是对开元时期（当然也不是对其他任何时期）制度的平面的静态的记载，更不是一部行政法典。在其注文中，往往说明制度规定的变迁，凡是开元时期的制度，一般都加以标明。如前引《唐六典》卷四“礼部郎中、员外郎”条“凡元日大陈设于太极殿”，所指为高宗龙朔三年（663）移宫以前的情况，所以要在注中说明“今大明宫于含元殿，在都则于乾元殿”。在“侍中奏礼毕。然后中书令又与供奉官献寿。时，殿上皆呼万岁”之后，又加注曰：“按：旧仪缺供奉官献寿礼，但位次立，礼毕，竟无拜贺。开元二十五年，臣（李）林甫谨草其仪，奏而行之”。又如，在《唐六典》卷二“吏部考功员外郎之职”条云：“员外郎掌天下贡举之职”，并详细记载了科举考试的制度。然后注文中又说明“开元二十四年，敕以为权轻，专令礼部侍郎一人知贡举。然以旧职故，复叙于此云”。这正说明《唐六典》是将各职官的旧职和大量的旧制与开元时期行用的制度放在一起合并叙述的。

那么，“王言之制”既然是一个概括的说法，就不能将其视为同时开始施行的制度，也就是说，不能断定自唐初以来就是行用的七种“王言之制”。但是，这七种“王言之制”在开元时期又都行用着。例如敕牒，由于其文书形态反映出的是中书门下体制下的公文特征，往往被称为“中书门下敕牒”，而今天能够见到的最早有纪年的敕牒史料，是保存在敦煌文书 P. 2504 天宝元年（742）为颁布《新平阙令》的敕牒[1]，说明它是开元十一年（723）改政事堂为中书门下以后的文书制度。

将这七种“王言之制”看成是开元时期落实的制度，是为了说明它反映的只是开元时期的政务运行情况。七种“王言之制”总体上又可以分为制书和敕书两类，册书、制书和慰劳制书是制书类，其余是敕书类。

《唐六典》所称“王言之制”，所指为开元以前的制度，其中包括开元十一年（723）改政事堂为中书门下之后形成的文书制度。它不是对中书门下体制下文书运作的典型概括。改政事堂为中书门下以后，以皇帝命令文书为中心的政务运行机制发生了变化，各种制敕类文书（不一定依然称为“王言之制”）的运作机制也因此发生了变化，许多方面不同于三省制下的公文形态及其运作机制。

南宋叶梦得《石林燕语》卷三记载了唐朝的“中书制诏”，则在某种程度上反映了唐后期王言之制的变化。兹移录如下：

> 唐中书制诏有四：封拜册书用简，以竹为之；画旨而施行者曰发日敕，用黄麻纸；承旨而行者曰敕牒，用黄藤纸；赦书皆用绢黄纸，始贞观间，或云取其不蠹也。纸以麻为上，藤次之，用此为重轻之辨。学士制不自中书出，故独用白麻纸而已，因谓之白麻。[2]

这是从用纸轻重的角度对唐代制敕进行的划分，包括用竹的

① 刘俊文. 敦煌吐鲁番唐代法制文书考释，358；中村裕一. 唐代公文書研究，93；李锦绣. 唐“王言之制”初探.

② 叶梦得. 石林燕语：卷三，37.

册书、用黄麻纸的发日敕、用黄藤纸的敕牒、用绢黄纸的赦书以及用白麻纸的翰林制书。这种划分与根据制敕的应用范围进行的划分有所不同，尤其没有提到应用广泛的敕旨，当不是叶梦得的疏忽，或因敕旨有泛化的趋势而非专称，或唐后期的敕旨与发日敕用同样的黄麻纸。从目前掌握的史料看，难以定论。

从制敕运作的角度看，唐前期三省制下，中书、门下、尚书三省在制敕文书的成立和发布过程中有着明确的分工，即所谓“中书主出令，门下主封驳，尚书主奉行”。那么，改政事堂为中书门下以后，在三省之上出现了中书门下机构，而制敕文书的成立与发布遵循着一种什么样的程式呢？

本书认为，中书门下作为政务运作的中枢，在各种公文书的上下程序中处于枢纽地位。在中书门下体制下，皇帝旨意的传宣、制敕的起草、制敕的发布分离为三个系统，即以宦官枢密使为中心的传宣系统、以翰林学士和知制诰官为中心的起草系统、以三省为中心的发布系统。中书门下体制下的此种制敕运作机制，与三省制时期有了很大的不同。

以下就制书、敕旨和敕牒的特性、发布程式及其与三省关系进行具体论证，目的是进一步从制敕的运作程式上考察中书门下与三省之间的关系，进而对中书门下体制有更深入和具体的认识。

一、制书的特性及其发布程式

制书是“王言之制”中等级最高的一类，广义的制书应包括册书、制书、赦书、慰劳制书等，其文书形态大体一致，本书即以制书为例进行论述。关于制书形态的研究，学界已有不少成果①，有的也着重探讨了制书程式上所体现的政治制度②，但是都没有将制书上官员签署官封姓名及其位置的变化与唐代政治体制的转变结合起来。应该说，三省制下制书程式上所体现的官制与中书门下体制下有所不同，本书的重点即在于从不同时期制书形态的区别分析唐代政治体制的变化。

(一) 改政事堂为中书门下前后制书签署程式的变化

现在能看到的包含整个出令程式的全貌制书，主要是制授告身，即授官的制书，以及少数几份其他制书③。唐前期的制书程式，可以中村裕一根据大庭脩复原制书式修正的制书式为代表，格式如下：

1. 门下。云云。主者施行。
2. 　　　　　　年月［御画］日
3. 　　　　　　　中书令具官封臣姓名　　宣
4. 　　　　　　　中书侍郎具官封臣姓名　奉
5. 　　　　　　　中书舍人具官封臣姓名　行
6. 侍中具官封臣名

---

① 最集中的成果是中村裕一的《唐代制敕研究》。此前的相关研究在中村氏的著作中大都有所反映，不烦赘引。

② 笔者所见有代表性的论著有：毛汉光. 论唐代制书程式上的官职//第二届国际华学研究会议论文集，1-34；楼劲. 伯二八一九号残卷所载公式令对于研究唐代政制的价值. 敦煌学辑刊，1987 (2)：79-85。

③ 对于制授告身的搜罗和研究，以大庭脩的《唐告身の古文書學的研究》最为集中。中村裕一著《唐代官文書研究》和《唐代公文書研究》都对此进行了不同程度的发挥。中村裕一的《唐代制勅研究》一书，则对制书进行了专门的研究，罗列了不同时期的制书史料，包括非告身的制书史料。毛汉光《论唐代制书程式上的官职》也附录了与制书相关的资料。

7. 黄门侍郎具官封臣名

8. 给事中具官封臣名　　等言

9. 制书如右。请奉

10. 制付外施行。谨言。

11. 　　　　年月日

12. 制可[①]

不过，“主者施行”之后的“御画日”，在经过门下覆奏之后，已经不是皇帝的御笔，而应该是中书省或门下省官员的描画；最后皇帝的“御画可”也应为侍中所注“制可”。

制书的形成，首先是中书舍人的起草，进画。进画即由皇帝御画日，是皇帝意志在制书中的体现。中书省将御画日之后的制书重写一份，原件留中书省制敕甲库存档。然后中书省将重写的制书向门下省宣奉行，门下写好覆奏文后进行覆奏，皇帝御画可后，下门下省，重写一份，侍中注“制可”，下尚书省施行，原件留门下省制敕甲库存档[②]。下尚书省之后的程式为（以制授告身式为例）：

13. 月日都事姓名受

14. 　　　　右司郎中付某司

15. 左丞相具官封名

16. 　　　　　　　右丞相具官封名

17. 　　　　　　　吏部尚书具官封名

18. 　　　　　　　吏部侍郎具官封名

19. 　　　　　　　吏部侍郎具官封名

---

① 中村裕一．唐代制勅研究，63.

② 李锦绣．唐“王言之制”初探.

20. 左丞具官封名
21. 告具官封名，奉被
22. 制书如右。符到奉行。
23. 主事姓名
24. 吏部郎中具官姓名　令史姓名
26. 书令史姓名
27. 年月日下

这是唐代前期制书的成立过程。从贞观十五年（641）封太宗第十二女为临川公主制书①，到敦煌文书中的开元时期制授告身式②，都是完全按照上述格式行用的。

需要说明的是，唐前期尚书左右仆射是正宰相，但在制书成立过程中并没有其位置。只是在制书下发时，作为承受制书机关尚书省的长官，签署官封名，制成尚书省的"符"下发到具体实施的部门或个人。这是由三省制的特征所决定的。

根据大庭脩、中村裕一收集的资料，开元十一年（723）以后的制授告身，现存的有：开元二十年（732）李暹汾州刺史告身，开元二十二年（734）张九龄守中书令告身，天宝十载（751）张无价告身，天宝十四载（755）秦元骑都尉告身，乾元元年（758）颜昭甫赠官告身，宝应元年（762）颜惟贞赠官告身，宝应元年颜允南母殷氏赠邑号告身，广德二年（764）颜元孙再发给告身，大历十二年（777）颜真卿刑部尚

① 陕西省文物管理委员会，昭陵文物管理所. 唐临川公主墓出土的墓志和诏书. 文物，1977（10）：50-60.

② 刘俊文. 敦煌吐鲁番唐代法制文书考释，224-225. 在贞观制书至开元制书式之间，还有一些制授告身资料，此不备举。

书告身，会昌二年（842）李绅守中书侍郎同中书门下平章事告身。现将敦煌文书 S. 3392 天宝十四载（755）秦元骑都尉告身移录于下：

1. ［门下］。云云。可依前件。主者施行。
2. 天宝十四载三月十七日
3. 司空兼右相文部尚书臣国忠宣
4. 中书侍郎阙
5. 中书舍人上柱国臣宋昱奉行
6. 武部尚书同中书门下平章事臣见素
7. 门下侍郎阙
8. 给事中上柱国臣　纳 等言
9. 制书如右，请奉
10. 制付外施行。谨言。
11. 天宝十四载五月九日
12. 制可
13. 五月日申时都事
14. 左司郎中
15. 司空兼文部尚书
16. 尚书左仆射　在范阳
17. 尚书右仆射　阙
18. 文部侍郎上柱国
19. 文部侍郎　阙
20. 尚书左丞　阙
21. 告骑都尉秦元
22. 奉被
23. 制书如右，符到奉行

24.　　　　　　　　　　主事　湘？

25. 员外郎　希寂　　　令史　郭彦

26.　　　　　　　　书令史　刘？观

27. 天宝十四载五月十一日 下

这份告身与开元“制授告身式”的区别在于，下尚书省之后的程序中尚书左右仆射已经空缺，但还保留着署名的位置，由于杨国忠以司空兼文部（吏部）尚书，署名于尚书左右仆射之前；门下省官员署位无侍中，而代之以“武部尚书同中书门下平章事臣见素”，因韦见素以武部尚书同中书门下平章事的身份知门下省事①。天宝年间的政治体制处于一种过渡状态之中，当时的宰相都要兼尚书省的职务，“同中书门下平章事”还没有确立为中书门下机构之官长的名位，因此也带来制书上署位的某种混乱，但三省分工的程式还基本保留。

《南宋馆阁续录》名贤墨迹第 68 轴会昌二年（842）李绅守中书侍郎同中书门下平章事告身云：

1. 门下。云云。可守中书侍郎同中书门下平章事散官勋封如故。主者施行。

2.　会昌二年二月十二日

3.　　　　　　中书令

4.　　　　　　右仆射兼中书侍郎平章事臣珙宣奉

5.　　　　　　中书舍人臣孔温业行

6. 侍中

7. 司空兼门下侍郎平章事臣德裕

① 据《新唐书》卷六二《宰相表中》，当时在位的宰相只有杨国忠和韦见素。

8. 给事中臣泰章　等言
9. 制书如右请奉
10. 制付外施行谨言
11. 　会昌二年二月　日
12. 制可
13. 　　　　　　月日时都事
14. 左司郎中
15. 吏部尚书阙
16. 吏部侍郎阙
17. 吏部侍郎?阙
18. 尚书左丞阙
19. 告银青光禄大夫守中书侍
20. 郎同中书门下平章事上柱
21. 国赞皇县开国男食邑三
22. 百户李绅奉被
23. 制书如右符到奉行
24. 主事张弘亮
25. 司勋郎中判懿　　　令史杨　温
26. 　　　　　　　　　书令史
27. 会昌二年二月　日　下①

这份告身与开元“制授告身式”的区别在于，中书令和侍中的署位还保留着，但实际上已无人签署，中书令和侍中已成

① 参见大庭脩《唐告身の古文書學的研究》；毛汉光《论唐代制书程式上的官职》附录资料十五。张富祥点校本仅收名氏，其“唐朝不知名者六十八轴”条中有《李绅拜相告》，但未录告身内容。参见南宋馆阁续录．北京：中华书局，1998：177。

为尊宠功臣节帅的虚衔；尽管当时有左右仆射在位①，但尚书左右仆射的署位已不见于尚书省官员之前，说明从制书签署的程式上取消了左右仆射作为尚书省长官的地位；吏部官员除判官司勋郎中判吏部郎中及主事、令史外全阙，但吏部官员署名的位置在文书格式上还原样保留，说明作为六部之一的吏部，其部级建制实际上已经虚置，只有判官和主事、令史等吏部司官吏具体负责执行来自宰相的命令。

告身之外的制书，复原比较完整的有《唐大诏令集》卷三〇《肃宗命皇太子监国制》②。制书实物史料还有 P. 2696 中和五年（885）三月十四日《车驾还京大赦制》残卷③，但该文书原卷首尾皆缺，制书的格式不得而知。

将唐后期的制书史料与前期制书式相比较，可知中书门下体制下的制书发布依然遵循三省分工的程式，即由中书三官宣奉行，门下三官签署后进行覆奏，侍中注“制可”，尚书都省都事受，左司郎中付，尚书某部具体制为符下发施行。但是，唐后期的制书史料还是体现出中书门下体制的特征，表现在：中书令和侍中在制书成立过程中已无实际意义，中书侍郎和门下侍郎成为两省长官，如果中书侍郎或门下侍郎缺位，则需要以其他宰相“知中书省事”或“知门下省事”；尚书左右仆射已经完全退出宰相行列，即使左右仆射在位，

---

① 据《新唐书》卷六三《宰相表下》，会昌二年二月丁丑李绅授中书侍郎同中书门下平章事时在位的宰相有：陈夷行为尚书左仆射兼门下侍郎同中书门下平章事，崔珙为尚书右仆射兼中书侍郎同中书门下平章事，李德裕为司空兼门下侍郎同中书门下平章事。《旧唐书》卷一八上《武宗纪》记事与此不同，李绅授相时间在会昌元年二月，李德裕进位司空时间也在会昌元年三月。据此李绅告身，《新唐书·宰相表》正，《旧唐书·武宗纪》误。

② 中村裕一. 唐代制勅研究，47-53.

③ 同②70-75.

也不在制书上署位，如果左右仆射兼任其他官职，则其作用仅体现在其所兼官职上；尚书都省在制书签署转发过程中的作用还体现在制书的文书形态上，但尚书六部官员（告身为吏部或兵部官员）的署位却仅仅保留形式，尚书六部以曹司为单位，成为中书门下之下的具体执行机关，只要有判官和主典即可。制书的此种变化，一方面体现了在制书署颁过程中依然遵照三省制下三省分工签署的程式，另一方面又说明三省已经成为中书门下体制下制书署颁的机构。

根据以上史料，制书中并不直接体现中书门下的作用，而且并非所有宰相都要在制书上署名。如会昌二年（842）李绅告身，当时在位的宰相除了签署制书的崔珙、李德裕外，还有尚书左仆射兼门下侍郎同中书门下平章事陈夷行。陈夷行没有签署制书，说明制书的签署只是按照三省分工的形式，由两员宰相代表中书、门下两省长官签署即可，而与中书门下施政机构无关。实际上许多重大的人事任免都是绕开中书门下而由皇帝直接做出的，宰相在这方面往往成为签署制书的环节而已，详见后论。这也说明中书门下在重要人事任免中已经沦为皇帝命令的执行机关，而不是核心的决策者。但也不能因此完全否定宰相的决策权，将人事任免权掌握在皇帝手里，将国家其他政务委诸宰相裁决，正是专制皇权运用的基本原则。一些人事任免以外的重大事务中，宰相还是具有核心决策地位的，至少比翰林学士和枢密使的作用重要。

（二）翰林学士、枢密使和宰相在制书成立过程中的不同作用

翰林学士的职权主要体现在草制权和谋议权。其草制权

在唐后期以至宋朝都一直保留并有所发展，但其谋议权却仅在德宗至宪宗时期发展到极致，陆贽在德宗时被称为“内相”，尤其是宪宗即位后设立承旨学士，位在诸学士之上，“大凡大诏令、大废置、丞相之密画、内外之密奏、上之所甚注意者，莫不专对，他人无得而参”①。但在穆宗以后，随着中书门下体制的发展演进，“内廷参决”的局面就有所改变。宰相书“诏意”就是中书门下决策权高于翰林学士的体现。《石林燕语》卷五云：

> 唐诏令虽一出于翰林学士，然遇有边防机要大事，学士所不能尽知者，则多宰相以其处分之要者自为之辞，而付学士院，使增其首尾常式之言而已，谓之诏意。故无所更易增损，今犹见于李德裕、郑畋集中。②

稍晚于此的《翰苑遗事》，也有类似的记载，只在文字上略有出入③。宋人的这个说法必有所本。但他们没有指出这是从唐代什么时候开始形成的制度。《旧唐书·韦处厚传》云：

> 宝历元年四月，群臣上尊号，御殿受册肆赦。李逢吉以李绅之故，所撰赦文但云左降官已经量移者与量移，不言未量移者，盖欲绅不受恩例。处厚上疏曰：“伏见赦文节目中，左降官有不该恩泽者。……伏乞圣慈察臣肝

---

① 元稹集：卷五一，559.

② 石林燕语：卷五，74.《石林燕语》成书于宋南渡之初，叶梦得自序云，“建炎二年（1128）避乱缙云而归。……洊罹变故，志意销窳，平日所见闻，日以废忘，因令栋（梦得子）裒集为十卷，以《石林燕语》名之”。书中内容“多故实旧闻，或古今嘉言善行，皆少日所传于长老名流，及出入中朝身所践更者”（石林燕语，原序1，在宋人笔记中以官制科目的故实见长。

③ 《翰苑群书》有知不足斋丛书影印本，参见傅璇琮、施纯德《翰学三书》。《四库全书总目提要》卷七九云，《翰苑群书》“后有乾道九年（1173）［洪］遵题记曰，云云”，此本上卷凡七家，下卷凡五种，“其《遗事》为遵所续，不在其数”。

胆，倘蒙允许，仍望宣付宰臣，应近年左降官，并编入敕条，令准旧例，得量移近处。”帝览奏，深悟其事，乃追改赦文，绅方沾恩例。

这是关于敬宗宝历元年（825）四月赦文的起草过程，正可说明宰相与翰林学士在制敕起草过程中的不同作用。宰相李逢吉所撰的赦文节目，即是所谓“处分之要者”，是为“诏意”，没有经过翰林学士的起草仍不能宣出。故须付学士院，使增其首尾常式之言。翰林学士韦处厚的上疏，即在接到宰相的“诏意”之后。这就说明在敬宗时期已经形成了宰相书“诏意”的制度，而一改翰林学士内廷参决的格局。

在任命重要官员的制书成立过程中，翰林学士、枢密使和宰相的作用也各不相同。唐代的制敕授官都有两种情况，一种是由皇帝直接任命，落实在制敕文书上为“可某官”，如前引会昌二年（842）李绅守中书侍郎同中书门下平章事告身；一种是由宰相进拟，皇帝批准，落实在制敕文书上为“可依前件”，如前引天宝十四载（755）秦元骑都尉告身。第一种情况在唐代中后期是很普遍的，许多重要的人事任免都是由皇帝亲自决定、直接任命的，称为“宣授”。

宣授官的范围，最初可能仅限于宰相和重要的将领，中村裕一推定后来可能包括所有三品以上职事官①。实际上其中主要还包括翰林学士、节度使、观察使和其他一些重要的使职。《白居易集》卷四七“奉敕试制书诏批答诗等五首”注曰：

① 中村裕一．唐代の宣授に就いて．史学研究室报告（8）．武库川女子大学文学部，1988．后收录于唐代官文書研究，268-276。

元和二年十一月四日，自集贤院召赴银台（门）候进止。五日，召入翰林，奉敕试制诏等五首。翰林院使梁守谦奉宣，宜授翰林学士。数月，迁左拾遗。

白居易被任为翰林学士，就是由皇帝宣授的，并由枢密使知翰林院使梁守谦奉宣。敦煌本《甘棠集》卷三有大中年间刘邺上陕虢观察使高少逸的《上高尚书启》(又启)：

某启：伏蒙慈造，奏授试太子正字充防御巡官者。伏以礼优悬榻，荣重起家，荷宠增惭，有躬弥惧。尚书三十三丈，道高前古，德迈当时，断自宸衷，出临藩镇。苍生积望，方瞻傅说之岩；黄阁将归，必擅萧何之柄。东求僚属，允副佥阶，辟命初行，英旄（髦）尽至。(后略)①

说高少逸出临藩镇为观察使是“断自宸衷”，即是说他是由皇帝宣授的。

敦煌本《记室备要》(P. 3723）是懿宗咸通年间乡贡进士郁知言为地方监军使所拟的表状书仪。其中“贺盐铁使”状，称“今者荣拜，选自宸衷”；“贺度支使”状称“由是皇情慎择，果叶时推”②。说明如盐铁使、度支使等重要使职的任命，是由皇帝亲自决定的。从《文苑英华》“中书制诰”和“翰林制诏”收集的命官制书中，可知这类“选自宸衷”“皇情慎择”的官职，就是“宣授”，就是应用的“可某官”形式的制书。

敬宗宝历元年（825）以后，宣授的范围进一步扩大到尚

① 赵和平. 敦煌表状笺启书仪辑校，32-33.

② 同①84.

书省的左右丞和六部侍郎。《唐会要》卷五九《尚书省诸司下》"职方员外郎条"云："宝历元年四月，宣中书，以谏议大夫刘栖楚为刑部侍郎。丞郎宣授，自栖楚始也"[①]。中村裕一据此列举了其他一些宣授的事例，正可说明唐后期宣授官的普遍性[②]。

宣授官的范围有可能扩大到五品以下官，所以宣授官中也有了敕授官。而正是由于宣授官范围的过于扩大，就有可能导致传宣旨意的宦官枢密使获得上下其手的机会，干扰朝政，所以很快有人提出反对意见。宝历元年（825）闰七月甲申，拾遗李汉、舒元褒、薛廷老于阁内论曰："伏见近日除授，往往不由中书进拟，多是内中宣出。臣恐纪纲浸坏，奸邪恣行，伏希详察。"上然之[③]。

唐后期大量枢密使操纵官员任命的记载，恰好说明了重大人事任免由皇帝直接决定的普遍化。正因为包括宰相在内的许多重要官职的任命都是由皇帝亲自决定的，那么，作为传宣这种任命旨意的枢密使，就有可能发表意见，事先得知甚至影响皇帝的决定。所以，史籍上有许多关于枢密使操纵官员任命的记载[④]。如穆宗长庆年间王守澄为枢密使，"自上有疾，守澄专制国事，势倾中外。……工部尚书郑权，家多姬妾，禄薄不能赡，因（郑）注通于守澄以求节镇。（长庆三年四月）己酉，以权为岭南节度使"[⑤]。又如王播在穆宗时原

---

① 又见旧唐书：卷一七上，514；旧唐书：卷一五四，4107。

② 见前引中村裕一《唐代の宣授に就いて》。

③ 旧唐书：卷一七上，516.

④ 罗永生. 晚唐五代的枢密院和枢密使//朱雷. 唐代的历史与社会. 武汉：武汉大学出版社，1997：139-149.

⑤ 资治通鉴：卷二四三，7826.

领盐铁使，敬宗即位后，被解除使职，为检校司空。后来通过贿赂王守澄，“守澄乘间荐之”，王播“遂复领使”①。武宗时“王践言为四川监军，节度使李德裕加征疲人三十万贯缗，因践言赴阙，尽以饯行。及践言为枢密使，德裕果为宰相”②。

“宣授”的程序，一般是由枢密使将皇帝旨意传宣到翰林院，由翰林学士用白麻起草任命制书，然后付中书门下签署施行。其决定权既不在翰林学士和枢密使，也不在宰相，而在皇帝本人。枢密使、翰林学士和宰相的作用分别是对皇帝的旨意进行传宣、起草和宣行。

翰林学士起草的制书，在向下颁发时同样需要中书门下按照三省分工的程式进行签署，在下发的制书中并不体现翰林学士的作用。如元和二年（807）正月己卯，以户部侍郎武元衡为门下侍郎同平章事，以中书舍人、翰林学士李吉甫为中书侍郎同平章事③。李肇《翰林志》记其事，李吉甫、裴垍同在学士院，“垍草李吉甫制，吉甫草武元衡制，垂帘挥翰，两不相知。……书麻尾之后，乃相庆贺”。所谓“书麻尾”，就是翰林学士起草制书后，由中书省三官宣奉行，裴垍起草李吉甫命相制书时，李吉甫并不知道，但“书麻尾”时，担任中书舍人的李吉甫却需要签署，故能够得知而相与庆贺。这个事例说明，所谓“书麻尾”只是一种签署程式上的意义，命相的决定权则在皇帝本人。《东观奏记》卷中云：

> 上（宣宗）每命相，尽出睿旨，人无知者。一日，制诏枢密院，兵部侍郎判度支萧邺可同中书门下平章事，

---

① 新唐书：卷一六七，5116.
② 册府元龟：卷六六九，8000.
③ 旧唐书：卷一四，420.

> 仰指挥学士院降麻处分。枢密使王归长、马公儒以邺先判度支，再审圣旨，未识下落，抑或仍旧。①

这里任命萧邺为宰相，就是皇帝遣枢密使指挥翰林学士“降麻处分”的。在皇帝考虑不周全之处，枢密使可以发挥自己的决断作用。不过，对于枢密使的此种作用不宜估计过高。如太和七年（833）六月，文宗不顾宰相李宗闵的反对，在没有宰相“进拟”任命名单的情况下，直接由枢密使向宰相宣出任命郑覃为御史大夫的制书。于是，李宗闵对枢密使崔潭峻说：“事一切宣出，安用中书！”崔潭峻的回答是：“八年天子，听其自行事亦可矣！”② 很显然，李宗闵在此并非责让枢密使夺宰相之权，而是说皇帝不任宰相；而作为枢密使的崔潭峻也认为直接宣命是皇帝“自行事”，而不是枢密使的作用。枢密使只是起到一个沟通传递的作用。所谓“宣出”，并不体现枢密使的决定权。

而且枢密使的传宣作用也要视皇帝的信任程度而定。有时宣授宰相，也有由皇帝直接宣给翰林学士而不通过枢密使的。如前引会昌三年（843）五月壬寅，武宗任命翰林学士承旨崔铉为中书侍郎同中书门下平章事。由于武宗当时对宦官怀有极大的“忌恶”，所以并没有通过枢密使③。

制授官的第二种情况是所谓“中书进拟”。宰相向皇帝提供候选人名单，由皇帝进行裁决；或皇帝直接与宰相商量，而不通过枢密使或翰林学士。《唐会要》卷五二《识量下》云：

---

① 东观奏记：卷中，105.

② 资治通鉴：卷二四四，7885.

③ 资治通鉴：卷二四七，7985.

其年（元和五年）十月，以前河东节度使王锷为检校司徒，充太原节度使。初，锷以钱千万赂中贵，求兼相位。宰相李藩与权德舆奉密旨曰："王锷可兼宰相，宜即拟来。"藩以为不可，遂以笔涂兼相字，复奏上。德舆失色曰："纵不可，别宜作奏，岂可以笔涂诏耶！"藩曰："势迫矣，出今日便不可止。日且暮，何暇别作奏。"权德舆又续有疏曰："夫平章事，非序进而得。国朝方镇带相者，盖有大忠大勋；大历已来，又有跋扈难制者，不得已而与之。今王锷无大忠大勋，又非姑息之时，欲假此名，实恐不可从。"

崔氏曰："此乃不谙事故者之妄传，史官之谬记耳。既称奉密旨'宜拟来'，则是得拟状中陈论，故不假以笔涂诏矣。凡欲降白麻，若商量于中书门下，皆前一日进文书，然后付翰林草麻制。"

也就是说，皇帝如果要与宰相商量重大的人事任免，则宰相需要在翰林学士起草白麻制书之前进拟状，提供候选名单，这是所谓"中书进拟"，而非宣授。尽管这种进拟也是出自皇帝的旨意，但在形式上还是要通过宰相的提名。这种情况下，中书门下具有提名权，相当于宰相书"诏意"，然后付翰林草麻制，增其首尾程式之言。

总之，无论起草和传宣的环节如何不同，制书发布的程式最终都必须纳入三省分工的程式，这是中书门下体制下制书发布的特点。也正是由于重大的人事任免都出自皇帝的旨意，占据制书中最主要分量的命官制书的成立过程中，宰相的作用就主要是分工签署发布，中书门下成为皇帝旨意的执行机关，三省成为中书门下之下的皇帝命令的签发机关。

二、敕旨的特性及其发布程式

按照《唐六典》的记载，敕书应包括发日敕、论事敕书、敕旨、敕牒等，其中敕牒的情况比较特殊，将在下文论述，而发日敕在唐后期的应用及其具体形态不是很明确，论事敕书的应用情况也较少见到，敕旨的应用却是大量而普遍的。所以本节以敕旨为代表论述敕书的特性及其发布程式。

（一）敕旨的特性和应用范围

根据《唐六典》卷九“中书令之职”条对“王言之制”的解释，敕旨“谓百司承旨而为程式，奏事请施行者”。《新唐书·百官志二》“中书令”条称敕旨为“百官奏请施行则用之”。所谓“百司承旨而为程式”，殊不可解，需要进行考释。《唐律疏议》卷一九“诸盗制书”条疏议曰：

> 盗制书徒二年，敕及奏抄亦同。敕旨无御画，奏抄即有御画，不可以御画奏抄轻于敕旨，各与盗制书罪同。

所谓“敕旨无御画”，即是指敕旨不经过皇帝的御画，而由中书令承旨宣行。吐鲁番出土“唐贞观廿二年安西都护府承敕下交河县符为处分三卫犯私罪纳课违番事”[1]，是一份难得的

[1] 《吐鲁番出土文书》第七册；刘俊文定名为“贞观廿二年尚书兵部为三卫违番事下安西都护府及安西都护府下交河县敕符残卷”，不确。其所据定名的依据，存在着对文书的误读（敦煌吐鲁番唐代法制文书考释，404-413）。此处录文参见中村裕一．唐代制勅研究，488-489。吴宗国先生定名为“唐贞观廿二年敕旨”，见唐贞观廿二年敕旨中有关三卫的几个问题——兼论唐代门荫制度//北京大学中国中古史研究中心．敦煌吐鲁番文献研究论集，148-175。中村裕一采用此说，见唐代公文書研究，173。

较为完整的唐前期敕旨实物史料，兹将其中有关官员签署程式的内容移录于下：

1. 敕旨：有荫及承别恩者，方沾宿卫，钩陈近侍。亲

…………（中略）…………

10. 　贞观廿二年二月　　日　　　［司徒检校中书令赵国公臣　　无忌　　宣］

11. 　　　中书侍郎臣崔［仁师］　　　［奉］

12. 　　　朝议郎守中书舍人［臣］柳［奭］　行

13. 奉

14. 旨如右。牒到奉行。

15. 贞观廿二年二月□□日

16. 侍中　　阙　　　　　守门下［　　　　］

17. 太中大夫守黄门侍郎　　临

18. 朝散大夫守给事中　　茂将　　　主［事］

19. 　　　二月二十六日未［时］　［都事□□受］

20. 中大夫太子少保

21. 尚书省

22. 安西都护府主者。得行从［　　　　　］

23. 敕旨连写如右。牒至准　敕［者］。［府宜准］

24. 敕。符到奉行。

25. 　　　　　　　　　　主事　　　能振

26. 兵部员外郎　　礼　　　令史

27. 　　　　　　　　　　书令史

28. 　　　　　　　贞观二十二年［三月　日下］

这里“承旨”的是司徒检校中书令赵国公长孙无忌，故作

“司徒检校中书令赵国公臣无忌宣”，中书令承旨后，由三省官员分别签署，这就是“而为程式”。其中没有皇帝的御画“日”。所谓“百司承旨而为程式”，就是中书令直接承受皇帝的旨意，或由内侍省宦官将皇帝的旨意传达给中书令，然后按照三省分工的程式宣行，不再进画和覆奏。

《新唐书·百官志二》谓敕旨为“百官奏请施行则用之”，与《唐六典》所谓“百司承旨而为程式，奏事请施行者”有所不同。《唐六典》实际上应是两句话，“百司承旨而为程式”指的是发布程式需要经过三省的分工签署，实例见上引贞观二十二年敕旨；“奏事请施行者”指的是敕旨的性质和应用范围，也就是《新唐书·百官志二》的“百官奏请施行则用之”。

唐前期的敕旨史料很少留存，上引贞观二十二年敕旨能够说明敕旨的发布程式，但对于其是否为“百官奏请施行则用之”的文书，还不能妄下断论。唐后期的敕旨史料则是非常多的，反映出其应用范围很广，用于对各种奏状的批复。唐代前后期敕旨的性质和应用范围是否有变化，是一个还有待进一步研究的问题。

文献中出现较早的用于批复奏状的敕旨，有开元十七年(729) 八月玄宗批复宰相请以八月五日为千秋节奏表的敕旨。这是批复宰相（中书门下）奏请的敕旨，略引如下：

> 左丞相臣说、右丞相臣璟等言：臣闻……臣不胜大愿，以八月五日为千秋节，著之甲令，布于四方。(后略)
>
> 敕旨：凡是节日，或以天气推移，或因人事表纪。八月五日，是朕生辰，(中略) 依卿来请，宜付所司。①

---

① 张说之文集：卷一五. 四部丛刊正编 (31). 台北：商务印书馆，1979：99.

《唐会要》卷五四《省号上》“给事中”条载：

> 开元二十一年二月，定安公主初降王皎，（中略）及是公主薨，其子驸马王繇请与其父合葬。敕旨：依。给事中夏侯铦驳之曰。……请议公主合与王皎合葬可否。报之。[①]

这是批复驸马王繇个人奏状的敕旨。

安史之乱以后的敕旨史料则留存较多。如柳宗元《让监察御史状》云：

> 右。臣伏准《名例律》：诸官与父祖讳同者，不合冒荣居之。臣祖名察躬，今臣蒙恩授前件官，以幼年逮事王父，礼律之制，所不敢逾。臣不胜进退惶恐之至。谨诣光顺门，奉状以闻。伏听敕旨。
>
> 贞元十九年闰十月　日［承议郎新除监察御史臣柳宗元奏］
>
> 奉敕：新除监察御史柳宗元，祖名察躬。准礼，二名不偏讳。不合辞让。
>
> 年　月　日　检校司空同中书门下平章事杜佑　宣[②]

这是敕旨用于对官员个人表状进行批复的场合。

《唐大诏令集》卷七六“义安太后服制敕”，是唐代后期公文书运作的一个完好实例。李锦绣引用此敕说明了唐代敕旨的产生过程[③]。为了说明方便，现略引之如下（笔者对此件

① 唐会要：卷五四，936-937.

② 柳宗元. 柳河东全集：卷三九. 北京：中国书店，1991：412.

③ 唐大诏令集：卷七六，430. 参见李锦绣《唐“王言之制”初探》，其引文有所错漏。

文书的理解略有不同，在格式上做了一些修正）：

皇帝为义安皇太后制服重轻事

权知礼部侍郎陈商等状：伏睹义安皇太后升遐遗令，……皇帝遵奉遗旨，将欲施行。臣等商量，（中略）谨具如前。

公卿等议大行皇太后丧礼状

中书门下奏：今月十一日大行皇太后遗令，（中略）然酌于群议，恐未得中。……臣等奉太皇太后令，……伏希圣明，必赐察纳。谨具如前。

敕旨：朕恭承遗令，既遵易月之文，而公卿庶僚，愿举酌中之典，征引古义，发挥旧章，闳兹敷陈，良用酸恻。朕嗣缵鸿业，岂以自私，勉副群情，倍深感切。所有降服及山陵制度，并依。

会昌五年正月十五日

这件敕旨成立的全过程，应为先有皇帝的敕（或为口敕），命百官议，即“敕付所司商量事”①。本件第一句“皇帝为义安皇太后制服重轻事”，就是该敕的节文。其次是权知礼部侍郎陈商等人的商量状，大抵这份商量状是由主管礼仪之事的礼部侍郎汇总百官议论而写成的。本件“公卿等议大行皇太后丧礼状”，当是中书门下奏状的起始语。中书门下是集议的主持者，需综合百司议状上奏。中书门下上奏皇帝之后，皇帝以“敕旨”批答。这是对百官集议的议状的批复，反映了这种场合敕旨的成立过程。

敕旨对“中书门下奏”的批答，见于《唐会要》中大量

① 唐会要：卷五七，986.

的对“中书门下奏”的批“依”或“宜依”。这是中书门下体制下政务处理的通常程式，不烦赘引。

而对于地方或在京百司上奏的政务文书的批答，同样是应用敕旨。此类事例亦遍见于《唐会要》和其他史籍中。兹引述几例如下。《宋刑统》卷一二“死商钱物”条载录唐太和八年（834）八月二十三日敕节文，是对户部奏状进行批复的敕旨。其文如下：

> 当司应州郡死商及波斯蕃客资财货物等，谨具条流如后：（后略）。
>
> 右。户部奏请：自今以后，诸州郡应有波斯及诸蕃人身死，若无父母、嫡妻、男及亲兄弟元相随，其钱物等便请勘责官收（后略）。
>
> 敕旨：宜依。

《旧唐书》卷一九七《南蛮·西南蛮传》“东谢蛮”条载贞元十三年（797）正月黔中经略招讨使王础的奏状及批复的敕旨，是敕旨用于对地方官奏状批复的实例。只是这也是经过史臣加工的材料，而非奏状和敕旨原貌。其文如下：

> 西南蕃大酋长、正议大夫、检校蛮州长史、继袭蛮州刺史、资阳郡开国公、赐紫金鱼袋宋鼎，
>
> 左右大首领、朝散大夫、前检校邛州刺史、赐紫金鱼袋谢汕，
>
> 左右大首领、继袭摄蛮州巴江县令、赐紫金鱼袋宋万传，
>
> 界首子弟大首领、朝散大夫、牂州录事参军谢文经。
>
> 黔中经略招讨观察使王础奏：

> 前件刺史，建中三年一度朝贡，自后更不许随例入朝。今年恳诉称州接牂牱，同被声教，独此排摈，窃自惭耻，谨遣随牂牱等朝贺。伏乞特赐优谕，兼同牂牱刺史授官。其牂牱两州，户口殷盛，人力强大，邻侧诸蕃，悉皆敬惮。请比两州每三年一度朝贡，仍依牂牱轮环差定，并以才干位望为众推者充。
>
> 敕旨曰：宋鼎等已改官讫。余依旧。

《元稹集》卷三八《论浙西观察使封杖决杀县令事》，说明对御史台奏状的批复，同样使用敕旨。其文如下：

> 浙西观察使润州刺史韩皋去年七月封杖决湖州安吉县令孙澥，四日致死。右。御史台奏：得东台状，访闻有前件事。……伏望严加禁断，庶使遐方士子，免有衔冤。
>
> 敕［旨］：封杖决人，殊非文法。因此致死，有足矜嗟。韩皋备历中外，合遵典宪，有此乖越，良所怃然，罚一月俸料。据决孙澥月日，是旧刺史辛祕离任之后，新刺史范传正未到之时，俱无愆尤，不可议罚。余依。①

据《旧唐书》卷一六六《元稹传》，当时元稹为监察御史分务东台，"浙西观察使韩皋封杖决湖州安吉令孙澥，四日内死"。稹并劾奏以法。据《旧唐书·宪宗纪上》，时在元和五年(810) 正月，"浙西观察使韩皋以杖决安吉令孙澥致死，有乖典法，罚一月俸料"。

敕旨还有很重要而普遍的一个用途，就是用于任命官员。

① 元稹集：卷三八，430-431.

这一点将在下文进行专门论述。

以上事例说明，唐中后期的敕旨是对于各类奏状的批复文书。由于奏状应用的普遍性，奏状取代奏抄成为国家政务文书的主体，敕旨的应用也随之普遍起来。在这种情况下，至唐中后期，“敕旨”一词的使用有泛化的趋势。

中村裕一列举唐人文集中有关敕旨史料，说明了敕旨被泛化使用的特征①。他指出，敕旨在某些场合“可能指的是制书或发日敕书”。如《文苑英华》卷五八六《表》令狐楚撰《为道州许使君谢上表》云，“臣某言。伏奉某月日敕旨，授臣道州刺史。恭承荣命，拜伏宠光”。《樊川文集》卷一五《黄州刺史谢上表》云，“臣某言。臣奉某月日敕旨，自某官授臣黄州刺史，以某月日到任上讫。诚惶诚恐，顿首顿首”。因为所授官都是三品刺史，应为制授，故有可能是制书。但是，中村裕一进一步指出，由于原告身和告身的制词部分已不存在，所以只要是敕旨，就不得不判断是敕授告身的敕词。又因为敕授告身的一种是发日敕，所以把敕旨认为是敕授告身的敕词或发日敕书的别称，或许更合适些。中村裕一在这里用的是推测的语句，不能予以肯定。此处即明言敕旨，说明这种敕旨相当于过去的制书或发日敕。中村裕一所谓“可能指的是制书或发日敕书”，是一种以不变应万变的办法，实际上没有着力研究唐代不同时期敕旨的发展变化，没有解决敕旨和发日敕、制书的应用范围问题。

笔者认为，中村裕一指出的这些现象正可说明唐后期敕旨使用范围扩大及敕旨概念泛化的趋势，敕旨有时相当于发

① 中村裕一. 唐代制勅研究，461-462.

日敕也有一定的道理。因为同样在《樊川文集》中，如果是制授官，则直言奉制书，如《代裴相公让平章事表》云，“臣某言。伏奉今月日制书，除臣某官同中书门下平章事。祗奉成命，进退失图，捧诏兢惶，衔恩战栗。臣诚惶诚恐，顿首顿首”①。而上面两道谢上表中所言授刺史皆称“奉敕旨”，其为制授的可能性不大，应为敕授。至于是发日敕还是敕旨，中村裕一所说为发日敕，似亦缺乏依据。如果是对宰相奏状的批复，则应为敕旨；如果出自皇帝自身的旨意，则应为发日敕。三品刺史用敕旨或发日敕任命，则说明敕授官的范围比以前有所扩大。而敕授官范围的扩大，如果是敕旨授官，则说明中书门下任官提名权的扩大，是宰相职权政务化的一个实际体现；如果是发日敕授官，则说明皇帝对官员任命权控制的加强。这两方面都是唐后期政治体制演进的一个重要方向。

中村裕一认为，在另外一些场合，敕旨又可能指的是“慰劳制书”或“论事敕书”。如《文苑英华》卷五九四《表》张渭撰《为封大夫谢敕赐衣及绫彩表》云，“臣某言：中使某至，奉宣敕旨，赐臣衣若干事。目睹丝纶，手披箧笥（后略）”。因为赏赐的场合一般不用发日敕书和敕旨，所以这里的敕旨可能是论事敕书或慰劳制（诏）书。不过，由于没有赐物的原文书，即言敕旨，就只能归入敕书类，判断为论事敕书。

由此看来，大凡“王言之制”中的各种敕类文书，都有被概称为“敕旨”的可能。这种情况的存在，使得人们对敕旨甚至整个唐后期王言之制的认识至今依然模糊不清。敕旨

---

① 樊川文集：卷一五，226.

应用范围扩大的意义在于，由于敕旨具有超越一切法令及对法令进行更改的效力，如“永为常式”“仍敕诸道准此”等敕旨的常用语①，本身就是立法或对法令的修改，所以敕旨应用范围的扩大，是君主走向处理国家政务前台的表现②。

（二）敕授告身与敕旨的应用

敕旨中有很重要而大量的一类，就是对任命官员的奏状的批复。敕授官与制授官一样有两种形式，一种是出自皇帝旨意的，当为“发日敕”，一种是对中书门下或地方长官进拟状的批复，是为“敕旨”。《文苑英华》所收众多谢表，都是敕旨授官之后所上。此种谢表又见于众多唐人文集之中，如《白氏长庆集》《樊川文集》等。

前揭大庭脩《唐告身的古文书学的研究》汇集的敕授告身有11件，分别是：永泰元年金刚三藏告身，是金刚三藏和尚圆寂后赠官告身，敕词结句为“可赠开府仪同三司仍赠号大弘教三藏”；永泰元年不空三藏告身，结句为“可特进试鸿胪卿仍赐号大广智不空三藏”；大历三年朱巨川告身，任命朱巨川为试大理评事兼豪州钟离县令，结句为“可依前件”；大历九年不空三藏告身，结句为“可开府仪同三司仍封肃国公食邑三千户余如故”；大历九年不空三藏追赠告身，结句为“可赠司空仍谥号大辨证广智不空三藏和上”；大历十四年张令晓告身，任命张令晓为资州磐石县令，结句为“可依前件”；建中元年颜真卿告身，任命颜真卿为太子少师，结句为

---

① 如《唐会要》载“大中五年九月中书门下奏：（前略）余望准前后敕处分。敕旨：宜依。仍编入格令，永为常式”（唐会要：卷六九，1211）。

② 雷家骥. 隋唐中央权力机构及其演进，329.

"可太子少师依前充礼仪使散官勋封如故"；建中三年朱巨川告身，任命朱巨川为朝议郎守中书舍人，结句为"可守中书舍人散官如故"；元和元年高阶远成告身，授予日本国使判官高阶远成为中大夫试太子中允，结句为"可依前件"；大中五年洪䇒告身，任命河西都僧统洪䇒为京城内外临坛大德，结句为"可京城内外临坛大德仍并赐紫余各如故"；咸通二年范隋告身，任命将仕郎权知幽州良乡县主簿范隋为柱国，结句为"可依前件"。

这些告身的格式并不完全相同，大体可分为两类，即"可某官"和"可依前件"。由于告身是制敕发布之后再由吏部（或兵部）官员誊写的，盖的印都是吏部或兵部告身之印（如是勋官或爵位，则为吏部司勋、司封之印），所以已不可见其是否有御画了。告身是吏部或兵部执行时进行重写的，给授官者每人一份。写告身的工作量很大，《唐会要》载："（贞元）十一年十月，罢吏部、司封、司勋写急书告身官九十一员。自天宝以来，征伐多事，每年以军功官授官十万数，皆有司写官告送本道，兵部因置写官告官六十员，给粮，经五年后酬以官。无何，吏部、司封、司勋、兵部，各置十员。大历以后，诸道多自写官告，急书官无事，但为诸曹役使，故宰臣请罢之"①。大历以后，诸道自写官告，大概是进奏院自写，然仍需至吏部或兵部用印。如果是皇帝宣授的官职，则每通告身都有自己独立的制敕，即告身的制词和敕词都是单独的。但大量的授官文书是对宰相或吏部、兵部及地方官奏状的批准，皇帝对授官文书的批准却是一批一批的，每一批称为一甲，即众多的授

① 唐会要：卷五七，987-988.

官者只有一份制敕，所以每通“可依前件”的告身的敕词都有一个“甲头”，往往与授官者无关。

尤其是传世的一些告身资料，更非原件。依据是否有御画来判断是发日敕还是敕旨，恐怕不得其要领。如李锦绣据大庭脩的研究分析，建中三年（782）朱巨川告身为“敕旨”，无御画，无覆奏[①]。恐不确。笔者认为，敕授告身应有发日敕和敕旨两种，根据敕旨是对百官奏事的批准，则“可依前件”的告身应为敕旨授官，而发日敕所任命的是出自皇帝旨意的，表现在告身格式上就是“可某官”。至于奏授官的批复，则是御画奏抄，而非如李锦绣所谓“发日敕”。“发日敕”所授官也应是敕授官而非奏授官。

前文已论及制授官和敕授官中都有宣授，宣授只是制敕授官的一个环节，而不构成一个完整的授官程序。宣授中的制授，结句为“可某官”，起草制书的是翰林学士；宣授中的敕授，结句亦为“可某官”，当即发日敕，起草敕书的则是中书舍人或知制诰官[②]。如长庆二年（822）三月张平叔由鸿胪卿、判度支宣授为户部侍郎判度支[③]。任命其为户部侍郎的敕书即是由中书舍人白居易起草的，《白居易集》卷四八

① 李锦绣. 唐“王言之制”初探.

② 砺波护《唐代の制诰》指出，“皇帝直接的命令即所谓内制，由翰林学士起草，宰相的命令即所谓外制，由中书舍人知制诰起草”（唐代政治社会史研究，173）。按：《文苑英华》卷四四八至四五九《翰林制诏》任官文书中的任命宰相、元帅、都统、节度使和将领的文书都是制书，以“门下”开头，以“主者施行”作结句；“翰林制诏”卷四五九以后一些文书如“赐将士书”等，则为敕书，当为论事敕书，说明翰林学士起草的不仅是制书，也有敕书。而卷三八〇至四一九《中书制诰》全部都是任官文书，其中有敕书也有制书，说明并非中书舍人只起草敕书而不起草制书。这种情况一方面是由于不同时期的材料汇编在一起造成的，另一方面也说明所谓内制、外制不是以制书、敕书相区分的。

③ 《旧唐书》卷一五九《韦处厚传》记张平叔“自京兆少尹为鸿胪卿、判度支。不数月，宣授户部侍郎”。

《中书制诰》目收录了这份任官敕书，标题作《张平叔可户部侍郎判度支制》，这实际上是一份敕书①。无论是翰林学士还是中书舍人起草的制敕，都要经过三省分工的签署。起草和署颁制敕，是制敕成立过程中的两个环节，即使是中书舍人起草，起草进画的中书舍人与署颁的中书舍人并非同一人。

唐后期敕授官范围有不断扩大的趋势，反映出宰相或君主对吏部、兵部任官权的收夺，也说明地方奏请任官的情况越来越普遍。尤其是节度观察使大量奏请自己召辟僚属及奏为州县官或御史、大理评事等兼官，都需要以奏状上报朝廷，然后皇帝以敕旨加以批准。《文苑英华》卷三八〇至四一九《中书制诰》中大量的授官文书都是对节度观察使奏请任命僚佐文状的批复文书，虽名为“制”，实际上都是敕旨，起始皆为“敕”，结句为“可依前件”。如《文苑英华》卷四〇〇杜牧《夏侯瞳除忠武军节度副使薛途除泾阳尉充集贤校理等制》②，任命夏侯瞳为忠武节度副使的应是敕旨，起始曰“敕”，结句为“可依前件”，而所谓“制”的标题，当为文集编集者所加。说它是对奏状进行批复的敕旨，我们在唐人文集中可以找到相关的证据。李商隐《为荥阳公谢除卢副使等官状》云：

> 右。臣得进奏官某状报，臣所奏卢某等二人，奉某月日敕旨，赐授前件官充职者。臣谬当廉印，合启幕庭，抚鱼罿以兴怀，惧羖皮之废礼。卢戡与臣同年登第。(后略)③

---

① 这明显是一份敕授告身的敕词，以“敕”字开头。其实在《文苑英华》的《中书制诰》中，有许多标题为“某某制”而开头却贯以“敕”的文书，应皆为敕书，那些标题可能是文集的编撰者加入的。中村裕一认为《张平叔可户部侍郎判度支制》是“发日敕书”(唐代官文書研究，272)，此说是对的。

② 又见樊川文集：卷一九，288-289。

③ 李商隐. 李义山文集：卷二. 四部丛刊正编（37）. 台北：商务印书馆，1979：14-15. 又见文苑英华：卷六二九。

这是李商隐担任桂州观察使郑亚的判官时为郑亚起草的谢状，知其先有奏请卢某二人为使府僚佐的奏状，然后得到敕旨的批准，故再上谢状。这是唐后期非常普遍的任官机制。

(三) 敕旨发布程式的变化及其意义

敕旨发布程式的变化，与制书的变化大体相同，既保留着三省分工签署的程式，也体现了中书门下体制的特点。保留在《大正新修大藏经》中的一些敕旨史料，有可能是较为完整的原貌敕旨，以其与唐前期的敕旨史料相比，可看出其间的异同。《大正新修大藏经》第2156号《大唐贞元续开元释教录》卷上收有大历七年（772）批复不空奏请翻译《仁王经疏》的敕旨文书[1]，两省官员签署分别为：司徒兼中书令臣子仪宣，中书侍郎平章事臣元载奉，中书舍人（阙）；侍中（阙），门下侍郎平章事王缙，给事中（阙）。同上书卷中有建中二年（781）敕旨文书，发布程式与大历七年敕旨大体相同，兹依录于下：

新定四分律疏　　拾卷

右。祠部奏：（中略）伏请许以并行，任其学者所好。

敕旨：宣付所司。

建中二年二月二十二日

太尉兼中书令尚父汾阳郡王　　假

中书侍郎同平章事臣　　杨炎　　宣

银青光禄大夫行中书舍人兼礼部侍

① 大正新修大藏经：第55册，749-750.

郎史馆修撰上柱国臣　于邵　奉行

奉

敕旨如右。牒到奉行。

建中二年二月二十五日

侍中　阙

门下侍郎同平章事臣　卢杞

给事中臣　班宏

二月二十五日　时　都事

直官权判兵部员外郎　卢端

祠部　牒安国寺佥定律疏院

…………（中略）…………

牒。奉　敕如右者。得前件临坛大德如净等状，所佥定律疏。奉　敕律疏三本许以并行，任其学者所好。谨具佥定律疏大德名如前。伏望准　敕牒律院，庶光后叶者。谨检校文用者，准状牒佥定律疏院者。牒至准敕。故牒。

建中二年二月二十六日

令史　申屠琮　牒

［祠部］员外郎　房由

主事　李麟①

说明敕旨在中书门下体制下同样是要经过三省分工签署。尽管大历和建中时期的材料可能不典型，因为当时在进行着意图恢复三省制的改革，但此份敕旨还是体现出与唐前期敕旨不同的发布程式。

---

① 大正新修大藏经：第 55 册，762.

首先，中书令和侍中虽保留署名的位置，但实际上并不签署，只是中书侍郎同平章事和门下侍郎同平章事分别代表中书省和门下省进行签署。“太尉兼中书令尚父汾阳郡王”是郭子仪，当时休假，没有签署。如果没有休假，则亦应签署。如前面所说的大历七年（772）敕旨，就有“司徒兼中书令臣子仪宣”。本来自肃宗以来形成了宰相轮流秉笔直事的制度，宰相休沐，可以由当直的宰相代其他宰相署名。“初，肃宗时天下事殷，而宰相不减三四员，更直掌事。若休沐各在第，有诏旨出入，非大事不欲历抵诸第，许令直事者一人假署同列之名以进，遂为故事”。德宗即位之初贬崔祐甫的敕书，尽管中书令郭子仪休沐在家，还是署了名，只不过是由门下侍郎同平章事常衮代署的①。此次郭子仪休沐而未签署，说明在贬崔祐甫事件后改变了当直宰相代署制敕的做法。查《新唐书》卷六二《宰相表中》，知建中二年（781）二月除了几个带宰相衔的节度使外，在位的宰相只有郭子仪、杨炎和卢杞。事实上，当时基本维持着两员宰相的格局。从上节制书的签署看，如果在其他时期有不止两员宰相，也同样是由两员宰相签署②，而如果中书侍郎或门下侍郎阙职，则需要由其他宰相加“知中书省事”或“知门下省

① 旧唐书：卷一一九，3439-3440.

② 如元和元年正月高阶真人远成告身，是一份以“可依前件”结句的敕旨文书，在文书签署的宰相只有中书侍郎平章事郑絪、门下侍郎平章事（杜）黄裳。据《新唐书·宰相表中》，当时在位的宰相还有尚书左丞同平章事郑余庆，然其并未签署。只是在任官敕旨下发到尚书省后，在尚书吏部签署的位置上，注明“尚书左丞平章事在中书”。这种情况除了说明不是所有在位的宰相都签署制敕之外，还表明中书、门下两省以外的官员兼任宰相的，并不负有其本官应负的责任，在中书的尚书左丞便不承担尚书左丞进行勾检制敕的责任。元和元年正月高阶真人远成告身，转引自大庭脩《唐告身の古文書學的研究》。

事”的头衔进行代署①。

其次，凡是发往寺院的敕旨文书，都是由尚书礼部的祠部司直接牒某寺院的，而不经过尚书都省。唐后期的敕授告身中，中书、门下两省官员签署后，也都是由吏部官员直接签署②，没有尚书左右仆射的领衔签署，没有如前期的敕旨一样下发时以尚书省的名义。但尚书都省的都事受和左司郎中付的程式依然保留。

敕旨签署发布程式的此种变化，体现了两省内部结构的变化和中书门下体制的特点。中书门下以两省为依托，中书门下的长官中书侍郎同平章事和门下侍郎同平章事，同时又是中书省和门下省的实际长官，中书令和侍中成为虚宠功臣武将的荣誉头衔。维持着中书侍郎同平章事和门下侍郎同平章事分别代表中书省和门下省在敕旨文书签署的格局，既保留了三省分工签署的程式，又体现了中书门下宰相机构的实际作用。而敕旨直接由尚书省某司牒具体承受部门或个人，不以尚书省部级机构建制的名义，也不用整个尚书省的名义，说明尚书省失去了最高行政机关的地位，以司为单位成为中书门下之下的具体承办部门。尚书都省的“都事受”和“左司郎中付”的程式依然保留，则说明尚书都省成为中书门下体制下的文书收发和勾检机关。

---

① 敕类文书的签署在不同时期当有所变化，如《旧唐书》载：“（贞元十一年四月）甲子，赐南诏敕书，始列中书三官奉宣行，复旧制也”（旧唐书：卷一三，381），说明此前敕书中“中书三官奉宣行［应作宣奉行］”的程式并不完备。

② 大历十四年张令晓告身，其敕词是一份批准以“尹庭泚”为甲头的敕旨文书，结句为“可依前件”，尚书省签署的程式为“金紫光禄大夫吏部尚书真卿／吏部侍郎阙／吏部侍郎阙／尚书左丞 停?”。参见大庭脩《唐告身の古文書學的研究》。

三、敕牒的特性及其发布程式

(一) 敕牒的文书特性

“敕牒”属唐代“王言之制”的一种，是由上逮下的政务文书之一。《唐六典》卷九谓敕牒为“随事承旨，不易旧典则用之”。南宋叶梦得《石林燕语》卷三谓敕牒为“承旨而行”者，属于中书制诏之一，且用轻于发日敕所用黄麻纸的黄藤纸[①]。二者对敕牒的使用场合都认为是“承旨”，即上承皇帝的旨意而行用，且轻于制敕文书中的发日敕和敕旨。但仅据此仍不足以明了敕牒的特性和具体发布程式，所幸有众多关于唐代敕牒的实物史料留存，为我们探讨敕牒的具体形态提供了翔实的史料基础。

圆照《代宗朝赠司空大辨证广智三藏和上表制集》[②]（简称《不空表制集》）中便保存有大量的敕牒文书，如卷一有《请再译仁王经　制书一首》,《杜中丞请回封入翻译　制一首》，卷二有《请舍衣钵助僧道环修金阁寺　制一首》，卷三有《请超悟法师于化度寺修六菩萨讲　制一首》等等，而其所谓“制书”，实际上都是敕牒，与下引敕牒文书相一致，不烦赘引[③]。兹将《不空表制集》卷一载广德二年（764）《降诞日请度七僧祠部

① 《石林燕语》云，“承旨而行者曰敕牒，……而敕牒乃尚书省牒”（卷三，37)，所指当指元丰改制以后的尚书省。唐后期的敕牒都是中书门下奉敕牒某司某人。

② 大正新修大藏经：第52册.

③ 说明在一般的文集中，制和敕都有皇帝命令泛称之义，而不是具体文书形态的专称。

敕牒一首》节引如下：

（七僧名状，略）

右。兴善寺三藏沙门不空奏：上件僧等，自出家来，常寻法教，不阙师资，戒行精修，实堪为器。比虽离俗，迹昌私名。今因陛下开降诞之辰，朝贺欢欣之日，伏请官名以为正度，用资皇祚，以福无疆。如天恩允许，请宣付所司。

中书门下　牒祠部

牒。奉敕：宜依。牒至准敕，故牒。

广德二年十月十九日

中书侍郎平章事　杜鸿渐

中书侍郎平章事　元载

黄门侍郎平章事　王　使

检　校　侍　中　李　使

检校右仆射平章事　　使

太尉兼中书令　　　　使

尚书祠部　牒三藏不空

牒。奉中书门下　敕牒如右。牒至准敕，故牒。

广德二年十月十九日　　令史牒

［祠部郎中某］

主事①

其他文献和石刻史料、敦煌文书中，都有不少敕牒史料。中村裕一指出敕牒是四种敕类文书中处分最小事情的命令形

① 大正新修大藏经：第 52 册，831. 参见中村裕一. 唐代制勅研究，526-527。

态，是最轻的一种敕书，并根据大量的敕牒实物史料，复原了敕牒文书的一般形式：

某某之事

右。某奏，云云。

中书门下牒　某

牒。奉敕：云云（宜依，依奏，余依）。牒至准敕。故牒。

年月日　牒

宰相具官姓名①

由此可知，敕牒最基本的特征是由中书门下牒某官或某司，尽管也是奉敕而牒，但不经过三省分工的签署程式，而是由所有在位的宰相签署②。其性质是对奏某某之事的奏状的批复③，应用的范围主要是各种具体的政务。

敕牒与敕旨和发日敕等敕类文书尽管都属于“王言之制”，但其间有着重大的不同。主要体现在，敕牒由宰相签署而不经过三省分工的签署程式，只是体现中书门下的作用，下发时不像发日敕和敕旨一样，既无须中书省的宣奉行和门下省官员的签署，也无须经尚书都省的受付。敕牒下发的责任人是中书门下，敕旨和发日敕等下发的责任人是皇帝，敕牒中“奉敕：云云。牒至准敕”的敕，是一个抽象的概念，

---

① 中村裕一. 唐代制勅研究，513，529.

② 张国刚举出《金石萃编》卷九五《会善寺戒坛碑》所载录的文书，并根据宰相集体签署的文书程式，称“这份牒文，疑即宰相签署的堂帖（帖通牒）”（唐代官制，12-13），误。其实，那就是一份敕牒。

③ 大庭脩在论述汉代制诏形态时亦指出，官僚的提议和献策得到皇帝的认可后，作为皇帝的命令而发布，此种形式的“诏书”，相当于唐代的敕旨和敕牒（秦汉法制史研究，172-174）。说明他是将唐代的敕牒看成为对官员上奏文书批复的命令形态的。

泛指皇帝的旨意，而不是具体文书形态上的敕类文书。敕旨和发日敕中也有敕和牒，但那是两个环节上的文书形态，是中书省对敕进行宣奉行之后由门下省牒尚书省，其格式为在中书三官宣奉行之后、门下省官员签署之前书写“奉　敕[旨]如右。牒到奉行”。其中门下和中书省的作用是分开的，但文书下发过程中则将不同环节上的内容连接在一起，体现了整个文书的形成过程，并不能称为敕牒。

敕牒与一般牒文之间的区别在于，敕牒是“王言之制”的一种，而一般的牒文只是各部门之间行用的公文书。《唐六典》卷一“尚书省左右司郎中员外郎之职”条谓“九品已上公文皆曰牒”，敦煌文书 P. 2819 开元公式令残卷有“牒式”如下（依原文书分行序号）：

21. 牒式
22. 尚书都省　　为某事。
23. 某司云云。案主姓名，故牒。
24. 年月日
25.
26. 主事姓名
27. 左右司郎中一人具官封名。令史姓名
28. 书令史姓名
29. 右尚书都省牒省内诸司式。其应受
30. 刺之司於管内行牒皆准此，判官署位
31. 皆准左右司郎中。①

这是部门内部往来文书的“牒”。牒是唐代官民广泛使用的文

① 刘俊文. 敦煌吐鲁番唐代法制文书考释，222-223.

书形态，敦煌文献中大量的公文书是牒式文书[①]。如大谷2835号文书就是长安三年（703）敦煌县上括户采访使的牒[②]。无论如何，这些牒都是一般的公文书而不是“王言”。而敕牒则被明确规定是“王言之制”中的一种，是宰相机构代表皇帝指挥政务的命令性文书。如贞元四年（788）八月吏部奏：

> （前略）谨具由历状样如前。伏望委诸州府县，于界内应有出身以上，便令依样通状，限敕牒到一月内毕。务令尽出，不得遗漏。其敕，令度支急递送付州府。[③]

这里的“其敕”所指即为“敕牒”，说明敕牒也是敕的一种。

敕牒是中书门下奉敕而牒百官百司，是敕和牒的统一。其“牒。奉敕：宜依。牒至准敕。故牒”的行文格式，与一般牒式有所不同。如《不空表制集》卷一《制许搜访梵夹祠部告牒一首》，为乾元元年（758）三月不空上奏请求搜访梵夹事并得到敕旨批依后，祠部给不空的告牒，其式为：

> 尚书祠部［牒］　　大兴善寺三藏沙门不空
>
> 牒。奉敕旨如右。牒至准　敕。故牒。[④]

这是主管宗教事务的尚书礼部的祠部司将敕旨转发给不空的告牒。转发敕旨的牒文，是尚书省诸司牒具体的敕旨承受者，“奉敕旨如右。牒至准敕。故牒”，是在经两省官员签署的敕旨之后，将作为王言的敕旨转发到具体承受的个人和部门。此种文书包含了敕旨和牒文两份文书在内。又如前引《不空表制集》

---

① 中村裕一．唐代公文書研究，107－115.

② 大谷文书集成：第一辑，105－106．参见唐长孺．关于武则天统治末年的浮逃户．历史研究，1961（6）：90－95。

③ 唐会要：卷七四，1340.

④ 不空表制集，828.

卷一《降诞日请度七僧祠部敕牒一首》，祠部给不空的告牒为：

尚书祠部　牒三藏不空

牒。奉中书门下　敕牒如右。牒至准敕。故牒。

广德二年十月十九日　　令史牒

［祠部郎中某］

主事

这是祠部将中书门下的敕牒转发给上奏请示的不空三藏，牒与敕牒是两件文书。以上两例说明敕旨和敕牒都需要由尚书曹司以牒文转发给承受者，这种牒文的行文格式与敕牒的不同，关键在于其“奉敕旨（敕牒）如右”中的敕旨或敕牒是一份完整的“王言”文书，而敕牒中的“奉敕：宜依。牒至准敕。故牒”，是将敕的内容写到了牒文里，此牒本身就是敕，此外并无单独的敕，是中书门下将皇帝批准奏状的意见牒告于某官或某部门，敕牒之外并无其他文书。总之，敕牒是敕和牒的合一，敕牒的签署下发者是全体宰相①，一般的转发敕旨的牒文则是由尚书某司郎中或员外郎签署下发的。

（二）敕牒的应用场合及其与敕旨的异同

从应用性质上说，敕牒是对奏状进行批复的行政通告。所谓“随事承旨，不易旧典则用之”，即在将奏状上奏皇帝的当时得到皇帝的旨意，宰相“随事承旨”之后，再“奉敕而牒”；而且此类奏状所涉及事务的批复，无须更改旧有的制度

---

① 中村裕一指出，敕牒是全体宰相包括使相根据官品的高低集体署名的，署名的前后顺序，代表着宰相官品的高低（唐代敕牒における宰相の署名顺序//关西学院大学东洋史研究室．亚细亚的文化与社会．法律文化社，1995；又见《唐代官文書研究》第Ⅱ部第二章）。

规定，只是一种程序上按照常例进行的批复手续，即“不易旧典”。宰相集体对此类奏状的批复权，是皇帝事先已经赋予的。只要皇帝表示同意的事情，宰相们就可以中书门下的名义发布敕牒进行批复。

在敕牒成立之前，都有奏状。敕牒的开头需节录奏状的关键内容，说明敕牒所批准的内容范围。《八琼室金石补正》卷六〇《舜庙置守户状》，是永泰二年（766）道州刺史元结所上请为舜庙设置守户专事洒扫的奏状，以及批准这份奏状的敕牒，正可说明敕牒是对奏状的批复，并且敕牒的开头需节录所批准奏状的内容范围。兹略引录如下：

舜庙置守户状

臣结。谨案地图，舜陵在九疑之山，舜庙在大阳之溪。舜陵古者已失，大阳溪今不知处。秦汉已徕置庙山下，年代寖远，祠宇不存。每有诏书，命州县致祭，奠酬荒野，恭命而已。岂有盛德大业，百王师表，殁于荒裔，陵庙皆无！臣谨遵旧制，于州西山上，已立庙讫。特望天恩，许蠲免近庙一两家，令岁时洒扫，永为恒式。岂独表圣人至德及于万代，实欲彰陛下天泽被于无穷。谨录奏闻。状奏。

永泰二年三月十五日　使持节道州诸军事守道州刺史赐绯鱼袋臣元结　状奏①

置庙户敕

右。道州刺史元结奏：请蠲免近舜庙一两家，令岁

① 《不空表制集》卷二《请舍衣钵助僧道环修金阁寺　制一首》是永泰二年五月一日宰相签署的敕牒，与此敕牒基本同时，中村裕一据以补入括号内缺字，见唐代制敕研究，537-538。

时洒扫。永为恒式。

中书门下　牒道州

牒。奉敕：宜依。牒至准行（敕）。[故牒]。

永泰二年五月廿六日　牒

中书侍郎[平章事　元载]

[黄]门侍郎平[章事　杜鸿渐]

[黄门]侍[郎　王缙]

（下缺）①

据此，需要指出的是，中村裕一复原敕牒式中所谓“右。某奏，云云”，并不是奏状的原本，而是敕牒成立时另外转写的奏状内容的节录。明了这一点，对于理解敕牒的成立极为关键。奏状在名义上是进呈于皇帝的，但需先由宰相节录其关键内容，并转呈于皇帝，皇帝表示同意后，由宰相以中书门下的名义用敕牒进行批复。此外，所谓“置庙户敕”的标题，也说明了敕牒可以称为“敕”，正是“王言之制”的一种。

根据笔者对唐代公文书的理解，敕旨也是对奏状进行批复的王言之一。但敕牒与敕旨的区别是明显的，主要在于：敕旨行用三省制下的王言发布程序，需要经过中书省官员的宣奉行和门下省官员的签署，而敕牒则由宰相集体签署，不经两省的发布程序；二者都用于对奏状的批复，但敕旨所批复的为大事，包括所有的奏请任官的奏状，以及各种议状、起请、商量状、中书门下奏等，而敕牒的重要性不如敕旨，其所批复的一般是具体而微的事务。所以，《不空表制集》中有的奏状批复的是敕旨，如卷一广德二年（764）《请置大兴

① 八琼室金石补正，411-412.

善寺大德四十九员　敕一首》，即为敕旨；有的奏状则是用敕牒进行批复的，见上引《请再译仁王经　制书一首》和《请超悟法师于化度寺修六菩萨讲　制一首》。这种区别反映的是二者轻重的不同。请将四十九名高僧大德隶名大兴善寺，其事自然比译一部经和请一人讲经重要，故不能只是由中书门下按照常例批复，而是需要皇帝用敕旨进行特批的。

敦煌文书 P. 3720（2）《悟真文书集》第四件告身，为咸通十年（869）中书门下批复沙州刺史张淮深奏状的敕牒。张淮深奏状的内容是请以悟真为河西都僧统，状尾云“谨具如前”。朝廷批复用的是敕牒，其文为：

> 中书门下　牒沙州
>
> 牒。奉　敕：宜依。牒至准　敕。故牒。
>
> 咸通十年十二月廿五日牒。①

唐末淮南节度使高骈的《奏请僧弘鼎充管内僧正状》，其状尾云“谨录奏闻。伏听敕旨”。从其《谢许弘鼎充僧正状》中，可知朝廷批准所用的文书是敕旨。其谢状云，“右件僧。臣先具状申，奏请充当道管内僧正，仍赐紫衣。伏奉敕旨依允者”②。张淮深和高骈的奏状，所奏内容基本相同，但朝廷批复一为敕牒，一为敕旨，反映出朝廷区别对待的轻重态度。实际上唐末沙州和淮南对于唐朝的意义何止是天壤之别。

敕牒在唐后期的应用是否具有普遍性呢？由于今存史籍大都为编撰史料，没有保存文书的原貌，很难对此进行定量

---

① 竺沙雅章．中国佛教社会史研究．京都：同朋舍，1982：335．另参见中村裕一．唐代公文书研究，88。又参见荣新江．归义军史研究，82．

② 崔致远．桂苑笔耕集：卷四．四部丛刊本．又参见唐文拾遗：卷三五//全唐文，10772。

分析[①]。加上敕旨和敕牒轻重相殊，史籍中保存的敕旨史料远较敕牒多。如果将《唐会要》等史籍中“奉敕宜依”和“从之”等有可能是敕牒的材料考虑在内[②]，则敕牒应用具有普遍性的结论有可能成立。从理论上讲，毕竟小事还是比大事要多。中村裕一列举的众多敕牒史料，大体能够说明此种普遍性。

如永泰二年（766）转运使刘晏请求禁止隔断练湖的奏状，就是中书门下以“敕牒”直接批复的，其批文下发的对象是浙西观察使和刺史[③]。又如，杜牧《进撰故江西韦大夫遗爱碑文表》云“右。臣奉某月日敕牒，令撰故江西观察使韦丹遗爱碑文”[④]，说明地方上的具体事务是应用敕牒进行指挥的。《入唐求法巡礼行记》卷四会昌五年（845）三月三日条：“后有敕云：天下僧尼五十已上，无祠部牒者，尽勒还俗，递归本贯；有祠部牒者，委当州县磨勘，差殊者，尽勒还俗，

---

① 需要注意的是，有些材料容易混淆，不能凡是见到敕、牒二字连用就认为是敕牒。如《唐会要》卷六九《刺史下》载会昌四年八月中书门下奏：“比缘向外除授刺史，多经半年已上方至本任。或称敕、牒不到，或作故滞留。刺史未到前，知州官事惟务因循，不急于治。百姓受弊，莫不由兹。臣等商量：自今已后，敕到南省，限两日内牒本道，便令进奏院递去。到本道后，委观察使勾当。（中略）敕旨：依奏”。此处刺史长时间不到任的理由之一就是“或称敕、牒不到”，即没有得到任命通知。一般刺史的任命为“制授”，而此处称“敕、牒不到”，不是指中书门下下发的“敕牒”，而是敕旨或发日敕，然后由尚书吏部牒诸道。“南省”谓尚书省。

② “奉敕宜依”的意义与“敕旨：依（奏）”不同，具有敕牒转牒皇帝旨意的性质。《唐会要》中大量保留的是“敕旨：依（奏）”格式的文书，是敕旨文书，但也有一些“奉敕：宜依”或“敕旨：宜依”的文书，其中一些有可能是敕牒文书。

③ 《全唐文》记为“奏闻中书门下。牒浙西观察使与韦损，勿使更令修筑，致有妨夺”（全唐文：卷三七〇，3762）。断句有误。应作“奏闻。中书门下牒浙西观察使。/牒。奉敕：与韦损勿使更令修筑，致有妨夺”。又见卢宪. 嘉定镇江志：卷六“地理”丹阳县练湖条。其后宰相的签署中村裕一据前引《不空表制集》卷二永泰二年敕牒补齐如下：中书侍郎平章事元载/黄门侍郎平章事杜鸿渐/黄门侍郎平章事王缙/检校侍中使/检校右仆射平章事使/使检校左仆射平章事李袍（抱）玉/中书令使。见唐代制敕研究，539-540。

④ 樊川文集：卷一五，220-221.

递归本贯。城中僧尼，委功德使准此例条流者。中书门下准敕牒诸道讫。"[①] 由中书门下准敕而牒者当是敕牒，说明勒令天下僧尼还俗所用文书为敕牒。

又，敦煌文书 P. 3547 为乾符五年（878）沙州进奏院上本使状，其状文中称：

> 奏论请赐节事。正月廿五日奉　敕牒，宜令更详前后　诏敕处分者。其　敕牒一封，谨封送上。[②]

这是说对沙州刺史张淮深奏请赐旌节之奏状进行批复所用为敕牒。这些都说明在中央处理地方具体事务中，敕牒的应用是普遍的。只是我们今天能够看到的敕牒实物史料有限而已。

（三）敕牒与中书门下体制的特征

从以上分析中可以看出，与敕旨等其他敕类文书的成立过程和颁发程序相比，敕牒省去了门下省牒尚书省和尚书省牒承受者两个环节，直接由宰相承旨、宰相牒承受者。随事承旨和奉敕而牒的都是宰相，实际上是将敕旨成立过程中的中书省承旨、门下省转牒、尚书省付外施行三个环节压缩而合一[③]。这是中书门下体制取代三省制在文书程式上的重要反

---

① 圆仁. 入唐求法巡礼行记校注，459.

② 张国刚. 两份敦煌"进奏院状"文书的研究. 学术月刊，1986（7）：57-63.

③ 李锦绣在《唐"王言之制"初探》一文中已经指出，"敕牒似不需尚书都省的受付程序。现发现的敕牒中体现不出尚书都省的作用。但这又与尚书都省的'凡制敕宣行，京师诸司有符移关牒下诸州者，必由都省以遣之'的记载矛盾"。李锦绣提出的解释是，"敕牒不经过尚书都省可能是唐后期发生的变化"，"唐前期的敕牒可能也要经过尚书都省"。李锦绣的解释只是一种推测，实际上未能将敕牒的性质和普遍的应用状况以及中书门下体制的运作机制进行综合的分析。

映，说明对于一般的政务，经宰相汇报皇帝首肯后，交由宰相直接处理，批文以中书门下的名义下发。中书门下成为一个独立地行使政务裁决权的宰相机关，在处理政务过程中与三省机构无关。

敕牒既是由中书门下宰相集体签署，是集中体现中书门下体制特征的王言之制，那它是否存在于唐朝前期？换句话说，在三省制下是否有敕牒？中村裕一对此亦持存疑之态度，认为由于唐前期中书门下制度不明确，也没有找到敕牒的实例，不能断定唐前期是否有敕牒①。

唐前期，宰相职权的行使是按照不同环节分别由三省进行的，既没有宰相独立处理政务的府署，宰相在处理政务过程中的作用也没有完全反映在命令文书上。如尚书左右仆射作为宰相，在制敕文书的成立过程中就不体现其地位和作用。制书是以中书、门下两省的共同名义发布的，经过门下覆奏画可之后，制书即告完成；敕旨和发日敕等敕书，则是以中书省的名义发布的，门下省官员署名的意义是奉敕而牒尚书省，并不是敕书的最初发布者②。在制敕文书完成之前的发布程式上，并没有左右仆射的位置，左右仆射只是在制敕文书完成下发时，作为承受机关尚书省的长官，签署官封臣名，制成尚书省的“符”下发到具体实施的部门或个人。左右仆射是参与政事堂会议的，但政事堂会议的作用同样不体现在制敕文书的程式上。政事堂只是宰相议事之所，而改政事堂为中书门下之后，中书门下的作用便体现在裁决政务的命令

---

① 中村裕一．唐代公文書研究，312．

② 刘后滨．公文运作与唐前期三省关系中门下省的枢纽地位//李世安．史学论丛：第二辑，20-36．

文书上。“敕牒”出现的背景正是中书门下作为宰相裁决政务的常设机关的出现。需要说明的是，中书门下作为宰相裁决政务机关的作用，除了反映在敕牒的命令形态上之外，还反映在堂帖和堂案等形态的文书中。

综上所述，唐代中央的政务裁决具有多层次的特点。根据事务的大小轻重，分别由皇帝亲自决断、由宰相和相关官员进行审议批复并报皇帝批准以及由宰相直接裁决。《唐六典》综括的七种“王言之制”，体现的正是以皇帝为中心的中央政务裁决的不同层次。在中书门下体制下，中书门下既是超然于三省之上的宰相裁决政务的常设机构，又是以中书、门下两省为依托的。保留三省分工签署的程式，是以两省为依托的标志；而中书门下在制敕成立过程中的作用，则体现了中书门下作为独立机构的意义。

制敕文书成立过程和发布程式的变化，正是唐代政治体制变化的集中反映。制书的起草和传宣是两个不同的环节，有着不同的机制，但无论是中书舍人起草还是翰林学士起草的制书，都要经过三省分工签署的发布程式。与唐前期制书成立发布相比，一个重大的变化是，大量重要的人事任免都出自皇帝的旨意，占据制书中最主要分量的命官制书的成立过程中，宰相的作用就主要是分工签署发布。在这一点上，中书门下成为皇帝旨意的执行机关，三省成为中书门下之下的皇帝命令的签发机关。敕旨是对于各种表状的批答文书，以敕旨为代表的敕书应用范围，随着表状应用范围的扩大而扩大。敕旨应用范围的扩大，是宰相职权政务化的体现，也是君主走向处理国家政务前台的标志。敕旨发布程式的变化与制书的变化大体相同，既保留三省分工签署的程式，也体现了中书门下体制的特点。敕牒是由宰相集体签署而不经过三省分工签署，是集中反映中书门下体制特征和体现宰相政务裁决权的公文书。敕牒既是宰相对一些申报具体事务的奏状进行批复的用皇帝“王言”名义发布的下行文书，也是中书门下体制下产生的新形态的中央命令文书，集中体现了中书门下体制的特征。

结 语

本书关于唐代“中书门下体制”的研究并不完整，只是从公文形态与制度变迁关系的角度，考察了唐代政治体制由三省制向中书门下体制的演进过程，以及中书门下体制下的公文形态及其运作机制。而要更加完整地揭示“中书门下体制”的具体运作，还需要进一步探讨各方面的行政运行机制，即由三省制转变为中书门下体制后，官员选拔与管理、赋税财政、祭祀礼仪、军事战争、司法刑狱等方面的行政事务是如何运作的。此外，中央与地方行政关系及使职差遣在行政体制的地位和作用等问题，也还需要做进一步的研究。尽管这些方面的具体研究大都有了进展，发表了众多的论著，但由于对总体政治体制的定位并不同于本书所定义的“中书门下体制”，从“中书门下体制”角度对整个行政运行机制重新进行探讨，似乎还有很大的必要性和足够的问题空间。这是关系到唐宋间政治体制演进的又一个大问题，本书并无力解决，也许有待于下一本书了。

对于本书的学术意义，自当由读者去评价。但指导自己进行研究的思路，还是有必要在最后稍做交代。我认为，唐代在中国历史上有着非常特殊的地位，关于唐代政治体制的研究也因此呈现出特有的价值。

首先，唐代在中国古代历史发展的脉络中处于承前启后的位置。中国社会在公元 6 至 10 世纪之间发生了重大变革。10 世纪以后的社会面貌（包括制度结构和运行机制）和 6 世纪以前有着重大的不同。其间跨越了南北朝后期到北宋前期的四个世纪。这种变革的过程贯穿着整个唐朝，并在唐朝发生了一些根本性的转变。在关于“唐宋变革论”的讨论中，政治体制的变革问题逐渐受到重视。对唐朝政治体制的运行机制及其变革从总体上做出回答，有助于深化对中国古代历史演进轨迹的认识。笔者认为，所谓“唐宋变革”，如果针对的是 6 至 10 世纪之间长时段的历史演进，这种变革是在隋朝和唐前期开始出现的；而到安史之乱以后的唐代中期，这种变革更加明朗，甚至呈现出转折点的意义；经过晚唐五代的调整，到北宋前期，一个完全不同于隋唐以前历史风貌的新社会和与之相适应的新体制呈现出来，隋唐以来的变革和变革趋势，最终落定下来。唐代始终处于这个长时段历史变革的过程中，所以唐代本身的特点就是不断的调整变化[①]。如果要在前期和后期（或中古和近世）两段式的框架中进行归位，我认为，唐代政治社会的调整变化属于其后一形态中的变革，是宋朝那种新社会和新体制的成长期，而不应看成是魏晋南北朝那种旧社会和旧体制的延伸期。本书从政治体制及其运作机制变迁的角度，对这种观点的一个侧面进行论证，希望

① 吴宗国．唐代的特性//唐研究国际学术会议论文汇编（打印稿）．唐研究基金会，中国唐史学会，中国社会科学院历史研究所，1997.

能够为打通唐宋的研究提供一个参照。

其次，从统治效果来说，唐朝是中国古代最辉煌的时期之一。所谓“盛唐”，从唐朝内部来说是指开元天宝时期的繁盛局面，从中国古代历史发展进程来说，则指整个唐朝的统治成就。其中很重要的一个方面，就是体现在不断调整之中的政治制度及其活力。唐朝统治的经验教训颇值得总结借鉴。无论从何种角度探讨中国古代的治道政术，唐朝的制度及其运行机制都是无法忽略的部分。唐朝是中国中古史上一个大变动的时代，在变动之中充满着无限的活力。许多重大的具有划时代意义的政治经济体制的变革，都是伴随着人事的调整或政局的变动而悄然发生的，没有经过激烈的思想舆论的争论和酝酿，都不是以思想解放运动为前提的。因为那个时代的思想和政治体制并不僵化，只要适合形势的需要，适时做出调整，很快就改变过来了。要说唐朝也有祖宗之法的话，那就是唐太宗所说的“以天下之广，四海之众，千端万绪，须合变通”①。本书探讨唐朝政治体制及其运行机制的变迁，也是希望能够从一个侧面证实唐朝制度的活力和运行效率。

① 贞观政要：卷一，15.

主要参考文献

一、古籍与史料整理类

白居易. 白居易集. 顾学颉，校点. 北京：中华书局，1979.

岑仲勉. 郎官石柱题名新考订（外三种）. 上海：上海古籍出版社，1984.

陈振孙. 直斋书录解题. 徐小蛮，顾美华，点校. 上海：上海古籍出版社，1987.

大正新修大藏经：第 52 卷，第 55 卷. 东京：大正一切经刊行会，1926，1927.

董诰，等. 全唐文. 北京：中华书局，1983.

窦仪，等. 宋刑统. 吴翊如，点校. 北京：中华书局，1984.

杜牧. 樊川文集. 上海：上海古籍出版社，1978.

杜佑. 通典. 王文锦，等点校. 北京：中华书局，1984.

封演. 封氏闻见记校注. 赵贞信，校注. 北京：中华书局，1958.

傅璇琮，施纯德. 翰学三书. 沈阳：辽宁教育出版社，2003.

龚延明. 宋史职官志补正. 杭州：浙江古籍出版社，1991.

韩愈. 韩昌黎文集校注. 马其昶，校注. 马茂元，整理. 上海：上海古籍出版社，1986.

洪适．隶释．北京：中华书局，1985.

江少虞．宋朝事实类苑．上海：上海古籍出版社，1981.

李昉，等．太平广记．北京：中华书局，1961.

李昉，等．文苑英华．北京：中华书局，1966.

李林甫，等．大唐六典．广池千九郎训点本．东京：横山印刷株式会社，1973.

李肇．唐国史补．上海：上海古籍出版社，1979.

刘俊文．敦煌吐鲁番唐代法制文书考释．北京：中华书局，1989.

刘勰．文心雕龙校证．王利器，校笺．上海：上海古籍出版社，1980.

刘昫，等．旧唐书．北京：中华书局，1975.

刘肃．大唐新语．许德楠，李鼎霞，点校．北京：中华书局，1984.

柳宗元．柳河东全集．北京：中国书店，1991.

陆增祥．八琼室金石补正．北京：文物出版社，1985.

陆贽．陆宣公集．刘泽民，校点．杭州：浙江古籍出版社，1988.

马端临．文献通考．北京：中华书局，1986.

欧阳修．归田录．李伟国，点校．北京：中华书局，1981.

欧阳修．新五代史．北京：中华书局，1974.

裴庭裕．东观奏记．田廷柱，点校．北京：中华书局，1994.

钱易．南部新书．黄寿成，点校．北京：中华书局，2002.

仁井田陞．唐令拾遗．粟劲，等译．长春：长春出版社，1989.

仁井田陞．唐令拾遗补．池田温，补编．东京：东京大学出版会，1997.

沈括．新校正梦溪笔谈．胡道静，校注．北京：中华书局，1957.

司马光．资治通鉴．北京：中华书局，1956.

宋敏求．春明退朝录．诚刚，点校．北京：中华书局，1980.

宋敏求．唐大诏令集．北京：商务印书馆，1959.

宋祁，等．新唐书．北京：中华书局，1975.

孙光宪．北梦琐言．林艾园，校点．上海：上海古籍出版社，1981.

唐长孺．吐鲁番出土文书（1～10 册）．北京：文物出版社，1981—1991.

脱脱，等．宋史．北京：中华书局，1977.

王昶．金石萃编．北京：中国书店，1985.

王定保．唐摭言．上海：上海古籍出版社，1978.

王溥．唐会要．北京：中华书局，1955.

王钦若，等．册府元龟．北京：中华书局，1960.

王仁裕，等．开元天宝遗事十种．丁如明，辑校．上海：上海古籍出版社，1985.

王应麟．困学纪闻．翁元圻，注．北京：商务印书馆，1959.

王应麟．玉海．南京：江苏古籍出版社，1987.

魏徵，等．隋书．北京：中华书局，1973.

吴钢．全唐文补遗（1～5辑）．西安：三秦出版社，1994—1998.

吴兢．贞观政要．上海：上海古籍出版社，1978.

徐松．宋会要辑稿．北京：中华书局，1957.

薛居正，等．旧五代史．北京：中华书局，1976.

严耕望．唐仆尚丞郎表．北京：中华书局，1986.

叶梦得．石林燕语．侯忠义，点校．北京：中华书局，1984.

虞世南．北堂书钞．天津：天津古籍出版社，1988.

尉迟偓．中朝故事//丛书集成新编：第86册．台北：新文丰出版公司，1985.

圆仁．入唐求法巡礼行记校注．白化文，等校注．石家庄：花山文艺出版社，1992.

元稹．元稹集．冀勤，点校．北京：中华书局，1982.

张鷟．朝野佥载．赵守俨，点校．北京：中华书局，1979.

长孙无忌，等．唐律疏议．刘俊文，点校．北京：中华书局，1983.

赵和平．敦煌表状笺启书仪辑校．南京：江苏古籍出版社，1997.

赵璘．因话录．上海：上海古籍出版社，1979.

周绍良．唐代墓志汇编．上海：上海古籍出版社，1992.

朱礼．汉唐事笺．南京：江苏古籍出版社，1988.

二、中文著作

白钢．中国政治制度史．天津：天津人民出版社，1991.

白钢. 中国政治制度通史：十卷本. 北京：人民出版社，1996.

白寿彝，史念海. 中国通史：第六卷. 上海：上海人民出版社，1997.

陈明光. 唐代财政史新编. 北京：中国财政经济出版社，1991.

陈寅恪. 隋唐制度渊源略论稿. 北京：三联书店，2001.

陈仲安，王素. 汉唐职官制度研究. 北京：中华书局，1993.

邓文宽. 敦煌吐鲁番学耕耘录. 台北：新文丰出版公司，1996.

范文澜. 中国通史简编：修订本. 北京：人民出版社，1965.

何汝泉. 唐代转运使初探. 重庆：西南师范大学出版社，1987.

胡沧泽. 唐代御史制度研究. 台北：文津出版社，1993.

翦伯赞. 中国史纲要：第 2 册. 北京：人民出版社，1965.

李方. 唐西州行政体制考论. 哈尔滨：黑龙江教育出版社，2002.

李锦绣. 唐代财政史稿：上卷. 北京：北京大学出版社，1995.

李锦绣. 唐代财政史稿：下卷. 北京：北京大学出版社，2001.

李锦绣. 唐代制度史略论稿. 北京：中国政法大学出版社，1998.

雷家骥. 隋唐中央权力结构及其演进. 台北：东大图书公司，1995.

吕思勉. 吕著中国通史. 上海：华东师范大学出版社，1992.

吕思勉. 吕著中国通史. 上海：开明书店，1940.

吕振羽. 简明中国通史. 北京：三联书店，1950.

宁欣. 唐代选官研究. 台北：文津出版社，1995.

潘镛. 旧唐书食货志笺证. 西安：三秦出版社，1989.

任爽. 唐朝典制. 长春：吉林文史出版社，1995.

荣新江. 归义军史研究：唐宋时代敦煌历史考索. 上海：上海古籍出版社，1996.

尚钺. 中国历史纲要. 北京：人民出版社，1954.

孙国栋. 唐宋史论丛. 香港：龙门书店，1980.

汪桂海. 汉代官文书制度. 南宁：广西教育出版社，1999.

汪篯. 汉唐史论稿. 北京：北京大学出版社，1992.

汪篯. 唐太宗与“贞观之治”. 北京：求实出版社，1981.

汪篯. 汪篯隋唐史论稿. 北京：中国社会科学出版社，1981.

王永兴. 隋唐五代经济史料汇编校注. 北京：中华书局，1987.

王永兴. 唐勾检制研究. 上海：上海古籍出版社，1991.

王素. 三省制略论. 济南：齐鲁书社，1986.

韦庆远. 中国政治制度史. 北京：中国人民大学出版社，1989.

韦庆远，柏桦. 中国官制史. 上海：东方出版中心，2001.

吴晗. 历史的镜子. 北京：生活书店，1946.

吴晗. 吴晗史学论著选集. 北京：人民出版社，1984.

吴宗国. 盛唐政治制度研究. 上海：上海辞书出版社，2003.

吴宗国. 隋唐五代简史. 福州：福建人民出版社，1998.

吴宗国. 唐代科举制度研究. 沈阳：辽宁大学出版社，1992.

谢保成. 隋唐五代史学. 厦门：厦门大学出版社，1995.

谢元鲁. 唐代中央政权决策研究. 台北：文津出版社，1992.

严耕望. 唐史研究丛稿. 香港：新亚研究所，1969.

阎守诚，吴宗国. 唐玄宗. 西安：三秦出版社，1989.

杨阳. 中国政治制度史纲要. 北京：中国政法大学出版社，2001.

杨志玖. 中国古代官制讲座. 北京：中华书局，1992.

袁刚. 隋唐中枢体制的发展演变. 台北：文津出版社，1994.

张帆. 元代宰相制度研究. 北京：北京大学出版社，1997.

张国刚. 唐代官制. 西安：三秦出版社，1987.

张希清，等. 宋朝典制. 长春：吉林文史出版社，1997.

张泽咸. 唐五代赋役史草. 北京：中华书局，1986.

郑学檬. 中国赋役制度史. 厦门：厦门大学出版社，1994.

周道济. 汉唐宰相制度. 台北：大化书局，1978.

祝总斌. 两汉魏晋南北朝宰相制度研究. 北京：中国社会科学出版社，1990.

三、中文论文

卜宪群. 秦汉公文文书与官僚行政管理. 历史研究，1997 (4)：36-53.

邓小南. 课绩与考察——唐代文官考核制度发展趋势初探//荣新江. 唐研究：第 2 卷. 北京：北京大学出版社，1996：295-324.

郭锋. 唐尚书都省简论. 中国史研究，1989（3）：31-40.

韩国磐. 略论由汉至唐三省六部制的形成. 厦门大学学报（哲学社会科学版），1988（3）：93-105.

何汝泉. 武则天时期的使职与唐代官制的变化//中国唐史学会论文集. 西安：三秦出版社，1989：237-248.

黄利平. 隋唐之际三省制的特点及尚书令的缺职//史念海. 唐史论丛：第2辑. 西安：陕西人民出版社，1987：202-214.

贾宪保. 论中晚唐的中枢体制. 陕西师范大学学报（哲学社会科学版），1985（4）：114-118.

金毓黻. 堂后官考. 文史杂志，1945，5（7/8）：23-42.

雷家骥. 唐枢密使的创置与早期职掌. 中正大学学报，1993，4（1）：57-108.

雷闻. 从S.11287看唐代论事敕书的成立过程//荣新江. 唐研究：第1卷. 北京：北京大学出版社，1995：323-335.

李鸿宾. 唐代枢密使考略. 文献，1991（3）：82-91.

李锦绣. 唐"王言之制"初探：读唐六典札记之一//季羡林教授八十华诞纪念论文集. 南昌：江西人民出版社，1991：273-290.

李锦绣. 唐前后期度支变化的转折点——开天度支司//北京大学历史学系. 北大史学：第4辑. 北京：北京大学出版社，1997：54-71.

李湜. 论唐代宰相中书门下二省制. 中国史研究，1996（1）：73-83.

刘健明. 裴炎迁政事堂事件考析//严耕望先生纪念论文集. 台北：稻乡出版社，1998：405-418.

刘健明. 张说改政事堂为中书门下的因由//第三届中国唐代文化学术研讨会论文集. 台北：政治大学中国文学系，1997：113-127.

刘兆君. 隋唐"三省宰相制度"辨. 辽宁师范大学学报（社会科学版），1991（1）：70-74.

楼劲. 伯2819号残卷所载公式令对于研究唐代政制的价值. 敦煌学辑刊，1987（2）：79-85.

楼劲. 唐代的尚书省-寺监体制及其行政机制. 兰州大学学报（社会科

学版)，1988 (2)：65-70.

罗永生. 从政事堂内看三省地位的变化//张国刚. 中国中古史论集. 天津：天津古籍出版社，2003：322-336.

罗永生. 唐前期三省地位的变化. 历史研究，1992 (2)：98-109.

罗永生. 晚唐五代的枢密院和枢密使//朱雷. 唐代的历史与社会：中国唐史学会第六届年会暨国际唐史学术研讨会论文选集. 武汉：武汉大学出版社，1997：139-149.

毛汉光. 论唐代之封驳. 中正大学学报，1992，3 (1)：1-50.

毛汉光. 论唐代制书程式上的官职//第二届国际华学研究会议论文集. 台北：中国文化大学，1991：1-34.

毛汉光. 唐代给事中之分析//第二届国际唐代学术会议论文集. 台北：文津出版社，1993：1007-1071.

孟宪实. 宇文融括户与财政使职//荣新江. 唐研究：第 7 卷. 北京：北京大学出版社，2001：357-388.

聂崇岐. 中国历代官制简述. 光明日报，1962-04-25.

祁德贵. 论唐代给事中的主要执掌. 中国史研究，1995 (1)：63-72.

任士英. 唐代流外官制研究 (上)//史念海. 唐史论丛：第 5 辑. 西安：三秦出版社，1990：276-304.

任士英. 唐代流外官制研究 (下)//史念海. 唐史论丛：第 6 辑. 西安：三秦出版社，1995：160-240.

吴枫，关大虹. 中唐时期三省制度的削弱与变化. 东北师大学报 (哲学社会科学版)，1982 (2)：48-55.

吴丽娱. 论唐代财政三司的形成发展及其与中央集权制的关系. 中华文史论丛，1986 (1)：169-204.

吴丽娱. 中唐后财政官制变革刍议. 中国史研究，1989 (4)：13-23.

吴宗国. 三省的发展和三省制的确立//荣新江. 唐研究：第 3 卷. 北京：北京大学出版社，1997：155-164.

吴宗国. 唐贞观廿二年敕旨中有关三卫的几个问题——兼论唐代门荫制度//北京大学中国中古史研究中心. 敦煌吐鲁番文献研究论集：第 3 辑.

北京：北京大学出版社，1986：148－175.

严耕望. 唐代文化约论. 大陆杂志，1952，4（8）：1－9.

杨际平. 隋唐宰相制度的几个问题. 浙江学刊，1988（3）：113－117.

杨友庭. 三省六部制的形成及其在唐代的变化. 厦门大学学报（哲学社会科学版），1983（1）：64－73.

俞钢. 唐后期宰相结构研究：专论六部侍郎平章事职权的变化. 上海师范大学学报（哲学社会科学版），1993（3）：101－107.

俞钢. 唐后期中书、门下侍郎平章事职权的变化及特点//文史：第 39 辑. 北京：中华书局，1994：85－102.

袁刚. 隋唐三省体制析论. 北京大学学报（哲学社会科学版），1994（1）：97－107.

袁刚. 唐朝的五花判事和六押制度. 安徽史学，1996（4）：11－16.

张广达. 论唐代的吏. 北京大学学报（哲学社会科学版），1989（2）：3－12.

张国刚. 两份敦煌“进奏院状”文书的研究：论“邸报”非古代报纸. 学术月刊，1986（7）：57－62.

张国刚. 唐代阶官与职事官的阶官化论述. 中华文史论丛，1989（2）：71－90.

张连城. 唐后期中书舍人草诏权考述. 文献，1992（2）：85－99.

郑宝琦. 略论隋唐中枢机构的职能. 北方论丛，1988（3）：82－85.

祝总斌. 高昌官府文书杂考//北京大学中国中古史研究中心. 敦煌吐鲁番文献研究论集：第 2 辑. 北京：北京大学出版社，1983：465－501.

四、日本学者论著

池田温. 中国古代籍帐研究. 龚泽铣，译. 北京：中华书局，2007.

大庭脩. 唐告身の古文書學的研究//西域文化研究所. 西域文化研究第三. 京都：法藏馆，1960：279－375.

大庭脩. 秦汉法制史研究. 林剑鸣，等译. 上海：上海人民出版社，1991.

东洋文库唐代史研究委员会. 唐代詔勅目録. 东京：东洋文库，1981.

福井重雅. 訳注西京雑記・独断. 东京：东方书店，2000.

砺波护. 唐代政治社会史研究. 京都：同朋舍，1986.

梅原郁. 宋代官僚制度研究. 京都：同朋舍，1985.

内藤湖南. 日本文化史研究. 储元熹，卞铁坚，译. 北京：商务印书馆，1997.

内藤乾吉. 唐の三省. 史林，1930，15（4）：532-554. 后收录于中国法制史考証. 东京：有斐阁，1963：1-25. 译文见日本学者研究中国史论著选译：第8卷：法律制度. 北京：中华书局，1992：225-251.

田中勋. 唐代尚書左右僕射の『不知國政』レニいて，1996（32）：53-62.

中村裕一. 唐代公文書研究. 东京：汲古书院，1996.

中村裕一. 唐代官文書研究. 京都：中文出版社，1991.

中村裕一. 唐代制勅研究. 东京：汲古书院，1991.

竺沙雅章. 中国仏教社会史研究. 京都：同朋舍，1982.

五、未刊学位论文

陈爽. 唐代中使内司制度考论. 北京：北京大学，1991.

付连英. 唐代后期宰相制度研究. 北京：北京大学，1989.

雷闻. 隋与唐代前期六部体制研究. 北京：北京大学，1997.

李全德. 五代至北宋前期的枢密院体制. 北京：北京大学，2003.

李蓉. 关于唐代前期中书舍人参议表章的问题. 北京：北京大学，1995.

李章郁. 唐代学士制度研究. 北京：北京大学，1999.

刘后滨. 唐前期文官铨选制度研究. 北京：北京大学，1991.

罗永生. 论张说奏改政事堂为中书门下. 北京：北京大学，1991.

孟宪实. 唐前期括户研究. 北京：北京大学，1998.

祁德贵. 唐代给事中研究. 北京：北京大学，1993.

叶炜. 隋唐中央文官机构“吏”制简论. 北京：北京大学，1998.

张建利. 唐代尚书左右丞初探. 北京：北京大学，1992.

张连城. 论唐后期中书舍人的职权. 北京：北京大学，1990.

六、作者已发表与本书相关论文与书评

刘后滨. 唐代司法“三司”考析. 北京大学学报（哲学社会科学版），1991（2）：37-45.

刘后滨. 论唐高宗武则天至玄宗时期政治体制的变化//荣新江. 唐研究：第3卷. 北京：北京大学出版社，1997：215-230.

刘后滨. 论唐代县令的选授. 中国历史博物馆馆刊，1997（2）：51-58.

刘后滨. 安史之乱与唐代政治体制的演进. 中国史研究，1999（2）：93-102.

刘后滨. 公文运作与唐前期三省关系中门下省的枢纽地位//李世安. 史学论丛：第二辑. 北京：中国书店，1999：20-36.

刘后滨. 唐代文官铨选制度的改革与完善——从“长名榜”到“循资格”的历史考察//中国考试史专题论文集. 北京：高等教育出版社，1999：514-528.

刘后滨. 唐代中书门下机构建制考//北京大学历史学系. 北大史学：第7辑. 北京：北京大学出版社，2000：180-195.

刘后滨. 从敕牒的特性看唐代中书门下体制//荣新江. 唐研究：第6卷. 北京：北京大学出版社，2000：221-232.

刘后滨. 敕后起请与唐代政务裁决机制. 中国史研究，2001（1）：54-63.

刘后滨. 唐代中书门下体制下的三省机构与职权：兼论中古国家权力运作方式的转变. 历史研究，2001（2）：15-28.

刘后滨. 从奏案到奏抄——汉唐间奏事文书形态的演进与行政审批制度的变迁. 北京理工大学学报（社会科学版），2002（2）：16-22.

刘后滨. 从蔡邕《独断》看汉代公文形态与政治体制的变迁. 广东社会科学，2002（4）：103-108.

刘后滨. 从贞观之治看中国古代政治传统中的治世与盛世. 北京联合大学学报（人文社会科学版），2003（2）：64-69，84.

刘后滨. 唐代中书门下体制的建立及其运作机制//中国人文社会科学博士硕士文库（续编）. 杭州：浙江教育出版社，2003：305-371.

刘后滨. 评吴宗国著《唐代科举制度研究》//荣新江. 唐研究：第 1 卷. 北京：北京大学出版社，1995：538-544.

刘后滨. 评谢元鲁著《唐代中央政权决策研究》//荣新江. 唐研究：第 2 卷. 北京：北京大学出版社，1996：531-536.

刘后滨. 评雷家骥著《隋唐中央权力结构及其演进》//荣新江. 唐研究：第 2 卷. 北京：北京大学出版社，1996：517-526.

刘后滨. 评袁刚著《隋唐中枢体制的发展演变》//荣新江. 唐研究：第 2 卷. 北京：北京大学出版社，1996：526-531.

刘后滨. 评宁欣著《唐代选官研究》//荣新江. 唐研究：第 3 卷. 北京：北京大学出版社，1997：523-527.

刘后滨//评雷家骥著《武则天传》//荣新江. 唐研究：第 8 卷. 北京：北京大学出版社，2002：501-507.

刘后滨. 评袁刚著《隋炀帝传》//荣新江. 唐研究：第 8 卷. 北京：北京大学出版社，2002：491-496.

刘后滨. 评李方著《唐西州行政体制考论》//荣新江. 唐研究：第 9 卷. 北京：北京大学出版社，2003：556-562.

刘后滨，张耐冬. 陈寅恪的士大夫情结及其学术取向——评《陈寅恪集》//“中央研究院”中国文哲研究集刊：第 23 期，2003：351-369.

附录一

唐代政治制度史研究书评（三篇）

一、评雷家骥著《隋唐中央权力结构及其演进》

对于隋唐政治制度这样的大问题，由于前辈学者已经提出了许多重要的框架性的结论，要再在里面做文章，必须寻找新的角度以发现新问题，提出新观点。台湾中正大学历史研究所教授雷家骥先生即抱着使学术研究能够摆脱束之高阁的遗憾而做到传诸其人通都大邑这样一个治学理念，力图运用新理论新方法去研究中国传统社会的变革，在本书出版的十五年前，选择了以政治权力及组织行为为线索，来研究隋唐时代的政治制度，完成了其博士论文，这就是本书的初稿。全书论述自隋至盛唐中央权力结构及其演进，旨在探讨中国中古时代政治的转变。除序论和结论外，共分五章，计约 30 万字。

本书研究角度的新首先表现在力图将政治制度纳入政治史的范围内进行研究。史学界对于政治制度史的研究越来越趋向于认同这样一个观点，即制度具有落实到令典上的相对固定的“死的制度”和在实际政务运行中不断调整的“活的制度”两重性，而所谓“活的制度”对于我们认识历史更有价值。作者提出权力结构的概念，将中央权力结构分为人事权力结构、国策及高层政治权力组织、国家战略及武力体系三个系统进行研究。这就将政治制度的演变置于整个政治权力的发展演进之中，以便对于制度演变的轨迹能够更加准确地加以把握。尽管日本学者内藤乾吉在 20 世纪 30 年代发表的《唐代的三省》（《史林》1930 年第 15 卷第 4 号）一文中已经概观性地提出唐代的三省制是“贵族政治最有效地形式化了的产生”以及唐宋间制度变化的背景在于贵族政治向君主独裁政治的过渡，从而揭示出制度变化与政治社会演进之间的内在联系，然其后从如此高度立论研究唐代整体政治制度的论著并不多见。本书虽然很难看出在多大程度上受该种观点的影响，而且在制度变化的阶段划分上也与内藤氏有明显区别，本文稍后还要谈及，但本书将“唐朝的崛起及其人事权力结构的演进”作为第一章，以较大篇幅论述了唐前期的政权人事结构和政治斗争，采取的正是内藤氏的思路。这就为理解唐朝前期政治体制及其运作提供了活的素材和不可或缺的背景资料。

我们不难看出作者在这方面所做的努力，而且本书也确实为我们提供了许多有益的启发。例如，关于高宗武则天时期制度的变化，作者指出了许多有内在联系的重大线索，包括员外宰相数目的增加、宰相权势的分散削弱、权相的出现、尚书省退出宰相机关、尚书省内部都省作用的日渐降低而六部二十四司地位的上升、三省关系中门下省的地位下降而中书省的地位上升、敕授官范围的扩大、台谏合一趋势的出现、监察系统的膨胀、北门学士的设立等等。如果不是因为作者对武则天时代的政治有过深入的研究，不搞清当时的权力系统如许敬宗李义府集团、北门学士集团、酷吏集团、诸武集团、控鹤奉宸集团等的兴替以及武则天加强皇权的大背景，是很难将上述制度的变化加以联系而做通盘考虑的。尤其是关于武德时期由于行台和天策上将府的设置所造成的政制危机以及唐前期皇位继承等与国家制度相关的重大问题，相关政治背景的论述使得对这些问题的理解比过去深入了许多。

但是，正如作者在本书"结论"中指出的那样，全书结构有一种"分散失约"之憾。尤其是占了几近三分之一篇幅的第一章，虽说人事权力结构也是本书标题所示中央权力结构的重要组成部分，事实上也如前文所述有助于更好地把握制度的演变，但是，作者没有将政治制度完全融合到政治史之中，或者说缺少政治史内容部分对制度部分的内在涵盖。而且，作者在论述唐代前期人事权力结构时，首先针对陈寅恪先生提出的关于唐代旧士族阶级之衰落及新兴士大夫阶级之上升这样一个"社会革命"的论题进行了反驳，虽然运用了一些计量分析和心理分析的方法，因此提出的一些看法中却出现了无法圆通之处。例如关于"关中本位政策"和"关陇集团"问题，作者认为陈氏完全从地域的角度来论述隋唐之际的政治斗争存在缺陷，然后根据统计比例得出山东人为唐代开国创业功臣之主体的结论，并进一步提出初唐四十二年间，不论决策阶层或六部政务机关，关陇人物常处于少数的地位，政治舞台让山东人与江南人占有了人数优势。笔者认为对于开国贡献的大小和在政权中人数的多寡，并不完全决定政权核心的构成，陈寅恪也并未完全以人数之多寡和籍贯是否关陇地区来论关陇集团和山东士人之间的矛盾。汪篯先生在已收入《汪篯隋唐史论稿》的相关论文中也已经提出太宗时用人政策的改变，及由此造成的贞观朝各集团人士并进之局面，提出了唐高宗废王立武前后关陇集团与一般地主士大夫集团较量的结果使前者趋于瓦解。而作者却完全以籍贯和地域概念来理解关陇集团，从而否定这种矛盾。

又作者强调应以门第划分唐代的政治权力结构，提出唐代政治是士族政治的延续，唐代三百年大多数统治者都是士族，尽管自太宗朝开始非士族力量崛起与增强，武则天时进一步实行提拔小姓和寒素的政策，但太宗起用非士族，武则天提拔寒素，都是为了把他们培养成新士族。作者以此说明唐代政治作为士族政治延续的特性，但回避不了高宗武则天时代社会政治结构巨大变化的事实，不得不承认，“及至武周建国，唐初的旧有结构几乎面目全非了”（第 42 页）。也正是由于作者局限在士族内部的变动来讨论这种变化，其在论述武则天篡位成功的原因时，只能归结为“实由于最显赫的贵戚大臣及其家族已沦丧凋谢，而其他贵戚大臣互以此为戒，不敢过问”（第 39 页）。这比之陈寅恪、汪篯等前辈学者从政治社会和阶级结构立论显得要粗浅一些。

另外，作者在界定唐代的历史定位时，采用日本京都学派的观点，认为“唐代是中古时期转变为近代的转折阶段”（序论）。具体地说，就是“由中古门第君臣共同遵行的律令政治转变到近代的君主专制独裁”（第 358 页）。这与前引内藤乾吉的表述几近一致，但是，内藤氏认为世族的没落在唐末五代至宋的期间，贵族政治渐趋向君主独裁政治也在这个时期。而作者一方面继承了京都学派唐代三百年都是士族政治的观点，另一方面又在陈寅恪等强调武则天时代变化的基础上，将律令政治转变到君主专制独裁政治的时期确定为自武则天至开元时期，糅合各派观点而产生一互相牴牾之结论。

其次，相对一般研究唐代某方面具体制度的论著来说，本书的另一个显著特点表现在将唐代中央政治制度作为一个有机整体，用律令制度过渡到君主专制独裁制度这样一条主线来贯穿中央各系统的变化，并从制度内在矛盾探讨制度变化的动因。这与作者强调人事结构、政治斗争对政治制度变化产生的影响一样，都是继承了钱穆先生在《中国历代政治得失》等书中解释制度变化时的分析方法。这样的研究，有利于贯通地动态地把握制度，本书在这方面的成果最值得重视。三省制的发展变化，是唐代制度研究中的重大问题，有关这一问题较全面系统的论述，当推孙国栋发表的《唐代三省制之发展研究》(《新亚学报》1957 年第 3 卷第 1 期，后收入《唐宋史论丛》)，但孙氏对三省制的理解更侧重于草诏、颁诏的程式，而不是政令决策和政务处理的内在机制，所以认为贞观中期至高宗末三省制才完成，开元之初是三省制臻于成熟的时期。严耕望早年在《唐代文化约论》(《大陆杂志》1951 年第 4 卷第 8 期）一文中强调，开元十一年（723）改政事堂为中书门下以后，“于是宰相有了共同独立之机关与僚属，此实唐代宰相制度之最大进步，抵于成熟矣”。孙氏的观点与此有关。而雷家骥先生从政制不断演进的角度对孙氏的观点进行了批评，认为中书省地位提高的趋势始于隋朝，侍中、中书令在隋已为正宰相，常行诏敕必须用门下中书两省印，隋代已行三省制。中书高于门下的情形也自太宗末年即已显露，实不始于高宗以后，而此前门下省在三省中处于核心地位。“因门下省有驳正尚书省、封驳中书省之权，位居三省的枢纽，而将政事堂设于此”（第403页）。两省之中，门下省地位较中书省为高。不过，自太宗末年，中书省日益活跃，又因其勘议出旨权，与君主关系较门下省密切，所以中书令的权力隐然超越侍中。高宗以降，以中书令执政事笔，日渐有成为首相的趋势（第405页）。与此同时，尚书省退出宰相机关之列，仆射以下不挂宰辅名号，不得参与政事决策。尚书省的职权日益为君相使司掠夺，地位日降，终至成为徒具空名的机关。这样对于三省关系变化的论述，强调了门下省在贞观体制中的枢纽地位，比孙国栋谓太宗末年中书省地位的上升是取代了仆射的机衡之任，乃是港台学者的一个重要进步。

在此基础上，作者进一步论及议政制度在开元时期发生了剧烈变化。一是权相出现，议政性质变为兼带裁决专断的性质，二是政事堂日渐演变成宰相办公室而非纯粹的会议室，因此由非机关性质演变成政府最高权力机关。开元十一年（723），张说奏改政事堂为中书门下，完成了这个转变。因此作者得出结论，谓开元时代唐朝律令体制已剧烈改变，三省制破坏，委员制形成，柔性体制亦逐渐完成（第407-408页）。

关于尚书省地位的变化，实际上是探讨三省关系变化和整个唐代政治体制变化的关键，因为体制的变化往往起源于行政机构面对不断变化的行政事务而做出的调整。作者在严耕望先生《论唐代尚书省之职权与地位》（《历史语言研究所集刊》第24本，后收入《唐史研究丛稿》，新亚研究所，1969

年）一文的基础上，进一步从尚书省内部结构和职权分配的变化，探讨尚书省权位的下降，论证严密。书中指出，武则天以前，除吏兵两部外，其余诸司皆共用都司印发遣公事，都省地位高，事务繁。但是，由于尚书令不除人，两仆射无高下之分，在体制上又只是端副，不是六部尚书的正长官。贞观三年（629）以后，唯大事才关仆射，仆射丧失了部分处理本省庶务的权力，权位下降，而左右丞地位上升。龙朔二年（662）废尚书令的编制之后，仆射不带相衔便非宰相。加上仆射长期空缺，而六部尚书挂相衔参政者又日多，所以导致仆射权威剧降，尚书省事务及政务遂分由两丞及六侍郎负责。结果是则天圣历二年（699）二十四司分别置印。作者认为，这是玄宗以后至宋代丞郎在政治上日益活跃的根源（第378页）。

由于仆射权位的下降和六部尚书权位的上升，原来由六部联席召开全盘裁决政务的都省会议变得无人总其成。随着六部官员拜相出席政事堂会议的人数日众，原本由都堂会议解决的政务逐渐转移至政事堂由群相联合评议，这是政事堂不得不改制为“中书门下”的主因（第392页）。又自高宗武则天以后，在君主集权加强的过程中，宰相和使司逐渐掠夺本属尚书各部的权力，并有取代尚书省指挥公事之势。“中书门下”透过三省出入命令的外表以直接指挥百司之体系，可说在玄宗时代已经奠定。中唐以降至宋代，中书门下成为实际指挥行政的中心，尚书省退居闲曹（第379、359页）。这里涉及唐代政治体制变化的一大线索，即三省与宰相机构分离，尚书失权而中书门下成为决策行政合一机关等问题，惜未深论。

从尚书省的变化再回到三省制的变化，作者进一步说明由于六部政务不由尚书省做出裁决，尚书省公务移交门下省审驳的机会遂减少，门下省审驳的案件减少，则中书省勘议出旨的机会亦随之减少，两省趋向接受政事堂的指挥，有演变为政事堂的机务机关之势，律令制度亦告破坏（第 392 页）。在宰相与三省分离的过程中，随着宰相人数的增加和地位的下降，权势亦随之分散削弱，这是自武则天至玄宗时代君主权威加强的结果。

如此环环相扣、迹迹相循的分析，使我们对于唐代政体的变化有了清晰的认识。不过，作者对于唐代制度一些具体问题的论述，亦多有不够确当之处。例如关于给事中封驳制敕之职权，书中所论比较含糊，过分强调了唐前期给事中的这种职权。《资治通鉴》载贞观三年（629）唐太宗所谓“诏敕有不便者，皆应论执”一段话是常被引用的主要依据，而司马光对此加以发挥，似有以后期制度比论前期之嫌。至于《旧唐书·职官志》“给事中”条所谓“凡制敕宣行，大事则称扬德泽，褒美功业，覆奏而请施行，小事则署而颁之”，其中覆奏不是对制敕的封驳，内藤乾吉《唐代的三省》一文注释中，已举出肃宗《命皇太子监国制》之后门下省的覆奏文为例加以说明。鄙意认为，此“覆奏”乃是相对于中书舍人起草制敕之后向皇帝“进画”而言，是呈请皇帝画“可”的手续。唐前期给事中的职掌侧重对上行文书的驳正，后期变成以封还制敕为主[①]，逐渐丧失审查批复上行文书之职权，有由分层决策体制中的一环向谏官转化的趋势。另外，书中在

① 祁德贵．论唐代给事中的主要职掌．中国史研究，1995（1）：63-72．又，毛汉光．论唐代之封驳．中正大学学报，1992，3（1）：1-50。

论证唐前期给事中对制敕的封驳时，论及“给事中行使直接在黄敕内批敕封驳”之事（第 248 页），作者未注出处，如果所指为常被引用的《唐会要》卷五四所载元和三年（808）李藩为给事中于黄敕后批敕之事，则明显不适合于贞观时期。

又关于三省体制下公文运行程式，即作者所谓“机务作业”，其中中书舍人的具体职掌，本书论述亦不全面，尤其关于中书舍人的杂判起草和参议表章二事，有略加申论之必要。作者认为六押和五花判事是中书舍人的两种特别职责，而判定武德以来即有法令规定“五花判事”的依据，乃是《资治通鉴》记贞观三年（629）四月太宗谓侍臣曰之后司马光的一段话。其实，司马光对唐制的认识有许多误解，前文已论及。严耕望先生在《论唐代尚书省之职权与地位》一文中也已提醒我们，除了苏冕对于唐前期的制度了如指掌以外，中唐时代一般人士已模糊不清，即如杜佑“对于前期旧制亦无真切之认识，不免以正在剧变中百弊丛生之当时现状，上訾开元以前之旧制。后世学者于是沿误千载，訾议百出”。我想，这其中当然包括司马光、胡三省辈。《唐会要》卷五五载开元二年（714）紫微令姚崇奏，明确提出此前“中书舍人六员，每一人商量事，诸舍人同押连署状进说”，即一人主判，其余皆签名花押而已，所以造成“抑使雷同，情有不尽”的弊病，而姚崇要求加以改革，“其大事执见不同者，望请便作商量状，连本状同进”，而且要由长官裁定二理之优劣。这就是《南部新书》乙篇所谓“凡中书有军国重事，则中书舍人各执所见，杂署其名，谓之五花判事”，说明开元二年（714）以前，六押已经制度化，其后才确定“五花判事”的制度，“五花判事”是对六押制度的完善。六押即是参议表章，是议、表、状等不经门下而上于中书，由中书舍人一人提出处理意见，余舍人同押连署后进奏于皇帝①。六舍人对于上行文书的押判有明确分工，即《通典》卷二一所谓“故事，舍人六员，各押尚书省一行，天下众务，无不关决”。至于经一舍人主判，余舍人同押连署后，是直接进奏皇帝还是要经过侍郎及令连署后进奏，笔者尚无法论定，但倾向于后者。“五花判事”则是在主判舍人本状之外另作一商量状，各抒已见，互为补充，这无疑是要经中书令审覆后再进奏于皇帝的。《唐六典》卷九所谓“六人分押尚书六司，凡有章表，皆商量可否，则与侍郎及令连署而进”，似为包含了六押和五花判事两项制度在内的笼统规定。而且，中书舍人参议表章的职掌，并非在唐初即有，而是随着高宗以后议表状疏大量增加，中书省在决策中地位的提高，于武则天至开元期间逐渐取得的②。另外，关于中书舍人的起草进画，也有一些问题尚待澄清，如起草进画是否也是根据诏敕所涉及事务性质分工由六舍人负责，又前引李锦绣文已指出“署制敕的中书舍人与起草进画的中书舍人（即知制诰者）不是一个”，那么中书舍人分署制敕又是根据什么原则来分工的？《唐六典》所谓“一人专掌画，谓之知制诰，得食政事之食，余但分署制敕”，则恐为开元以后之制，不说明唐初即以一人专知制诰。以上问题是理解三省制的关键性问题，本书没有对此下功夫深究，以至将六押和五花判事看成是中书舍人两方面的职掌，即谓五花判

---

① 李锦绣．唐“王言之制”初探//季羡林教授八十华诞纪念论文集，273-290.

② 李蓉．关于唐代前期中书舍人参议表章问题．北京：北京大学硕士学位论文，1995.

事为杂判起草，武德以来即有此制，而谓六押是分由六舍人押判中书省移至六部的公文（第 250 页），实有所未当。

再次，由于作者站在探讨整个中古时代政治转变的高度对隋唐制度做贯通的动态研究，使得本书对于南北朝隋唐之间及唐宋间制度的变化亦多有涉及，虽未及深论，却新意迭出。例如关于隋唐制度渊源问题，陈寅恪之后，岑仲勉、牟润孙等亦多有论述，作者认为陈氏对南朝梁、陈及北周因素的排斥似有牵于其名而未能征其实的嫌疑（第 208 页注［24］），指出隋制虽主要承袭北魏、北齐的一脉，但即使在《隋书·百官志》强调的多依前代之法的“其所制名”方面，也有北周的一源，内史省即是一例。律令方面，“开皇律令融合东魏、北齐，西魏、北周及南朝三系统而成，而以北齐河清律令为主，具有世界（指中国世界）法的倾向”（第 175 页）。作者进而指出隋唐之间的因袭关系中，唐制在政制方面沿袭大业制度为多，武德职员令本于大业令之处尤多于开皇令。关于开元以后制度的发展，亦多落实到宋制，前文已论及，此不赘述。

最后，笔者还想指出，本书在讨论宰相制度时，强调将正宰相与参政的非正式宰相、机务授权与参政授权严格区分，使得许多有关名号问题得以澄清。书中指出，机务授权的名号有“参掌机密”“直机密省”“参掌制诰”“别典机密”“别掌宣传”等，不牵涉“朝政”一词，获授权者仅为机要秘书而非成为宰相；参政授权的名号有“参预朝政”“参掌朝政”“参议得失”等，但亦仅为参政名义，而不是宰相职衔。高宗以后，“同中书门下三品”“同中书门下平章事”作为员外宰相列入职衔。“同三品”名号专门授予二品以上重臣，而“参预朝政”乃指一般参政官，专门授予三品大臣，“参知政事”为资浅参政官，授予四品以下特有才干的官员。“同平章事”出现后，亦仅用于处理资浅见习的宰相，后来才逐渐取代“参预朝政”等名，与“同三品”成为两等级，最后亦取代了“同三品”之名，成为最常见的相衔。这样，就纠正了一些基本文献如《通典》《唐会要》《新唐书》等关于宰相制度混乱的记载。不过，作者在前文论述武则天时代各权力集团时，认为那些只能干预机务而不能参政的集团是权力中心，不知是否说明作者认为参与机务比参预朝政更处于权力中心?

由于本书涉及范围很广，要对它进行全面评述，恐非本人学力所及，诸如关于军事政策和国防军事体制等问题，就不敢妄加评论。不过笔者还想指出，作者在讨论隋唐时期制度化的原因时，尽管抓住了人事结构和制度内在矛盾等方面，使其分析具备了某种高度和深意，但却忽略了统治形势的变化导致制度的调整这一根本因素，而更多地将制度变化最终归结于某些个人的行为结果，尤其是君主的贤愚勤怠和猜忌与否。如论隋朝制度的破坏，是由于威权政治的出现，而威权政治则来源于皇帝的沉猜雄忌（第171、271页）。唐初优良政治体制的确定，是由于唐初二主有较强的才识武略及做人修养的自制力（第271页）。而自武则天至玄宗时期制度的变化，是由于在君权包含创制权的政治传统下君主守法精神的消竭（第330页）。这种分析实则尚未摆脱旧史家道德评判的藩篱。祝总斌先生在《两汉魏晋南北朝宰相制度研究》（中国社会科学出版社，1990年）一书中提出制度更多、更重要的发展变化，是出于在新形势下加强统治，提高效率的需要。笔者在吴宗国先生《唐代科举制度研究》一书评介文（《唐研究》第1卷）中也已指出，根据统治形势的变化对制度进行调整，是原书作者认识制度变化的一条主线。而本书在这方面的缺陷，恐怕是我们今后在研究制度时应深加注意的。

（雷家骥：《隋唐中央权力结构及其演进》，台北：东大图书公司，1995）

二、评袁刚著《隋唐中枢体制的发展演变》

本书作为中国台湾地区印行“大陆地区博士论文丛刊”之一种，是作者在王仲荦、田昌五先生指导下完成的博士学位论文。

隋唐政治制度的研究尽管长期受到学界重视，论著很多，但对于唐代中后期的制度，还未有总体性的突破成果，许多重大问题还说不清楚，正如王永兴先生在本书序言中所说，是一个“极待深入细致研究的重大问题”。作者在本书出版的十年前撰写硕士论文时，已开始将注意力集中到中晚唐政治制度的变迁问题上，撰写了《唐代的翰林学士》一文（论文提要发表在《文史哲》1985年第6期，文章大部发表在《文史》第33辑），提出了构成本书框架的结论，即唐后期以“新三头”翰林、枢密、中书门下构成的新中枢取代了旧的三省中枢体制。据笔者所知，这是较早将中晚唐政治制度纳入一种体制进行研究的重要成果之一，也是较全面地将这个系统上升到与唐前期三省制同等高度进行论述的专著。这种选题角度的出现，是隋唐制度研究不断深入的反映。

中枢体制是一个有关政治制度全局的大问题。中枢体制的概念，是参考现代政治学理论提出来的，它要研究的是最高权力组织的构成及其实际运作，即作者所谓“国家最高权力的组织体制及其运行机制”（前言）。本书大量吸收了以往对于隋唐制度的研究成果，明确否定了三省制与整个唐王朝相始终的观点，继承了严耕望《唐代文化约论》（《大陆杂志》1951 年第 4 卷第 8 期）、孙国栋《唐代三省制之发展研究》（《新亚学报》1957 年第 3 卷第 1 期）等论著中提出的开元时期三省制成熟的说法，认为“中书门下”的建立“不应看成是对隋唐宰相制度的破坏，而应看成是唐代前期中枢体制的重大发展”。作者认为这个发展始于武则天掌权之时，完成于玄宗开元盛世（第 71-72 页）。又在陈仲安《唐代的使职差遣制》（《武汉大学学报》（人文科学版）1963 年第 1 期）、砺波护《唐代政治社会史研究》（同朋舍，1986 年）等提出的中唐以后行政体制为以使职差遣为主的基础上，进一步提出三省制真正存在的时间大约仅在隋及唐代前期，不出百年就发生了变形并很快遭到破坏（第 21 页），其后形成了新的中枢体制。全书的重点在于“力求抓住三省体制的实质，抓住制度的特点，勾画出制度发展演变的轨迹，并分析体制转变的内在原因”（前言）。

本书强调的第一个重大演变是隋唐禁省制度的发展，并由此展开了对三省职能与结构的分析。作者针对一般认为三省制建立的标志之一就是三省官员完全脱离了内朝官地位而转变为外朝官的观点，提出隋唐决策机构中书、门下两省同时设有内省和外省，两省官员具有内外朝官的双重身份，在唐代称“供奉官”，是一种沟通内外的建置。书中关于中书、门下各分内外省二部的论述，参考了传世的《长安图志》和考古发掘的成果，论据和结果都是成立的。这种分析很有见地，避免了简单地将决策机构看成单一的由内朝向外朝的转变，以及由此造成的对整个皇帝官僚体制理解的矛盾和片面性。但是，书中对隋唐时代中书、门下保留内省的原因没有做深入的理解，主要还是着眼于保卫皇帝的安全和维护其特权，所以把决策机关安置在家门之内，国家决策成了禁内事务。作者由此提出中书、门下两省的机构性质为“皇帝的决策辅助机构”，即在内省掌决策、外省掌行政的划分中“仍然具有内朝地位”（第 22 页）。在三省关系中，重内朝，轻外朝，中书、门下比尚书省处于更有权的地位。宰相的主要职权是协助皇帝决策，而不能将皇帝视为如孙国栋所谓只有同意权的行政领袖（第 33 页）。

笔者认为，孙国栋、雷家骥等在研究隋唐政治制度时参考现代政治学的观点，在国家决策与行政的关系中更强调行政的主导地位，这是很有见地的。因为决策是为了实施，行政是决策的目的。而本书代表的是传统史学的观点，认为决策出令是核心，皇权的体现就在于对决策出令权的控制，因此作为皇帝决策辅助机关的中书、门下两省就要权重于主行政的尚书省。鄙意认为前一种观点更有利于深化对古代政治和制度的认识。因为隋唐制度区别于秦汉制度的一个基本特点，就在于随着国家机器的完善和统治经验的丰富，皇帝家事与国家事务分离，彻底摆脱了秦汉时代的宫府混一体制。

中书、门下由南北朝的内省变成外省，是其由秘书机构变为政权机构的标志。虽还保留内省，即在成为政权机构之后还兼有秘书机构的性质，并不说明将国家事务皇帝家事化，而是反映了国家政权由以皇帝一人为中心到以整个朝廷为中心的转变。这个转变的意义是巨大的，诏令颁布规程的建立和完善就是重要标志之一，人们对政权的观念也随之转变，国家事务不再是自称“朕”的皇帝一个人的家事，而是要经过一整套程序以中央机构名义进行决策和实施。如果说，秦汉的丞相更多地表现为皇帝的助手，他们指挥公事发布命令必须以皇帝的名义，那么，隋唐的知政事官则更多地表现为政府部门的负责人，有些事务是可以“不烦出敕”，而由宰臣“出牒处分”的（《旧唐书》卷九六《姚崇传》），皇帝实际上成为政府的最高负责人。从中国皇权官僚制的这个转变来理解隋唐中书、门下的内省地位，与其说是皇帝把国家决策机构留在了禁内，还不如说国家决策机构把皇帝拉出了后宫。理解三省体制，自应留意皇帝、宰相和三省机关构成一个有机整体，在国家决策过程中，处于不同环节发挥作用，实际上是一种分层决策体制。在解释制度变化的原因时，似更应强调行政主导作用，即制度调整主要为适应统治形势变化的需要，调整往往从基层行政部门开始，大部分时间都不是皇帝主观上为了加强集权而变革制度。这一点关系到对隋唐政治体制的整体认识，是讨论隋唐中枢体制发展演变的前提。笔者在本书和其他论著的启发下正在思考这一问题，特在此提出以供参考，还望得到袁刚先生及关心此类问题的师长和学友们指正。

另外，笔者还想指出，本书关于三省职能和结构的论述中，对中书、门下两省具体职掌的论述尚有不够确切之处。如关于中书舍人的六押与五花判事，给事中的驳正奏抄与封还制敕，没有做真正动态的研究，尤其是由于强调“新三头”体制而选取唐后期的一些材料来论证前期三省体制，看起来似乎比较完善，实际上掩盖了一些重大变化，也不利于准确把握具体制度。这也许是史学界长期以来的一个通病。

本书强调的第二个重大演变是高宗武则天时期中枢体制内部结构的变化。这无疑是在陈寅恪、汪篯等学者强调武则天时代政治社会和阶级关系变化基础上进一步深入的探讨。由于这个时代的变化影响极其深远，使这种探讨本身也具有重要意义。

在这一重大演变中，作者从龙朔三年（663）唐高宗将政治中枢由太极宫移至大明宫（蓬莱宫）入手，认为移宫是武则天为了摆脱旧宰相官僚的包围，并因此根据自己的需要调整禁省之内的中枢结构的举措。移宫之后，中书、门下两省被撵出宫禁，宰相议政居于禁外，权位大为降低，“这是唐代政治史上的一大变局”（第 64 页）。与此同时，“北门学士”出现，开启内廷私臣在禁中谋议从而剥夺宰相决策权的先例。而当武则天地位稳固之后，便着手整顿决策机构，将政事堂由门下省迁至中书省，以提高政事堂地位，并开始了禁外两省合并的过程，这个过程至张说奏改政事堂为中书门下时完成。作者在分析这个演变的原因时，除了武则天为了专权需要外，还强调制度本身的矛盾，认为武则天整顿两省机构的目的是提高工作效率，两省合并是必然趋势（第 66-67 页）。另外，宰相名号在永淳二年（683）以后统一称“同中书门下平章事”，也正是反映了宰相职与决策机构的进一步结合。

不过，作者创设“决策机构宰相制”一词，用以说明从政事堂由门下省迁于中书省至改政事堂为中书门下以及宰相名号的统一，是唐代前期中枢体制的重大发展，使决策机构、决策制度、决策人员达到了高度的统一（第 71 页）。这似乎又回到了严耕望先生《唐代文化约论》一文的结论，即改政事堂为中书门下之后，宰相有了共同独立之机关与僚属，“此实唐代宰相制度之最大进步，抵于成熟矣”。而且，严氏强调这个进步，前提之一是宰相无行政之权，专主取旨制命。本书也正是从这个角度出发，认为政事堂迁于中书省就意味着两省合并，使“政事堂成为决策机构”，改政事堂为中书门下，更使宰相职与决策机构进一步结合。但是，作者也无法回避宰相兼掌行政的事实，认为中书门下堂后五房也涉及行政管理，到唐后期所掌已主要是行政事务了（第 69 页）。其实，正如罗永生《唐前期三省地位的变化》（《历史研究》1992 年第 2 期）所论，从政事堂迁于中书省到改政事堂为中书门下的演进，反映的正是宰相兼掌行政，决策、行政逐渐结合的结果。否定这一点，许多现象将无法解释。

本书强调的第三个重大演变是开元二十六年（738）对旧三省体制进行总结的《大唐六典》编纂完成及设置翰林学士院开始了新中枢的建置，以及在此前后宰相制度和决策机制的变化。作者认为，翰林学士院的建立，标志着学士已成为内廷直接听命于皇帝的机要秘书，并与外廷宰相机构处于对峙状态，使中书权力结构发生了明显变化。在外廷，开元十一年（723）改政事堂为中书门下之后，列五房于其后，分掌庶政。其中枢机房为机要室，位在其他四房之上，在决策机构被撵出宫禁的情况下，保住了外廷相府的机衡之任。其他四房则类似中书省的“六押”，对尚书六部施行直接督导。这样，中书门下由作为宰相议政办公厅的堂前和五房机构的堂后组成，自成系统，三省职事也因此合并。开元初以来，宰相集体议政决策制度遭到破坏，随着李林甫、杨国忠的长期擅政专权，三省体制破败，经过安史之乱的打击，三省中枢体制走向了全面崩溃。同时，翰林学士参议起草“深谋密诏”，宰相议事制度完全废止，内朝事权迅速扩展。尽管大历五年（770）诛鱼朝恩后开始委政于外朝宰相，但“中书门下”在禁外高度集权的体制又使宰相专权不可避免，中枢政局长期动荡不稳。于是德宗时又开始信用内臣，翰林学士的政治地位和职权大为提高，宦官在中枢专权的局面也开始形成，而原来的决策机构中书、门下两省陷于瘫痪，行政机构尚书省的职权也被使职剥夺逐渐成为闲司。作者把这个阶段看成是唐代新旧体制演变过程中的交织过渡状态，考虑到制度演变的延续性和战争状态的实际需要，这种分析颇具高度，是目前研究唐代中后期政治制度方面比较系统深入的认识。

本书强调的第四个重大演变是宪宗即位后新中枢体制的建立。永贞元年（805）宪宗即位后，着手对翰林学士院进行调整，设置翰林承旨学士；将翰林学士和中书舍人分为两制，于翰林院置书诏印，确立学士的草诏权；并设立由宦官充当的翰林院使和院吏，以掌院内传达和勤杂事务。翰林院因此正式确立为内廷中枢机关。同时，宪宗又正式设置了由宦官充任的枢密使，并将之纳入中枢成员的范畴。这样，作者称为“新三头”的三权分立、互相牵制的中枢体制即告建立。和旧三省一样，翰林、枢密、中书门下三者各以其草诏、出纳、奉行的职能合成了一个完整的施政程序，相集为一个完整的中枢施政系统（第 140 页）。作者比照唐前期三省体制而勾画出的这个“新三头”，确实给人以耳目一新之感。但笔者认为，这三者并不构成平等制衡的一个整体，实际情况比这种类比要复杂得多。枢密使与宰相的联系主要是传旨，其主要职能在沟通内外、宣纳诏命，并未取得大臣的身份和地位。作者谓枢密使之名一经固定，其宰相身份也可以说是确定了（第122页），不确。翰林学士在其权力因特殊政治环境而发展至极点时被称为“内相”，但也不是宰相，其职掌是应顾问、参密议，性质为机要秘书。而真正的宰相只有中书门下的长官同平章事，中书门下是行政决策合一的机关，而且随着宰相决策权的萎缩，其职权以行政为主。这是随着君主专制加强，皇帝与宰相在决策过程中距离的扩大，从而出现两省合一到三省合一的趋势下必然出现的结果。唐后期政体中，皇帝以自己为决策中心并总揽庶务，翰林、枢密只构成皇权运作中的环节，而不与宰相构成三头。而且唐前期三省体制并非只是简单的草诏、出纳和奉行，新中枢体制也远不止是三个新机构组成的旧体制。

作者在论证“新三头”体制时，有两个关键性的环节是建立在推测基础上的，使得本书最见光彩的部分缺乏实证性。一个是谓元和初置翰林学士印，说明翰林之印取代了“中书门下印”，中书出令权被彻底剥夺，旧中书省的中枢地位被取代（第117-118页）。另一个是谓给宦官以枢密名号之后，原中书门下枢机房的机要职事被搬进内廷，政事堂（案：应为中书门下）失去了决策地位（第125页）。如此重要的结论缺乏根据，不仅使人对全书结论产生怀疑，而且也与书中的另外一些结论，如体现在中书进诏意和延英奏对方面的宰相决策权相矛盾。其实，抛开所谓“新三头”的构架，书中关于新中枢体制的建置形式、延英奏对制度和翰林草麻制度等方面的论述，还是很值得重视的，对于深化中晚唐制度的认识有着不可忽视的开创之功。

（袁刚：《隋唐中枢体制的发展演变》，台北：文津出版社，1994）

三、评谢元鲁著《唐代中央政权决策研究》

本书是中国台湾地区印行的“大陆地区博士论文丛刊”之一种，其初稿是1987年作者在韩国磐教授指导下完成的博士学位论文。刘健明先生在《隋唐政治制度史研究（专书部分）述评》（《中国史学》第2卷，1992年）一文中对此有过评论，认为本书的选题“具有开创性的意义”，它将唐代中央政权的决策活动界定为“诏令的制定到颁布的过程”（第4页），全书即围绕着诏令的提出、讨论、起草、批准、审议和颁布等环节展开。除自序和前言外，共分五章。

第一章论唐代中央决策集团，包括决策集团的结构，决策核心集团的多元化发展趋势，谏官集团的形成及其与中央决策的关系等方面。这一部分讨论的是决策组织结构和人员的构成，从参与决策的不同角度将中央政府有关机构贯通起来加以研究，这是一个极富启发性的思路。如除被研究者注意的两省重要官员外，文属两省的谏官、起居郎、起居舍人、通事舍人等，其在国家政权中的作用较少被重视。而书中提出谏官是决策集团中的一个重要层次，参与诏令的审议和封驳；起居郎、起居舍人和通事舍人，构成决策的辅助集团，参与诏令的记录、传达和颁布。对于唐代中后期的宦官和翰林学士，书中认为他们进入了中央核心决策集团，与宰相分别构成三大决策系统，在皇帝能够起到调节作用时，三者之间能够维持平衡与合作的关系。从这些方面，可以看出作者试图对唐代政制做全新的动态研究的努力。

但是，学界对于唐代政制的研究已经非常深入，本书在探讨决策集团的结构时，没有很好地参考已有研究成果，以致出现了许多不够确当之处。本书的第一个前提是“凡是封建国家的一切重要活动，都以皇帝的名义发布命令，指挥操纵整个国家机器的运行”（第 3 页）。其实，正如本书稍后所说，唐代中央政权实行一种分层决策机制。有些事情是可以不用皇帝的名义而由宰相或其他官员发布命令处分的。如开元中关于山东驱蝗之事，中书令姚崇就说“此事请不烦出敕，乞容臣出牒处分”（《旧唐书》卷九六《姚崇传》）。唐后期，“宰相判四方之事有堂案，处分百司有堂帖，不次押名曰花押”（李肇《唐国史补》卷下）。尚书省作为行政首脑机关，也可以用“符”的形式指挥公事。书中关于谏官集团的论述也存在明显缺陷，把门下省看成谏官集团，把给事中等同于谏官，可见作者对三省体制并未深入了解。门下省的作用不仅仅在于行使对诏令的审议批评权，而且这种权力也不限于门下省。给事中的职掌包含对上下行文书的审核，在唐前期是分层决策体制中的核心环节之一，而不仅仅是对中央决策进行审查封驳，即使对于诏敕的封驳，也不能等同于谏官的监督评议作用，更何况给事中在唐前期的重要职掌还是驳正奏抄之违失。对于起居郎、起居舍人和通事舍人的职掌，书中称之为“参与诏令的记录传达和颁布”也很不确切。对于唐后期的决策机制，宰相、学士和宦官之间并非没有确定的权力分配规范，他们之间的职权分工还是明确的。另外，根据书中对于决策成员所下的定义，尚书都省亦应是决策过程中的一个环节，因为唐前期一切诏令都要经过都省颁下。而且，唐前期百官决策会议，以都省主持的八座及公卿集议为主。作者没有真正将决策看成一个互相关联的整体和动态过程，也就无法达到贯通的境地。

第二章论决策层次与方式的变迁，指出唐代中央决策分成御前决策会议、宰相决策会议和百官决策会议三个层次，在君主和宰相之间、宰相和下属机构之间实行分级决策的方式。关于御前决策会议，作者列举了常参会议、仗下后会议、延英会议和学士召对会议四种形式，指出御前决策方式的变化趋势是灵活、小规模和高层次。常参会议在高宗以后已流于形式，仗下后会议变得重要起来；肃宗以后，常参成了一种礼仪性的会见，仗下后会议也逐渐向延英会议转化。延英会议成了唐中期以后中央政权最高决策会议，学士召对也成为御前决策会议中较重要的一种。其中延英会议和学士召对会议之间的关系，是理解中晚唐决策体制的关键，书中未加措意，实属遗憾。

关于宰相决策会议，作者探讨了从政事堂到中书门下的变化、宰相会议的职权范围、宰相会议与御前会议的关系以及宰相集体决策制度与权相专权等问题。其中关于中书门下堂后五房的性质、地位和作用，本书以其特殊的视角加以提出，尽管书中认为中书门下是一种会议，五房是宰相会议的秘书，取代的是此前中书舍人以六押形式承担的这种职能的观点未必妥当，也尽管还有一些具体问题，如姚崇为中书令时的堂后人与五房堂后官有什么关系；中书、门下两省主书、录事是否皆为堂后官；贞元、元和之际久司中书的主书滑涣于延英承旨后即为文书，此为何类文书；文宗时中书小胥汤铢所掌为孔目房，在延英门接受内状后送知印宰相，孔目房与五房的关系如何等等，书中并未解决，但已经表明唐代政制的研究大为深化了。关于唐中后期的草诏、颁诏程式，也是目前还缺少研究的隐晦复杂之问题，本书也有所触及。

关于百官决策会议，书中提出了百官集议后议状的上报方式问题，是讨论唐前期中书省地位和中后期中书门下作用的重要线索，惜未深论。书中对唐代中央决策方式变迁的分析，揭示了从唐前期由皇帝下达诏令为主到后期以对奏状的批准为主这样一个重要现象，但认为这反映了皇帝对中央决策集团的控制削弱，则恐不确，因为对奏状的批准并不说明皇帝对决策的失控。另外，关于唐代的“王言之制”，书中将诏令及经皇帝批准的与诏令具有同等法律效力的奏状看成是两种性质不同的文件（第108页），是一种误解。殊不知皇帝批准的奏状就是“王言之制”中的一种，即于“百司承旨而为程式，奏事而请施行者”（《唐六典》卷九、《唐会要》卷五四）的敕旨。当然，中晚唐的王言之制更为复杂，有待进一步研究的问题还很多。

第三章论决策的依据和信息传达渠道，分别探讨了地方情况上报制度、出使监察制度、求言与上书制度以及中央与地方控制信息渠道的斗争等问题。这也许是本书最吸引人的部分，因为它将许多重要而又不被注意的问题，如邮驿、朝集使、进奏院、巡院和度支系统、宦官出使与监军、上封事与议表状、匦制等等，从信息渠道的角度加以贯通。尤其是关于匦制的创立与变迁，是笔者所见最全面深入的研究成果。当然如果本书能够进一步探讨不同渠道和层次信息的处理机制，则将极大地推进唐代政制的研究。例如，议、表、状等大臣向皇帝反映意见的文书，是在高宗武则天以后才大量出现的，北门学士的设立与此有关，其后中书舍人获得了参议表章权。这是唐代政治体制变化的一大线索，本书没有注意到。另外，书中认为“唐代沿袭汉代封事制度，凡臣下上书皇帝称为上封事，唐代的封事主要包括表和状等”（第 161 页），不确。

第四章论决策与行政效率的变化，探讨了决策效率、行政效率和整个国家机器运转效率的变迁及相关制度。这是从效率的角度对前几章的总结，涉及皇帝坐朝、臣下进状、草诏颁诏、删定诏令、官员当值、休假请假、传驿速度、勾检稽失等，虽都是重大问题，但作者未能揭示出多少新意。其中关于尚书都省处理转发各类上下行文书问题，书中只注意到都省在颁发执行诏令过程中的效率，而且误将《唐六典》关于抄写制敕的时间规定看成是诏令转发的时间规定；忽略了都省在转达上行文书中的诸州计奏方面也同样有严格的程限，“若诸州计奏达于京师，量事之大小与多少，以为之节”（《旧唐书》卷四三《职官志二》），最多不过五日。

第五章论决策的局限性与特点，指出唐王朝决策的局限性表现在统治集团局限性、历史局限性、君主宰相与宦官决策经验的局限性以及决策不能完全实施等方面，决策的特点则表现为开放性、变革性和决策与执行功能分离等方面。结尾部分的这种概括，也许是全书结构的需要，但显得缺乏深度和准确性，所以被前揭刘健明文认为是全书各章中有待商榷之处最多的部分。

笔者还想指出，本书多次出现对《通典》《唐六典》等基本文献中一些常用材料的误解，试举例说明。第一，关于门下省和给事中之“驳正违失”，作者引用《通典》，谓此为对诏令的驳正违失之权（第37页）。其实《唐六典》卷八很明确说“凡百司奏抄，侍中审定，则（给事中）先读而署之，以驳正违失”，指的是驳正奏抄之违失。第二，关于中书舍人的职掌，作者在引用《新唐书·百官志》谓一人“判本省杂事，又一人知制诰，专进画，给食于政事堂”之后，又引用《唐六典》卷九说其余人“但分署制敕，六人分押尚书六司，凡有章表”云云（第80页），不知中书舍人共有八员否？《唐六典》的正确释读似应作“按今……中书舍人在省，以年深者为阁老，兼判本省杂事；一人专掌画，谓之知制诰，得食政事之食；余但分署制敕。六人分押尚书六司，凡有章表”云云。阁老和知制诰都是“今制”即开元二十六年（738）前后的制度，同时分署制的是另外四人，这都指对诏令的起草和署名。而六押所指为对议表状的押判即参议表章，与知制诰和署制敕为两回事。第三，关于侍中的审署申覆，书中作“按《唐六典》的规定，‘其奏抄、露布，侍中审，自余不审。覆奏画可讫，留门下省为案，更写一通，侍中注制可，印缝署，送尚书省施行’”，认为皆是指对由下至上的文书进行处理（第116页）。此处引文是对《唐六典》原文的拆裂，前后两句都是退格小字注文，中间还有一句顶格大字正文“皆审署申覆而施行焉”，被作者删去。其实，将《唐六典》侍中和给事中条对照释读即可明白，审是对部分上行文书的驳正违失，即“其奏抄、露布，侍中审，自余不审”和“凡百司奏抄，侍中审定”；署是在制敕下颁过程中的署名，即P.2819背唐公式令残卷“制授告身式”中的“侍中具官封臣名”，另在审查奏抄时似亦应署名，因给事中要“先读而署之”，申是指奏抄审查后申报皇帝批准，由皇帝画“闻”，即 P.2819 背“奏授告身式”中侍中审后的御画“闻”；覆是指对制敕下颁过程中的大事进行覆奏，即“凡制敕宣行，大事则称扬德泽，褒美功业，覆奏而请施行”，覆奏后由皇帝画“可”，然后送尚书省施行。

总之，本书最大的价值即在于它以其特有的视角，涉及或提出了许多前人未曾措意的重大问题，对于关注唐代政治制度研究的人来说，极富启发性，具有开创性的意义。而最大的缺陷则在于作者对许多具体问题没有深究，对于大量研究成果也没有吸取和参考，所以导致“本书内容无法如选题一样的有所突破”（参前揭刘健明文）。笔者本人也深感唐代政治制度的研究具有很大难度，在拜读本书的过程中受到的启发很多，同时也有许多与作者理解不相一致之处，所以提出了以上一些看法，有些属于存疑或商榷，还望能对谢元鲁先生和其他师友的研究有所补益。

（谢元鲁：《唐代中央政权决策研究》，台北：文津出版社，1992）

附记：以上三篇书评，原刊荣新江主编《唐研究》第 2 卷，北京大学出版社，1996 年。

附录二

唐宋政治制度演变蠡测（五篇）

一、唐后期使职行政体制的确立及其在唐宋制度变迁中的意义

与魏晋南北朝到隋唐之间的体制转换问题受到较多关注相比，从长时段研究唐宋之间行政运行机制的转换则显得薄弱①。关于唐代中后期的行政体制，学术界一直缺少整体上的清晰的概念。在有关唐代中央行政体制的论述中，往往以尚书六部和九寺五监涵盖整个唐代的行政体制②。也有学者认为，唐后期尚书六部和九寺五监只是一些职权被侵夺，而没

① 以往的研究也有注意到唐宋间制度的衔接问题，如孙国栋沿用严耕望的分析方法，着眼于唐代后期尚书六部职权的废堕以及因此造成的宋代制度的紊乱。但是，他未能从体制转换的角度来梳理唐宋之间看似混乱的行政运作机制（孙国栋．宋代官制紊乱在唐制的根源//唐宋史论丛，197-205）。

② 如白钢认为，“隋唐五代时期的中央行政体制的最突出特点，是确立了尚书省为全国政务中枢。……在中央行政体系中，尚书省六部为政令机关，九寺五监为事务机关，分别接受尚书六部的政令而运转”（白钢．中国政治制度通史：隋唐五代．北京：人民出版社，1996：前言）。

有发生体制性的变化[①]。最近，一些学者开始从宋代制度向前追溯，为整体地认识唐宋之间的制度变迁开辟了一些新的学术论域[②]。本文拟结合唐宋间行政运行机制转换的大背景，对唐代后期中央行政体制的成长性变革做进一步的考察和探讨。本文认为，唐代中后期的政治制度，不仅在中枢体制上不再是三省制，而应称为中书门下体制[③]；而且在中央行政运作中也不再是尚书六部体制，而是与北宋制度更接近的使职行政体制。在行政运行机制上，唐后期的变化趋势已经奠定了北宋初年行政体制的格局[④]。使职行政体制的确立，在唐宋政治制度变迁和政治形态演进中，具有重要的意义。

（一）唐宋间中央行政体制转变的历史进程

本文将唐代前期的中央行政体制称为尚书六部九寺五监

---

① 严耕望．论唐代尚书省之职权与地位//唐史研究丛稿．香港：新亚研究所，1969．俞鹿年则指出安史之乱以后，形成了财政诸使、节度观察使和宦官内诸司使三个比较固定的使职差遣系统，并提到“在唐代中期以后便逐渐形成了由中书门下直接统领诸使的行政体制”（白钢．中国政治制度通史：隋唐五代．北京：人民出版社，1996：191－193）。这是在归纳事实基础上得出的很有见地的结论。但由于他对唐代行政体制的总体认识还基本停留在三省六部制的框架上，强调的还是使职差遣对六部和寺监职权的侵夺。所以，他的这个结论与其对唐代行政体制整体框架的理解并不完全吻合，没有进一步的突破性申论。

② 如：邓小南．课绩与考察——唐代文官考核制度发展趋势初探//荣新江．唐研究：第2卷．北京：北京大学出版社，1996；邓小南．走向“活”的制度史——以宋代官僚政治制度史研究为例的点滴思考．浙江学刊，2003（3）：98－102；李全德．五代至北宋前期的枢密院体制．北京：北京大学博士学位论文，2003。

③ 刘后滨．唐代中书门下体制下的三省机构与职权．历史研究，2001（2）：15－28．

④ 唐后期在许多方面都与五代宋初更为接近，构成了相对完整的发展阶段。正如邓小南所说，“如果我们着眼于历史运行的实际状况，而不仅仅是朝代的兴废，那么，应该说，自唐朝末年经五代至北宋初年，在政治、军事、经济、文化等方面面临的社会矛盾性质类似，统治者在挣扎摸索中致力于解决的问题类似，这段期间事实上属于同一单元”（邓小南．走向再造：试谈十世纪前中期的文臣群体//漆侠先生纪念文集．保定：河北大学出版社，2002）。

行政体制，或简称为尚书六部体制、部司寺监体制，而将唐代自贞元（785—805)、元和（806—820）以后的中央行政体制称为使职行政体制，或简称为使职体制。所谓中央行政体制的转换，就是从部司寺监体制转换为使职行政体制。那么，以部司寺监为主体的行政运作与以使职为主体的行政运作，二者是否为并行而有冲突的两套体制呢？按照唐人杜佑的说法，唐代行政体制的特点是“设官以经之，置使以纬之”[①]，两套体制之间有如经纬，是交错互补的关系。其实，杜佑的时代正是唐代行政体制发生重大转型的时期，而且这种转型是制度在实际运作中不断发生的调整，是制度的成长性变革，而非制度的改革和创设。这种变革对于当时人来说，并不容易引起关注，不容易抓住其变化的性质。所以杜佑以“设官以经之，置使以纬之”来概括其所处时代及此前唐代的行政体制，所指为使职的运作虽已大量存在，但行政运作的主体还是尚书六部和九寺五监的那种体制，也就是唐代中央行政体制的过渡状态，而非转型基本完成后的状态。

唐宋间行政运行机制的转变是一个长时期的历史过程。唐初以尚书六部统领寺监和地方的体制，是汉魏以来行政体制的总结。这套体制基本定型于隋朝，为唐朝前期所继承。关于尚书行政体制的发展演变，是中国古代政治制度史研究中的一个重大问题。尽管前人在这方面积累了大量的研究成果，但随着研究视角的转换，还是有许多问题需要进一步探究。总体看来，要将尚书行政体制落实到政务运行机制的层面，许多具体的运行程序还不是很清楚。而要将整个汉唐间

① 通典：卷一九，107.

尚书行政体制的变迁轨迹梳理清楚，则还有许多变化的环节需要做进一步的定性和时间定位的分析。由于史料的限制，有些问题迄今还很难有定论。不过，从总的发展趋势来看，其基本线索还是比较清楚的。隋朝在全面总结汉魏以来行政制度发展成果的基础上，基本完善了尚书六部二十四司的体制，尚书省内部“六部”与“都省”、“部”与“司”之间以及尚书六部与汉魏以来行之已久的寺监之间的关系，都基本得以理顺。隋炀帝大业三年（607），尚书都省设立左右司，标志着都省从单纯的八座丞郎议事之处向政务运行中一个环节的转变，成为整个尚书省乃至全国的行政枢纽。武则天永昌元年（689），设置左右司员外郎，尚书都省的调整基本结束①。这套体制的稳定行用当仅在唐初一段时期内，并在唐高宗武则天时期进行了一些小的修补和调整。运作中的行政体制一定是处于不断调整之中的，而当其不再需要调整的时候，也就标志着新的行政体制开始形成，新的运行机制开始发挥作用。

事实上，唐代的行政运行机制在高宗武则天时期开始出现突破尚书六部二十四司格局的发展，使职在行政运作中的地位日显重要②。但是，新旧行政体制的转换不可能是一刀切式地完成于一朝一夕，而是在并存和冲突中逐渐完成的。从高宗武则天时期一直到安史之乱爆发前后，六部和九寺五监

① 雷闻．隋与唐前期的尚书省//吴宗国．盛唐政治制度研究．上海：上海辞书出版社，2003．关于尚书行政体制的研究，有着大量的研究成果，雷闻在此文中进行了综述，此不赘述。

② 刘后滨．论唐高宗武则天至玄宗时期政治体制的变化//荣新江．唐研究：第3卷．北京：北京大学出版社，1997；孟宪实．宇文融括户与财政使职//荣新江．唐研究：第7卷．北京：北京大学出版社，2001．

体制与使职体制之间一直处于冲突调整之中。在安史之乱的冲击下，使职体制逐渐取得主导地位①。

这一行政体制转换的过程，安史之乱以后还在继续。一方面，尚书六部和九寺五监在整个唐代中后期都还起着一定的作用；另一方面，到贞元、元和时期，使职行政体制实际上已经基本确立下来。在中央行政的实际运作中，不仅财政、军事等系统行政事务的运作完全依赖于使职，户部和兵部的职权已经不在国家政务中居于重要地位，而且其他行政系统如司法系统、选官系统、礼仪事务系统等，都有了完善的使职体系和明确的职权范围。户部和兵部以外的部司和寺监，虽然保留了部分原有职掌，但也纳入了使职系统，采用了使职的运作机制。使职系统和使职化的部司寺监一并在中书门下的统领之下，构成了一个完整的使职行政体制。

判断使职行政体制确立的标志，主要有以下几点：一是各类因事而设的使职的体系化及使职内部机构的严密和完善，使职成为中央行政机构的主体。二是尚书六部二十四司和寺监等行政机构运作机制的转换，体现在对行政事务进行归并，进而采取贯通处分的机制。三是使职行政体制统属问题的解决。使司作为三省六部制体制之外的机构，必须要有新的更高层次政治体制的依托。而"中书门下体制"的建立，就使得使职有了这样的依托。自开元十一年（723）改政事堂为中书门下后，设置五房，分掌庶政，就是与尚书六部基本对应。中书门下获得了原尚书都省统领尚书六部和寺监的最高政务裁决权，其中包括部分由门下省执行的政务裁决权。而不断

① 刘后滨．安史之乱与唐代政治体制的演进．中国史研究，1999（2）：93-102.

设置和完善的使职，统属关系也逐渐明确，由皇帝临时差派的使职，逐渐归属到中书门下宰相机构的统一领导之下。到贞元、元和以后，几个行政系统的使司都纳入到中书门下领导之下，中书门下领导部司、寺监和使司的行政体制因此确立。四是使职从皇帝的特派人员到宰相机构的下属行政职务的转变。这个转变是中古帝国官僚体制由以皇帝个人为中心到以整个朝廷为中心转变过程中的重要一环[①]。

使职行政体制在贞元、元和时期基本确立以后，在晚唐五代到北宋前期一直处于不断完善之中。直到宋神宗元丰年间(1078—1085)的官制改革，最后完成了使职体系的组织化。从行政运行机制的角度看，元丰官制改革的一个重要意义，在于用尚书六部的框架容纳唐中期至北宋前期发展起来的以使职为主体的运行机制，也就是将不同政务系统中的使职重新按照尚书六部的结构组织起来，使原本有些混乱无序的使职严密地组织化[②]。唐宋间行政运行机制的转换至此告一段落。

（二）使职行政体制确立的法令体现——以郎官出使为例

如上所论，唐代贞元、元和时期，在中央政务的实际运作中，已经确立了使职行政体制。晚唐五代至北宋时期，是使职行政体制不断完善的时期。上述使职行政体制确立的四个方面的标志，都逐渐落实到法令上，而不是一种权宜之计。

由于唐代中后期的法令体系发生了重大变化，作为基本

---

① 刘后滨．唐代中书门下体制研究——公文形态、政务运行与制度变迁．济南：齐鲁书社，2004：207-221.

② 需要指出的是，即使从形式上说，元丰改制以后的六部在职掌范围和内部结构上也并不与唐代的六部完全对应，如兵部并没有完全容纳军事系统的使职，枢密院一直存在。参见张希清．宋朝典制．长春：吉林文史出版社，1997。

法律和制度规定的律令基本被弃置一边，而实际行用的法令则以制敕和编订制敕而成的格为主。唐后期的立法是通过制敕的颁布来完成的，而汇编制敕而成的格和格后敕等，就成为一种法令文书。因此，关于使职行政体制的法令规定，我们不可能看到如同前期规定三省六部制下行政规模那样的《职员令》(共有六个职员令)，而只能体现在制敕和格之中。而且，尽管唐后期有多次编格的记载，如宪宗时，刑部侍郎许孟容等删天宝以后敕为《开元格后敕》；文宗时，命尚书省郎官各删本司敕，而丞与侍郎覆视，中书门下参其可否而奏之，为《大和格后敕》；开成三年（838)，刑部侍郎狄兼謩采开元二十六年（738）以后至于开成制敕，删其繁者，为《开成详定格》；宣宗时，左卫率府仓曹参军张戣以刑律分类为门，而附以格敕，为《大中刑律统类》，诏刑部颁行之①。但是，唐后期的格也都没有流传下来，故唐后期制度变革的法令依据，就只有从各类因事而颁的制敕中去寻找。

使职行政体制确立的四个方面的标志，分别是如何落实到法令上的？这是一个非常复杂的问题。例如，要从法令规定方面论证使职成为中央行政机构的主体，就会遇到诸如使职系统机构和官员设置的完善、台省寺监系统职务的阶官化、台省寺监和使职之间的关系等中晚唐制度史上的难题。有些方面，如关于台省寺监系统职务的阶官化问题，张国刚和阎步克等有了较为深入的探讨。张国刚提出了唐后期的“以使为实、以职为号”问题②，阎步克则进一步指出，以“职”为

① 新唐书：卷五六，1414.

② 张国刚. 唐代阶官与职事官的阶官化述论. 中华文史论丛，1989（2）：71-90.

实、以“散”为阶的制度衰败之后，出现了以“使”为实、以“职”为阶的新制。随着“使职差遣”制度的发展，三省六部官、御史台官、卿监长官、诸卫大将军等等官位，借助“检校”“试官”“加宪衔”等等，而开始了另一类形式的阶官化，它们开始变为“使职”的“阶”了①。本文也不可能逐一解决其他如使职的体系化及使职内部机构的严密和完善、台省寺监行政机构运作机制的转换、使职行政体制统属于中书门下宰相机构以及使职从皇帝的特派人员到宰相机构的下属行政职务的身份转变等方面的法令问题，有些方面在前引拙著中也有所论及。以下仅以郎官出使为例，从一个侧面论证使职行政体制确立的法令体现。

郎官指的是尚书都省和六部二十四司的郎中、员外郎。在六部寺监的行政体制中，郎官是中央行政枢纽尚书省的主判官员，是中央政务运作的主体。尽管唐令规定，内外官皆有“行李之命”，即都有受命出使的义务②，但员外郎则是“不在差限”的③。而到贞元、元和时期，郎官出使逐渐制度化，并纳入到使职体制之内。这是使职取代部司寺监成为中央政务运行主体的一个重要体现。从唐后期大量的关于“出使郎官御史”和“使下郎官御史”的制敕看，郎官纳入到使职体制，已经得到法令的认可。

唐代郎官出使最早出现在高宗时期。高宗上元二年

① 阎步克．品位与职位——秦汉魏晋南北朝官阶制度研究．北京：中华书局，2002：49．

② 行李，谓使人也。见《左传》僖公三十年杜预注。宋人王谠认为，这是杜预将“行使”之“使”字误解为“李”（王谠．唐语林校正：卷二．周勋初，校正．北京：中华书局，1987：161）。

③ 大唐六典：卷二．广池千九郎训点本，37．

(761)，“以岭南五管、黔中都督府得即任土人，而官或非其才，乃遣郎官、御史为选补使，谓之‘南选’。其后江南、淮南、福建大抵因岁水旱，皆遣选补使即选其人”[①] 但在高宗咸亨三年（672）五月十一日的敕中则规定“中书、门下两省供奉官，及尚书省御史台现任郎官御史，自今已后，诸使不得奏请任使。永为常式”[②] 安史之乱爆发以后，郎官出使的情况普遍起来。如肃宗宝应元年（762），陈少游任回纥粮料使，改检校职方员外郎。史载“充使检校郎官，自少游始也”。次年，陈少游被仆固怀恩奏为河北副元帅判官，但还带着兵部郎中兼侍御史的头衔[③]。又如于颀，被度支使第五琦署为河东租庸使，便带着度支郎中的头衔。后来元载为诸道营田使，他又被署为郎官，令于东都、汝州开置屯田[④]。这是所谓“使下郎官”的例子。所以，代宗时颜真卿在上疏中说：“郎官、御史者，陛下腹心耳目之臣也。故其出使天下，事无巨细得失，皆令访察，回日奏闻，所以明四目、达四聪也”[⑤] 这是把郎官出使当成一种普遍的制度化的现象看待的。

安史之乱结束后，唐朝开始了以恢复尚书六部和九卿之职权为目的的制度整顿。代宗大历中及德宗初年，不断下敕重建尚书省之地位与职权。建中、贞元年间杨炎和刘晏以及崔造和韩滉之间展开了围绕罢使和还职六部的斗争，以及关于尚书省官员是否每日视事的争论。而郎官出使也成为这场争论中的一个焦点。在德宗即位之初的大历十四年（779）六

---

① 新唐书：卷四五，1180.
② 唐会要：卷七八，1437.
③ 旧唐书：卷一二六，3563.
④ 旧唐书：卷一四六，3966.
⑤ 旧唐书：卷一二八，3593.

月一日，就下敕规定“郎官御史充使，绝本司务者，宜改与检校及内供奉里行”①，旨在限制郎官的出使。贞元二年（786）正月宰相崔造“嫉钱谷诸使罔上之弊，乃奏天下两税钱物，委本道观察使、本州刺史选官典部送上都；诸道水陆运使及度支、巡院、江淮转运使等并停；其度支、盐铁，委尚书省本司判；其尚书省六职，令宰臣分判”②。其目的是想罢使而还职尚书六部。贞元二年（786）五月二十八日敕，又规定：“中书门下两省供奉官，及尚书省御史台现任郎官御史等，自今已后，诸司诸使并不得奏请任使。仍永为常式”③。这还是在限制郎官的出使，是配合还职六部的一个举措。但到年底，崔造的改革导致了“事多不集”的后果，由于“诸使之职，行之已久，中外安之”④，使职体系得以恢复。

人为的限制并不能解决行政体制中存在的问题。越是不断强调限制郎官出使，就越是表明郎官出使的事实相当普遍，以至于贞元元年（785）关于选官的敕中还将“使下郎官御史”作为一种普遍的情况来加以规定⑤。随着大量的郎官充实到使职体制之中，针对德宗初年“郎官御史充使，绝本司务者，宜改与检校及内供奉里行”及诸司诸使不得奏请尚书省御史台现任郎官御史任使等规定，宪宗元和年间做出了法令上的调整。元和四年（809）闰三月敕，“如刺史不承使牒，擅于部内科率者，先加惩责。仍委御史台，出使郎官御史察

① 唐会要：卷六二，卷七八，1083，1440.
② 旧唐书：卷一三〇，3626.
③ 唐会要：卷五四，928-929.
④ 资治通鉴：卷二三二，7475.
⑤ 唐会要：卷七四，1349-1350.

访闻奏"①。元和七年（812）闰七月敕，"前后累降制敕，应诸道违法征科，及刑政冤滥，皆委出使郎官御史访察闻奏。虽有此文，未尝举职。外地生人之劳，朝廷莫得尽知。今后应出使郎官御史，所历州县，其长吏政俗，闾阎疾苦，水旱灾伤，并一一条录奏闻。郎官宜委左右丞句当，并限朝见后五日内闻奏，并申中书门下。如所奏不实，必议惩责"②。这就将郎官出使作为一项固定的制度加以肯定下来，而且具体规定了出使郎官御史的职责。尽管后来还有人援引贞元二年（786）的规定来限制郎官出使，如长庆二年（822）正月御史中丞牛僧孺上奏，就援引该敕，请不许诸道节度观察等使奏请郎官御史充任使职③。但是，那只是权力之争的手段，郎官出使实际上已经通过法令固定了下来。正如文宗太和二年（828）六月的中书门下奏所指出的那样："诸道观察等使，奏请供奉官及见任郎官御史充幕府。贞元、长庆已有敕文，近见因循，多不遵守"。也就是说，贞元、长庆的规定已成虚文。为了适应现实，需要有所调整。所谓"然酌时议制，事在变通。如或统帅专征，特恩开幕。戎府初建，军幄籍才。事关殊私，别听进止。此外一切请准前后敕文处分"④。皇帝的敕旨批准了这份奏请。只是有一些特殊的郎官，还不时有规定限制出使充职。如太和五年（831）四月敕："盐铁判官守尚书刑部郎中李石，宜守本官。自今已后，刑部郎中，诸司诸使更不得奏请充职"⑤。

---

① 唐会要：卷六八，1202.
② 唐会要：卷六二，1084.
③ 唐会要：卷六〇，1044.
④ 唐会要：卷七九，1445.
⑤ 唐会要：卷五九，1035.

唐后期的制度，总体上是一种过渡进程中的调和折中状态。郎官出使亦是如此。一方面是郎官出使已成事实，也不断得到制敕的肯定；另一方面则不断强调旧制，限制郎官出使。中央行政体制向使职体制的过渡就是在这种反复中完成的。虽然说到元和时期使职行政体制基本确立下来，但整个唐后期六部寺监的框架都还在发挥作用。郎官的身份归属还是以尚书省为依托的，即如文宗时删定格敕的工作，就是以尚书省诸司郎官为主体的，“文宗命尚书省郎官各删本司敕”①。郎官的任免进退，在制度上也还是由尚书省负责的。穆宗时，孔戣为尚书左丞，以老自乞，其请退的理由之一就是“吾为左丞，不能进退郎官”②。文宗时尚书右丞韦温则坚持行使自己进退郎官的权力。“盐铁推官姚勖按大狱，帝以为能，擢职方员外郎，将趋省，温使户止，即上言：‘郎官清选，不可赏能吏。’帝命中人谕送，温执议不移，诏改勖检校礼部郎中”③。尽管有人认为韦温那种即使再有才干的能吏也不能入清选的观念是“衰晋之风，不可以法”，但他还是坚守住了自己的立场。太和三年（829），元稹为尚书左丞，“务振纲纪，出郎官尤无状者七人”④。

说唐后期中央行政体制是使职体制，并不否认尚书部司和寺监还成为使职的依托。包括财政诸使和军事系统的使职在内，各使职的品级和俸禄还须以部司或寺监官来寄托，使职本身还具有一些兼职性质。尽管兼任使职的部司寺监官基

① 新唐书：卷五六，1413.
② 新唐书：卷一六三，5010.
③ 新唐书：卷一六九，5159.
④ 新唐书：卷一七四，5229.

本不承担其本来的职掌，例如刑部郎中判度支，并不执掌刑部事务，膳部郎中知制诰，也不承担膳部的职掌，但他们与本官所在机构还有着密切关系。唐代尚书诸司办公之处有留厅壁记的传统，“尚书诸厅，历者有壁记，入相则以朱点之。元和后，惟膳部厅持国柄者最多。时省中谓之朱点厅”①。说明元和以后尚书省六部二十四司大都还完整地设置着，尽管有的司闲简无事，但都有自己的厅衙。既然诸厅中都有历任该司郎官的壁记，说明即使作为寄寓品级和俸禄的尚书郎官，也还是与本官所在机构有密切关系的。六部寺监官的阶官化，在唐代后期还只是一种趋势，到北宋才完全成为寄禄官②。

（三）使职行政体制的确立在唐宋政治制度变迁和政治形态演进中的意义

唐后期使职行政体制的确立，是中国古代最高行政体制变化的一个重要环节。一方面，行政运行机制发生了变化，行政系统内部从按照政务的环节进行分工运行，转变为按照政务的轻重等级分类，在每一类政务中则贯通处理。另一方面，为最高行政体制新格局的建立创造了前提，财政系统和军事系统的充分使职化，及财政事务和军政事务在国家政务中重要性的提高，为宋朝三司和枢密院从中书门下宰相机构中分离出来奠定了基础。此外，从唐前期按照律令运作的尚书六部九寺五监行政体制到唐中后期的使职行政体制的转换，又不仅是行政体制和运行机制的变化，也将影响到整个政治形态和官僚形态的演变。

---

① 钱易．南部新书：甲，1．

② 张国刚．唐代阶官与职事官的阶官化论述．中华文史论丛，1989（2）：71-90．

以政治形态而言，从临时派遣的使职产生，到使职行政体制的确立，这个过程贯穿整个唐朝。在这个过程中，使职从皇帝的特派人员转变为宰相机构的下属行政职务。这是唐后期使职行政体系确立的重要标志，是中古帝国官僚体制由以皇帝个人为中心到以整个朝廷为中心转变过程中的重要内容。以官僚形态而言，唐代一直存在着礼法士族与浮薄进士、文学与吏干之间的矛盾。合乎国家形态和政治形态转变需要的新形态的官僚群体，其产生需要一定的思想价值和意识形态前提，也需要一定的政治体制前提。开元时期提出“凡官，不历州县不拟台省”①，就是在这个方面走出的重要一步。而使职行政体制的确立，使这个原则具有了实施的现实可能性。

笔者此前指出，安史之乱以后使职体系与尚书六部职权的冲突和调整，实际上是行政体制的转换，不是简单的不同官职之间职权的转移，最终也不可能通过对原有行政机构职权的转变来完成，而必须产生新的机制，形成新的行政体系②。这是就唐代的制度变迁而言。中国历史上的不同时代都存在着使职问题。普遍来说，使职最初依托于原有行政体制，都是从原有体制中派生出来的。如果说汉代的使职主要是在官名上依托旧体制，即保留旧官名而产生新职掌③，那么，唐

---

① 新唐书：卷四五，1176.《册府元龟》载开元三年六月诏云：“京官不曾任州县官者，不得拟为台省官”（册府元龟：卷六三五，7622）。

② 刘后滨. 安史之乱与唐代政治体制的演进. 中国史研究，1999（2）：93-102.

③ 廖伯源在研究汉代官制时提出，使职转变为行政官员之一途径是：“临时派遣的使者转变为有固定职掌之专职使者，再转变为完全没有使者性格的行政官员”。皇朝时期官制演变途径之一是新官职从旧官职演变而成：旧官职之职掌扩大或转移，但仍保留旧名不变或官名之改变远迟于职掌之改变。参见廖伯源. 从汉代郎将职掌之发展论官制演变的一些特征. “中央研究院”历史语言研究所集刊，1994，65（4）：866，收录于秦汉史论丛. 台北：五南图书出版股份有限公司，2003：85。

代的使职则主要体现在行政体制上的依托。在唐代，一部分使职的名称完全依事而设，与旧机构和旧官名无关。从御史系统派生出来的使职不再称为某某御史（如秦之监郡御史），从尚书部司和九寺五监中派生出来的使职也不称为某某郎中某某令，而完全是根据所掌事务的性质，称为括逃使、劝农使、盐铁使、转运使等。这是唐代使职不同于汉代的一个重要特点，标志着国家政务的运作更加以事而不是以人为中心。另一部分是使职化的部司寺监官，他们在官名上还依托于旧体制，但职掌和机构的运行机制都是新体制下的产物。

附记：本文原刊《中国人民大学学报》2005 年第 6 期，收录于本书时，个别文字做了校改，脚注增加了引文页码。

二、政治制度史视野下的唐宋变革

唐宋之际的中国社会发生了多方面的深层次的变革，这种变革始于隋和唐前期，基本完成于北宋前期，而安史之乱以后的唐中期则具有转折意义。从政治制度的发展演变来看也是如此，6 世纪以前和 10 世纪以后的政治体制和官僚形态存在着重大的区别。南北朝以前，贵族集团对政治具有强大影响，官吏的任命基本以门第为标准，地方佐官由长官辟举，中央与地方在具体政务运作的层面上并未完全联结为一个整体。而到北宋时期，各级政府，包括中央政府，都是由官僚而非贵族负责运转，贵族作为一个社会阶层对帝国政治运作的影响力基本消退，就连此前皇室内部影响皇权运作的宗室、外戚、后宫、亲王甚至皇太子等力量，也基本从政治上淡出。官吏全部由中央政府按才学标准和官职资历加以任命。中央与地方在各方面具体政务的运作中走向一体化，皇帝本人也走到了处理国家政务的前台，“朝廷（皇帝与宰执为首）—州县—百姓”架构下的国家形态基本成型。

（一）

政治体制上，唐后期在许多方面都与五代宋初更为接近，构成了相对完整的发展阶段。唐前期的中枢政治体制是三省制，但开元十一年（723）中书令张说奏改政事堂为中书门下之后，中枢体制就发生了重大转变，进入到中书门下体制的阶段，尽管三省机构依然存在，而且在皇帝诏命的起草和审核等方面的运作机制更加完善，并一直延续到后世。中书门下体制下的三省，还与宰相机构有着密切的联系，一般情况下，三省长官皆由宰相兼领，尤其是中书、门下两省的名义长官必须由宰相兼领。但从机构建制上看，宰相与三省发生分离，宰相府署超然于三省之上。宰相的职衔也从共为宰相的三省长官，发展到同中书门下平章事成为宰相的唯一署衔，这种职衔完全是以最高政务裁决机关中书门下为依托的。尽管中书门下体制下还是集体宰相制度，但宰相裁决政务，实行宰相轮流秉笔决事的制度，并逐渐向首相制度过渡。穆宗长庆（821—824）以后，宰相的身份有了新的等级标志，即以馆阁职的加衔作为依据，不再以两省侍郎为宰相分工的依据。此后展开的两党之争，实际上是一种首相轮流组阁的形式。在这种背景下，中书、门下两省职权重新归位，以中书舍人和给事中为核心的中书、门下机构在国家政权中的地位和作用进一步明确，并一直影响到宋朝甚至明清时期。

唐代中书门下体制的另外一个重要特点，就是宰相通过中书门下对行政事务的干预越来越强，甚至直接下行过去由尚书六部和寺监处理的事务。宰相的职权进一步朝着掌管具体政务的方向发展，宰相政务官化。这是宋代以宰相职权的分化为核心的制度得以建立的前提。经过安史之乱以后的调整，政治体制就朝着宋代那种中书门下、枢密院和三司分掌行政、军政和财政的体制过渡。

唐代中后期的政治体制，不仅在中枢体制上不再是三省制，而是中书门下体制，而且在中央行政运作中也不再是尚书六部体制，而是与北宋制度更接近的使职行政体制。在行政运作机制上，唐后期的变化趋势已经奠定了北宋初年行政体制的格局。到贞元、元和时期，不同于尚书六部制的使职行政体制已经基本确立下来。在中央行政的实际运作中，不仅财政、军事等系统行政事务的运作完全依赖于使职，户部和兵部的职权已经不在国家政务中居于重要地位，而且，其他行政系统如司法系统、选官系统、礼仪事务系统等，都有了完善的使职体系和明确的职权范围。户部和兵部以外的部司和寺监，虽然保留了部分原有职掌，但也纳入了使职系统，采用了使职的运作机制。使职系统和使职化的部司寺监一并在中书门下的统领之下，构成了一个完整的使职行政体制。

随着唐代中后期中枢政治体制的变化，国家权力运作方式也发生着变化。在中国古代帝国体制中，皇权和相权共同构成了国家权力的主体，国家权力运作方式的变化是以二者关系的变化为主线的。从魏晋南北朝以尚书省为宰相机构，到隋唐之际三省共同构成宰相权力系统，再到开元以后和北宋时期以中书门下为宰相机构，不仅是宰相机构名号的变化，而且也是君相关系和国家权力运作方式的重大转变。三省制是从尚书省宰相制到中书门下宰相制的过渡形态，中书门下宰相制并非向尚书省宰相制的简单回归，而是纳入了三省制的运作机制，使皇帝与宰相之间的权力运作更加一体化。皇帝在不断强化最高决策权的同时，逐渐走向处理国家政务的前台，宰相逐渐纳入到政务裁决和执行部门的体系之中，宰相与君主的联系更多地作为“参总庶务”的政务官而不是“坐而论道”的咨询者。

随着皇帝走向处理国家政务的前台，国家的主要政务都要经过皇帝的批准和决策，对皇帝裁决政务进行拾遗补阙的工作就显得日渐重要。这是唐宋间从武则天时期补阙、拾遗之职的设立到北宋台谏合一的体制性前提。在唐代，谏官和御史台官员是分工明确不同的两套系统，谏官主要针对皇帝进行谏诤，在皇帝与宰相之间进行缓冲协调，御史台官员则是以监督百官为其职掌的。随着皇帝更多地处理由各级官僚汇报的政务，谏官和御史的职权界限逐渐在淡化，在皇帝加强专制的背景下，北宋时期形成了台谏合一的制度，总称台谏官。

随着皇权的不断加强，法令体系也出现了新的变化，唐宋间呈现出从律令格式到敕令格式的转变。基本线索是律的定型与令的废弃，作为皇帝命令文书的敕和赦文具有了越来越强化的立法意义，皇权的扩张在立法方面也得到体现。尽管说宋代法律体制是唐律令制的延续，但是隋唐以来的律令制，进入中唐以后发生变化，律令格式停止修订，而主要通过编集格后敕的方式，对律令格式进行修正补充。

（二）

科举、铨选及考课制度的变化，体现了唐宋间官僚形态的演进。隋唐之际科举制度的建立及其后考试科目和录取标准的不断调整，是宋代那种新型官僚形态形成的前提。正是科举制度的建立和完善，为官僚队伍的自我更新源源不断地提供了新鲜血液。科举制度发展完善的同时，文官铨选制度也不断得到调整。官员选任、考课、迁转等各个环节上制度的完备，保证了进入到官僚队伍的士人能够随着时代变迁和自身地位的变化，不断适应现实的需要，成长为符合治国需要的合格人才。

设立科目、公开考试、公平竞争、择优录取，是科举制度的基本特征，其中考试是核心。科举制比以往任何选官方式都更强调考试的作用，考试朝着排除其他因素干扰的方向发展。但是，选官制度中的才学标准，并非在短时间内能够被完全贯彻，门第也不会随着王朝的更替自动退出历史舞台。只有随着社会经济的发展，一般地主经济的发展成熟，全社会文化知识水平的提高，才有可能真正实现才学选官的原则。才学取代门第，是一个漫长的历史过程。这个过程要到宋朝才基本完成，而整个唐代都大体处于这个过渡进程之中，其间还经历了一些反复。不过，从发展趋势看，唐代的取士和选官制度中，才学日渐受到重视是显而易见的。

选官原则从看重门第到只问才学的转变，带来了隋唐之际由贵族社会向官僚社会的过渡。政治体制的变化与此相关。尽管隋唐政权中门荫出身的官僚还占很大比例，但同时还必须具有才学已经成为官员升迁的一条重要原则。尽管科举制在唐代出现了曲折，甚至如进士科也在唐后期被高官新贵利用，作为其世袭高位的工具，但是，公平原则在实际操作中遭到破坏，并没有冲毁科举制标示的考试原则，而且考试原则不断深入地贯彻到选官制度的各个环节中，官学生徒参试、门荫及斋郎品子出身，甚至胥吏出职等都要经过考试。从这方面说，唐宋社会应是大体一致的，而与此前的贵族社会存在着根本的不同。当然，总体上看，到宋代才学标准和公平原则落实得更加有效和实际一些。

文官考课制度在唐代的变化趋势，主要是随着长名榜和循资格的设立，年资越来越被重视，年资与课绩共同构成了被查核的两项要素，考课在操作上也日渐程式化。而在常规考课中程式化倾向发展起来的同时，各级监察机构、中央按察使者在考核中所起的作用也逐渐突出。考课与监察的紧密结合，最终促成了文官考核尤其是对地方官的考核由考课到考察的演变。官员选任中越来越看重资历，是唐宋间选官制度的一个明显趋势。其中地方历练是官员升迁资历中极为重要的方面。唐代开元年间提出的“凡官，不历州县不拟台省”的选官原则，就是在强调地方历练，体现了官僚体制的自我完善和自我更新机制。如果说科举制从源头上为官僚队伍的更新提供了新鲜血液，那么，“不历州县不拟台省”的选官原则便从流通环节上保证了更新机制的实现。

这些变化，在唐朝中后期都逐渐呈现出来。安史之乱以后，使职行政体制确立，各个行政系统中的使职，都具有从中央直贯地方的特点，许多使职还在地方设立派出机构或分支机构。在使职行政系统任职，既可以参与地方实际政务的处理，又能够比较便利地被提拔到中央做官。尽管唐后期不断强调进士初出身者不得到使府任职，但实际上越来越多的文士从使府幕僚起家。这就为中央官和地方官的流动，为科举出身的官员积累地方基层工作经验（尽管这种经历还不能完全等同于州县历练），提供了制度性的前提。此外，方镇使府召辟文人入幕的普遍化，也在这一过程中发挥作用。一些地方节度使和观察使在中央和方镇之间频繁转换职务，也使大量供职于方镇的文士获得升迁为中央官的机会。上述变化，为“不历州县不拟台省”这一选官原则的最终确立与实现提供了基本途径。也正是在士人文化政治素养不断提高，文化知识和行政才能都受到尊重的基础上，宋代的综合型官僚和士大夫政治才可能出现。

到宋代，统治集团更加明确意识到履历经验尤其是地方历练对于提高官员综合素质的重要性。宋代选官制度中讲求资格，强调履历，其背后看重的是官员的个人经验和处理各类实际问题的能力。宋代中央的中高级官员和地方长官，大都具有长期的地方工作经验，他们依资序自州县幕职官至知县、通判、知州逐级升进。他们在地方积累起来的关于选举、理财、礼仪祭祀、军政边防、司法刑狱、工程建设等各方面的经历，使其在升任中高级职务的时候，事实上成了能够适应各方面工作的通用型人才。而他们大多数人进入仕途的前提是科举及第，这又使其具有了较完备的文化素养和较高的知识水平。在此基础上，宋代的复合型官僚群体得以形成，中国帝制时代的士大夫政治进入到一个新的阶段。

附记：本文原刊《河南师范大学学报》（哲学社会科学版）2006 年第 2 期，全文收录于《新华文摘》2006 年第 14 期。

三、唐宋间三省在政务运行中角色与地位的演变

（一）

唐宋间的政治体制发生了一些重要的变化，其中最为显著的变化发生在中枢体制之中。唐前期，尚书、门下、中书三省构成一个完整的辅助皇权运行的最高政务裁决系统，三省官员在上行和下行政务文书中的签署，体现了按照环节分工，分层决策、互相制衡的政务运行机制。本文沿用唐代政治制度史研究中的传统概念，将这种机制及其所依托的一套体制称为“三省制”。开元以后，三省制为中书门下体制所替代，而中书门下体制下的政务运行机制，乃是依托于三省制的框架，尤其在政务文书的签署程式和颁行程式上并没有完全抛弃三省制的体式①。北宋行政体制在最高层面是二府体制，中书门下与枢密院二府对掌文武二柄，分理民政与军政。从政务运行机制来说，大体是对唐代开元以后中书门下体制下政务运行机制的继承，而且三省机构的设置被一直保留。虽说三省不预闻中枢政务，但也并非完全虚设，而是融入了中书门下体制内的出令系统，且在以告身为主的政务文书中还必须署位。北宋时期政务运行中形成了新的出令机制，三省在政务运行中仍然发挥着实际的作用，但已不同于其在唐代中书门下体制下的角色，更不同于其在唐前期三省制下共

---

① 刘后滨. 唐代中书门下体制下的三省机构与职权——兼论中古国家权力运作方式的转变. 历史研究，2001（2）：15-28.

同构成最高政务裁决系统的地位。通过梳理三省在政务运行中角色与地位的变化，有助于揭示唐宋间政治体制的整体变革。

为了解释唐宋间三省在政务运行中角色与地位的变化，本文借用经济学界在讨论改革模式过程中提出的“增量改革”(incremental reform) 概念①，将上述唐宋间政治体制及政务运行机制的变革模式称为增量变革（incremental evolution of system)。经济学界所说的“增量改革”，主要是指在旧体制以外建立新的体制和机制，原有体制基本保持不变，是一种体制外先行的改革（reforming out of the established system)②。本文将体制的增量变革定义为包含以下两个层面的内容：一是指在保留旧有体制的基础上，开辟新的运行机制，使新机制在旧体制内成长；二是指在保留（而非全盘因袭）旧有运行机制的基础上，通过拆分运作程序而增加新的运行环节，在旧有机制的基础上实现体制的整体转型。第一个层面可用于解释唐代由三省制向中书门下体制的变革，第二个层面可用于解释宋代中书门下体制下多环节出令机制的形成，以及三省制向中书门下体制转变的完成。

（二）

笔者提出开元十一年（723）唐代政治体制由三省制向中书门下体制的转变后，学术界还存在一些争议。有学者提出，从政务文书的签署程式看，唐代中后期的制敕文书依然是通过三省共同发布的，而不体现中书门下作为一个宰相机构的

---

① 杨天宇.“增量改革论”评析. 真理的追求，2000（3）：20-21.
② 吴敬琏. 二十年来改革理论的发展. 学习与实践，1998（12）：4-7.

主体作用；北宋前期的制敕文书则已经脱离了三省框架，中书门下在文书成立过程中起到了枢纽作用，所以说，唐代的中书门下更多的是表现为三省制的延续，是三省制的一种变态形式，而中书门下体制用以称呼北宋前期的制度则更为合适①。这个争论反映的是对唐代中后期和北宋前期政治体制定性的分歧，而且主要是观察角度和侧重点的不同而导致的。如上所述，唐宋间政治体制的变革是一种增量变革，唐代中后期政治体制的变革属于第一种情况，是新的政务运行机制在旧体制内成长。从政务文书的成立过程和签署程式看，尚未突破三省制的框架，所以会被认为是三省制的延续或变态形式。不过，如果从新的政务运行机制的产生来看，则唐代中后期的制度无疑更接近北宋前期的形态。正是在这个意义上，本人将唐代中后期的政治体制称为中书门下体制。不过，发生在唐代的政务运行机制的变革，基本上还处于增量变革的阶段，尚未进入到整体推进的时期。所以，确切地说，唐代中后期的政治体制乃是唐前期三省制向北宋中书门下体制过渡的形态，处在旧体制内成长起新的政务运行机制的发展阶段。

在唐前期的三省制向唐代中后期的中书门下体制演进这一变革过程中，三省的角色与地位发生了一些深层次的变化。中书门下成为宰相裁决政务的机构，国家最高权力的行使不再通过三省分工制衡的机制，而是以中书门下为核心形成了新的运作机制。三省制下的尚书都省，是左右仆射会决庶务的政务裁决机关，也是政务文书上下的收发总署和勾检总署。

---

① 罗祎楠. 评刘后滨《唐代中书门下体制研究——公文形态、政务运作与制度变迁》//刘东. 中国学术：第22辑. 北京：商务印书馆，2006：279-297.

在唐代政治体制转变的过程中，尚书都省的地位不断下降，成为以左右丞为长官的中书门下下属的制敕下发过程中签署转发的机关，在政务运行中的地位有所下降。三省制下中书省的职掌主要体现在出令权和勘议权上：凡是皇帝的命令需要发往尚书省诸司制为政令行下实施的，都要经过中书省的宣奉行，是为出令权；百官所上议表状，需经中书舍人进呈于皇帝，并提出初步处理意见供皇帝决策时采择，是为勘议权。随着三省制向中书门下体制过渡，中书省与中书门下日渐分离，中书省逐渐向以中书舍人为首的专门负责撰写制敕的机构过渡。三省制下中书舍人在决策过程中的最重要作用是“参议表章”，中书门下体制下中书舍人的职掌，从开元时期以参议表章为主转变为以起草制敕为主，且起草制敕之职逐渐使职化，形成为“知制诰”的制度，并逐渐形成与翰林学士的分职。三省制下门下省的主要职掌是对于一般政务的裁决，即“审读奏抄”以驳正违失，以及制敕下颁过程中的覆奏和署名。在中书门下体制下，政务文书出现了由以奏抄为主向以奏状为主的转变，一般政务多由宰相汇总以中书门下的名义直接向皇帝申奏，而后以“敕旨：依奏”的形式批准实施。门下省向以给事中为首的对制敕文书进行审署的机构过渡，给事中的职掌也随之从以审读奏抄为主转变为以封还制敕为主。

在三省角色与地位的这一系列变化过程当中，唐代的政务运行机制发生了显著的变化，政务文书的主体由奏抄变为奏状，政务运行的法令依托从以律令为主变为以制敕为主，宰相通过中书门下机构汇总处理和上奏各种奏状，其职权逐渐朝着裁决具体政务的方向发展，君主走向处理国家政务的前台，在政务运行的程式中，君相关系走向一体化。唐代政务运行机制的以上变化，并非在否定原有三省制下政务运行机制的前提下实现的，而是在旧有机制之外成长起来的新机制。三省分工签署下行制敕文书和上行奏事文书（以奏抄为主）的旧有机制依然运行，在这套旧有机制之外成长起来的，是超越三省分工程式的，以中书门下为枢纽、以奏状和敕旨为日常政务文书主体的新机制。这个变革可以理解为在旧体制内运行机制的增量变革。

以上所论，是本文所说唐宋间政治体制增量变革的第一个层面，所要回应的是三省与中书门下的关系问题，即开元十一年（723）改政事堂为中书门下以后，为什么三省依然存在，而且体现在制敕文书中的三省分工签署程式更为完善。如果继续沿用笔者以往所用的概念，仍将唐代中后期的政治体制称为中书门下体制，那么，尽管这个体制内的政务运行机制整体发生了变化，但体现在制敕文书起草和颁行过程中的出令机制则依然保持着唐前期三省制下的程式。这是五代和北宋时期政治体制变化的一个重要前提。

（三）

北宋元丰官制改革以前的政治体制，抛开中书门下、枢密院和三司分掌行政、军事和财政的格局不论，在行政体制上可以称之为中书门下体制。中书门下作为最高政务裁决机构，有一套下属的具体处理行政事务的办事机关。以中书门下为首的政务裁决系统，完全脱离了三省而独立运行，北宋前期的政治体制因此呈现出有别于唐代中后期过渡形态的显著特征。然而，不可回避的是，三省依然设置，在告身及其依托的制敕文书中依然按照唐代三省制的格局保留三省的署位。文书体式上的这种因循到底意味着什么？三省在北宋的政务运行中是否具有实际的作用？根据上述政治体制增量变革的第二层含义，北宋文书体式上对三省制格局的因循，可以理解为在旧有出令机制的基础上，增加新的运行环节，进而形成了新的出令机制。换言之，北宋政务运行中的出令机制，是在旧有机制上的增长和叠加，并借此完成了唐宋政治体制的整体转型。

北宋的政务运行机制中，最高政务裁决机制是依托于二府三司体制之上的君主专制。制敕文书的起草实行内制和外制分工的机制。文书的传宣、封驳以及上奏文书的通进等，都已经成为由专门机构负责的独立环节①。但是，翰林院、学士院、发敕院、封驳司、官告院、通进银台司、章奏房、进奏院等文书起草、通进机构的职能并不体现在文书体式上。它们虽然掌握信息，具有言事论奏之权，但并没有决事的权力。而落实到文书（尤其是告身及其所依托的制敕文书）体式上的职衔签署，却基本按照唐代三省制的规程，这就是“凡制词既授閤门宣读，学士院受而书之，送中书结三省衔，官告院用印”②。宋真宗朝翰林学士杨亿记载：

> 翰林规制，自妃后、皇太子、亲王、公主、宰相、枢密、节度使并降制，用白麻纸书，每行四字，不用印。进入后，降付正衙宣读，其麻即付中书门下。当日本院官告院取索绫纸，待诏写官告，只用麻词。官告所署中

① 李全德．文书运行体制中的宋代通进银台司//邓小南．政绩考察与信息渠道——以宋代为重心．北京：北京大学出版社，2008：291-328.

② 李焘．续资治通鉴长编：卷一六五．北京：中华书局，2004：3971.

书三司官宣奉行，并依告身体式，常用阁长一人衔位。[①]

这里有几个问题，一是“送中书结三省衔”，三省的签署或者说署位是在中书门下完成的，也就是说三省是中书门下体制内的签署环节，中书门下超然于三省之上。不过，有时候三省序列里中书省的角色又往往是由中书门下来承担的。二是目前所见需要“送中书结三省衔”的文书，都是任命官员的制敕文书，并体现在告身之中。此外的制敕文书，尤其是宰臣处理日常政务的主要命令文书——敕牒与札子，都没有三省官员的署衔[②]。这就是说，所谓告身体式，是保留三省签署程式最显著的方面。

北宋告身及其所依托制敕文书中的三省署衔，虽然签署程式上基本依照唐代三省制的格局，但其实际意义却完全不同。在唐代前期，文书的签署程式中同时就包含了文书的起草与流转程序，政务裁决权就体现在文书的签署之中。而在北宋的政务运行机制中，最高政务的裁决、制敕文书的起草、文书的流转与落实到文书体式上的职衔签署，四者之间尽管有交叉却是互相分离的，是文书行政中四个相对独立的层面。在文书的签署程式上保留了旧有出令机制，实际上增加了新的运行环节，或者说在从决策到出令的程序中拆分出一些新的环节，三省在签署的环节上还起着一定的实际作用，至少告身及其所依托的制敕文书上还维持着三省签署的体式。

兹举熙宁二年（1069）《司马光充史馆修撰告身》为例，

---

① 杨亿．杨文公谈苑．李裕民，辑校．上海：上海古籍出版社，1993：76-77.

② 张祎．制诏敕札与北宋的政令颁行．北京：北京大学博士学位论文，2009.

根据张祎及久保田和男的录文①，此件告身的署衔如下：

28. 熙宁二年八月　日

29.　中书　令　使

30.　中书侍郎　阙

31.　尚书兵部郎中、知制诰　臣宋敏求　宣奉行

32. 奉

33. 敕如右，牒到奉行

34.　熙宁二年八月　日

35.　侍　　中使

36.　门　下侍郎 公亮

37.　给　事　中使

38.　翰林学士承旨兼端明殿学士、翰林侍读学士、给事中、知制诰、充史馆修撰判　珪

39.　　　八月八日未时都事孙　日新

40.　　左司郎中　付吏部

41.　左仆射　在中书

42.　右仆射　阙

43.　吏部尚书　使

44.　龙图阁直学士、起居舍人兼侍读权判　维

45.　尚书户部郎中、充集贤殿修撰兼同判　鼎臣

46.　吏部侍郎　使

47.　吏部侍郎　阙

48.　左　　丞　使

① 久保田和男．宋代に於ける制勅の伝達について：元豊改制以前を中心として//宋代史研究会．宋代社会のネットワーク．东京：汲古书院，1998：201-202.

49.　告翰林学士兼侍读学士、朝散大夫、右谏

50.　议大夫、知制诰、充史馆修撰、编修历代君臣

51.　事迹、详定封事、判尚书都省兼提举万寿观

52.　公事兼提举司天监公事、同详转对臣僚

53.　所上封章、柱国、河内郡开国侯、食邑一千三百

54.　户、食实封贰伯户、赐紫金鱼袋司马光，奉

55.　敕如右，符到奉行

56.　　　　　　　　　　　　主　事　　阙

57.　殿中丞、直史馆判　轼　　令史刘　　琰

58.　　　　　　　　　　　　书令史樊　德宣

59.　熙宁二年八月　日下

从这份告身文书上看，北宋制敕文书的体式与唐前期三省制下的文书体式大致相同，不同之处是三省署位的每一个环节除了其本官之外，都有一个实际判事者签署。而其成立过程中体现的政务运行机制及文书流转程序，无疑与唐前期的制度有重大的不同。在文书成立后的流转过程中真正发挥作用的、需要署名的，是每个环节上签署的实际判事者。在上引久保田和男及张祎研究的基础上，可揭示出本件告身中值得注意的四点：(1) 以尚书兵部郎中、知制诰的宋敏求，他行使中书三官宣奉行之职，但未必是命词的起草者；(2) 以翰林学士承旨兼端明殿学士、翰林侍读学士、给事中、知制诰、充史馆修撰判门下省事的王珪，他行使门下三官的署敕权；(3) 龙图阁直学士、起居舍人兼侍读权判吏部流内铨的韩维，尚书户部郎中、充集贤殿修撰兼同判吏部流内铨的龚

鼎臣，他们行使尚书吏部承制敕而制为省符之职，但未必有实际的任命权；（4）殿中丞、直史馆判官告院苏轼，是官告成立过程中真正发挥作用的角色，这个位置的签署具有实际意义而非形式，取代的是唐代敕授告身中吏部郎中员外郎的判署。此份告身上签署的职衔颇为复杂，而且除了以上四者是具名签署（是否押名还需进一步澄清）外，三省官员的列衔只是保留一个位置，无人任职故不书名。但是，仅从文书上看，这件告身体现的文书体式还是三省的框架，这一点与唐代的文书形态是一致的。需要指出的是，区别于唐制的前述文书起草和通进机构所承担的工作，并不体现到告身文书之中。

北宋政务文书的起草和流转程序，是建立在行政运作中的使职差遣制之上的。唐代的职事官成了寄寓俸禄的寄禄官，行政运作中的实际身份依托于差遣性的职衔。北宋行政中枢文书行政的前三个层面，即最高政务的裁决、制敕文书的起草、制敕文书的流转，都是依托于差遣性的职衔。而第四个层面即文书体式上的职衔签署，却在很大程度上依托的是阶官（寄禄官），除了实际判事者之外，三省署位的官衔几乎都是阶官。而且实际判事者的签署，也被纳入到三省按流程分工的框架之中。

对比唐前期三省共同构成最高决策层的机制，似乎北宋的三省没有实权。换言之，在北宋中枢行政的前两个层面即决策和制敕文书起草环节，三省不发挥作用。但在后两个层面，即文书流转和签署的环节，三省的作用和地位却是不可忽视的。

从文书流转尤其是下行文书的运作来看，三省的文书流转虽并未构成完整的流程，仅仅通过三省还无法完成制敕文书的颁行，但三省是不可跨越的环节，而且学士院、通进银台司、封驳司、官告院等机构也都与三省有着名义上的关联。在文书流转的环节上，中书门下（制敕院）替代了中书省的环节，门下省和尚书都省依然在文书流转过程中发挥着作用。《职官分纪》卷九《甲库》载：

大中祥符五年敕：流内铨注官后，帖过院，逐申牒送门下省，限五日。押定后送铨司，限七日。铨司送南曹勾勘、印书，限两日。南曹勾勘、印书讫，却送铨，限一日。铨牒门下省，限一日。门下省进内，限两日。候内中降到中书，中书限两日却付门下省，门下省却给付都省承敕人，限一日。送甲库亦限一日。甲库出给籤符，关送南曹、格式司、官告院，限五日。南曹给历子，限十五日。官告院给官告，限五日。①

这条敕文详细规定了流内铨注官至发给告身的流程及时限，其中三省在文书上下流转过程中的作用还是很显然的，只不过这里的中书是指中书门下而非中书省。在文书流转的环节上，中书门下某种程度上处于唐前期中书省的位置，其职权却大不相同。

北宋中书门下的五房，称为“制敕院五房”，五房堂后官是宰相处理政务的助手，这是宰相与三省分离后出现的宰相直属的行政部门，部分行使了唐前期尚书六部之职权，但运行机制则完全不同。五房具有宰相助手的性质，其称为“制敕院”，就是宰相的办事机构，为宰相裁决政务做具体的工

① 孙逢吉．职官分纪：卷九．影印文渊阁四库全书本．

作，不能独立行使职权。五房在出令程序中并未取代三省的环节。

《宋史·职官志》所载三省职掌，是混合元丰改制前后制度而写成的，要判断其中哪些内容是元丰以前的制度，需要结合北宋前期政务运行的实际情况做细致的考证。这是邓广铭、龚延明等先生致力的重要工作。其中“门下省”条中的“凡文书自内降者，著之籍。章奏至，则受而通进，俟颁降，分送所隶官司”[①]，结合前引大中祥符五年（1012）敕，当部分指的是元丰以前门下省的职掌。前引《司马光充史馆修撰告身》中，以翰林学士承旨等职判门下省事的王珪所行使的门下三官的署敕权，体现的就是“俟颁降，分送所隶官司”。《宋史·职官志》对中书舍人之职的记载，是和掌“外制”的直舍人院结合在一起的，谓“国初，（舍人）为所迁官，实不任职，复置知制诰及直舍人院，主行词命，与（翰林）学士对掌内外制。凡有除拜，中书吏赴院纳词头。其大除拜，亦有宰相召舍人面授词头者。若大诰命，中书并敕进入，从中而下，余则发敕官受而出之。及修官制，遂以实正名，而判后省之事”[②]。这里说的是制敕起草的环节，但主行词命的知制诰及直舍人院，实亦为代表中书省在制敕文书颁行过程中的签署和宣奉行。《司马光充史馆修撰告身》中，以尚书兵部郎中知制诰的宋敏求就是这样的角色，他代表着中书省三个级别的官员行使宣奉行之职。至于《司马光充史馆修撰告身》中受事的尚书省都事，似应为中书门下的堂后官，付事的左司郎中，则是纯粹的虚衔。如此看来，在制敕文书颁行的出

① 宋史：卷一六一，3776.

② 同①3785.

令或行令程序中，门下省以及由舍人院代表的中书省，还是承担着实际的职能，并体现在文书体式上。

对于制敕文书的起草和颁行，宋人有着程序上的区分。元丰改制后关于给事中和中书舍人录黄、画黄的争论中，神宗就说过“造令与行令不同，职分宜别，给事中不当书草”①。《宋史·职官志》记为，“元丰五年五月，诏给事中许书画黄，不书草，著为令”②。元丰改制以前，三省尤其是中书省和门下省在制敕文书下颁过程中的作用，属于行令的范畴。造令与行令在程序上的分离，是北宋政治体制中的一个重要特点。三省制的框架主要是存在于行令的程序之中，而与造令程序无关。

换言之，元丰官制改革以前，三省的作用一直体现在告身及其所依托的制敕文书的签署程式之中，某些时期还体现在文书的流转程式中。三省的此种角色与地位，可以理解为唐宋间政治体制增量变革带来的旧有出令机制的遗存。

（四）

唐宋间政治体制的变革，一个重要的方面体现为从唐前期的三省制演变为北宋时期的中书门下体制。这个变化不是一蹴而就的，而是经历了唐代中后期和五代时期的许多变革与调整。这种变革不是简单地用新体制取代旧体制，而是在保留旧有制度框架或某些原有政务运行机制的前提下发生的增量变革。此种模式的制度变革，决定了制度演进过程中的渐进性和交替性。唐代中后期的政治体制中已经形成了一套

---

① 叶梦得．石林燕语：卷六，88.

② 宋史：卷一六一，3779.

新的政务运行机制，但体现在制敕文书起草和颁行过程中的出令机制则依然保持着唐前期三省制下的程式。北宋时期政治体制完全突破了三省制的格局，但其政务运行机制很大程度是对唐代中后期制度的继承和完善，而且以三省为框架的旧有出令机制仍然遗存于告身及其所依托的制敕文书的签署程式中，某些时期还体现在文书的流转程式中。

附记：本文原刊《中国人民大学学报》2011 年第 1 期，收录于本书时，个别文字做了校改，注释从尾注改为脚注。

四、“正名”与“正实”——从元丰改制看宋人的三省制理念

（一）

元丰改制是宋代政治史和制度史研究中无法绕开的重要论题，相关研究论著甚多①。但是，宋神宗是如何理解《唐六典》所记三省制，以及其所要恢复的三省制与唐代实际运行中的三省制之间有何异同，对于这样一个涉及改革思路的关键问题，并未有清晰的解读。一种较为普遍的看法是元丰改制恢复了唐代的三省制，如秦邕江就认为元丰改制对中枢

① 专门以元丰改制为主题的论文中，具有代表性的有：秦邕江．试论北宋元丰年间的官制改革．学术论坛，1983（4）：74-77；龚延明．北宋元丰官制改革论．中国史研究，1989（4）：132-144；葛桂莲．论元丰改制在中国古代官制发展变化中的作用．甘肃社会科学，1996（4）：88-91；谭凤娥．论元丰改制．长沙：湖南师范大学硕士学位论文，2004；罗祎楠．论元丰三省政务运作分层机制的形成．北京：清华大学硕士学位论文，2005。涉及元丰改制的研究著作很多，如：张复华．北宋中期以后之官制改革．台北：文史哲出版社，1991。余不赘。

机构进行了调整，重新恢复了三省的实际地位和实际职权，三省“中书拟旨，门下封驳、尚书执行”的大权得以收回，重新上升为实际的宰相机关，三省长官也相应地上升到宰相之位①。诸葛忆兵虽然指出了由于三省制存在不合理性，元丰改制后宰相机构的演变方向是三省的再度趋同②，但是对于宋神宗所要建立的三省制与唐代三省制之间的关系还是未加厘清。实际上，元丰改制所建立的一套体制虽亦可称之为三省制，却是与唐前期三省制在三省职能和运行机制上都有重大差异的官僚体制。

元丰改制是以官制的“正名”为目标的。《神宗正史·职官志》载：“神宗初即位，慨然欲更张之。……十数年之间，自国子、太学、司农、兵部、军器、大理、将作各已略循古制，备置官属，使修其职业。于是法度明，庠序兴，农政修，武备饬，刑狱清，械器利，亹亹乎董正治官之实举矣，然名未正也。熙宁末，上欲正官名，始命馆阁校《唐六典》。元丰三年，以摹本赐群臣，遂下诏命官置局，以议制作。上自考求故实，间下手诏，或亲临决，以定其论。”③ 史籍中亦有大量“元丰正名”的说法，《宋史·职官志》载诸寺监在元丰改制以后职掌的恢复大都称之为“元丰正名”的结果，如记太常寺之职即称“元丰正名，始专其职”④。所谓“正名”，包括两个方面：一是元丰三年（1080）颁布《寄禄新格》并以此进行的以阶易官，旨在恢复唐代以散官寄

① 秦邕江．试论北宋元丰年间的官制改革．学术论坛，1983（4）：74-77.
② 诸葛忆兵．宋代宰辅制度研究．北京：中国社会科学出版社，2000：36-46.
③ 宋会要辑稿：职官一之七四～七五．北京：中华书局，1957：2366-2367.
④ 宋史：卷一六四，3883.

寓俸禄的官阶制度，而将此前作为寄禄官的唐代职事官衔恢复为职事官，以取代差遣；二是元丰五年（1082）颁布《三省六曹条例》并以此进行的旨在恢复唐代三省六部和寺监职权的体制改革和机构改革。

以阶易官的改革并非一般认为的那么简单，其间涉及许多复杂问题。尤其是州县官中原本正官和差遣就不是那么判然区分，如县长官中既有知县也有作为选人阶的县令。所以说，以阶易官的改革也还有许多问题没有澄清。但总体上看，相对后一个方面来说，学界对此还是已有较深入的研究①。本文所关注的是机构改革和体制改革中的“正名”问题②，其中尤以三省的“正名”为中心，并且通过所谓“正名”来分析宋人对三省制的理解。

（二）

北宋前期的中枢政治体制，总体上说是中书门下、枢密院和三司分掌行政、军事和财政的格局，中书门下和枢密院的长官和副长官被称为宰执，三司则是“有司”，与宰执不在一个层面上。从行政体制看，中书门下作为最高政务裁决机构，有一套下属的具体处理行政事务的办事机关，可以称之为中书门下体制。以中书门下为首的政务裁决系统，基本脱离了三省而独立运行。然而，三省并非废弃不用，在告身及其依托的制敕文书中依然按照唐代三省制的格局保留三省的

① 邓小南．宋代文官选任制度诸层面．石家庄：河北教育出版社，1993：22-27.

② 有关元丰改制“以实正名”问题的提出以及中枢行政设置的改革，可参见邓小南．“祖宗之法”与官僚政治制度——宋//吴宗国．中国古代官僚政治制度研究．北京：北京大学出版社，2004：251-256。

署位。作为主要政务文书的告身，其成立和颁给过程中，三省还发挥着实际的作用。

北宋前期官制的一个重要特点是官和差遣的分离，“官以寓禄秩、叙位著，职以待文学之选，而别为差遣以治内外之事”。唐代的职事官大都成为了“寓禄秩、叙位著”的所谓寄禄官，而寄禄官所依托的那一套官僚机构，尤其是中央机构中的三省六部九寺诸监并未撤废，尽管“官无定员，无专职”，但还是要“以他官主判”①。既然唐代的职事官都成了寄禄官，政务的实际运行基本依托于使职系统，那么为什么还要保留三省六部九寺诸监的机构设置？这是由于使职行政系统还没有形成完全脱离于台省寺监的、可以独立运行的体制，台省寺监也并非全然没有职掌；或者说，也是由于使职行政体制还没有法典化或律令化，其所遵循的律令还是唐代的律令，所以还要以唐律、令为蓝本修撰《刑统》和新令，同时又以附令敕等来规范实际运行的制度。

由于使职行政系统还没有形成完全独立运作的体系，北宋前期三省的沿置，在实际政务运行中还有一定的意义。三省在政务运行中的作用，体现在文书行政的一定层面上。以皇帝为核心的最高决策，要通过一套出令系统发布出去，其中包括制敕文书的起草、流转和签署等环节。在唐代前期三省制的格局中，决策机制和出令机制基本合一，制敕文书的起草者、签署者同时也是最高决策的参与者，文书成立过程在中书省、门下省和尚书省各个机构之间的流转基本也是通过三省内部来完成的。北宋前期，围绕最高政务裁决而形成

① 以上并见宋史：卷一六一，3768。

的制敕文书，其起草程序、流转程序以及落实到文书体式上的职衔签署，三者之间尽管有交叉却是互相分离的，是出令机制中三个相对独立的层面，而出令机制与最高政务裁决机制之间，更是判然区分。三省的角色与地位，主要就体现在出令机制中的文书流转和文书签署程序之中。

宋代以皇帝名义发布的命令文书，其所处理政务的主体是不同级别官员的任免，其他方面国家日常政务，主要由宰相（政府）通过敕牒与札子进行处分①。根据颁赐官员级别的不同而区分的诏书和敕书，大概也与日常政务的具体处分无关。唐代敕类文书中的发日敕、敕旨、敕牒等，都是“王言之制”，原本是处理国家日常政务的主要文书，宋代除敕牒外已无相对应的皇帝命令文书。皇权越来越集中于官员任免而将其他日常政务交给宰相处理，是皇帝走向处理国家政务的前台、君相在政务处理环节上趋向一体化并进行了重新分工的体现。皇帝命令文书形成了不同于唐朝的体系，反映的是制度格局和政务运行机制的差异。唐前期的“王言之制”，是皇权行使的实际途径，皇帝在政务文书上的御画（制书画可、敕旨书敕、发日敕书发日、奏抄画闻等），是皇权行使的体现。而三省官员在命令文书的签署，并非“副署”，他们本身就是文书成立的主体。这种机制背后的制度格局是中书、门下两省沟通内廷与外朝的建置，以及三省分工协作的运作程式；而其背后的思想理念，则是君主与宰相共治天下，即唐

① 李全德. 从堂帖到省札——略论唐宋时期宰相政务处理方式的变化//中国人民大学“汉唐盛世学术研讨会”论文，2004；张祎. 制诏敕札与北宋的政令颁行. 北京：北京大学博士学位论文，2009.

太宗所说的“皆委百司商量，宰相筹画，于事稳便，方可奏行”①。由于北宋的出令机制中增加了新的环节，或者说在从决策到出令的程序中拆分出一些新的环节，制敕文书的起草、签署和流转环节各自独立出来。这实际上反映出宋代制度格局与政务运行机制的特点，即实际运行中的中书门下体制与制度框架上的三省制并存，官与差遣分离。三省在文书流转和签署的环节上还起着一定的实际作用，至少告身及其所依托的制敕文书上还维持着三省签署的体式，任官制书经翰林学士起草之后，要“送中书结三省衔”②。虽然制敕文书上结衔的是三省官员，但却是在“中书”（即中书门下）完成的。宋仁宗嘉祐三年（1058）刘敞、胡宿在改更官制的建议中，就提到这种程式与唐制的背离，“中书出制敕，唐制并经门下审覆，然后尚书出告身，经历三省，比来唯于中书发敕，虚置三省官名，今欲申明复此制”③。这里所说的“虚置三省官名”，当指三省官员在制敕文书上的结衔。对比唐前期三省共同构成最高决策层的机制，似乎北宋的三省没有实权。换言之，在北宋前期的最高决策过程和出令机制中的制敕文书起草环节，三省不发挥作用。但在文书签署的环节，尽管真正署名的是每个环节上签署的实际判事者，但是，只是虚置的三省官名，却维系着整个文书的体式，且实际判事者的签署，也被纳入到三省按流程分工的框架之中。唐代制敕文书按三省分工签署的流程，完全被复制到宋代的官告及其所依托的制敕文书签署程式之中。这就是三省在制敕文书签署

① 吴兢. 贞观政要：卷一，15.
② 李焘. 续资治通鉴长编：卷一六五，3971.
③ 李焘. 续资治通鉴长编：卷一八八，4537-4538.

程序中的作用。至于制敕文书的流转，三省机构及其“判省事”者并不参与，而是有另外一套通进和封驳、行下的途径[①]。不过，某些时期内，在告身的成立和颁给过程中，三省对于文书的上下流转还是起着实际作用的。《职官分纪》卷九《甲库》载：

> 大中祥符五年敕：流内铨注官后，帖过院，逐申牒送门下省，限五日。押定后送铨司，限七日。铨司送南曹勾勘、印书，限两日。南曹勾勘、印书讫，却送铨，限一日。铨牒门下省，限一日。门下省进内，限两日。候内中降到中书，中书限两日却付门下省，门下省却给付都省承敕人，限一日。送甲库亦限一日。甲库出给籤符，关送南曹、格式司、官告院，限五日。南曹给历子，限十五日。官告院给官告，限五日。[②]

这条敕文详细规定了流内铨注官至发给告身的流程及时限，其中三省在文书上下流转过程中是不可或缺的，只不过这里的中书是指中书门下而非中书省。在告身文书流转的环节上，中书门下某种程度上处于唐前期中书省的位置，其职权却大不相同。

宋人把体现最高决策的文书起草称为“造令”，把文书的流转和签署称为“行令”。元丰改制后关于给事中和中书舍人录黄、画黄的争论中，神宗就说过“造令与行令不同，职分宜别，给事中不当书草”[③]。元丰改制以前，三省在制敕文书

① 李全德. 文书运行体制中的宋代通进银台司//邓小南. 政绩考察与信息渠道——以宋代为重心. 北京：北京大学出版社，2008：291-328.

② 孙逢吉. 职官分纪：卷九. 影印文渊阁四库全书本.

③ 叶梦得. 石林燕语：卷六，88.

签署和下颁过程中对文书体式和流转程式的规范作用，属于行令的范畴，而造令是翰林学士和知制诰这两制官的事情。造令与行令在程序上的分离，是北宋政治体制中的一个重要特点。三省制的框架作用以及三省流程的模板作用，虽与造令程序无关，却体现在行令的程序之中①。

（三）

相对于上述北宋前期中枢政务运行中决策机制与出令机制的分离，出令机制中文书的起草、流转和签署三个环节又相对独立的情况，“元丰正名”所要恢复的三省制，是就出令机制而言的，就是试图把出令机制中的起草和传宣即造令和行令按照三省的分工结合起来（翰林学士起草内制之职则未能归并到中书舍人），并落实到文书体式上。至于政务决策机制的层面，则是有三省之名而无三省制之实。元丰改制虽然名义上恢复了三省的机构建制，尤其是尚书省“甚与官制相称”②，但是实际上却是“左仆射兼门下侍郎，右仆射兼中书侍郎，行侍中、中书令职事”③，最高决策层依然遵循中书门下体制下的运行机制。从出令机制而言，元丰改制实现了“正名”，从决策机制而言，则没有完全恢复唐代前期的三省制，也就没有真正实现“正实”。但是，通过分班奏事等方

① 刘后滨．唐宋间三省在政务运行中角色与地位的演变．中国人民大学学报，2011（1）：9-14．该文在表述上还有若干不够明晰之处，本文做了进一步补充。将三省在北宋政务运行中的作用定位为行令程序中“三省制的框架作用以及三省流程的模板作用”，是在邓小南教授指导下做出的修改，同时也得益于我在中国人民大学讲授“中国古代政治制度史研究”课堂上与各位研究生的讨论，尤其是赵璐璐、张雨、张亦冰、朱博宇、徐畅等同学提出了建设性的意见，谨致谢意。

② 李焘．续资治通鉴长编：卷三四一，8200．

③ 宋史：卷一六一，3789．

式，元丰改制还是改变了中枢决策的运行环节[1]，尽管中书门下体制下的决策机制还在发挥主导作用，但是唐前期三省制下的一些政务裁决机制也得以恢复，如体现为奏抄（奏钞）的运行及其裁决程式（详见后文）。这种两套机制“叠加”的状况，带来了改制后政务裁决中的滞缓，这也是后来被批评乃至被改动之处。

《宋史·职官志》中书舍人之职条所说的“及修官制，遂以实正名，而判后省之事”，其所正之实，就是“掌行命令为制词，分治六房，随房当制，事有失当及除授非其人，则论奏封还词头”[2]。这里所恢复的中书舍人的职权，是其起草外制以及封还词头之职，是中书省在制敕文书起草和签署环节上的事情。以中书舍人为实际长官的中书后省，也只能在三省的“正名”方面有些实际意义，而与三省共同参与最高政务裁决之“实”无关。唐中后期以来翰林学士起草内制之职不可能回归到中书舍人，唐前期中书舍人以六押和五花判事形式参议表章的职权也不可能恢复。其所正之名，很大程度上是将北宋前期设立于中书门下所属舍人院的负责起草“外制”的知制诰或直舍人院撤销，其职恢复为中书舍人所掌。而元丰改制所恢复的中书舍人封还词头的职权，更是说明其无法参与最高决策，而只是在出令程序上进行把关，且与给事中的职掌有所雷同。

《宋史·职官志》记给事中之职为，“分治六房，掌读中外出纳，及判后省之事。若政令有失当，除授非其人，则论

① 邓小南．“祖宗之法”与官僚政治制度——宋，255.
② 宋史：卷一六一，3785.

奏而驳正之。凡章奏，日录目以进，考其稽违而纠治之。故事，诏旨皆付银台司封驳。官制行，给事中始正其职，而封驳司归门下”①。这里强调的给事中始正其职，指的是其“封驳”权，即行令环节上的职掌。而所谓封驳，在大多数情况下是宋人对唐前期门下省职掌的一种以偏概全的理解，即仅仅针对门下省签署或封还下行制敕文书而言，而忽略了唐前期门下省审读奏抄以驳正违失之职权。唐前期给事中职掌中的“封还”与“驳正”是两个概念，封还针对下行文书即皇帝的制敕，驳正针对上行文书即百司奏抄，二者合起来称为“封驳”。自唐代中后期以来，则封、驳合一，针对的主要是制敕。而元丰改制对给事中的所谓正名，主要是将北宋前期设于通进银台司或门下封驳司的负责“详读”非机密宣敕的“知给事中事”恢复为给事中。此外，元丰改制也涉及恢复行用奏抄的问题，并试图恢复给事中驳正奏抄（宋代多作奏钞）之职。《续资治通鉴长编》卷三二六元丰五年（1082）五月辛丑载：

> 给事中舒亶言：“吏房前后发李规、王务民奏钞，令臣书‘读’，侍郎王珪已书‘省审’，坐违式举行，门下省但勘罚令史。缘奏钞皆王珪书名，自合省问，岂容但称不知，归罪令史？自非执政大臣怙权擅事，轻蔑朝廷，即是吏史凭附大臣，沮坏法令。陛下新正官名，而上下横厉如此，不治其微，实恐陛下复古建事之意或成虚名，为天下后世所议。”诏承行吏人送门下省别加重罚。②

---

① 宋史：卷一六一，3779.

② 李焘. 续资治通鉴长编：卷三二六，7853. “门下省但勘罚令史。缘奏钞皆王珪书名”句，原文作“门下省但勘罚。今缘奏钞皆王珪书名”，误。承邓小南教授指出后，据四库全书本改。

这是元丰改制之初的一个特例。舒亶坚持认为，门下侍郎王珪已在任官的奏钞上签书“省审”二字，就应该对这份违式的奏钞负责，而不应把责任都推给令史。由此可知，恢复门下省官员对奏钞的读、省、审，是元丰“新正官名”的一项重要内容。但是，从元丰以后大量的议论和记载来看，门下省的封驳和给事中的“书读”，基本都是针对下行制敕文书而言的。

元丰改制后中书舍人的“书行”与给事中的“书读”，所指似应为制敕文书行下（即行令）过程中的两个程序。虽其起源于唐代前期三省制下中书舍人和给事中在文书上的签署程式，但具体意义却有所不同。尤其是书“读”所代表的给事中驳正奏钞之职，元丰改制尽管在制度规定上有所恢复，但实际运行中却没有落实，偶有落实也未必能够长期遵行。这也是元丰改制对三省“正名”而未彻底“正实”的结果。唐前期三省制下，在下行的制敕文书上，中书省三官分别签署中书令“宣”、中书侍郎“奉”、中书舍人“行”的字样；在上行奏抄上，则门下省三官分别签署给事中“读”、黄门侍郎“省”、侍中“审”的字样。元丰改制后，正式颁下的制敕文书，都要有宣、奉、行的字样，但往往中书三官不全，就由中书舍人一人宣奉行。而给事中的所谓“书读”，对于制敕文书而言，并不需要签书一个“读”字，只书官封姓名而已①。至于为何称之为“书读”，当与给事中在上行奏钞中需要签书“读”字有关。所以上引元丰五年给事中舒亶的奏言中提到“吏房前后发李规、王务民奏钞，令臣书‘读’”。但

① 朱瑞熙．宋朝“敕命”的书行和书读．中华文史论丛，2008（1）：101－122.

由于奏钞实际很少应用，封驳主要针对制敕文书，所以针对奏钞的“书读”也就被用到针对制敕文书的签署程式中了，但实际上并不需要签书一个“读”字，其实际意义就是指对制敕文书的审署，宋人一般称之为“审读”。如《宋史·职官志》载：

> 重和元年，给事中张叔夜言：“凡命令之出，中书宣奉，门下审读，然后付尚书颁行，而密院被旨者，亦录付门下，此神宗官制也。今急速文字，不经三省，而诸房以空黄先次书读，则审读殆成虚设矣，乞立法禁。”从之。①

总之，《宋史·职官志》所概括的三省及其官员的职掌，基本上是针对出令机制为三省“正名”，将北宋前期的差遣之职撤销，其职掌则依照三省六部和寺监的体制，恢复为以唐代职事官为名的官员所掌。至于政务裁决机制之“实”，则没有也不可能恢复到唐前期三省制。所以，从“正名”的意义上说，三省制的格局因此建立起来了。而实际运行中的最高政务裁决机制，却与《唐六典》表述的唐前期三省制相差甚远。不论是三省分为三班奏事，还是后来很快就恢复为三省同班奏事、共同取旨，其政务裁决机制都基本还遵循中书门下体制下的运行程式，而非唐前期三省制下的运行程式。

（四）

宋代开国以来，法令制度包括职官制度，实与名不符的情况很多。所以，北宋时期对官制正名的要求一直存在。如

---

① 宋史：卷一六一，3779.

《续资治通鉴长编》卷一八八载嘉祐三年（1058）十二月翰林学士韩绛言：

> 中书门下，宰相所职，而以他官判省，名不相称，请更定其制。……又台阁省寺，典章所由出也，今独存敕条文案而已。本朝故事，名臣遗范，无所传录，请依《周礼》《唐六典》著为一书。

仁宗下诏，令翰林学士胡宿、知制诰刘敞详定以闻。“敞等条上改正、裁损、申明十事”，其中涉及枢密院、三司、翰林学士院等唐代律令体制之外的机构，也特别指出要恢复三省在告身及其所依托的制敕文书行下过程中的实际作用，即“中书出制敕，唐制并经门下审覆，然后尚书出告身，经历三省，比来唯于中书发敕，虚置三省官名，今欲申明复此制”①。刘敞等人提出的方案，一方面要在宰相层面恢复到三省制以前的丞相体制（事实上也是唐代中后期的中书门下体制），他认为三省长官共为宰相就是名实不符；另一方面则要在行政体制的层面裁罢使职差遣的各个机构，恢复到唐代律令所规定的官制体系。这个方案比后来元丰改制的方案恢复唐制更为彻底，一定意义上说，是真正的“正名”又“正实”之举。但是，它也只能是一个夭折的方案，从唐代高宗武则天以来发展起来的使职差遣体制已经不可能废弃，要为官制正名，其出路只能是部分恢复唐代旧有的机构和官名，而运行机制上则继续行用中唐以来发展起来的依托于使职差遣体制的一套办法。事实上，这也正是后来元丰改制及其后不断修正的方案所采用的办法。要彻底回到三省制衡的机制上去，在现

① 李焘．续资治通鉴长编：卷一八八，4536-4538.

实中是根本行不通的。元丰改制前后，宋人有许多这方面的讨论。《续资治通鉴长编》卷三二七元丰五年六月载：

> 三省并建政事，自以大事出门下，其次出中书，又其次出尚书，皆以黄牒付外，众以为当然。王安礼初不预官制事，乃为上言曰："政畏多门，要当归于一，特所经历异耳。今也别而为三，则本末不相见，是何异秦、齐二王教与诏敕杂行，安所适从？臣以谓事无巨细，宣于中书，奉于门下，至尚书行之，则尽善矣。"诏从之。[①]

可知元丰改制的初始方案并没有恢复到三省分工协作、互相制衡的体制，只是在出令机制上试图恢复三省签署行下的程式，而且即使在出令程序上也没有恢复到"事无巨细，宣于中书，奉于门下，至尚书行之"的机制。不过，王安礼所提方案，却反映出宋人对唐代三省制的理解也仅限于出令机制而不及于政务裁决机制。又，《石林燕语》卷三载：

> 自两汉以来，谓中书为政本，盖中书省出令，而门下省覆之。王命之重，莫大于此，故唐以后，以同中书门下平章事为宰相者，此也。尚书省但受成事而行之耳。本朝沿习唐制，官制行，始用《六典》，别尚书、门下、中书为三省，各以其省长官为宰相，则侍中、中书、尚书令是也。既又以秩高不除，故以尚书令之贰左右仆射为宰相；而左仆射兼门下侍郎以行侍中之职，右仆射兼中书侍郎以行中书令之职，而别置侍郎以佐之，则三省

① 李焘．续资治通鉴长编：卷三二七，7872．

互相兼矣。然左右仆射既为宰相，则凡命令进拟，未有不由之出者，而左仆射又为之长，则出命令之职，自己身行，尚何省而覆之乎？方其进对，执政无不同，则所谓门下侍郎者，亦预闻之矣。故批旨皆曰：“三省同奉圣旨。”既已奉之，而又审之，亦无是理。门下省事惟给事中封驳而已，未有左仆射与门下侍郎自驳已奉之命者，则侍中、侍郎所谓省审者，殆成虚文也。①

在叶梦得看来，所谓三省制也就是中书省出令，门下省覆之，尚书省但受成事而行之耳。至于元丰改制后的政治体制，只是有三省之名而不可能行三省制之实，不可能恢复到唐前期三省协作制衡、共同参与最高决策的体制，叶梦得在宋人议论基础上概括出的以上一段话，已经说得很清楚了。

需要说明的是，翰林学士院和枢密院的设立是宋代制度与唐前期制度相比最大的名实不符之处。所谓造令和行令系统的合一，也是就外制而言的。供奉于内廷的翰林学士起草内制之职权，在文书体式上是无法反映出来的。而要回到唐前期三省制最大的问题是枢密院。这就使得在实际的政务运行中，需要处理诸多方面的关系，如中书门下与枢密院的“两府”关系，“三省”与尚书省、中书省和门下省的关系等。《石林燕语》卷五载：

神宗初更官制，王荆公诸人皆欲罢枢密院，神宗难之。其后遂定官制，论者终以宰相不预兵政为嫌，使如故事复兼，则非正名之意，乃诏厘其事大小：大事，三省与枢密院同议进呈画旨，称三省枢密院同奉圣旨，三

① 叶梦得. 石林燕语：卷三，39.

> 省官皆签书，付枢密院行之；小事，枢密院独取旨，行讫，关三省。每朝，三省、枢密院先同对，枢密院退待于殿庐，三省始留进呈，三省事退，枢密院再上进呈，独取旨，遂为定制。①

是则枢密院与三省之间形成了大事同奉圣旨、在政务裁决过程中互相配合，小事则分别取旨的机制。但是，枢密院的存在与元丰正名的目标总是扞格而不符的。事实上，元丰改制后三省和枢密院的关系，常常成为一个无可回避的突出话题。如元丰八年（1085）十一月侍御史刘挚《上哲宗论枢密院侵紊政体》载：

> 臣准吏部牒，十月十六日，三省、枢密院同奉圣旨，唐淑问除左司谏等事。又牒，十月二十八日，三省、枢密院同奉圣旨，陆佃等罢侍讲事。臣窃睹自来朝制及近降官制格，凡差除，有中书进拟者、有枢密院进拟者，有三省、枢密院同进拟者。盖建官分职，各有所治，无相参也。三省、枢密院同取旨者，似止于差除帅臣、边镇大吏、内臣、近上差遣而已。今差谏官、罢侍讲，不委枢密院，何为而预也？外言籍籍，皆以三省容纵密院侵紊政体，莫不疑异。臣窃谓国家所恃者在纲纪，大臣所宜守者在名分。纲纪正于上，则下无邪志；名分治于下，则政无多败。一有夺移，何患不起？况朝廷今日正当尊强君道，谨守祖宗法制，严臣下之分，以消压权僭之心！今废置官吏，陛下大政，而三省之事也。枢密院

① 叶梦得．石林燕语：卷五，68-69．承邓小南教授指正，此处断句与标点对中华书局点校本进行了纠正。

> 干非其职，逾法出位，横造议论，公然犯分。臣恐积微至著，交乱官守，渐行私意，以害政事，上则陛帘之等慢，下则倾夺之患生。杜渐防微，实系国体。欲望圣慈特降诏旨，戒谕三省、枢密院臣寮，凡以差除拟进者，各依自来条制班次取旨。所贵正名定分，事无侵逾，以尊朝廷，以正在位。①

这是在官员差除问题上有关三省和枢密院职权划分的一次集中议论，也包含着为三省（实际为三省官员互兼的中书门下）“正名定分”的意图。

综上所述，元丰改制的所谓官制“正名”，只是试图把出令机制中的造令和行令结合起来，使落实到文书体式上的三省官职恢复其在起草、颁行制敕文书过程中的作用，而不可能在政务运行机制上恢复到唐代前期的三省制。而从文书体式上看，其大的格局在元丰改制前后并未有很大的变化，只不过元丰改制前那些只是署位的三省官职，元丰改制后改为实际具名签署的官职而已。具体的文书，可参见元祐元年（1086）司马光拜左仆射告身，以及元祐三年范纯仁守尚书右仆射兼中书侍郎告身②。从缺名署位到具名签署的改变，反映的就是元丰改制对官制“正名”的结果。

---

① 赵汝愚. 宋朝诸臣奏议：卷四七. 北京大学中国古代史研究中心，校点整理. 上海：上海古籍出版社，1999：501.

② 元祐元年司马光拜左仆射告身，载王竞雄.《司马光拜左仆射告身》书法述介. 故宫文物月刊，2006（284）：14-15；元祐三年范纯仁守尚书右仆射兼中书侍郎告身，参见近藤一成.《長编》に収録された蘇東坡の一逸話をめぐって//長澤和俊. アジアにおける年代記の研究，昭和六十年度科学研究費補助金総合的研究（A）研究成果報告書，1986：73-81。近藤一成指出，范纯仁告身中缺中书三官的宣奉行，有待进一步研究。

(五)

实际运行中的唐代三省制，并非一套顺畅而无滞碍冲突的体制，但是宋人理解的唐代三省制，却是落实到《唐六典》之中的理想化的制度，而且是中书门下体制建立后体现在出令机制方面日渐完善的三省制。

笔者曾经指出，由于唐代政治体制的变化，到唐代中后期，中书省和门下省的职权都与唐前期有很大的不同，而宋人的理解却往往建立在其当时制度的基础上。唐代中后期，中书省起草制敕的职权很大一部分由翰林学士院掌握，门下省除了还保留“过官”等少数审读奏抄的程式外，少有对上行文书的审读，给事中的职掌重心也从审读上行文书为主转为对制敕下颁过程中的执论封还为主。宋人根据中唐以后和宋朝当时给事中的职权，往往将“封驳”理解为仅仅针对下行文书的审查，理解为单纯对中书省草制权的制约，实在是对唐前期三省制一个极大的误解。如司马光根据自己的理解，在《资治通鉴》中将贞观元年（627）唐太宗对王珪所说的一段话改写为“国家本置中书、门下以相检察，中书诏敕或有差失，则门下当行驳正”①。这是将唐代史料中作“执论”“执言”之处改写为“驳正”，并将原本针对奏抄而言的“驳正”理解为针对诏敕的行为。这种情况在大量的宋人著述中都可见到。

对“封驳”的片面理解，致使宋人对三省制的理解也停留在“中书出令，门下审驳，分为二省，而尚书受成，颁之

① 资治通鉴：卷一九二，6041.

有司"[①] 这样一种笼统的概念上。此种说法自宋朝以来很流行，如宋人赵升《朝野类要》卷二"三省"条云，"中书拟定，门下进画，尚书奉行"[②]；陈振孙云，"中书造命，门下审覆，尚书奉行"[③]。后人也一直沿用宋人的这种说法，如明人王鏊曰，"中书主出命，门下主封驳，尚书主奉行"[④]。

后世论者也有的以为元丰新制的某些职官及其职掌回到了唐前期的制度。如龚延明编著《宋代官制辞典》"给事中"条称，"唐武德三年改为门下省给事中，省读奏案、驳正违失，此方是元丰新制给事中之职任"[⑤]。其实，如上所述，元丰新制中给事中的"书读"，与唐前期给事中驳正奏抄、签署制敕之职权，还是存在着很大不同的，毕竟整个体制就不一样了。

综括言之，元丰改制中的"以实正名"，对于三省来说，只是在外制（而非翰林学士起草的内制）的出令机制上力图达成造令系统与行令系统的结合，将三省官员在告身及其所依托制敕文书上的缺名署位落实为具名签署。这样的改革并不能称之为对唐代前期实际运行的三省制的恢复，尽管存在着恢复唐代三省制的理想和呼声。元丰改制以后，告身及其所依托的制敕文书的签署和流转在一定时期内遵循着三省分工的流程。而从什么时候开始，制敕文书的签署和流转程序中就放弃了三省官员的签押而呈现新的程式呢？这是另外一个很有意思的问题。

---

① 文献通考：卷五〇，456.
② 赵陞. 朝野类要：卷二，44.
③ 陈振孙. 直斋书录解题：卷六，172-173.
④ 王应麟. 困学纪闻：卷一三，1043.
⑤ 龚延明. 宋代官制辞典. 北京：中华书局，1997：161.

附记：本文原刊《北京大学学报》（哲学社会科学版）2011年第2期。文章在写作过程中，得到了邓小南教授的悉心指教，谨致谢意！收录于本书时，除了校改个别字词及统一注释格式外，其他未做改动。

五、唐型国家向宋型国家演变的基层视角

赵璐璐《唐代县级政务运行机制研究》一书，以作为国家政务运行基层组织的县司为研究对象，从人员构成与属性、职能范围与政务内容、机构地位以及运行机制等方面，梳理唐代不同时期县级政务运行机制的变化，其落脚点或关注面是唐宋间国家治理体制和国家形态的转变。

随着制度史研究的不断积累，近年来“国家”议题重新受到重视，带出了对中国古代传统国家在不同时期构建途径和基本特质的探究。其中，唐型国家与宋型国家存在着哪些实质性的差别，宋代国家的构建路径及其在唐和五代十国的背景和缘起，这样两个基本面向上的诸多问题受到了集中的关注。在朝廷和中枢机构的层面，本人曾经从公文形态与政务运行的角度粗略揭示出使职行政体制和“中书门下体制”的建立和发展趋势。这个假设性很强的论说，引起了关注唐宋之际制度转型问题学者的讨论和批评。唐史学界的批评和补充，主要在于一些具体史料的理解以及某一种政务文书的行用范围和裁决程序等方面。最重要的补充性讨论还是宋史学界直接或间接提出的，体现在关注晚唐五代十国时期藩镇体制对北宋国家形态基本特质的影响，包括枢密院与三司作

为相对独立的两个成系统的政务体系及相关政务运行机制的形成，及其与中书门下宰相机构之间关系的厘定。在藩镇的层面，80 年前于鹤年提出的“藩镇时代”概念重新受到重视，藩镇外部问题中的朝廷与藩镇关系，以及藩镇内部的权力构建与政治运作，都有了更加清晰的认识。尤其是关于藩镇的州郡化与州郡权力结构的调整，藩镇使府幕职官的“州县官化”与宋代幕职州县官体系之形成等方面的研究，都有了很大推进。这些都有助于加深对唐宋间国家形态演变历史进程的认识。

在行政基层和乡里层面，学界亦积累了相当的成果。尤其是关于地方官府政务运行机制的特征、以赋役征派和治安管理为核心的基层政务具体内容的变化以及基层组织由乡里制向乡村组织的变化等方面，陆续提出了一些重要的问题和历史线索。这是近年来“政务运行”概念引入唐宋地方行政制度史研究以后出现的新进展。本书是这方面综合研究的一个积极尝试，提出了许多新的思考路向。例如，隋唐之际县司的机构和人员设置从附属于府州、对应尚书六部，到唐宋之际则转而呈现出新的趋势，即从州县一体走向县政独立，县级政务运行机制更主要服从于不断变化的基层政务。换言之，隋和唐前期县级政务运行机制具有鲜明的设计成分，但在实际行政运行中很快就出现了矛盾。整个唐代县级政务运行机制的变化动因，主要就在于突破行政体制因革和设计而带来的与实际政务处理需求不相符的掣肘，寻找到真正适合基层政务管理需要的运行机制，把地方和基层政务有效纳入国家治理体系之中。地方行政各层级由于管理任务和目标不同，具有各自的中心政务。各层级中心政务的分化和确立，随之出现的以中心政务为核心的某一方面行政权力的下移，是地方行政体制变化的一条重要线索。如何在国家治理体制与机制转型的视野下梳理唐宋间基层政务运行机制的变化轨迹和历史进程，将是唐宋史研究中一个值得从多角度探讨的重要议题。宋型国家与唐型国家比较，可以看出地方官府政务范围及其职权行使方式、政务管理机制的变化，以及中央管理地方模式的变化，进而导致地方官系统中亲民官与厘务官的分离，州府属官中巡检官与监当官的增设，以及地方政务系统的分化等现象。这样的研究，已经超越了传统的制度史（官制史、法制史、兵制史、礼制史、财政史等）、经济史和社会史，需要有更新的研究视角和更全面的知识整合。本书朝着这个方向迈出了可喜的一步。可以预期的是，随着有关唐宋时期国家财政汲取能力、社会治理能力、身份管理体系以及统治精英阶层生成和再生机制等相关研究的深化，传统国家形态中的唐型国家向宋型国家转变的历史脉络将更加立体地被揭示出来。

如何处理中古时期基层行政和国家体制的关系问题，在研究方法上需要进一步探讨。如果从朝廷和中枢层面着眼，顶层的相关制度和律令势必对地方社会或者基层生活发挥塑造作用，这种作用通过由上而下的行政传导和科举制造就的文人官僚而产生。本书关于隋和唐前期的叙述基本按照这个思路展开。如果把基层作为出发点，可能就会认为地方经验或者基层行政机制会对整体官僚体制和政务运行机制产生影响。本书关于中晚唐出现的新变化的叙述，则大体按照这个思路进行，最近十几年来关于地方行政体制和藩镇研究所采取的思路和揭示的问题，也大体如此。但是，国家体制和地方实际的行政运作二者之间的相互影响，有没有一个先后问题或者优先性问题？如果换个思路，进行交叉研究，不只看顶层制度设计或者基层实际运作，而是寻找合适的案例，探究二者之间的互动和关联，或许是更能切近历史真实的有效办法。目前的研究在这方面其实是缺乏的，可能是因为超出了一般的制度史研究范畴。晚唐五代或许是可以做这种交叉研究的合适时段，对于赋役征派蠲免、治安管理或者官员选任等某一类事务，朝廷、藩镇和州县在处理时有分工的不同侧重，也有藩镇、州县和朝廷在政务定性和行政处置权方面的沟通。宋代的国家体制包括中枢体制和地方行政体制的最终定型，大体应是在政务定性、行政权属和职能分工这几个层面上形成了一致性的合力。如此宏观性的贯通考察，是本书目前还没有也无法达到的。但本书力图从地方行政视角将各个层级政务分工和行政环节梳理清楚，一定意义上也是为这个主题做研究准备。这应该可以视为本书在唐宋间国家体制和国家形态转变问题上的学术价值和理论意义。

从学术史的发展看，一些核心话题的提出，往往以一些重大理论预设（科学假说）为依托。从中国古代史研究来说，例如中古士族问题、均田制问题、唐宋变革问题、城市革命问题、明中后期商品经济发展与资本主义萌芽问题等等，都与社会形态理论和历史分期理论密切相关。由于提出者和最初的一批讨论者大都是其时最杰出的学者，在他们学术影响力的辐射下，这些话题提出后，一般都能够以其惯性受到较长时间的关注和追踪，而且话题切分得越来越细致，尽显片面与深刻。但是，随着大的理论环境的转移，这些受惯性作用而产生的深刻研究，也由于脱离了其所出自学术命题当初被提出时的理论关怀，而出现流于个案化、具体化的倾向，导致碎片化且缺乏方向性，大量的研究因此陷入同质性的重复。最近几年走向学术前台的中青年学者中间，已经有一些人敏锐地意识到这个问题的严重性，提出要回到核心议题提出时的理论语境，吸取大量个案研究中的有效积累，对接20世纪上半叶的中文学术高原，实现又一轮的知识整合和议题更新。从作为本书基础的博士学位论文研究和写作开始，作者就有意识地在克服一段时间以来理论被惰性地浮泛化和议题被深入地碎片化的研究取向，力图提出一些具有涵盖性的判断和概念，建立起具有一定宏观关怀的叙述逻辑。这样的努力无疑值得鼓励。

在中国古代史的研究中，隋唐史研究所依靠的史料具有鲜明的特点，不仅不能如明清史那样依靠详备的史料来叙述一些历史进程的完整环节和各个侧面，也无法与印刷术发展起来之后的两宋时代史料相比。但是，隋唐时期的史料留存量和留存形式颇具独特性。第一方面是官修史书至唐朝而体制大备，除了对前朝史的修撰之外，在制礼作乐和强调因革损益的背景下，唐人对于本朝史事及典章制度不间断地加以概括和总结，《大唐六典》《大唐开元礼》《通典》等典制文献及基于国史基础上修成的《旧唐书》，都是以往朝代从未有过的史料留存和撰述。第二方面是中国传统史学及历史编撰学至宋朝而高度发达，宋人对于作为前朝史的隋唐历史有着大量多角度的资料汇编和历史撰述，《册府元龟》《文苑英华》《太平广记》等大型类书、《唐大诏令集》《唐会要》等史料汇编性政书以及《资治通鉴》《文献通考》等通史性著述，其重心都在隋唐五代史，使得这一时期的历史资料经历过加工汇编而显得相对完备。第三方面是造纸术和印刷术发明和应用时间的差距，使得中国古代的官私文书和著述在魏晋隋唐时期经历了一个纸质写本的时代，纸质写本文书留存下来的机会甚少，端赖于唐朝统治区域达于西域，敦煌、吐鲁番（包括新疆其他地区）等干旱地区保存下了数量不菲的文献，尤其重要的是一批不同时期的具有档案性质的公私文书。这是其他任何时段的历史研究中无可比拟的独特资料。资料留存数量和留存形式的以上特殊性，使得隋唐史研究历来重视史料的全面发掘和深度解读，重视将经过编纂和加工的史料还原到特定的历史语境，重视具有一定宏观高度的理论解说与建构。基于这样的史料特点，唐宋之间具有相互支持的意义。由于唐宋制度作为出发点与落脚点所具有的高度关联性，寡少简略但被整理得极富条理的唐代史料，有助于我们从烦冗杂乱的宋代史料中找到主线和内在逻辑关系，而繁富详尽的宋代史料所揭示的制度分化之后的大量细节和流程，可以帮助我们找出许多唐代的问题，激活和加深对唐代制度的理解，拓展唐代制度研究的问题空间。理解唐代制度绕不过宋人，要厘清宋代的制度，从宋人如何总结和建构唐代制度入手，也是一个很好的切入点。

本书在史料的运用方面，也体现出这样一种自觉，在《大唐六典》《通典》等典制文献、敦煌吐鲁番文书、出土墓志以及《天圣令》等文献资料的综合运用和贯通理解方面，都有良好表现。由于史料的局限，唐史研究中基层制度与基层社会的研究还难以严格划分出因地区差别而形成的类型。作为西北边陲政务文书档案遗存的敦煌吐鲁番文书，是否能够反映唐帝国的整体特征，依然存在一些理解上的分歧。本书是将其作为反映唐帝国整体制度的政务文书来运用的。在唐前期律令制的时代，如此运用史料应该是合乎情理的。本人曾经撰文指出，《天圣令》残卷的发现和整理刊布，对于唐代政务运行机制的研究来说，在传世的编撰史料和敦煌、吐鲁番出土的档案文献之间，架起了会通相关史料的津梁。在《天圣令》相关规定的基础上，对于一些以往较少关注或泛泛而论的问题，探讨的深度和细节性将有很大的推进。需要进一步强调的是，《天圣令》作为一部以唐令为母本的宋令，对于研究唐宋国家治理机制的变化具有无可替代的价值。本书的研究初步呈现出了这样的研究价值。

本书的成绩和问题自当由读者去评论。笔者借着赵璐璐在博士论文基础上整理出来的专书出版之机，将近来有关唐宋国家形态转变具体路径和复杂面向相关问题的思考做一简要梳理，权以为序，并请读者批评指正。

附记：本文原为赵璐璐《唐代县级政务运行机制研究》(社会科学文献出版社，2017) 一书的序，收录于本书时添加了标题。

附录三

汉唐政治制度研究反思（五篇）

一、汉唐政治制度史研究中政务运行机制研究述评

在近代以来的中国史学发展历程中，政治制度史研究一直是中国古代史研究中的重点领域，大家辈出，成就斐然。其中，陈寅恪《隋唐制度渊源略论稿》、王亚南《中国官僚政治研究》和钱穆《中国历代政治得失》，可以称之为经典的“老三篇”。不过，这三部书都不是一般理解的所谓“职官制度”的研究，其所以成为经典，恰是因为它们具有浓厚的在特定时代、特定关怀下的理论取向。陈寅恪的著作不是一般理解的某一项制度的简单溯源，而是在其“种族与文化史观”指导下对南北朝典章制度和文化命脉的集中探讨。陈寅恪以其文化本位立场，在他中年时期所关注的“中古以降民族文化之史”领域里，对魏晋隋唐的政治制度进行了较为系统的研究。陈寅恪分析隋唐制度渊源与汉魏制度发展的思路，与

其“必须一方面吸收输入外来之学说，一方面不忘本来民族之地位”① 的立场是一致的。此种立场带来的对制度渊源和发展方向的考察，为我们认识古代制度的发展演变提供了一个广阔的文化史视角。王亚南《中国官僚政治研究》（1940 年代曾分篇连载于上海《时与文》杂志上，1948 年 10 月由上海时代文化出版社出版，中国社会科学出版社 1981 年再版）一书，从政治经济学的角度剖析自秦汉以来中国官僚政治的经济基础，刻画了中国官僚政治的种种表象及其本质特征；目的是要解释中国专制主义和官僚政治的起源、变化及其根本原因，其中涉及官僚体系的构成、赋税和差役、科举和选官等国家政务的内容以及历代制度的损益变革等问题。钱穆关于中国古代政治制度的观点，集中体现在其《中国历代政治得失》一书中。他在序言中明确表示，“要研究中国传统文化，绝不该忽略中国传统政治……因于对传统政治之忽视，而加深了对传统文化之误解”②。可以说，钱穆讲制度也是站在文化本位立场上的。钱穆讲的制度沿革，实际上是一种制度成长过程中的变迁，或者说是制度的自然生长③。

政治制度史研究在近代以来的史学历程中之所以如此蔚为大观，一方面是受到重视典章制度的中国古代史学传统的影响，另一方面也是因为政治制度史的研究取向与 20 世纪初以梁启超倡导的“新史学”为标志的史学转型相吻合。梁启超的“新史学”是以关注政权基础和国家构造为重心的，因

① 陈寅恪. 冯友兰中国哲学史下册审查报告//金明馆丛稿二编. 北京：三联书店，2001：284-285.

② 钱穆. 中国历代政治得失. 北京：三联书店，2001：序言 1.

③ 同②53.

而其关于中国专制政治和专制政体的表述，被视为中国思想界和学术界探讨专制主义以及用这个学说探讨相关政治制度的学术源头[①]。20 世纪 30 年代以后出版的各种新式中国通史，大都以政治制度史为重点内容，各种名目的政治制度史论著也层出不穷。在 30 年代以来高度关注政治制度史研究的学术风气的影响之下，五六十年代还产生了一些堪称经典的政治制度史研究论著。如聂崇岐《中国历代官制简述》(《光明日报》1962 年 4 月 25 日“史学”双周刊第 236 号，未删节稿收录于《宋史丛考》，中华书局，1980 年）就曾产生广泛而深远的影响。八九十年代，由于政治学、社会学理论与方法的引入，政治制度史的研究成为新的亮点与焦点，举凡职官制度、官吏的选拔任免考课制度以及总体的政治体制等方面，都受到了关注，有关政治制度史的教科书和专著大量出版。可以说，这是中国政治制度史研究的一个黄金时期，甚至出现了一个很普遍的看法：“搞历史的，就是喜欢做制度”[②]。当今活跃在史学界的中青年学者中，有许多是在这个时期接受史学训练的，其基本功是通过研究政治制度史打下的。

进入新世纪以来，由于学术环境的变化以及受西方“后现代”理论的冲击，加上各个领域的学术研究积累到一定程度面临着资料和方法的瓶颈，传统话题逐渐淡出，史学研究又一次迎来了“求新”的学术潮流，包括政治制度史在内的整个政治史研究走向边缘化。不断涌现的新社会史、新文化

---

① 甘怀真．皇帝制度是否为专制//皇权、礼仪与经典诠释——中国古代政治史研究．上海：华东师范大学出版社，2008；侯旭东．中国古代专制主义说的知识考古．近代史研究，2008（4)：4-28.

② 邓小南．走向“活”的制度史——以宋代官僚政治制度史研究为例的点滴思考//包伟民．宋代制度史研究百年（1900—2000)．北京：商务印书馆，2004：11.

史等各种冠以“新史学”名义的思潮以及在此影响下发展起来的环境史、医疗史（疾病史）、性别史（妇女史）、城市史等专门领域，成为史学界的热门之学。在此背景下，相对来说，非常“传统”的政治制度史研究面临着“突围”的任务。政治制度史研究中“政务运行”概念的提出，可以视为此番“突围”中的一个尝试。

（一）“政务运行”概念提出的学术史背景

“政务运行”研究思路的提出，无疑是基于中国古代政治制度和文书学研究的深厚学术积累。需要说明的是，这两个方面的研究成果不仅非常丰硕，而且有时还互相渗透，难以区分，下文征引的只是笔者目力所及且受益较多者，难免挂一漏万。

首先，汉唐政治制度史研究领域中一些经典著作的出现为“政务运行”概念的提出奠定了基础。如劳榦《论汉代的内朝与外朝》（原载《中央研究院历史语言研究所集刊》第13本，1948年9月；后收录于黄清连主编《制度与国家》，中国大百科全书出版社，2005年）、严耕望《论唐代尚书省之职权与地位》（原载《“中央研究院”历史语言研究所集刊》第24本，1953年6月；后收录于黄清连主编《制度与国家》）等。上述论著的研究，都已经深入到中国古代国家体制的内部，探讨制度的结构和运行机制，在很大程度上深化了对古代政治制度尤其是行政体制及其运行机制的认识。

到了20世纪90年代，断代政治制度史的研究论著大量出现，并呈现出不断精细化的趋势。就汉唐政治制度研究而言，祝总斌《两汉魏晋南北朝宰相制度研究》（中国社会科学出版社，1990 年）和王永兴《唐勾检制研究》（上海古籍出版社，1991 年）两部著作对于行政体制及其运行机制的研究具有重要的示范作用。这个时期陆续出版的各种政治制度史专书，标志着断代政治制度史研究的全面丰收；而白钢主编的 10 卷本《中国政治制度通史》（人民出版社，1996 年）的出版，则标志着断代政治制度史研究进入到了一个总结阶段。所谓“通史”，基本还是以断代史为框架的，其中有关“体制”与“机制”的表述，吸收了 20 世纪 80 至 90 年代断代政治制度史研究的成果。但由于这部“通史”主要是建立在相对分离的断代制度史研究的基础之上，而大多数断代的制度史研究并未在“体制”与“机制”的问题上取得实质性的突破，姑可称之为开启了新的转型，但并未使制度史的研究在研究视角和资料运用方面取得突破。值得重视的还有一些专题性制度史研究的成果。如在关于土地、籍帐、赋役等问题的研究中，由于大都以“事任”为中心，围绕某一方面事务的处理和裁决，提出了许多涉及政府管理的权限和程序的问题，为动态地探讨“体制”与“机制”问题创造了条件。

其次，中国古代文书学的研究为“政务运行”概念的提出创造了条件。随着大量档案文献或实物史料被发掘整理，政治制度史的研究逐渐形成了一个新的研究取向，即将公文书以及公文程式与官僚制度结合起来研究。例如，由于大量秦汉时期简牍文书的出土，在罗振玉、王国维、劳榦以来几代学者整理文书的基础上，出现了将出土文书与秦汉政治制度相结合的一系列重要研究著作，日本学者大庭脩的《秦汉法制史研究》（林剑鸣等译，上海人民出版社，1991 年）是此类著作中的代表。由于敦煌吐鲁番文书的整理研究取得重大进展，以出土文书与传世文献相结合研究政治制度的努力，在南北朝隋唐史的研究中显得更加突出①。反过来，由于政治制度史的研究在出土文书的支持下不断深入，又促进了文书学研究本身的提高。秦汉史方面，由李均明主编的《简牍文书学丛书》，目的即在于从简牍文书入手探讨汉代的文书制度。汪桂海在修订博士学位论文基础上出版的《汉代官文书制度》（广西教育出版社，1999 年）也是其中之一种。邢义田、卜宪群等有关汉代行政文书的研究，也已经深入到汉代行政管理的运作和文书具体形态的层面②。隋唐史方面，有关政务文书研究的代表作则有大庭脩《唐告身的古文书学的研究》（西域文化研究所编《西域文化研究第三》，法藏馆，1960 年）以及中村裕一的系列著作③。

中国古代不同时期与国家及官府事务处理相关的文书有着不同的种类和名称，就唐代制度规定而言，就有所谓“王言”（制敕）、官文书、公文书等，但缺少一个总体的概念。而要对中国古代的国家和官府事务进行总体描述，就必须要

---

① 代表性论著主要有：毛汉光. 论唐代制书程式上的官职//第二届国际华学研究会议论文集. 台北：中国文化大学，1991；楼劲. 伯 2819 号残卷所载公式令对于研究唐代政制的价值. 敦煌学辑刊，1987（2）：79－85；李锦绣. 唐代制度史略论稿. 北京：中国政法大学出版社，1998；祝总斌. 两汉魏晋南北朝宰相制度研究. 北京：社会科学出版社，1990；王永兴. 唐勾检制研究. 上海：上海古籍出版社，1991。此外还有：内藤乾吉. 唐代的三省. 史林，1930，15（4）（后收入中国法制史考证. 京都：有斐阁，1963，译文见：日本学者研究中国史论著选译. 北京：中华书局，1992）；砺波护. 唐代政治社會史研究. 京都：同朋舍，1986。

② 邢义田. 从简牍看汉代的行政文书范本——“式”//严耕望先生纪念论文集. 台北：稻乡出版社，1998，后收入氏著治国安邦——法制、行政与军事. 北京：中华书局，2011；卜宪群. 秦汉公文文书与官僚行政管理. 历史研究，1997（4）：36－53。

③ 中村裕一的相关著作有：唐代制勅研究. 东京：汲古书院，1991；唐代官文書研究. 京都：中文出版社，1991；隋唐王言の研究. 东京：汲古书院，2003. 唐代公文書研究. 东京：汲古书院，1996；唐令逸文の研究. 东京：汲古书院，2005。

有相应的概念。“政务文书”就是基于现代学术语境并结合中国古代国家体制特征而提出的一个研究术语，以涵盖皇帝和官府职权行使过程中所依托及所需要的各种文书。这里需要对“政务”的概念略做说明。“政务”不是指近代西方三权分立背景下的行政事务，而是国家或官府事务的总称。“政务文书”就是指皇帝和各级官府处理各种事务的文书以及围绕官府事务的处理而产生的百姓呈于官府的文书。

由于作为原始档案的出土政务文书保留了政务运行的基本流程，从文书切入研究政治制度史，自然就将突破以往制度史研究中对职官制度平面和静态的描述，体制、机制、程式等涉及制度结构和制度运作的术语大量引入。吴宗国教授是比较早地关注制度运作的学者之一，在后来出版的《盛唐政治制度研究》（上海辞书出版社，2003 年）的绪论中，明确表述为“实际运行的制度”“政府的运行机制”等概念。在此背景下，笔者于 1999 年在吴宗国教授指导下完成的博士学位论文《公文运作与唐代中书门下体制》（2004 年修订出版时，改名为《唐代中书门下体制研究——公文形态、政务运行与制度变迁》）中，初步提出了“政务运行”的概念。拙稿中所说的“政务运行”，主要是指依托于文书流转的各级官府事务的处理程式和机制，包括政务文书的制作与传递、各个层面官府事务的申报与裁决。从文书的角度切入制度史研究，关注的不仅仅是文书，更重要的是流程。从流程的视角来研究制度，许多史料就活了起来。因为有了出土档案文献提供的参照系，结合法令上规定的处理政务的规程，传世文献中所有保留了签署程式和没有签署程式的政务文书以及围绕政务文书成立和执行的各种记载（在常见的正史、政书和文集中大量保存），都能够置于流程之中进行解读。政治制度史的研究因此获得了新的史料认知角度和问题解释空间。因此，“政务运行”概念提出后，首先在从事唐宋政治制度史研究的学者中受到一定的关注和回应，如有学者指出，“政务运行”概念的引入，在方法论上具有先导的意义，将成为文书行政研究中一种新的解释模式①。此后，出现了众多依托于文书（包括出土文书及传世文献中保留的文书）及从流程角度切入探讨政治体制和政务运行的论著和学位论文。

因史料特点、研究积累和学术取向所决定，“政务运行”概念的运用及与之相关的对流程的关注，在汉唐制度史的研究中显得比较突出。宋代制度史的研究中，由于邓小南等学者的倡导和实践，也取得了重要的进展，其代表性成果收录于邓小南主编的《政绩考察与信息渠道——以宋代为重心》（北京大学出版社，2008 年）及邓小南、曹家齐、平田茂树主编的《文书·政令·信息沟通：以唐宋时期为主》（北京大学出版社，2011 年）两书中。在元明清时期的政治制度史研究中，由于笔者学识所限，还很少见到从流程角度研究政务运行的论著。不过，对于作为政务运行研究基础的文书制度，如有关诏敕制度与诏令文书、奏折制度与包括密疏在内的各种奏事文书、与户口土地管理相关的册籍如黄册和鱼鳞册等，都早已引起学术界的充分关注。

（二）从“政务运行机制”切入的研究取径及存在的问题

政治制度史不等于职官制度史，但是官制在政治制度史

---

① 游自勇. 动态的政治制度史——评刘后滨《唐代中书门下体制研究》//荣新江：唐研究：第 13 卷. 北京：北京大学出版社，2007：583-594.

的研究中处于核心地位。官制也不仅仅是机构、官职和职掌，如果仅就这几个方面做平面的描述，那几乎谈不上研究。因为许多问题已经在传世史籍中记载得很清楚了，最多是按照自己的理解用现代语言再说一遍，而且还不一定说得准确。事实上，不搞清楚体制与机制问题，所谓职官制度研究也只能是按照史籍记载照猫画虎，提不出什么有深度有价值的问题。尤其是不同历史时期各个官职的职掌，如果只是根据史籍的记载罗列一番，并不能有效地说明其时的政治运作和体制特征，因而也就不能真正了解历史的实态。“政务运行机制”作为中国古代政治制度史研究的一个切入点，就是在深厚的职官制度研究基础上，力图深入到帝制中国政治体制和政治运作的内部，揭示中国政治传统中的一些深层问题。邓小南在前引《走向“活”的制度史——以宋代官僚政治制度史研究为例的点滴思考》一文中提出的以“作为过程的制度史”和“作为关系的制度史”为核心的“活的制度史”，对于“政务运行机制”研究具有重要的理论指导意义。从目前已经发表的论著看，“政务运行机制”研究主要呈现出以下几个方面的学术取向：一是结合政务文书的形态及其处理程序，关注行政运作和政务处理的规程；二是关注信息渠道和信息传播的环节；三是从单项制度转向综合运作的研究。其中第一个方面的研究进展最为显著，其他两方面是随之而呈现出来的研究趋势。兹就第一个方面稍加详细论列，其他两方面略做申说。

对行政运作和政务处理规程的关注，是汉唐制度史研究中最为引人注目的研究取向。随着官僚制和皇权体制的建立，国家权力的运作逐渐走向理性化，即必须依赖一整套行政运作的规章与流程。在官僚制发展的过程中，文书制度逐渐完善，各项事务都依靠书面文件来处理，事务处理的流程很大程度上体现在文书上。文书行政及将行政文书作为档案进行管理，是官僚制的重要特征之一①。睡虎地秦简《内史杂》中已经有明确规定，“有事请也，必以书，毋口请，毋羁请”。由于文书行政的发达，到汉代已是“公府掾多不视事，但以文案为务”②。刘勰《文心雕龙》则说，“章表奏议，经国之枢机”③。在唐代以前的文献中，“事”字多指文书，所谓“视事”“署事”等大量出现于史籍中的词语，针对的多为依托文书进行的政务处理④。但是，具体的处理规定和流程如何，却是史籍中很少记载的。正如《文心雕龙》所说，“然阙而不纂者，乃各有故事，而布在职司也”⑤。基于出土档案文献提供的签署程式，结合法令上规定的处理政务的规程，将史籍中记载的大量官府事务置于流程之中进行解读，就成为一个重要的学术领域。可以说，探索国家和官府事务处理的流程，已成为近年来研究秦汉魏晋到隋唐两宋历史的前沿话题。

在秦汉史的研究中，大量简帛文献的出土，构成了相关学科新的生长点。简帛材料具有以下特点：一是时间序列完整。从时间上来看，旧简与新简构成了从战国至魏晋的完整序列，延续时间近千年。研究战国、秦、汉、三国、晋史，简帛成为基本材料之一。从政务文书的角度看，秦汉和孙吴

---

① 马克斯·韦伯．经济与社会．阎克文，译．上海：上海人民出版社，2010：1096．

② 虞世南．北堂书钞：卷六八，280．

③ 刘勰．文心雕龙校证，154．

④ 周一良．魏晋南北朝史札记．北京：中华书局，1985：456-460．

⑤ 同③．

时期的文献尤其突出。传世的秦代文献史料屈指可数，数十万字的出土材料对秦史研究意义重大。汉初有张家山、马王堆、虎溪山、凤凰山简帛，构成了研究秦汉之际及汉初历史的序列。阜阳汉简、上孙家寨汉简、居延汉简、天长汉简、尹湾汉简、额济纳汉简、武威汉简、悬泉汉简、甘谷汉简、东牌楼简，构成了从西汉中期到东汉几乎完整的时间序列。长沙走马楼吴简，构成了东汉到三国孙吴历史演变的时间序列。二是内容丰富多彩。简帛的内容几乎涉及战国、秦、汉、魏晋历史的各个层面，政治、经济、文化、社会无所不包。这些出土文书具有一定的连续性、可比性，使我们在以文献为依托的基础上，从简帛的角度可以独立发掘和系统研究许多重大课题①。有学者断言，简牍学作为21世纪一门“显学”的时代已经到来。简牍文献为秦汉时期地方制度与文书行政的研究提供了实物资料。黄海烈《里耶秦简与秦地方官制》(《北方论丛》2005年第6期)、卜宪群《秦汉之际乡里吏员杂考——以里耶秦简为中心的探讨》(《南都学坛》2006年第1期)、臧知非《简牍所见汉代乡部的建制与职能》(《史学月刊》2006年第5期)、陈治国《从里耶秦简看秦的公文制度》(《中国历史文物》2007年第1期)、卜宪群《从简帛看秦汉乡里的文书问题》(《文史哲》2007年第6期)等，是利用简牍进行这些方面研究的代表作。汤其领《〈尹湾汉墓简牍〉中有关郡县侯国吏制的几个问题》(《史学月刊》2005年第11期)，则对侯国吏员的设置进行了考证，探讨了侯国的不同类属，在此基础上认为不同侯国的吏员设置和隶属关系是不同的。

---

① 卜宪群. 新出简帛的史学价值. 人民日报，2007-05-25 (15).

简牍学研究的一个重要方向，就是政务运行的流程与机制。邢义田就长期关注官僚体制运作的特色，撰写了系列论文。收录于前引《治国安邦——法制、行政与军事》一书中的《从“如故事”和“便宜从事”看汉代行政中的经常与权变》一文，从汉代的公文套语出发探讨汉代官僚体制运作的基本依据和特质。同收于该书中的《从简牍看汉代的行政文书范本——“式”》《汉代书佐、文书用语“它如某某”及“建武三年十二月候粟君所责寇恩事”简册档案的构成》《湖南龙山里耶J1（8）157和J1（9）1－12号秦牍的文书构成、笔迹和原档存放形式》等文章，关注的是秦汉地方公文书(笔者倾向于称为政务文书）的形成方式、行文程序和保存[①]。上述文章对于汉代国家和官府处理相关政务的规章和流程都进行了深入的探究，复原了许多具体的行政案例，并尽可能复原其处理流程。

侯旭东对汉代和孙吴时期的政务运行也给予了长期的关注，并撰写了系列论文。在《读汪桂海著〈汉代官文书制度〉》(《中国史研究动态》2000年第8期）一文中，提出了将官文书研究与政治史、政治制度史研究结合起来的希望，显示出依托于官文书运作的日常政治生活的展开及其意义的研究取向。后来，他又在这个方面做出了若干卓有成效的研究。在《长沙三国吴简三州仓吏“入米簿”复原的初步研究》(《吴简研究》第2辑，崇文书局，2006年）一文中，通过复原孙吴时期粮食和钱物出入的统计账目，关注的是以仓吏为中心的基层政务运行。在《长沙走马楼三国吴简“里”“丘”

① 邢义田．治国安邦——法制、行政与军事．北京：中华书局，2011：3.

关系再研究》(《魏晋南北朝隋唐史资料》第23辑，武汉大学文科学报编辑部编辑，2006年）一文中，提出走马楼吴简中出现的“里”与“丘”是“乡里”以外的自然聚落，形成“里”与“丘”的复杂对应关系则是由于居民自由迁往新聚落，却又要保持旧有乡里名籍的结果。这是利用新资料做出的对于学界关于汉末三国时期聚落研究的回应，关注点仍在基层行政。不过，要复原孙吴时期基层政务运行机制，仅仅依托走马楼吴简还是不够的。史料的局限约束了研究的进一步展开。此外，他在《传舍使用与汉帝国的日常统治》(《中国史研究》2008年第1期)、《西北汉简所见“传信”与“传”——兼论汉代君臣日常政务的分工与诏书、律令的作用》(《文史》2008年第3辑）等文章中，对依托传、舍及相关文书而展开的汉代政务运行机制进行了比较全面而具体的研究。

正如侯旭东所指出的，汪桂海的《汉代官文书制度》依据的不仅是大量的简牍文书，还有众多传世文献、碑刻、封泥等，详尽勾画了一幅从官文书类别到其制作、运行与管理的完整画面，较系统、全面地论述了整个文书制度。应该说，这就为汉代政务运行机制的研究打下了良好的基础。此外，由于政务运行的相关规定和流程都依托于律令，日本学者大庭脩、堀敏一以及中国学者徐世虹、杨振红、张忠炜等有关汉代律令的研究，也为汉代政务运行的进一步研究打下了基础。不过，有关汉代政务运行机制的研究，目前还主要停留在依据出土文献而展开的具体问题上，建立在对政治体制整体把握基础上的汉代政务运行机制研究还面临着史料和研究视角的限制。或者说，由于汉代还处于文书行政发展的早期阶段，从现存史料中许多问题还不易梳理清楚。以唐代比较成型的文书行政体系来倒推汉代的制度，容易产生误解。事实上，目前的研究中，对于有些汉代文书行政的重要史料还存在着一定的误读。笔者在《从蔡邕〈独断〉看汉代公文形态与政治体制的变迁》(《广东社会科学》2002 年第 4 期，后以《唐以前的公文形态与制度变迁》为题改写并收录于《唐代中书门下体制研究》一书中）一文中，已经着重辨析了大庭脩、汪桂海、卜宪群等关于《独断》所载汉代政务文书的一些可能的误解。试举《独断》关于“诏书”的记载为例，大庭脩的断句如下（卜宪群、邢义田所引大体同此)：

> 诏书者，诏诰也，有三品：其文曰告某官某，如故事，是为诏书。群臣有所奏请，尚书令奏之，下有司曰制，天子答之曰可。若下某官云云，亦曰诏书。群臣有所奏请，无尚书令奏制之字，则答曰已奏，如书本官下所当至，亦曰诏。[1]

汪桂海虽未专门进行文献考订，但他强调了文书的用语，据其所引局部文字，断句当如下：

> 诏书者，诏诰也，有三品：其文曰“告某官某，如故事”，是为诏书。群臣有所奏请，尚书令奏之，下有司曰“制”，天子签之曰“可”，若“下某官”云云，亦曰诏书。群臣有所奏请，无“尚书令奏”、“制”之字，则答曰“已奏，如书”，本官下所当至，亦曰诏。[2]

---

① 大庭脩. 秦汉法制史研究，166；卜宪群. 秦汉公文文书与官僚行政管理. 历史研究，1997 (4)：36-53；邢义田. 从“如故事”和“便宜从事”看汉代行政中的经常与权变//治国安邦——法制、行政与军事，394.

② 汪桂海. 汉代官文书制度，32-33. 其将“某官”理解为官名，后一个“某”理解为某官之姓名。

笔者认为，从《独断》对制敕文书的记载看，蔡邕是根据文书的用语进行划分的，他将制敕文书分为策书、制书、诏书、戒敕四种，划分非常明确，制书和诏书在这里有着截然的区分，不至于在讨论诏书的时候又说“下有司曰制”。根据《四库全书》本及宋本《唐六典》所引《独断》，“尚书令奏之下有司曰制”句作“尚书令奏之下有制曰”，其强调文书用语的意思更加明显。故断句如下：

> 诏书者，诏诰也，有三品：其文曰“告某官官①，如故事”，是为诏书；群臣有所奏请，“尚书令奏”之下有“制曰”，天子答之曰“可”，若下某官云云，亦曰诏书；群臣有所奏请，无“尚书令奏”、“制曰②”之字，则答曰“已奏如书”，本官下所当至，亦曰诏戒［按：“戒”字当为衍文］书。

这段文字涉及汉代政务文书的基本形态及政务运行的基本流程，如何断句不是一个简单的文献考订问题，相关讨论希望能够引起秦汉史专家的重视，并结合出土档案文献加以厘清。

唐代的政务运行及政务处理的规程，由于有《唐六典》中关于文书制度及其运作程序的明确记载以及相对充分的出土政务文书支撑，已经取得了相对完整而清晰的认识。皇帝制敕的起草颁布、三省制的运作、部司与寺监及州县之间的政务关系，都能够相对清晰地梳理出来。尽管对于中央以尚

---

① 按：“告某官官”，《四库全书》本如此。宋本《唐六典》卷九“中书令之职”条引《独断》为“某官某官”，《太平御览》则写为“某官云云”。《丛书集成初编》本为“告某官某”。

② 《四库全书》本无“曰”字，为“无尚书令奏制之字”，此据《唐六典》文字补入。

书六部为裁决主体、府州一级以七曹司（功曹、户曹、仓曹、兵曹、法曹、士曹及录事司）为裁决主体的各项政务，并没有完整的政务文书加以论证，但其中的选官和财政两方面，在长期的研究积累中，政务运行的主体环节已经比较清楚了。由于尚书六部二十四司及府州曹司之间在政务运行机制方面具有同质性，以此类推即可大致勾勒出唐代国家政务运行的基本规制。

关于唐代制敕文书、御画奏抄及与之对应的国家政务在最高层面的运行机制，是唐代政治制度史研究中成果最为丰硕的方面。笔者在《唐代中书门下体制研究》一书中对学术界相关研究成果进行了初步的总结。其中，最重要的基础是前列日本学者中村裕一出版的系列日文论著，还有日本学者大津透和榎本淳一根据编号为大谷 1262 和大谷 2597 等吐鲁番出土文书残片复原了唐仪凤三年（678）的一份奏抄①。由于奏抄是唐代日常政务处理过程中最常用的文书，但是在文献中没有留存下来，所以该件奏抄文书的复原（连同敦煌出土的唐代公式令中的“奏授告身式”一起）对于唐代政务运行机制的研究来说是关键性的史料。此外，李锦绣《唐“王言之制”初探——读〈唐六典〉札记之一》（《季羡林教授八十华诞纪念论文集》，江西人民出版社，1991 年）、雷闻《从 S.11287 看唐代论事敕书的成立过程》（《唐研究》第 1 卷，北京大学出版社，1995 年）等也是这方面研究的重要文章。其他

① 大津透，榎本淳一．大谷探险队吐鲁番将来アンペラ文书群の复原—仪凤三年度支奏抄/四年金部旨符．东洋史苑，1987，12（28）；大津透．唐律令国家の预算について．史学杂志，1986，95（12）．参见李锦绣．唐前期支度国用计划的编制及实施．北京大学学报（哲学社会科学版），1991（2）：71-82。

的相关研究还有很多，尤其是近几年来又有一些学者在这方面进行了更加深入的研究①。

唐代中央政务运行的其他方面的研究，也有不同程度的展开。李锦绣《唐代财政史稿》上卷第一分册（北京大学出版社，1995年），从财政的角度讨论了唐代前期户部四司之间的政务关系，是关于户部曹司之间及其与相关寺监之间政务运作最集中而深入的探讨。笔者曾撰有数篇论文，围绕着唐代中央政务运行机制的总体特征进行了论述。其他还有一些论文都对唐代中央政务运行机制的研究有所推进②。

此外，按照尚书六部所掌政务分类进行唐代政务运行机制的研究，也已经取得了初步的成果。笔者重点关注了以吏部职掌为中心的选官政务的研究③。关于以户部职掌为中心的赋税财政及其运行机制的研究，李锦绣撰写的5卷本《唐代财政史稿》是集中的体现。彭丽华《唐代营缮事务管理体制研究》（中国人民大学历史系2010年博士学位论文）

---

① 主要有：禹成旼．试论唐代赦文的变化及其意义．北京理工大学学报（社会科学版），2004（3）：83-87；禹成旼．唐代赦文颁布的演变//杜文玉．唐史论丛：第8辑．西安：三秦出版社，2006；禹成旼．唐代德音考．中国史研究，2006（2）：101-109；游自勇．墨诏、墨敕与唐五代的政务运行．历史研究，2005（5）：32-46，190；魏斌．唐代赦书内容的扩展与大赦职能的变化．历史研究，2006（4）：21-35；魏斌．“伏准赦文”与晚唐行政运作．中国史研究，2006（1）：95-106。

② 代表性的论文主要有：罗永生．唐前期三省地位的变化．历史研究，1992（2）：98-110；雷闻．隋与唐前期的尚书省//吴宗国．盛唐政治制度研究．上海：上海辞书出版社，2003；史睿．唐调露二年东都尚书省吏部符考释//季羡林，饶宗颐．敦煌吐鲁番研究：第10卷．上海：上海古籍出版社，2007；吴丽娱．试论“状”在唐朝中央行政体系中的应用与传递．文史，2008（2）；王孙盈政．唐代后期的尚书省研究．杭州：浙江大学历史系博士学位论文，2011。

③ 相关论文主要有：唐代文官铨选制度的建立与发展//中国考试制度史论文集．北京：高等教育出版社，1999；唐宋间选官文书及其裁决机制的变化．历史研究，2008（3）：124-128；唐代告身的抄写与给付——《天圣令·杂令》唐13条释读//荣新江．唐研究：第14卷．北京：北京大学出版社，2008：465-480；任官文书的颁给与唐代地方政务运行机制．文史，2010（3）：87-103。

研究的是以工部职掌为中心的营缮事务管理体制及其运行机制，张雨《唐代司法政务运行机制研究》（中国人民大学历史系2011年博士学位论文）研究的是以刑部职掌为中心的司法政务运行机制。唐代地方行政制度的研究成果众多，但从“政务运行”角度切入的研究却是最近几年才真正展开的①。

如前面所指出的，唐代政务运行机制研究的展开很大程度上依赖于出土档案文献的整理刊布，同时也得益于明抄本宋代法典《天圣令》的发现和整理出版。因为要研究政务运行，就必须把对制度的关注点从机构和官职转移到事务及其处理机制上来。而传世史料尤其是正史《职官志》和《百官志》的特点是重人而不重事，即使是《唐六典》、《唐会要》和《册府元龟》等，对各级官僚机构及相关官职所掌事务有程度不同的记载，但也还是以职官为中心，往往失于笼统或流于分散，不易呈现出事务或政务运行的具体过程及完整环节。因此，在有关唐代政务运行机制的研究中，就特别依赖于政务文书，以此发掘出政务裁决的具体程式及政务运行机制。但是，在具体的文书资料和制度规定之间，还是缺少一些必要的史料环节，在描述一些方面政务运行机制的时候，很大程度上还要进行曲折的推断甚至是猜测。而保存在《天

① 代表性论著有：李方．唐西州行政体制考论．哈尔滨：黑龙江教育出版社，2002；李锦绣．唐后期的官制：行政模式与行政手段的变革//黄正建．中晚唐社会与政治研究．北京：中国社会科学出版社，2006；雷闻．关文与唐代地方政府内部的行政运作——以新获吐鲁番文书为中心．中华文史论丛，2007（4）：123-154；吴丽娱．从敦煌吐鲁番文书看唐代地方机构行用的状．中华文史论丛，2010（2）：53-113；张雨．从吐鲁番文书看里正上值问题//西域文史：第2辑．北京：科学出版社，2007；赵璐璐．里正与唐代前期政务运行研究．北京：中国人民大学硕士学位论文，2007；赵璐璐．唐代县级政务运行机制研究．北京：清华大学博士学位论文，2011。

圣令》抄本中的唐代令文，对国家政务各个方面的规定是具体而详备的。而至少在唐前期，各级官员都是按照令文的规定来处理政务的。《唐六典》卷六“刑部郎中之职”条载，“凡律以正刑定罪，令以设范立制，格以禁违正邪，式以轨物程事”。用以“设范立制”的令，完全按照国家政务的类别，规定了各类政务的处理规定和裁决机制。唐朝令的篇目和卷数，在不同时期有所变化，大体上说有三十多篇。相对于日本学者在《唐令拾遗》和《唐令拾遗补》中复原的唐令，《天圣令》中所保留的唐令被认为是唐令的原文，具有原始资料的价值，而且其残存的部分比《唐令拾遗补》相关篇目复原出的令文要多出许多。尽管只是残卷，但残存的十二篇《令》特别为经济制度和一些社会制度的研究提供了许多前所未见的新材料①。《天圣令》残卷的发现和整理刊布，对于唐代政务运行机制的研究来说，实际上是在传世的编撰史料和敦煌、吐鲁番出土的档案文献之间，架起了会通相关史料的津梁。如果仅仅依据“以令式分入六司”编撰而成的《唐六典》来串联零散的出土档案文献，国家政务尤其是地方和基层政务运行中的一些具体环节和程式是无法复原的。而在《天圣令》相关规定的基础上，对于一些以往较少关注或泛泛而论的问题，探讨的深度和细节将有很大的改观。中国社会科学院历史研究所黄正建先生组织的《天圣令》整理与研究课题组，发表了系列研究论文，并汇编成《天圣令与唐宋制度研究》(中国社会科学出版社，2011年）一书。其中有些论文就涉及唐宋政务运行机制。发表在《文史》2010年第3辑上有关

① 黄正建．天一阁藏《天圣令（附唐令）》的发现与整理．中国社会科学院院报，2006-11-09（3）．

“《天圣令》与唐代政务运行机制研究”的一组论文①，也是这方面的一个初步尝试。

以上就汉唐时期行政运作及政务运行机制的研究进展做了简要的总结。宋代的相关研究也已经展开，但更加关注信息渠道和信息传播环节，而且注重唐宋之间的制度演进。这是政务运行机制研究呈现出的第二个学术取向。前面提到的邓小南主编的《政绩考察与信息渠道——以宋代为重心》和《文书·政令·信息沟通：以唐宋时期为主》两部论集，旨在加强对于唐宋时期政治体制运作、日常政治秩序、信息渠道建设等方面的深入探讨与研究。由于史料和研究积累的限制，还少有从政务运行角度探讨宋代整体的政治体制及其运行机制特点的研究。上面两部书都是论文集，尽管在方法论上具有重要的启示性，但在研究的问题上还缺少系统性。

政务运行机制研究呈现出来的第三个学术取向，是从单项制度转向综合运作的研究。以事任为中心的研究和以职官为中心的研究，其所关注的重心有所不同。一件政务的裁决和执行往往牵涉数个机构的多种职能，在这一过程中，涉及各机构之间如何分工、配合与监督。为了梳理政务处理的流程，就必须对相关机构的职掌和政务的内容有所把握。这样的研究视角，就不仅要研究职官制度，要从事务与职权、责

---

① 包括刘后滨《任官文书的颁给与唐代地方政务运行机制》，张雨《唐宋间疑狱集议制度的变革——兼论唐开元〈狱官令〉两条令文的复原》，彭丽华《论唐代地方水利营缮中劳役征配的申报——以唐《营缮令》第 30 条的复原为中心》，赵璐璐《唐代“杂职”考》。与此相关的还有中国人民大学历史系《天圣令》读书班成员的其他论文，如发表在《唐研究》第 14 卷上的李全德《〈天圣令〉所见唐代过所的申请与勘验——以“副白”与“录白”为中心》和赵璐璐《唐代“杂任”考——〈天圣令·杂令〉“杂任”条解读》等。

任的结合考察制度的运行，还要研究各个职官所掌事任中的政务内容，举凡选官、财政、礼仪、军事、司法、营缮及其他相关的制度和法令等都被纳入到视野之中，呈现出综合各方面制度的研究取向。而且，从政务运行切入的制度史研究，与政治斗争和权力格局的关系尤为密切，还必须特别关注政治背景问题。

上述三个方面的研究取向已经显示出从政务运行机制切入的政治制度史的研究具有广阔的问题空间。但是目前的研究也遇到了一些困难，归纳起来，主要有如下几个方面。

一是现代学术语汇对中国古代历史语境的适用性困境。这个问题在中国古代史研究中普遍存在，而在政务运行机制的研究视野中更加突出。"政务"一词本身，用于研究中国古代政治制度史时就需要重新界定。严耕望《论唐代尚书省之职权与地位》一文，在分析尚书六部和寺监的关系时归纳出所谓"政务"和"事务"的区别，指出，"故六部为上级机关，主政务；寺监为下级机关，掌事务；六部为政务机关，寺监为事务机关；六部长官为政务官，寺监长官为事务官"①。这明显是受到近代西方政治体制的影响而套用过来的概念。如果站在立法、司法、行政三权分立的近代西方体制背景下理解"政务"，则明显与中国古代的政治体制扞格不入。前面已经简要交代了在研究中国古代政治体制时所用"政务"的概念，不是指近代西方三权分立背景下的行政事务，而是国家或官府事务的总称。前举张雨的博士学位论文《唐代司法

---

① 严耕望. 论唐代尚书省之职权与地位//"中央研究院"历史语言研究所集刊，1953年第24本，后有所增补，收入多个版本的论集之中。此处所引系：黄清连. 制度与国家（台湾学者中国史研究论丛）. 北京：中国大百科全书出版社，2005：175。

政务运行机制研究》，其核心概念是司法类政务，他花了很大篇幅梳理现代汉语中“政务”一词的来历，并结合中国古代的体制特点重新界定其内涵和外延。除此之外，诸如选举、考核、财政、司法等许多现代汉语中的习用术语，都存在着类似的实用性困境，在具体运用时需加以界定和厘清。

二是政务运行机制研究所依赖的文书资料的局限性。出土文书作为原始的档案文献，构成了研究政务运行机制的基础。文书本身提供了研究运行流程的直接证据和参照系。但是，必须意识到出土文书资料具有很大的偶然性和零散性，汉魏唐宋时期的档案资料都不足以复原总体的国家政务运行机制，甚至某一项政务的运行也难以复原其完整的环节。这就需要在档案文书的基础上，依靠制度和律令方面的史料来加以分析、推测，需要很好的文书学、文献学、法律史和制度史的知识背景。而且，随着研究的不断深入，需要跳出文书学的局限，不能满足于仅就文书谈政务运行。对于明清时期政务运行的研究来说，大概不是资料缺乏，而是资料太多、需要进一步整理的问题。

三是政务运行机制研究在解释历史时可能存在着盲区。即使法令明确规定了每一个官职的职权范围和各种政务处理的运行流程，然政务运行的程序，无论是制度规定层面上的，还是文书所反映的（二者之间有时会有出入），都与实际政治生活中的权力运作有距离。通过政务运行程序能够揭示出来的，只是权力运作的制度性规定。要深刻揭示权力运作的实际内涵，还需要借助政治学、管理学的各种理论与方法，还需要深入到历史的实际环境中去。政务运行更多的是制度性的规定，权力运作无疑还有许多在制度和法令中无法反映出来的、由其时政治文化所决定的潜规则。不过，片面强调潜规则在政治制度史的研究中并不可取。了解制度规定上的运行机制和办事流程，是了解政治运作的基础。尽管实际生活中的权力运作与制度规定的机制与流程有很大差距，但是如果不了解制度性的规则，所谓潜规则也就无从谈起。政治制度史的研究不同于所谓智慧和谋略方面的狡黠之谈。

（三）中国古代“政务运行机制”研究的问题空间及其意义

设官分职不仅仅是为了安排人，更重要的是为了处理事务。政务是政治制度史研究的核心问题，只有研究政务运行，才能真正把政治制度史做活，才能把握住体制和机制的实质，才有可能呈现出以政治史为中心的总体史。所以，有必要澄清和克服当前研究中存在的一些误解，例如认为政务就是零散的文书，活的制度史就是一些具体的个案，不同方面的政务及其运行机制的研究以及不同断代的研究都在重复着一些同质性的问题，诸如此类。为了克服这些问题，有必要从理论上进一步探讨中国古代“政务运行机制”研究的问题空间及其意义。从“政务运行机制”切入的研究，需要关注和回应的问题有许多。以下仅谈本人目前认为最为关键的三点。

首先要关注和回应政治体制和国家形态问题。这是研究政务运行机制的出发点和落脚点。近代以来，由于西方学术概念的引入，史学界已经习惯于用“专制”或“专制主义”来描述中国帝制时代的政治体制。但是，如果对应中西方体制的不同特点并梳理近代学术概念的演变，便会发现对于如何界定中国古代的政体，还是一个需要重新表述的重大学术命题。许明龙指出，孟德斯鸠所用“专制政体”与中文语境中的“专制”一词意义并不完全重合。孟德斯鸠所说的专制政体是君主政体因腐败而蜕变成的最坏的政体，其君主即使不是暴君，也与暴君相去不远。le despotisme 始终是一个贬义词，不同于一般的由君主单独执政的王国和帝国。中文的“专制”则泛指所有由君主独自掌握政权的政体，实际上包括了孟德斯鸠笔下的君主政体和专制政体[①]。这说明，如何在中文语境中对译法文的专制（le despotisme）依然是一个问题。中国古代的政体是否能够被归入到孟德斯鸠所说的“专制政体”？或者说是否超出了孟德斯鸠的三个分类，属于一个特别的类型？魁奈所说的“合法的专制君主”，实际上还是在孟德斯鸠的体系内进行的辩论。而我们今天所说的“君主专制”，其语汇或许来自孟德斯鸠，但并不是在其体系内进行的归纳和划分。事实上，中国古代的政体，在西方政体类型学中尚未有适合的概念加以对应。说中国帝制时代是君主专制的政体，其实是借用了西方传统政治学的术语而陈述着中国历史的特质。如何建立适合中国帝制时代政体特征的概念，这个问题至今令人困惑。整个中国历史的研究，都面临着概念体系重构的问题。这是中国学术界的困境。不过，相关研究一直未曾停止。例如王瑞来提出，“传统的中国式的政治体制，就是一种制约性的体制”，一方面“皇权是士大夫用来制约权臣独裁的一种工具”，另一方面，由宰相领导的政府对皇权又是一种制约[②]。马小红则提出了一个“混合政体”的概念[③]。

---

① 孟德斯鸠. 论法的精神. 许明龙，译. 北京：商务印书馆，2010：14.

② 王瑞来. 皇权再论. 史学集刊，2010（1）：3-25.

③ 马小红. 中国古代的“权力”理念——兼论中国古代社会的政体与法律. 法学杂志，2012（2）：1-8.

政务运行机制的研究应该在这一探索中有所贡献。皇权为何能够成为政治生活中至高无上的权威，皇帝的命令如何通过合理的层级和繁密的程序贯彻下去，以皇帝为核心的最高决策层如何逐级获取有效信息，社会基层的治理是如何与至高无上的皇权关联起来的？诸如此类的问题，只有在政务运行机制的研究视角下才能求得真切的解决，忽略了流程和机制，仅从思想史和法制史的层面无法求得透彻的理解。即如王瑞来所说皇帝、权臣、士大夫之间的权力制衡关系，也需要从政务运行机制中去寻求真相。中国古代的法律没有一条是限制皇帝的，与皇帝有关的都是维护皇帝的权威。过去普遍认为皇权受到的限制都是一些不成文法，例如谥法、皇帝不得亲观国史、谏官制度，最后的限制是上天示警，垂象示诫。这些都是弹性的。对于如何规避坏皇帝的风险，中国古代并没有刚性的制度和法律。或者说，许多制度都是皇帝在做错了事情之后才制定出来的。理性的皇帝能够不断反思，总结教训，进而制定相应的制度和法律。如唐太宗在一怒之下杀了本不该杀的司法官员张蕴古之后，制定了三覆奏、五覆奏的制度。虽然那些不成文的礼法和明文的制度对皇权的制约并非完全虚设，但是这些制度都是弹性的。而体现在政务运行机制之中的制约却是切实的。只有发掘这个意义上的制约，对中国古代的政体和国家形态才有可能获得真切的认识。

其次要关注和回应体制背景下的职官制度问题。政务运行机制的切入点主要是皇帝和官府处理的事务，但是不能就事务谈事务，研究事务的目的还是研究权力，权力就必须落实到职官。可以说，政务运行机制的研究，是为了从一个更有效的角度来研究君臣之间以及不同机构之间责任与权力的分配问题，最终要落实到具有体制性特征的职官制度而不是单个的官职。从中央体制来说，如秦汉的三公九卿制、隋唐的三省六部制、中唐以后至北宋的中书门下制、北宋元丰改制以后事实上的一省制、明清时期六部直接面对皇帝的制度等等；从地方体制来说，二级制与三级制的交替演进、不同层级的核心职掌以及“皇权不下县”的论断是否成立等问题，都需要在政务处理机制的研究视野中进行充实，提炼出切实的概念，以避免仅仅依靠罗列职官及其职掌的简单化陈述。职官制度和律令制度都是政治制度史研究中的传统话题，把这两个方面与职官所掌事任结合起来，回应的还是老话题，呈现出来的问题空间却要广阔得多。

其中有一个重要的论域，就是对事务（事任）的分类以及建立在此基础上的责任与权力的配置问题。一方面，隋唐之际尚书六部体制的确立，其背后是对国家政务的分类基本定型。无论是唐宋时期的使职差遣，还是明清时期废丞相设内阁，都未能改变六部分类管理政务的模式。另一方面，从汉代政务运行中“如律令”和“便宜从事”的配合与互补(如邢义田指出的)，唐代政务运行中区分“大事”与“小事”，到宋代政务运行中区分“有法式事”和“无法式事”，体现出君臣之间尤其君主与宰相之间责任与权力配置不断制度化的进程。与此同时，还要关注国家政务范围的发展变化。韦伯提出，官僚化的基础就是行政任务的量化扩展以及行政技术由于文化、经济和技术发展的影响而带来的强度和质的发展。他强调，文明的复杂也会产生越来越大的行政需求，而军事和公共财政是官僚机器运作和发展的重要领域[①]。这些观点对于从政务运行机制研究中国古代的政治制度史都具有重要的启发。

最后要关注和回应官僚体制和政治秩序的发展变化问题。要定位官僚体制的变化，不能仅通过职官和机构名称的变化，还需要探讨运行机制的变化。政务运行机制研究，更加关注不同层面权力行使方式的变化，从具体的文书体式以及文书申奏与裁决机制的变化到宏观的政治体制的变迁。中国古代的政治体制经历着怎样的演进过程，如何界定不同阶段的体制特征以及如何解释中国古代政治体制的演进，通过政务运行机制研究的深入，这些问题都有望得到进一步的解决。

“二千年之政皆秦政也”，专制主义中央集权的政体在原则上一直没有改变。但是，不能因此忽略甚至否定中国古代政治体制的变化。这种变化更多地体现在国家政务的管理及其运行机制方面。政治体制的变化模式，总体上可以概括为两种：一种是政治家的立法创制；一种是在适应统治形势变化过程中发生的日积月累式的变迁，笔者借用制度经济学的概念，称之为政治体制的“成长性变革”[②]。美国学者福山在《大分裂——人类本性与社会秩序的重建》（刘榜离等译，中国社会科学出版社，2002 年）一书中，提出“建构性社会秩序”和“自发性社会秩序”的融合[③]，这个理论范式也可以用来解释中国古代政治体制的演进。不断演进中的中国帝制时代的政治体制，既有建构性的，也就是所谓的立法创制，也

---

① 马克斯·韦伯. 经济与社会，1108-1112.

② 刘后滨.（中国古代）政治体制的成长性变革//纪宝成. 中国古代治国要论. 北京：中国人民大学出版社，2004：505-507.

③ 王国伟. 建构性社会秩序与自发性社会秩序的融合——弗朗西斯·福山的社会秩序观述评. 新疆社科论坛，2010（4）：81-84.

有自发性的，是制度在运行过程中日积月累发生的成长性变革。这种自发性、成长性的变革，毫无疑问更多地体现在政务运行机制的变化之中。这方面的研究，需要打通断代，总结不同时代的机制变化及其内在发展逻辑，要关注社会构造和国家统治形势的变化，要注重地方实际政务运行过程中产生的新机制及其对政治体制的影响。

附记：本文原刊《史学月刊》2012 年第 8 期，收录于本书时，对个别字词做了校改。

二、古文书学与唐宋政治史研究

“政务运行”是近年来中国古代政治制度史，尤其是唐宋制度史研究中被越来越多地运用的一个概念，或者说是一种研究视角[①]。相当长一段时间以来，政治制度史研究侧重的是职官制度或者说官制史。随着研究的积累和认识的深化，政治制度史的研究逐渐转型。从政务运行的角度来考察中国古代的国家治理、政府管理及各级官府事务的处理机制等，已经取得了一定的进展，并受到史学界越来越多的关注。在唐宋时期政治制度史的研究中，围绕政务运行机制所做的探讨，是贯通唐宋史研究的一个重要尝试，也将对整个中国古代政治制度史的研究产生影响。

---

① 游自勇．动态的政治制度史——评刘后滨《唐代中书门下体制研究》//荣新江．唐研究：第 13 卷．北京：北京大学出版社，2007：583－594；张国刚．改革开放以来唐史研究若干热点问题述评．史学月刊，2009（1）：5－29．

政务运行机制的研究，以政务文书为基础史料。政务文书是笔者基于现代学术语境并结合中国古代国家体制特征而提出的一个研究术语，以涵盖皇帝和官府职权行使过程中所依托及所需要的各种文书。这里的政务，不是指近代西方三权分立背景下的行政事务，而是国家或官府事务的总称，政务等同于国家和官府事务。政务文书就是指皇帝和各级官府处理各种事务的文书以及围绕官府事务的处理而产生的百姓呈于官府的文书①。

中国古代的政务文书，是随着文书行政的发展而产生和丰富起来的。最晚从秦朝开始，皇帝、宰相、百官和各级官府之间的政务往还，以及官府与百姓之间的各种信息传递，都是要通过文书的。但是，政务文书没有也不可能作为档案完整地保存下来，即使是皇帝的命令文书，制度中有存档的严格规定，同样没有留存下来。除了清朝皇帝的朱批谕旨是原始档案之外，其他朝代的皇帝命令文书或荡然无存，或只是保留在编纂的诏令集之中，只有少量的还能从出土文书及石刻史料中窥其一端。至于各级官府处理日常政务的文书，绝大部分是不能作为文章编进文人官僚们的文集中去的，具有原始档案性质的文书就少之又少了。所幸出土简牍上保留了为数不少的战国秦汉时期文书，在敦煌洞窟和吐鲁番等西部干旱地区墓葬中出土了相当数量的纸质文书。所以，我们今天还能够看到秦汉时期和唐代的具有档案性质的政务文书。这些文书大部分是当时实际行用的，是最原始的档案。也有一些是作为抄本保留下来的，如吐鲁番文书中的一部分告身文书。不过，这些抄

① 刘后滨．汉唐政治制度史中政务运行机制研究述评．史学月刊，2012（8）：97-107.

本也很大程度上保留了文书的原始性。秦汉史和唐史领域依托出土文书进行的研究最为可观，无疑是由考古材料所决定的。出土汉唐政务文书的整理与研究，构成了简牍学（简帛学）和敦煌学、吐鲁番学的重要内容，也对汉唐时期的文书制度和相对稀缺的关键史料的理解有所推进[①]。从这个角度看，汉唐史研究具有很大的互通性，日本学者大庭脩的研究是这方面的代表，他著有《秦汉法制史研究》和《唐告身的古文书学的研究》[②]。古文书学在日本已经成了一个相对成熟的领域，近如富谷至《文书行政的汉帝国》[③] 和中村裕一系列著作[④]，就产生了很大的影响。如何从以关注文书体式、文书制度为中心的古文书学，延伸到以关注政务运行为中心的政治制度史（不仅仅是法制史和官制史）研究，学术界已经做出了很大的努力，并取得了可喜的成绩。

进入21世纪以后，随着考古学的发展，唐宋时期出土文书不断整理刊布，对于政务文书的研究具有很大的推动。例

---

① 例如，蔡邕《独断》中关于汉代政务文书分类及其应用场合的记载，是研究汉代文书制度的支撑性史料，大庭脩、邢义田、卜宪群、汪桂海等人都有所征引，进行了大体相同的释读，笔者根据出土汉代政务文书的具体形态对其中关于“诏书”的一段进行了重新释读，与上述诸位的释读有所不同。在前引《汉唐政治制度史中政务运行机制研究述评》一文中，笔者还感慨这个释读没有引起秦汉史研究者的重视，指出“这段文字涉及汉代政务文书的基本形态及政务运行的基本流程，如何断句不是一个简单的文献考订问题，相关讨论希望能够引起秦汉史专家的重视，并结合出土档案文献加以厘清”。最近读到马怡研究员《汉代诏书之三品》（北京大学中国古代史研究中心．田余庆先生九十华诞颂寿论文集．北京：中华书局，2014：65－83），发现这个释读终于得到了简牍学和秦汉史研究专家的承认和采用。

② 大庭脩．秦汉法制史研究；唐告身の古文書學的研究//西域文化研究所．西域文化研究第三．东京：法藏馆，1960.

③ 富谷至．文书行政的汉帝国．刘恒武，孔李波，译．南京：江苏人民出版社，2013.

④ 中村裕一系列著作包括：唐代制勅研究．东京：汲古书院，1991；唐代官文書研究．京都：中文出版社，1991；隋唐王言の研究．东京：汲古书院，1993；唐代公文書研究．东京：汲古书院，1996；唐令逸文の研究．东京：汲古书院，2005。

如，由荣新江、李肖、孟宪实主编的《新获吐鲁番出土文献》（中华书局，2008年）的出版，就为北朝史和唐史的研究提供了全新的资料，以此为基础的相关研究成果不断呈现。而由包伟民、郑嘉励主编的《武义南宋徐谓礼文书》（中华书局，2012年）的出版，标志着具有档案性质的宋代行政文书首次出现。徐谓礼文书共有十五卷，包括“录白告身”两卷、“录白敕黄”一卷、“录白印纸”十二卷。所谓录白，原本是指官方指定书铺对文书原件的摹写。徐谓礼文书没有书铺的印记，故不是正规的录白，而是其本人（也可能是其后人）根据付身文书进行的摹写，但也基本保留了文书的原貌，可视为原始档案的副本。这些文书是以徐谓礼个人任官经历为中心的政务文书，包括官阶迁转、差遣任命以及考核等环节上应用的各种文书。该书出版后，立即引起了唐宋史学界的高度关注。而且，由于近年来唐宋史学界的密切合作而产生了许多共同的话题，使得有关徐谓礼文书的研究，能够直接承续此前汉唐政务文书的研究积累，研究起点很高，一开始就对接到政务运行的问题上来①。

政务文书作为一种具有档案性质的原始史料，其保存下来具有很大的偶然性和随机性，其涉及的内容多是地域性和局部性的，或者反映的是某一个环节或某一个层级的政务。政务文书本身往往无法反映出某一时期从中央到地方和基层的完整的政务运行机制。例如，吐鲁番文书大体反映的是唐

① 徐聪．解析宋代文书，探讨政务运行——《徐谓礼文书》与宋代政务运行研究学术研讨会综述．中国人民大学学报，2014（1）：156．具体研究可参看邓小南．再谈宋代的印纸历子//国学研究：第32卷．北京：北京大学出版社，2013；王杨梅．徐谓礼告身的类型与文书形式——浙江武义新出土南宋文书研究．浙江社会科学，2013（11）：121-126。其他相关论文，不烦备举。

代西州及所属县司、乡里的部分政务运行情况①。徐谓礼文书是一个官员付身文书的副本，反映的是官员选任、迁转、考课方面的政务，而且只是一个中下级的地方官员仕宦经历涉及的相关政务。这些文书对于其所处时期的国家政务运行机制研究是否具有全局性的意义呢？如果缺少全局性的制度史关怀，就很有可能陷入有深度却是细碎化的研究境地②。不过，所谓细碎化或者碎片化，对于突破一些僵化的理论框架和大而无当的叙述模式，具有重要的学术史意义，是学术发展到一定时候难以避免的情况。就唐宋时期的历史研究而言，对于出土政务文书的深入研究，已经在很大程度上突破了以往关于政治制度包括文书制度的一些笼统叙述。更宏阔的足以描述一个特定时期或者一个时段整体制度变迁的概念或者术语，也正在呼之欲出。许多从事唐宋政务文书和政务运行研究的学者都在精细研究的同时，审慎地探索着制度史叙事结构和概念体系的重建。

可以预见的是，政务文书的研究取向将更多地转向整体的政务运行机制研究。但是，不能说政务文书本身的研究已经十分充分了。如敦煌吐鲁番文书虽已经中国和日本几代学者（包括一些西方学者）精耕细作，而随着研究视角的转换，

① 李方. 唐西州行政体制考论. 哈尔滨：黑龙江教育出版社，2002. 刘后滨书评见《唐研究》第9卷（北京大学出版社，2003：556－562）。又见：李方. 唐西州官僚政治制度研究. 哈尔滨：黑龙江教育出版社，2013。

② 这种情况已经引起学术界的警觉，《史学月刊》2011年第5期集中刊发了一组“三十年秦汉史研究的理论反思”笔谈，其中彭卫、王彦辉、龚留柱等人的文章，都呼吁克服碎片化的局限，加强理论建设。彭卫在《21世纪初的中国古代史研究》（浙江大学学报（人文社会科学版），2014（1)：64－75）一文中进一步指出，新资料的刊布和利用，带来了相关研究的深化和古代历史的重建，但同时也存在缺乏问题意识、研究工作立意有限的情形。

许多问题还有待重新认识，包括一些文书的定名和性质、文物形态的界定等。尤其是对于文书所处政务运行的环节，需要有更加清晰的梳理。某件文书是由官府受理的各种事由材料及初步处理意见所构成的案由文书，或是汇总材料后、押判和勾检程式完整的行判文书（一般由当处存档），还是需要重新抄写后送付到相关官司或个人的送付文书，都有必要进行甄别①。已经有学者注意到这样的研究思路②，但系统的研究还有待展开。

鉴于政务运行机制的研究特别注重流程与环节，对作为基础史料的政务文书就提出了新的要求，即需要复原文书的原始流程及其所处政务的环节，而且需要找到更多的不同环节上的文书。由于有了出土政务文书作为参照，可知在大量的传世文献和碑刻史料中也保留了许多政务文书及其构成元素。不过，要从分散在各种文献之中的数量庞大的文书中，将那些政务文书分门别类地编排和整理，却是一件非常繁杂的工作。经过整理的较为完整的政务文书汇编，是政务运行机制研究中的基础性工作。

总之，从政务运行机制研究的史料基础来说，政务文书是不可或缺的。在政务文书上，才能看到制度的实际运作，了解政务运行的流程与环节。但是，文书不能构成政务运行机制研究的全部史料，律令是更加关键和核心的史料。

---

① 例如，日本宁乐美术馆藏吐鲁番文书中的第4件，本人初步判定为唐开元二年（714）西州蒲昌府处理官马饲养人员失职的文书，同一件文书有两个不同的文本，其中一件当为蒲昌府的行判文书，另外一件则是重抄的付送文书。已有研究中对此件文书的定名和性质的认识似乎都欠准确。此件文书的图版和录文见：陈国灿，刘永增．日本宁乐美术馆藏吐鲁番文书．北京：文物出版社，1997：32-34。

② 赵璐璐．唐代县级政务运行机制研究．北京：清华大学博士学位论文，2011.

唐代国家政务运行过程中，至少在唐前期，各级官员都是按照令文的规定来处理政务的。《唐六典》卷六“刑部郎中之职”条载，“凡律以正刑定罪，令以设范立制，格以禁违正邪，式以轨物程事”。用以“设范立制”的令，完全按照国家政务的类别，规定了各类政务的处理规定和裁决机制。可以说，令文对于国家政务各个方面的规定是具体而详备的。虽然唐代完整的令文今已不存，但许多文献中引用了唐令，而且古代日本的令和宋朝某些时候修订的令是以唐令为蓝本的，尤其是北宋天圣年间修订的《天圣令》，还将宋代不再行用的唐令原文附载下来。这就为唐令的复原提供了可能。这项研究已经在学者的共同努力下取得了可喜的成绩。相对于日本学者在《唐令拾遗》和《唐令拾遗补》中复原的唐令，《天圣令》中所保留的唐令被认为是唐令的原文，具有原始资料的价值，而且其残存的部分比《唐令拾遗补》相关篇目复原出的令文要多出许多。尽管只是残卷，但残存的十二篇《令》尤其为经济制度和一些社会制度的研究提供了许多前所未见的新材料[①]。《天圣令》残卷的发现和整理刊布，对于唐代政务运行机制的研究来说，实际上就在传世的编撰史料和敦煌、吐鲁番出土的档案文献之间，架起了会通相关史料的桥梁。如果仅仅依据“以令式分入六司”编撰而成的《唐六典》来串联零散的出土档案文献，国家政务尤其是对于地方和基层政务来说，运行中的一些具体环节和程式，是无法复原的。而在《天圣令》相关规定的基础上，对于一些以往较少关注或泛泛而论的问题，探讨的深度和细节性已有很

① 戴建国. 天一阁藏明抄本《官品令》考. 历史研究，1999 (3)：71-86；黄正建. 天一阁藏《天圣令（附唐令)》的发现与整理. 中国社会科学院院报，2006-11-09 (3).

大改观[①]。需要注意的是，实际的行政运作是千差万别的，文书上的程序不可能与制度的规定完全对应。其中的不相吻合之处，值得关注，能够反映出社会的实际情况。

政务运行机制研究的基本问题，可以从三个层面来考虑：一是通过文书并结合律令的规定，复原政务处理程序，进而了解政务运行过程中的权力结构；二是通过政务文书与律令的结合，复原国家治理的实体制度（如户籍、土地、赋役、财务、官员选任考核等）及国家治理的具体方式；三是从文书体式的变化来探讨制度演变的方向与轨迹，并从相关史料中找到制度变化的节点。在此基础上，可以就有关君相关系、州县政务地位、乡里行政职能、军府与州县政务关系等基本问题进一步深入探讨，并得出一些关于唐宋国家治理体制及其运行机制的基本认识。

附记：本文原刊《历史研究》2014 年第 6 期。收录于本书时，将发表稿所删除若干文字补入。

三、分化与重组：制度史视野下的唐宋单元

在对中国历史的研究中，人们往往选取两个相邻的朝代

---

① 刘后滨.《天圣令》与唐宋史研究问题空间的拓展. 中国社会科学院院报，2008-09-04（3）；大津透. 日唐律令比較研究の新段階. 东京：山川出版社，2008；黄正建. 天圣令与唐宋制度研究. 北京：中国社会科学出版社，2011；赵晶.《天圣令》与唐宋法典研究//徐世虹. 中国古代法律文献研究：第五辑. 北京：社会科学文献出版社，2012；赵晶.《天圣令》与唐宋史研究. 南京大学法律评论，2012（1）：37-58.

作为一个单元，例如秦汉、汉魏、魏晋、隋唐、唐宋、宋元、元明、明清。除了相邻的朝代，有时候还可以设定跨度大一些的单元，例如秦汉魏晋南北朝、六朝隋唐、宋元明、元明清等等。这种设定时代单元的研究取向，不仅仅是时间上的连贯性使然，每一个单元的划分，背后都体现了某种特有的研究视角和切入点。以六朝隋唐为单元的研究，关注的核心是贵族体制问题①。以宋元明为单元的研究，关注的则主要是元朝统治对中国历史的影响问题②。唐与宋之间还包括五代十国半个世纪的存续，时间上并不具有连贯性，不能完全视为相邻的两个朝代。之所以将其作为一个研究单元，所注重的研究视角和切入点是唐宋之间国家政务与政治体制的分化与重组。

由唐到宋，国家政务与政治体制发生了一些重大的变化与转型，学界关于唐宋变革的研究已经揭示了其中的许多面向③。不过，随着近年来唐宋史学界互相呼应及研究的深化，其间还有不少问题有待进一步总结。笔者研究所得及目力所及，有如下数端：一是由于使职差遣与本官的分离而导致官员选任、考课、俸禄管理等方面政务的分化，磨勘转官与注授差遣形成了两条途径，相关的政务运行机制和政务文书形

---

① 牟发松．内藤湖南和陈寅恪的“六朝隋唐论”试析．史学理论研究，2002（3）：62-74，后收入于氏著汉唐历史变迁中的社会与国家．上海：上海人民出版社，2011。

② Smith，Paul Jakov and Richard von Glahn，ed. The Song-Yuan-Ming Transition in Chinese History，Harvard University Asia Center，2003. 又：任增强．美国学界蒙元史研究模式及文献举隅．北方民族大学学报（哲学社会科学版），2012（3）：17-20。

③ 刘后滨．政治制度史视野下的唐宋变革．河南师范大学学报（哲学社会科学版），2006（2）：6-9；王化雨．唐宋变革与政治制度史研究．中国史研究，2010（1）：31-36.

态都产生了分化①。二是中枢层面中书门下和枢密院的并立，以及三省制在名义上的存在，导致中枢决策机制中决策、造令与行令机制的分离，以及相关政务文书的分化②。三是由于地方官府政务范围的扩大及其职权行使方式、政务管理机制的变化，以及中央管理地方模式的变化等，导致地方官系统中亲民官与厘务官的分离，州府属官中巡检官与监当官的增设，以及地方政务系统的分化③。以上三个方面都是宋代相对于唐代制度来说发生的重大分化，标志着国家行政体制和政务运行机制的重大变革。这个分化的进程始于唐代中后期，经五代十国的发展演进，到北宋前期全面呈现出来。北宋前期的制度格局，基本是处于这个大分化进程的爆发期，许多方面的体制和机制问题都还没有理出清晰的、条理化的整合路径。尽管整合的努力一直存在，以实正名、循名责实的呼声不断出现，但是直到元丰改制之前，都没有什么实际的进展。即使是元丰改制，虽说是针对晚唐五代以来制度大分化的一次整合和重组，也只是在某种程度上正名，而不可能恢复到其理念上的、以重新构建的唐代制度为蓝本的体系中去。不过，经过元丰改制的建构与整合之后，中国帝制时代的政

---

① 邓小南. 北宋文官磨勘制度初探. 历史研究，1986（6）：117-129；邓小南. 再谈宋代的印纸历子//国学研究：第32卷. 北京：北京大学出版社，2014.

② 李全德. 从堂帖到省札——略论唐宋时期宰相处理政务的文书之演变. 北京大学学报（哲学社会科学版），2012（2）：106-116；刘后滨. 唐宋间三省在政务运行中角色与地位的演变. 中国人民大学学报，2011（1）：9-14；刘后滨. “正名”与“正实”——从元丰改制看宋人的三省制理念. 北京大学学报（哲学社会科学版），2011（2）：122-130.

③ 苗书梅. 宋代州级属官体制初探. 中国史研究，2002（3）：111-126；陈志坚. 唐代州郡制度研究. 上海：上海古籍出版社，2005；夏炎. 唐代州级官府与地域社会. 天津：天津古籍出版社，2010；赵璐璐. 唐代县级政务运行机制研究. 北京：清华大学博士学位论文，2011. 这方面的相关研究众多，不烦赘引。

治体制与政务运行机制呈现出新的有序化演变进程。

北宋前期国家政务与政治体制的大分化，在政治文化上带来了明显的惩唐末五代之弊、恢复唐前期制度框架和模式的倾向。这种倾向导致宋人对唐代制度产生了新的理解和建构，并借以对本朝制度进行改造。今人对唐代制度的许多理解，都来自宋人的理解和建构，例如对于三省制运行机制和公文程式的理解，对于唐代选官制度中“凡官，不历州县者不拟台省”规定的理解，很大程度上都受到宋祁、欧阳修、司马光等宋代诸公论述的影响。宋人对唐代制度的论述，无疑是站在其当时的立场和现实环境去理解的，不可避免地有一些不够准确之处。要厘清唐代制度的真实情况，就不能被宋人的表述所遮蔽，但是也无法绕过宋人的理解和记载。

我们在注意到宋人对唐代制度理解有偏差的同时，也不可过于夸大这种偏差。一方面，宋人的理解有唐代文献作为依据，且并非机械搬用这些唐代文献，他们是在当时的政治文化格局中对其再利用，因而宋人的唐史叙述与评论与宋代政风有很强的关联。另一方面，中唐以后对本朝制度的议论正是宋代讨论、理解并重构唐制的基础，中唐之后对包括三省在内的唐前期制度的思考和重建的议论，与宋人思考本朝制度有一些基本的一致性。这就是唐宋政治文化和制度的“常量”，常量的存在，使唐宋的沟通与连接成为可能。我们在讨论唐宋制度变迁和分化的同时，需加强对两代在政治文化上继承关系的认识，而不是一味强调唐宋变革的所谓“变量”。

具体说来，我们在思考将唐宋作为一个整体研究单元的时候，需要仔细考察以下问题：在宋人对唐代历史的表述中，其思考本朝制度和政策时对唐代的总结所具有的“当代思维”，与唐代传统在当时的持续作用如何区分？宋人建构出了唐代的某些特征，成为后人理解唐代的重要概念，而宋人所做的归纳、概念化与想象，并非完全没有考虑到唐代的真实状况。以宋祁、欧阳修编撰的《新唐书》为例，它对唐代历史的某些概括，比《旧唐书》更具归纳性。例如对中唐以降宦官政治的表述，特别记录了很多权阉的籍贯，且点出宦官来源“闽、岭最多，……当时谓闽为中官区薮”[①]，这是《旧唐书》所没有的。后来赵翼也据此提出“唐宦官多闽广人”[②]，进一步明确了这种地域特征。到陈寅恪写作《唐代政治史述论稿》，又以此为论据，考察中唐以后中枢政治的党派分野与掌权者的种族与文化特征，遂形成对唐代历史的一种学术化认识[③]。此后学者在此基础上有修正、有质疑，但大体框架仍不离《新唐书》所述，这种情形正体现了宋人对唐代历史的概括对后世的影响。而宋人为何对宦官的籍贯问题如此敏感？这或许与宋人对郡望与籍贯的敏感程度有关。这种对闽中、岭南多出权阉的归纳又与宋祁、欧阳修对政治的思考有关。北宋前期地域化的士人群体与朝臣政治主张的地域性特点，一定程度上对《新唐书》的这种地域敏感产生了影响。这些问题，似乎都未被唐史学界充分重视，因而对于宦官籍贯与

---

① 新唐书：卷二〇七，5870.

② 赵翼. 廿二史札记校证（订补本）. 王树民，校证. 北京：中华书局，1984：429.

③ 陈寅恪. 唐代政治史述论稿：卷上“统治阶级之氏族及其升降”. 北京：三联书店，2009：209. 又，该书中篇“政治革命及党派分野”论及宦官与外朝党争、国策制定与皇帝废立之关系，正是在上篇对宦官集团地域性与种族特点界说的基础上所做的展开。

中枢政治的讨论，还停留在对赵翼、陈寅恪观点的史料举证层面。如果唐史学者能进入《新唐书》的历史世界（借用余英时的说法），将对《新唐书》产生影响的诸种政治、文化因素带入自己的视野，可能对唐史研究，特别是史料的反思与理论框架的建构，产生令人意想不到的推进。

然而，这只是这个问题的一面，另一面则是，《新唐书》用以概括唐代宦官籍贯的材料由何而来？特别是上面提到的宦官之籍贯“闽、岭最多”，显然不是出自宋人的发明，在唐人笔记《玉泉子》中就曾有几乎一模一样的记载。但《玉泉子》叙述宦官籍贯是“闽为首”，到《新唐书》所述“闽、岭最多”，显然既有文献采录上的继承，又有欧阳修、宋祁基于搜集到的文献资料所做的修正。简言之，唐人著述，特别是中唐以后的笔记材料，为宋人提供了著史的素材和论史的资源，宋人不单将这些素材纂录成书，而且还以其他文献证之改之，并由此归纳出对唐代历史的通观之见。由此看来，也不能过分夸大宋人的“时代意见”，其对唐代历史的概括性说法应有唐代文献为据，只不过宋人所见唐代文献今多已不存，故成悬案。如《杨太真外传》与《南部新书》中所记杨妃以寿王妃入道之年，我们就寻不得唐人记载之出处①，又如宋敏求在《春明退朝录》中所述唐代宰相制度以太清宫使、弘文

① 关于杨妃入道之年，陈垣与陈寅恪各自有过考证，均定其入道之时为开元二十九年，陈垣以《杨太真外传》为可信之史源，见：陈智超. 陈垣史源学杂文（增订本）. 北京：三联书店，2007：94－97。陈寅恪除引《杨太真外传》，又引《南部新书》为证，见氏著元白诗笺证稿. 北京：三联书店，2009：13－20。但《杨太真外传》与《南部新书》之说本于何书则未可考定，梁太济《南部新书溯源笺证》“杨妃本寿王妃”条（上海：中西书局，2013：375）亦仅引《杨太真外传》之语为证，可见其更早之史源难寻，仅能以北宋时他书之说做笺证，而无法溯源。

馆大学士、监修国史、集贤殿大学士之衔为序[①]，言之凿凿但也难寻史源。这些史源已湮灭的对唐代历史的描述，有些过于离奇，有些似是而非，恐怕并非宋人之妄，而是其史源的真实性与时代性值得商榷。

即使是宋人对唐代三省制的概括，除去宋人欲改变当时体制，故创造出“理想”的三省制模型这种情形，中唐以后再建三省体制的议论也是宋人理念形成的依据。自中唐起，欲恢复唐前期三省制的动议屡起，而当时人所论三省，与唐前期的三省固非一物，这种议论历经五代离乱，宋人见之便以为是真正的三省状况，应也在情理之中。这样说来，唐人在议论时政时对本朝制度的理想化归纳，影响了宋人的思路，而宋人的理解又影响了后代对唐代的认识。所以我们在考察宋人之说时，应将唐人的非事实性论述与宋人的时代意见与史实全部剥离，这一步是史料学的工作；而在考察宋代的政治文化与制度设计时，唐人特别是中唐以后对本朝的议论产生的作用正是一个关键的存在，事实上这种因素很可能正是沟通唐宋的关键所在，这一步的考察则是制度史、政治学研究的关键。唐人的这些评述、议论，为变革时政而发，一定程度上也影响了唐代的政治实践，又为宋人关注并部分吸取，从而成为宋人认知系统中重要的知识与政治上重要的资源。其之所以在唐宋两代都能被认可并发挥作用，应该就是这些意见里包含了一些有关制度设计与权力行使的“常量”。这种“常量”，与学界在讨论“唐宋变革”时所重视的“变量”在分量上的差别极大，“变量”描述的只是从唐到宋在历史现象

① 宋敏求．春明退朝录：卷上，12.

上的位移及其背后的动因，而“常量”则是唐宋之间历史运动的基本轨迹与框架性特征。变量的存在，并不能决定唐宋在权力、制度与社会诸层面的整体跃迁，而对常量的认识，则能将唐大历以后至北宋时期各种基本的历史元素纳入一个可观测的系统，一个可描述、可定义的轨道。如果充分重视并描述“常量”的特点，那么历来唐宋史学界都比较关注的问题，比如中唐以后的中枢政治体制、地方管理体制、财税体制，宋代的“祖宗之法”等，应该都能获得贯通性的解释。

综括言之，宋人对唐代制度的理解，是宋代制度建设背后的重要理念。犹如律令在宋代政治社会中的作用已经不是很重要了，但是宋代还是以唐律为蓝本编修《宋刑统》，以唐令为蓝本编修《天圣令》。唐宋之间历史的许多层面，无论是连续还是转折，唐代都是重要的前提和发轫，到宋代才能找到落脚点。研究唐代制度的人，往往希望到宋代去找落脚点，大概不仅是时间上的连贯性使然——因为制度演进的落脚点不一定就在紧接其后的一个历史时期，而且宋代与唐代之间还隔着半个世纪的五代乱离时期——而是由于宋人对唐制的一种基于唐代文献和唐人政论基础上的深切关怀和着意构建。

这种关怀和构建同样深刻地影响着宋代的政治社会。唐代制度除了一定程度上构成宋制之源，还因其很大程度上作为宋制的“母本”或“蓝本”，对于理解宋制是一个非常重要而关键的参照。由于北宋前期的制度总体处于大分化的时期，分化前提下的政治实践与理想中的制度构建之间，存在着大量的错综复杂的交织之处，宋代制度在文献记载或文本表述中显得杂乱烦冗。即如职官制度就被称为“叠床架屋”，官职差遣分离，官员选任和考课制度等因此呈现出多线条、多渠道，治宋代制度史历来被视为畏途。通过宋人对唐代制度的理解，借助其对唐代制度的言说，很大程度上可以帮助我们加深对宋制的理解。况且，唐代制度作为宋制的母体，其分化或者说精细化和复杂化的程度远不如宋代，加上唐人自身对其时的制度进行过高度条理化和系统化的总结，形成了《大唐六典》和《大唐开元礼》等制礼作乐的新典范，我们今天对唐代各方面的体制和机制问题理解起来相对有头绪一些。所以说，唐代制度对于宋制来说是一个不可或缺的参照。

从史料的繁寡详略来说，唐宋之间同样具有相互支持的意义。由于唐宋制度作为出发点与落脚点所具有的高度关联性，寡少简略但被整理得极富条理的唐代史料有助于我们从烦冗杂乱的宋代史料中找到主线和内在逻辑关系，而繁富详尽的宋代史料所揭示的制度分化之后的大量细节和流程，可以帮助我们找出许多唐代的问题，激活和加深对唐代制度的理解，拓展唐代制度研究的问题空间。总之，理解唐代制度绕不过宋人，同时要厘清宋代的制度，从宋人如何总结和建构唐代制度入手，也是一个很好的切入点。

附记：本文原刊《唐宋历史评论》第一辑，社会科学文献出版社，2015 年。

四、文书、信息与权力：唐代中枢政务运行机制研究反思

帝制中国各级官员的权力，本质上来源于皇帝的授予，

程序上要落实到文书的传递与信息的流通环节之中。政治运作中传递信息的文书不一定都是政务文书，但是围绕皇帝而传递的文书都承载着配置权力的功能。对于皇帝来说，他所获得的信息都是经过层层过滤的。对于参与中枢决策的官员来说，是否能够将信息送到皇帝手中，决定着是否能够在最高决策中发挥作用，是否在中枢政治运作中获得权力。通过宰相机关和制度规定的通进渠道而呈递的信息，进入的是公开决策的流程，相比于绕过宰相的“进封事”等渠道而直接呈递皇帝的信息，其实际作用往往大打折扣。如何将信息送达皇帝本人，“上达天听”，是参与中枢决策各级官员在政治运作中极为重视之事。中国古代历史上许多的政治斗争和制度调整，皆围绕这一点展开，唐代亦不例外。

本文将在综述学界有关唐代政务文书研究的基础上，对围绕文书传递与信息流通而形成的权力运作情形，做出概要分析和反思。限于篇幅，基层及地方政务的研究当另撰文评述，本文的考察和反思仅以唐代中枢政务运行为中心。

（一）认识政务文书的环节性形态与相关资料的发掘

唐代政务文书新资料的发现与整理刊布，有关中枢政务的极少，主要集中在地方和基层政务方面。这是由于唐代的文书都书写在纸张上，而只在敦煌藏经洞和吐鲁番等新疆干旱地区的墓葬中有所保存。尤其是吐鲁番文书，不断有新的发现，并在已有研究积累的基础上，获得许多新知。例如，荣新江、李肖、孟宪实主编《新获吐鲁番出土文献》（中华书局，2008 年）及《新获吐鲁番出土文献研究论集》（中国人民大学出版社，2010 年）是一个阶段集大成之作。此外，中央民族大学2010年征集到13件吐鲁番文书，已经引起研究者的重视。据张铭心介绍，这些文书是盗墓者发现的，是唐代开元年间吐鲁番交河县盐城官民使用的文书。这组文书的关联性很强，且与以往出土吐鲁番文书没有直接关联，推测是盐城所属也木什古墓群出土的第一批文书[①]。荣新江主编《唐研究》第22卷（北京大学出版社，2016年）为“从高昌到奈良——丝绸之路上的写本专号”，发表了多篇与唐代政务文书和政务运行相关的论文。雷闻《隋唐的乡官与老人——从大谷文书4026〈唐西州老人、乡官名簿〉说起》、游自勇《唐西州“张无价”文书新考》等，对于早已刊布和经众多学者研究的一些出土政务文书提出了新的看法，其在文书解读方面的推进，值得借鉴。旅顺博物馆、北京大学中国古代史研究中心、中国人民大学国学院合作的“旅顺博物馆藏新疆出土汉文文书整理与研究”课题组成员的相关阶段性研究成果，具有公布新资料的价值[②]；刘子凡《杏雨书屋藏唐蒲昌府文书研究》，在荣新江确认两件散见的唐西州蒲昌府文书基础上[③]，对唐代折冲府政务运行问题进行了研究，亦属针对新资料的最新研究。出土文献资料整理与研究的这些成果，对于

---

① 张铭心，凌妙丹．中央民族大学收藏吐鲁番出土文书初探．中央民族大学学报（哲学社会科学版），2013（6）：115-121．张荣强指出，其中有一件是交河县要求盐城民众在指定日期接受县令貌阅的帖文，是目前所见唯一的唐代貌阅官方文书（张荣强，张慧芬．新疆吐鲁番新出唐代貌阅文书．文物，2016（6）：80-89）。

② 分别是：陈烨轩．新发现旅顺博物馆藏法制文书考释：兼论唐律在西州诉讼和断狱中的运用；徐维焱．旅顺博物馆藏《刘子》残片的新发现及《刘子》在西域的流传//荣新江．唐研究：第22卷．北京：北京大学出版社，2016。关于旅顺博物馆所藏文书的整理，还可参看郭富纯，王振芬．旅顺博物馆藏西域文书研究．沈阳：万卷出版公司，2007。

③ 荣新江．日本散藏吐鲁番文献知见录．浙江大学学报（人文社会科学版），2016（4）：18-26.

唐代地方与基层官司政务运行研究的推进有重要贡献，此不赘述①。需要指出的是，随着出土文书整理和研究成果的不断积累，对这些文献的利用也不断加深，针对出土文书中具有档案性质的政务文书所做的整体综合性研究业已展开。例如，冻国栋针对日本大谷探险队20世纪初从新疆库车掠走的一件残文书，着重研究了作为发文官司的“孔目司”，并提示此“帖”文发自何处的研究旨趣②。从政务文书的发文官司和送付对象探讨各级官司设置，尤其是文献记载简略甚至缺失的一些机构和县以下行政建制，已经成为政务文书和文书行政研究的一个重要取向③。如果能够更加注意这些文书的环节性形态④，则相关认识或许更能推进一步。如《全唐文》中收录的众多碑铭，对于研究唐代政务文书和政务运行具有重要参考价值，值得重视。其中大历十四年（779）四月《太原乡牒》，据牒文内容及原碑，可知当为《复立太原乡牒》⑤。这份牒文包含的文书环节和政务流程，包括王氏族人（前同州郃阳县令王颜）和里正的状、县司的符牒以及“中丞”（按：疑为太

① 赵璐璐．唐代县级政务运行机制研究述评//包伟民，刘后滨．唐宋历史评论：第一辑．北京：社会科学文献出版社，2015：219-236，295.

② 冻国栋．旅顺博物馆藏《唐建中五年（784）〈孔目司帖〉》管见//魏晋南北朝隋唐史资料：第14辑．武汉：武汉大学出版社，1996：120-139.

③ 刘再聪．从吐鲁番文书看唐代西州县以下行政建制．西域研究，2006（3）：41-49，119；张荣强，张慧芬．新疆吐鲁番新出唐代貌阅文书．文物，2016（6）：80-89；雷闻：隋唐的乡官与老人——从大谷文书4026《唐西州老人、乡官名簿》说起//荣新江．唐研究：第22卷．北京：北京大学出版社，2016.

④ 刘后滨，顾成瑞．政务文书的环节性形态与唐代地方官府政务运行——以开元二年西州蒲昌府文书为中心//包伟民，刘后滨．唐宋历史评论：第二辑．北京：社会科学文献出版社，2016：109-141，366.

⑤ 全唐文：卷九八六，10197-10198．晋王卓墓为山西省文物保护单位，位于山西临猗县庙上乡城西村东，墓已毁，仅存唐贞元十七年（801）所刻《追树十八代祖晋司空河东太守太原王公神道碑》，此牒刻于碑侧，有拓片流出。承中国政法大学法律文献研究所李雪梅教授见告，特此致谢。

原府官员带“御史中丞”衔）对县司牒文的判，值得深入研究。

对于中枢政务运行机制的研究来说，既然很少有新资料出土和发现，在资料利用上的推进主要靠对传世文献中相关文书资料的新认识与发掘，包括对一些碑刻资料的利用。保留在碑刻史料中的政务文书，在宋代制度史的研究中受到更广泛的关注。在唐代政务文书的研究中，也值得引起进一步重视。如日本学者砺波护《隋唐佛教文化》[①] 下编“佛教文物”中收录了三篇论文，分别是《嵩岳少林寺碑考》《玄秘塔碑考》《唐代的过所与公验》，对于少林寺碑刻中的《少林寺柏谷坞庄碑》、“少林寺赐田敕”碑等涉及唐前期政务文书的石刻史料，刻于柳公权书《玄秘塔碑》碑阴的《敕内庄宅使牒》，出土文书和传世文献中的唐代过所与公验，以及相关研究的学术史进行了详细的梳理。此书的研究及其所征引的众多日本和中国学者的研究论著，对于推进唐代政务文书研究具有重要的参考价值。

告身资料主要发现于出土文书之中，也在碑刻中有所保存。高宗武则天时期苑大智、苑嘉宾的告身，就是刻石祔葬于墓室之中的[②]，是研究唐前期告身和制敕文书的重要史料。告身本身是一类特殊的文书，因其为授予个人的付身文书，被抄写或刻录而保留下来的概率较大，历来受到的关注也较多[③]。但是，研究水准参差不齐。告身所依托的制敕或奏抄等政务文

① 砺波护．隋唐佛教文化．韩昇，刘建英，译．上海：上海古籍出版社，2004.

② 赵振华．谈武周苑嘉宾墓志与告身——以新见石刻材料为中心//杜文玉．唐史论丛：第十七辑．西安：陕西师范大学出版社，2014：186-205．承中国政法大学法律文献研究所李雪梅教授见告，苑大智、苑嘉宾父子总共有七通告身刻于碑石，原石由私人收藏，有拓片流出。

③ 关于告身文书研究的学术史，可参看：徐畅．存世唐代告身及其相关研究述略．中国史研究动态，2012（3）：33-43；赵晶．论日本中国古文书学研究之演进——以唐代告身研究为例．早期中国史研究，2014，6（1）。

书，对于研究唐代政务运行机制及其变化轨迹，都具有极高的档案价值。

除了出土文书和碑刻资料外，传世文献中留存有大量的唐代政务文书。尤其是包括《文苑英华》、《全唐文》和各种文集（值得一提的是收录在《大正新修大藏经》中的《不空表制集》）等收录唐人文章的唐代集部文献中，都有着大量政务文书的留存。只是由于收录到集部文献中的这些文书，大都没有保留签署程式和流通环节，如果要用于研究政务流程，需要参照已有研究加以甄别和考辨。政务文书的环节性形态的研究，可以对此有所贡献。对于集部文献中保留的政务文书，如果能够区分出存留部分所处政务流程的环节，换言之，能够梳理出其作为政务文书的环节性形态，则对于研究唐代国家政务运行机制具有重要的支撑作用。尤其是能够保留在集部文献中的文章，大都是知名文人所作，他们所撰写的制敕批答、表状章疏，都是涉及需要君主、宰相处理的各项政务，但由于缺失了签署程式，长期以来未能引起研究者的充分重视。近年来，叶炜在这方面的研究取得了重要的进展，其关于唐代皇帝的“批答”、翰林学士和宰相的“奏议”（奏状）以及集议时的“议状”等文书的研究，都将以皇权运作为中心的唐代政务运行机制研究推进了一大步①。应该说，政务文书环节性形态的区分与厘定，对于无论是释读集部文献中的政务文书还是释读残缺的出土政务文书，以及理解这些

① 叶炜．唐代“批答”述论——以地方官所获批答为中心．北京大学学报（哲学社会科学版），2010（2）：87-95；信息与权力：从《陆宣公奏议》看唐后期皇帝、宰相与翰林学士的政治角色．中国史研究，2014（1）：49-67；元和七年议与唐德宗至武宗时期的货币政策——从韩愈、元稹两篇文章的系年问题谈起．中华文史论丛，2016（3）：113-142，403.

文书所处政务环节，进而从流程的角度来理解唐代国家的政务运行机制，都具有十分重要的坐标作用。

以《元稹集》收录的众多保留有批复环节之敕牒的奏状为例，便可说明集部文献对于政务文书与政务运行机制研究的价值。《元稹集》卷三七收录了元稹担任监察御史时奉命出使调查东川节度使严砺等人擅自籍没、税外科配事所上的弹奏状《弹奏剑南东川节度使状》和调查山南西道税外科配的弹奏状《弹奏山南西道两税外草状》，卷三九收录了《浙东论罢进海味状》和中书门下牒浙东观察使的敕牒[①]。其中前两件是关于唐代监察御史行使弹奏职能及相关政务流程的重要文献。对照《册府元龟》卷六五八《奉使部·举劾》所载同一事件的不同政务文书，可知元稹上奏弹奏的状文后，朝廷同时通过颁下敕旨和敕牒进行了处置裁决。按照这样的思路去发掘和研读史料，将有可能重新认识许多有价值的政务文书。

无论在纪传体还是编年体的历史叙事中，大都是从结果出发来编排史料的，许多过程中的环节被忽略或淹没了。而通过对政务文书的研究，可以在一定程度上还原一些重大事件和决策的详细过程。在有关宋以后尤其是明清时期的历史研究中，由于史料留存的相对完整，并不需要通过这种方法来寻找历史事件的环节，但是对于隋唐及更早时期的历史研究来说，却无疑是扩大史料范围的一个有效办法。叶炜的研究表明，在明确了议状与召集集议的诏敕两类或者说两个环节政务文书的关系之后，对唐人文集中许多“状”类文书可以有更为准确的认识，尤其是其所处的政务环节。此外，需

① 元稹．元稹集，419-428，428-429，440-441.

要指出的是，从政务文书环节性形态入手，也有助于克服集部文献整理中常见的一些误系、疏漏和对文书用语的误读。如叶炜《元和七年议与唐德宗至武宗时期的货币政策》一文中指出，各种版本的韩愈文集中所收《钱重物轻议》，历来整理者、校注者和唐代文学研究者都将其创作时间系于穆宗长庆元年（821）九月，而经过比对，韩愈此议状所引述召集集议的诏书乃是收录于《册府元龟·邦计部·钱币三》[①] 中的元和七年（812）二月诏，所以可以断定其写作时间为元和七年（812）。同理，论者普遍系于元和十五年（820）的元稹《钱重物轻议》，比对引述诏书，也应是元和七年，与韩愈所议当为同一次集议。这样的考证路径和可靠结论，是纯粹文献学研究不可企及的。又如，上述《元稹集》中两篇弹奏的奏状之后，都附有“中书门下牒御史台”的敕牒一道。点校者对于敕牒等政务文书中文字的断读，出现了大量的误读，如“牒至准敕，故牒”作为通用的文书用语，都断读为“牒至，准敕故牒”（第425、429、441页）。如果能够留意政务文书的环节性形态和文书用语，此类错误庶几可以避免。

（二）重新认识“状”与中书门下体制下的进奏文书

笔者提出开元十一年（723）改政事堂为中书门下以后，唐代的中枢体制从三省制转变为中书门下体制。拙稿的论证建立在公文形态变化的基础上，通过关注唐代政务文书的类别与应用场合及其变化，来探讨中枢体制和政务运行机制的变化。以这种视角进行唐宋制度史的研究，十数年来取得了

① 册府元龟：卷六五八，7883.

许多重要的学术进展，笔者已经撰文进行了简要的评介。以下专就在中书门下体制框架内对相关政务文书研究取得的新进展做一简要评述。

讨论与中书门下体制成立相关的政务文书形态变化问题，涉及唐前期奏状的行用情况。据《唐六典》卷一《尚书都省》“左右司郎中员外郎之职”条的概述，“表上于天子，其近臣亦为状”，是“近臣”呈奏皇帝的文书则称之为状。中书门下体制建立所依托的（或者说所带来的）政务文书的变化，就是中央诸司和地方官府向朝廷申报政务的文书，其主体从经尚书六部汇总的奏抄转变为奏状（可以直接向皇帝或通过宰相申奏）。对于这样一个假说，有学者提出了讨论和补充。吴丽娱对政务文书中的“状”做了专门研究，对于“状”在政务运行中作用的认识有所推进，并征引了大量的传世文献和出土文书资料。其根据司马光《书仪》，辨明专门用于上达公事的状有奏状和申状两种，奏状是机构官员上于皇帝的，申状是上于政务部门或宰相的。又据唐代诏敕中多次强调的诸司诸使和天下州府各项政务“一切先申尚书省”的记载，认为尚书省制为奏抄的依据文书当是申状①。不过，其将出土文书中常见的“具状如前”和“状上”某机构或某官之中的“状”理解为一种文书形态，恐怕有解读过实之嫌②，此种用

① 吴丽娱. 试论“状”在唐朝中央行政体系中的应用与传递. 文史，2008(2)；下情上达：两种“状”的应用与唐朝的信息传递//杜文玉. 唐史论丛：第十一辑. 西安：三秦出版社，2009：65-70；从敦煌吐鲁番文书看唐代地方机构行用的状. 文史，2010(2)：53-113.

② 例如日本大谷探险队获自新疆库车的《检校掏拓使牒状》，其定名中的“状”取自第4行“右奉开府状上”，而显得含混不清。这应是一道“牒”文，“牒状”之说似无凭。见香川默识. 西域考古图谱. 日本国华社，1915。参见冻国栋《旅顺博物馆藏〈唐建中五年（784）《孔目司帖》〉管见》。

法的“状”或可作动词，是描述之意。

王孙盈政也认为三省制下尚书省就运用奏状（包括商量状）裁决政务，尚书六部制为奏抄的依据也是由寺监和州府呈递的奏状①。按其论证逻辑，应该不存在中书门下体制建立前后中枢政务申奏文书的主体从奏抄到奏状的转变，只是行用奏状的机构主体从尚书省转变为中书门下。此外，其揭示出唐前期尚书郎官的“弥纶之务”和“弥纶之功”，视角独到。据此可以做出推论：奏抄申奏的主体是尚书六部的诸司，诸司郎中员外郎在奏抄拟制过程中起关键作用，主要体现在“弥纶”一词，即对寺监和州府申报政务的文书（在唐代是否为奏状或申状，有待进一步探究②）加以弥缝和综括，是一种统摄性的政务文书汇总工作，需要很高的文学水平。所以尚书郎官历来都是文学晋身之进士及第者最为企望之官职。此外，郭桂坤举《淳化阁帖》中所收唐高宗时令臣下进状奏事的敕文为证，说明诸司是可以进状奏事的。其结论则落脚在政务申报主体文书在唐代的转移，指出“至晚在玄宗开元时期，奏状已经彻底取代了奏抄的政务申报主体文书的地位，《唐六典》所载奏抄应用范围的萎缩就是这一变化的直接后果”③。

---

① 参见王孙盈政以下论文：唐代后期的尚书省研究．杭州：浙江大学博士学位论文，2011；商量状的应用与唐代行政运行体制的转型．西南交通大学学报（社会科学版），2011（6）：124-129；天下政本——从公文运行考察尚书省在唐代中书门下体制下的地位．历史教学，2012（24）：35-39；论唐后期的尚书省宰相．历史教学，2014（10）：18-24。

② 不过，北宋元丰改制后恢复三省与奏抄制度，中央和地方行政部门上报到尚书省的政务文书中，有用奏状者。参见周曲洋．奏钞复用与北宋元丰改制后的三省政务运作．文史，2016（3）：185-207。

③ 郭桂坤．唐代前期的奏事文书与奏事制度//荣新江．唐研究：第22卷．北京：北京大学出版社，2016：157-179.

“状”作为一种广义的文书类别，在唐代国家政务运行之中被广泛运用，但是关于各种“状”的理解却存在着较大的分歧。值得注意的是，除了明确称之为“奏状”（包括商量状）的奏事文书，“状”在许多情况下只是一种行用于近臣与皇帝之间的、用以呈递“封事”“奏议”“奏状”等主体奏事文书的说明性附带文书。如代宗广德二年（764）制，“百官有论时政得失，并任指陈事实，具状进封，必宜切直无讳。……朕将亲览，必加择用”[①]。代宗大历十二年（777）四月诏，“自今已后，谏官所献封事，不限早晚，任进状来，所由门司不得辄有停滞。如须侧门论事，亦任随状面奏，即便令引对。如有除拜不称于职、诏令不便于时、法禁乖宜、刑赏未当、征求无节、冤滥在人，并宜极论得失，无所回避，以称朕意”[②]。其中关于“除拜不称于职、诏令不便于时、法禁乖宜、刑赏未当、征求无节、冤滥在人”等情况，诏令谏官通过上“封事”说明。在上封事的同时（或之前），需要“具状”或“进状”，在“状”中说明有“封事”要上呈，得到皇帝批准后可以“面奏”或“进封事”，这就是“具状进封”。文宗大和九年（835）十二月，“敕创造谏院印一面，以‘谏院之印’为文。……兼诏谏官，凡所论事有关机密，任别以状引之，不须以官衔结署”[③]。“别以状引之”更是明确提出在进封事之时要进状加以说明。此种直接送递到皇帝手上的

① 册府元龟：卷一〇二，1225.

② 唐大诏令集：卷一〇五，536. 时间参照叶炜据《新唐书》卷六《代宗纪》（第179页）所考。又，叶炜引文渊阁四库全书本《唐会要》第698页亦作“大历十二年四月”，指出点校本之误。见叶炜. 论唐代皇帝与高级官员政务沟通方式的制度性调整//包伟民，刘后滨. 唐宋历史评论：第三辑. 北京：社会科学文献出版社，2017：49-72。

③ 册府元龟：卷一〇三，1228.

“状”，虽然不承载大臣所奏政务的主体内容，而是为了呈奏主体政务文书而进呈的请示报告，然其在最高决策的信息来源中却具有至关重要的作用，因为它可以直接呈递到皇帝手中，由皇帝列入议题或直接裁决。

奏状尽管也要经过一套申奏或通进程序才能达于皇帝手中，但相对于奏抄的进奏渠道来说，还是更为直接和便捷的。不同身份的“近臣”向皇帝所进状，由于其信息来源和撰制所参考的材料不同，决定了其在中枢决策过程中的政治角色的不同。叶炜以陆贽在德宗时期担任翰林学士和宰相期间所上奏状为基础，具体统计了《陆宣公奏议》中所收作为翰林学士所撰“奏草”32 篇，担任宰相所撰“中书奏议”24 篇，通过对这 56 篇奏议的分析，定位了唐后期皇帝、宰相和翰林学士的不同政治角色①。文中将奏议文书按照写作缘起分为三类：承问而对类、皇帝知会类、主动提议类，翰林学士奏状中承问而对的占四分之三，中书奏议中主动提议和得到皇帝知会后的主动建议占近四分之三。承问而对是一种被动的咨询顾问，翰林学士的议政方式是被动的，宰相在中枢决策中则是主动的。造成这种差别的制度原因，在于二者信息来源和信息量的多寡。宰相与翰林学士信息来源的最大不同，在于能够获得来自诸司、诸使和地方官员的直接政务报告（申状），以及调阅各个行政部门的档案资料，而翰林学士的信息来源只有皇帝，别无他途。对于皇帝来说，他具有优先处理各类奏状的制度保障，是否出付中书，找何人商量，都由其自行决定。因此，皇帝在政务信息的流通中占据着支配地位。

① 叶炜．信息与权力：从《陆宣公奏议》看唐后期皇帝、宰相与翰林学士的政治角色．中国史研究，2014（1）：49-67.

随着皇帝要处理的政务申奏类文书不断增加，皇帝如何掌握最有效的信息同时又不被海量信息所包围，如何分配信息和处理信息，将是此后皇权运作及相关制度发展中的核心问题。叶炜的研究为此提示出一个长时段的宏大视野。

奏状之中有一类特殊的申奏文书“商量状”。王孙盈政全面检索了唐代文献中“商量”一词，认为商量状不限于“敕后商量状”，也不限于中书门下行用，凡须“商量奏闻”者，皆判定须用商量状上奏，而且唐前期三省制下尚书六部和各曹司都可以行用商量状[①]。其关于三省制下尚书省行用商量状裁决政务的依据，是《唐会要·储君》所载咸亨二年（671）五月十三日敕：“尚书省与夺事，及须商量拜奏事等文案，并取沛王贤通判。其应补拟官，及废置州县，并兵马刑法等事，不在判限”[②]。将“须商量拜奏事”句的主语理解为尚书省，似误。“取沛王（李）贤通判”的应该包括尚书省的奏抄和其他机构及文武大臣“商量拜奏事”的奏状。从该敕文后一句的补充说明可知，“其应补拟官，及废置州县，并兵马刑法等事”中，有许多并非尚书省能够行用奏抄裁决的，而是在各种奏状申奏的基础上，通过发日敕等王言加以裁决。

随着中书门下体制下奏状取代奏抄成为国家政务运行的主体文书，商量状随之成为以中书门下为行用主体的奏事文书。不过，文书形态变化与中枢体制变化之间的对应关系，确实不宜处理得过于生硬和武断[③]。例如，关于商量状与中书

① 王孙盈政．商量状的应用与唐代行政运行体制的转型．西南交通大学学报（社会科学版），2011（6）：124-129.

② 唐会要：卷四，42.

③ 胡宝华．读《唐代中书门下体制研究》——以唐代封驳制度为中心．中国史研究，2014（1）：177-197.

门下在中枢决策中所处环节和发挥作用的论述，不宜以开元十一年（723）改政事堂为中书门下截然分为两个完全无关的阶段。商量状的应用也有一个形成和发展的过程，在开元十一年以前就有萌芽，是随着中书省走向政务裁决前台而出现的。如开元五年（717）右补阙卢履冰奏文，其末云“臣前状单略，议者未识臣之悬诚。谨具状重进，请付中书、门下商量处分”①，表明在开元十一年以前，有些机构和官员在政务申奏时已经提出要中书省和门下省（其实核心是两省长官，即当然的宰相）商量处分，而其商量处分的意见，当以商量状或性质相同的文书上奏皇帝。不过，玄宗一直到天宝年间还在不断强调诸司奏事要“断自天心”，“一切更不合请付中书门下”，中书门下以商量状的形式参与中枢政务裁决的机制当随着中书门下体制的巩固和完善而得到确立。

在进奏文书中，敕后起请是与敕后商量状不同的文书类别，但是目前的研究并未能将二者的异同加以澄清。魏斌指出“敕后起请”之“敕”，包括所有的王言，故亦有针对作为制书的赦文发布后所上之“赦后起请”。不过，其所列举“伏准赦文”而奏者是否皆为“起请”，则仍然可商，其将“商量起请”混称，未将商量状和起请区别开来②。

中书门下体制建立后，政务裁决过程中是否还行用奏抄？这是唐宋政治制度史研究中遇到的一个疑难问题。唐前期三省制和律令体制下，国家日常政务（庶政）大都依循律令格式而运行，奏抄是政务申奏的主体文书，门下省是政务申奏

① 旧唐书：卷二七，1030；新唐书：卷二〇〇，5698. 参见叶炜《论唐代皇帝与高级官员政务沟通方式的制度性调整》。

② 魏斌. “伏准赦文”与晚唐行政运作. 中国史研究，2006（1）：95-106.

的枢纽，其职掌重心是驳正奏抄之违失。随着三省体制过渡到中书门下体制，中枢政务申奏主要通过奏状，皆由皇帝或宰相批复后再进入三省出令程式，门下省在出令程序中的主要作用是被动地审核把关，或“覆奏”之后署而颁之，或直接签署之后颁行。如果不同意颁下的制敕文书，则可“封还”（墨涂、涂归），这也成为其职掌的重心。尽管终唐一代门下省领有对奏抄的驳正和对制敕文书的封还之职，但在唐代前后期不同中枢体制的背景下，其职掌重心还是有所转移的。至于作为唐宋制度史高频语汇的“封驳”一词到底作何理解，以及“驳正”一词在开元十一年（723）以前是否针对制敕，目前的研究都未能提供证据①。唐中后期的政务裁决中是否还行用奏抄，目前也缺乏直接的证据。如果要说奏抄完全退出了政务裁决，有些问题还是不好解释。例如，唐代中后期尽管敕授官范围在扩大，但许多中低级官员的授任应该还是尚书吏部的职掌，其授官文书是否依然行用奏抄？吴丽娱上引文中推测唐后期尚书六部仍有部分政务使用奏抄（未提供确切例证），但也指出代表中书门下政务裁决权的奏状地位更加凸显②。

中书门下体制成立后是否还行用奏抄的问题依然悬而未决，不过至少可以说，奏抄的使用“日趋减少，以致一度隐而不彰”，即使到了北宋初期，目前也未有证据证明有奏抄行用。周曲洋检索到的北宋奏钞（宋代将“奏抄”改为“奏

① 胡宝华．读《唐代中书门下体制研究》——以唐代封驳制度为中心．中国史研究，2014（1）：177-197.

② 王孙盈政在此基础上进一步指出，中晚唐奏抄的存在表明尚书省保留了一定的对常行政务的裁决权，虽然没有确切证据，依然断定文献中尤其是任官制敕、墓志碑铭等文学性叙事材料中的“尚书奏议”“文昌奏议”等，指的都是奏抄，“故尚书省奏议，即指奏抄无疑”。参见王孙盈政《天下政本——从公文运行考察尚书省在唐代中书门下体制下的地位》。

钞”）材料，最早的是元丰八年（1085），证明元丰改制后恢复了奏抄的行用，并广泛用于各类政务的裁决之中①。元丰改制对于政务运行机制来说，一个重要的内容就是将在国家政务中区分出的“有法式事”和“无法式事”与申奏文书分类相对应，奏钞用于其中有“条、例”可依循的“有法式事”②。周曲洋指出元丰以后复用的奏钞，在文书体式上与唐制有重大区别，其中重要的一点是，其抬头所写发文机构从唐代的“尚书某司”变为“尚书某部”，是六部政务主体地位在文书中的反映。尚书六部可以通过文书直接指挥州县、寺监，在政务运行中更加贯通和一体化，证明元丰重建尚书省时，吸收了使职行政体制的运作机制。奏钞复用标志着君主从日常细务中解放出来，而且宰相对奏钞运行的参与也越来越薄弱，六部获得一定层面的行政主导权，成为奏钞行用的主体。一方面奏钞分担了君相的行政压力，另一方面有司通过奏钞裁决政务所依据的条法和则例多来源于编敕和君主此前的裁决，体现了君主不断走向处理政务的前台以及政务文书运作和政务裁决新机制的探索。周曲洋文最后点明，“清中叶以降奏折的产生与题本的衰落，俨然是唐宋奏状与奏钞地位起伏的翻版”，显示出其关注唐宋至明清政务运行机制变迁的宏观视野。而长时段视野下的考察，无疑有助于加深对唐代政务文书与政务裁决机制的理解。

以上就中书门下体制下中枢政务运行中的上行文书相关

---

① 周曲洋．奏钞复用与北宋元丰改制后的三省政务运作．文史，2016（3）：185－207．

② 罗祎楠．论元丰三省政务运作分层机制的形成．北京：清华大学硕士学位论文，2005；古丽巍．北宋元丰改制“重塑”尚书省的过程．中国史研究，2015（2）：69－87．

研究进展进行了简要的评述，包括奏状（申状）、奏抄（奏钞）、商量状、敕后起请等。总体看来，这个角度的研究所取得的进展，为理解国家政务运行中皇帝获得和处理政务信息机制的变化，以及皇帝在走向处理政务前台的过程中皇权行使方式的演变等重大问题，都提供了新的角度和启发。

（三）中枢决策中的下行文书与君相之间权力关系的梳理

中枢政务运行中的下行文书，主要是以君主和宰相机构名义颁下的制敕文书和堂帖（省札）等，其文书体式、应用范围和成立、颁行流程，涉及君相之间的权力分配以及帝制中国权力运行的基本规则。在以往有关唐前期三省制下的"王言之制"和中书门下体制下制敕文书研究的基础上，近年来唐史学界对于中枢政务运行中下行文书的研究也有不同程度的推进，主要体现在墨诏（墨敕）、赦书、敕牒和堂帖的研究上。

《唐六典》卷九《中书省》"中书令之职"条所载"凡王言之制有七，一曰册书，二曰制书，三曰慰劳制书，四曰发日敕，五曰敕旨，六曰论事敕书，七曰敕牒"[①]，是对所谓"王言"即以皇帝名义发布的命令文书的概括。王言之制在唐代中枢体制演进过程中发生的变化，是理解皇帝角色和皇权行使方式的一个重要视角。围绕皇帝成为宫府合一背景下政府的最高领导人、皇帝走向处理国家政务的前台等研究假说，学界关于墨诏（墨敕）和赦书的研究对此做出了更为深入的补充论证。

---

① 大唐六典：卷九，199.

墨诏（墨敕）是不经过正式出令程式而由皇帝亲笔书写（亦有由臣下代笔）的命令文书，似不宜归入《公式令》规定的正式的“王言之制”。游自勇研究了唐五代政务运行中墨诏（墨敕）的背景和作用，分析了墨诏（墨敕）在门阙制度和政务运行中的运用情形，提出在中枢体制从三省制变为中书门下体制后，墨诏（墨敕）的应用范围从批答臣下表状为主扩展到国家常行政务①。这个判断尽管还具有一定的假设性，但提示了与表状应用范围扩大的同时，皇帝通过墨诏（墨敕）走向处理国家政务前台的思考方向，具有重要启发。墨诏的出现，最初针对的是“口传诏敕”而可能出现的“矫擅”行为。游自勇文中引用《魏书·刑罚志》所载北魏孝文帝延兴四年（474）诏罢疑狱“自狱付中书覆案”之后的一段议论，“先是诸曹奏事，多有疑请，又口传诏敕，或致矫擅。于是事无大小，皆令据律正名，不得疑奏。合则制可，失衷则弹诘之，尽从中墨诏。自是事咸精详，下莫敢相罔”②，正可说明。不过，其时墨诏批复的“诸曹奏事”，范围多大，是否包括尚书省所有曹司，以及北魏以后至唐代前期墨诏行用范围的变化，这个变化与中书门下体制建立后墨诏（墨敕）应用范围变化之间的关系，诸如此类的问题，都还有待进一步的研究。从长时段看，自帝制建立以后，皇帝命令的形式经历着如下发展阶段，即从口传诏敕到将诏敕形诸文书，再到文书必须经过制度规定的起草和颁布程式，且这套制度日渐完善和严

① 游自勇．墨诏、墨敕与唐五代的政务运行．历史研究，2005（5）：32-46，190．文中对于《唐律疏议》引《监门式》所载“受敕人具录须开之门并入出人帐，宣敕送中书，中书宣送门下”的理解，笔者并不完全赞同，尤其关于“宣敕”的主体是受敕人的理解，恐怕值得商榷。

② 魏书：卷一一一，2876．

密。上引北魏孝文帝即位后冯太后执政时期所要纠正的“诸曹奏事，多有疑请，又口传诏敕，或致矫擅”情形，说明北魏时期（至少其早期阶段）的皇权行使方式保留着北方部族的原始习俗，还停留在比较原始的阶段，但并不能以此推断汉魏时期的制度也是如此。北朝的统治对于中国专制主义中央集权政治体制的发展来说，是一次倒车并调整方向之后加速前行的再出发。到隋和唐前期，一方面承北朝历史发展之惯性，墨诏（墨敕）的使用范围依然较大，皇帝通过墨敕罢免宰相或斜封官吏，但另一方面刘祎之对“不经凤阁鸾台”的墨敕表示“何名为敕”的反抗，也代表了一种制度理念，皇帝指挥政务的命令必须要形诸文书且文书必须经过正规的程式（详见下文）。唐朝中后期，随着通过墨敕批答的表状日渐用来处理政务，墨敕行用的范围表面看来在扩展，进入到政务运行之中，但是墨敕本身也在发生着变化。换个角度看，也可以说是国家政务的范围在扩大，原来墨敕批答的一些涉及皇帝与大臣之间相对私人性的问题，逐渐纳入国家政务运行的体系之中。在皇帝不断走向国家政务处理前台的过程中，皇权不断扩张而不是萎缩，这就要求皇权行使方式不断改进，否则皇帝本人将难以应对烦冗庞杂的政务。以“皇帝御书赐某人”等形式颁赐的墨诏（墨敕）至少在两宋时期还在行用，但显然有着将其局限在一些高度机密和涉及皇帝个人人身安全事务中的趋势。

赦书是皇帝用于颁布大赦的制书，是制敕文书中特殊的一类。尽管所有的制敕文书名义上都是皇帝的命令，体现的是皇帝的权力，但除了墨诏（墨敕）之外，其成立和发布又都需要经过一整套由律令规定的程序，皇权在文书运行的层面上同样受到程序的制约。这是研究皇权与律令关系、皇权行使方式时备受关注的问题①。由于赦书是“王言之制”中最能体现皇帝恩典和权威的文书，大赦中呈现的皇权与律令关系，在观察这个深层历史问题时就更加具有典型意义。高明士、陈俊强等人的研究是这方面的代表性成果。陈俊强指出，唐代国家的律令对皇帝的恩赦有所规范，并非皇帝可以随心所欲举行大赦，恩赦的法制化使皇权受到一定的制约。例如，法律中“常赦所不免”的条文，便可视为刑与赦之间、国法与皇恩之间的折中。律令规定若干罪大恶极的犯罪遇赦不原，就是划出了浩荡皇恩的边界。但是，皇帝不仅可以举行常赦，还可以举行非常规的大赦，那些法律规定“常赦所不免”的犯罪，因此有了得到宽宥的特别机会。据统计，唐代皇帝所举行的大赦中，有 56 次提及“常赦所不免”，其中 10 次不赦，46 次格外开恩，“常赦所不免者，咸赦除之”②。正因为皇帝具有赦除常赦所不免者的权力，而且常赦也纳入律令体系，“常赦所不免”就成为互相矛盾的条文，既具有限制皇权的意味，同时又含有皇权至上的一面。律令制度规定的常赦，给至高无上的皇权留出了行使空间③。即唐代政务文书的运行都必须遵循《公式令》的规定，皇帝的制敕文书必须经过三省的签署程序和相关出令机制，故陆贽上疏曰，“伏详令式及国朝典故，凡有诏令，合由于中书，如或墨制施行，所司不须

① 高明士. 论唐律中的皇权//庆祝韩国磐先生八十华诞纪念论文集——中国古代社会研究. 厦门：厦门大学出版社，1998：27-41.

② 陈俊强. 皇权的另一面：北朝隋唐恩赦制度的研究. 北京：北京大学出版社，2007：203.

③ 同②117-166.

承受，盖所以示王者无私之义，为国家不易之规”①。但是，当宰相刘祎之责问前来宣布武则天敕令的使臣“不经凤阁鸾台，何名为敕”时，“则天大怒，以为拒捍制使，乃赐死于家”②，武则天找到了另外的给刘祎之治死罪的法令依据，这就是《唐律》规定的“十恶”之一“大不敬”之罪——“对捍制使，而无人臣之礼”。无上的皇权是绝对的，包括文书流程在内的各种制度对皇权的制约是相对的，这是专制皇权的特征。

作为政务文书的赦书，其在唐代中枢政务运行中内容与职能的变化，体现了行政运作新方式和君相权力分配新格局的形成。禹成旼和魏斌的研究对此有重要的揭示。禹成旼较早注意到赦文溢出赦免的范围而对政令做出全面部署的意义，尤其是武则天掌权时的《改元光宅诏》所具有的转折意义③。魏斌借用《剑桥中国隋唐史》中描述唐代赦书性质的概念，指出其成为“总的政策说明和国家形势的总结”，具有“全面行政”的意义，并分析了其背景和过程，将此论题的讨论进一步引向深入④。魏斌指出，唐代的赦书在保留其汉晋以来“推恩”传统职能且日趋细化的同时，出现了对国家政务的处分。赦书“立法制、行禁令”的内容，最早可追溯到唐高宗

① 李肇．翰林志//傅璇琮，施纯德．翰学三书（一），3.

② 旧唐书：卷八七，2848.

③ 禹成旼．唐代赦文研究．北京：北京大学博士学位论文，2002；试论唐代赦文的变化及其意义．北京理工大学学报（社会科学版），2004（3）：83-87；从《改元光宅诏》的结构与性质来看唐代赦文的变化．中国唐史学会第九届年会论文，2004；唐代赦文颁布的演变//唐史论丛：第8辑．西安：三秦出版社，2006.

④ 魏斌．晚唐大赦申禁职能研究．武汉：武汉大学博士学位论文，2004；“伏准赦文”与晚唐行政运作．中国史研究，2006（1）：95-106；唐代赦书内容的扩展与大赦职能的变化．历史研究，2006（4）：21-35.

《改元弘道诏》，其中有对“天后事条”的申明，而真正标志性的起点，还是《改元光宅诏》。以《改元光宅诏》为起点，在武则天至唐玄宗时期的赦书中，申禁条目已经成为一种经常性的内容。而到安史之乱以后，由于政治局势的影响，赦书内容更在“推恩”和“申禁”两个方面出现了更为显著的扩展，并最终在贞元、元和以后达到顶峰。

大赦的举行和赦书的颁布，是唐帝国政治生活中极为重大之事。尤其是最主要的大赦都在南郊祭天之后举行，皇帝回御位于都城北端的大明宫丹凤门城楼亲自宣布赦书，浩荡的队伍从南到北穿行长安城，京师官民可以身临现场观礼。随后，赦书要通过最快捷的驿递传送至州县乡里，朝廷重臣和地方长官皆上《贺赦表》，整个帝国从乡里到朝堂因此完全联结在一起。在如此隆重的礼仪背景和政治氛围中，赦书不断加入大量的申禁命令，有助于为解决现实弊端提供政治助力。虽然如魏斌所说，这显然是一种现实的政治需要，具有针对时弊全面厘革的特殊意义，但是从长时段看，也在一定程度上折射出专制主义中央集权政治体制的发展方向。大赦确实不同于一般的行政举措，大赦在“推恩天下”的同时不断附加“厘革旧政”的申禁功能，对政治积弊加以整饬，在笔者看来，正是将国家政治生活中皇权象征意义的强化与实际政务运行中皇帝走向前台二者有机统一的重要途径。

在举行大赦时颁布一个纲领性文件，对一定阶段内国家政策加以总结和说明，表明朝廷克服了一事一诏的权宜性决策，对国家政务的统领更加全面和深入。对于一些关系全局的重大政务和政治原则，朝廷要经过全面充分的讨论和总结，获得相当成熟的认识和解决办法后，通过赦书加以发布，严格申明或禁断。这就表明单件皇帝命令文书涉及的政务内容扩充了，涵盖面扩大了，统摄性提高了，皇帝直接裁决的政务范围因此扩大。这种情形与三省制下以奏抄为主体文书的政务裁决机制有所不同。在三省制下，日常政务按照律令规定通过奏抄进行申奏和裁决，处理溢出律令规定的政务，主要通过各种表状和敕旨，基本还是一事一议，一事一诏。随着统治形势的变化，奏状逐渐成为政务运行的主体文书，政务裁决机制发生变化，需要皇帝本人或通过御前会议处理的政务信息不断增加，信息的汇集、加工和处理流程随之延展和扩张，政令发布的方式进而改变。这应是唐代赦书性质和作用变化的制度背景。皇帝既要走向处理国家政务的前台，又不能陷入日常细务的包围之中。在这个方向的体制转型过程中，赦书充当了重要的载体。到宋代以后，随着新的君相政务关系和权力分配格局的形成，皇帝走向处理政务前台将有新的体制和机制。

中书门下体制下中枢决策中的下行文书，还需要注意“批答”一类。叶炜指出，唐代皇帝对大臣所上表状书疏直接答复的文书称为“批答”，在唐前期基本属于“唱和文章”一类礼节性回复，较少涉及政务。所引李肇《翰林志》记玄宗末年翰林学士张垍“止于唱和文章，批答表疏，其于枢密，则不预知”，颇能说明问题。安史之乱以后，处理政务的批答越来越多，在所有批答中的比例上升，尤其是对节度、观察使的批答大量出现。这种情形当与诸道节度、观察使通过表状申奏政务机制的形成有关。至元和以后，皇帝对藩镇长官所进表疏通过批答予以批复的同时，还就其中涉及当处政务的内容颁发敕书，出现敕书与批答并行的情况。批答由翰林学士草撰，不用中书、门下两省印，也不加盖翰林院书诏印，具有皇帝自行发出的性质。皇帝批答的撰写和颁行都不经过正规制敕文书的出令程序，由中使或藩镇的奏事官送达，在皇帝与大臣尤其是节度使和观察使之间直接传递，构成了皇帝直接处理地方政务的重要手段和途径①。

三省制下宰相的职权更多体现在三省各自的分工之上以及政事堂的参谋决策方面，指挥政务的下行文书皆以皇帝名义发布。七种“王言”并非在同一时期实行的制度，其中敕牒是随着中书门下体制的成立而出现的。无论是制书还是敕书，都是以皇帝名义发布的命令文书，并没有单独以宰相名义发布的政务文书。敕牒虽已不须经过三省的签署程式而由宰相集体署名颁下，但也是敕书的一种，具有宰相奉敕而牒的性质。至于通过奏抄处理的日常政务，其裁决权的主体在尚书六部，门下省对奏抄的驳正和皇帝的御画闻，都是一种程序性的把关和名义上的批准。皇帝御画之后的奏抄称为“御画奏抄”，它不属于王言，尽管在执行过程中具有与王言同等的效力。三省制下三省在政务运行中的地位和作用各具特色，尚书省是政务运行的主体，门下省是政务运行的枢纽，中书省是政务运行的核心，与皇帝之间的距离呈递进状态。中书、门下两省又一起构成了所谓“机要之司”。正是随着三省制向中书门下体制演进，君主走向处理国家政务的前台，宰相的职掌从以谋议为主向以政务裁决为主转变，君主和宰相的权力分配机制发生了变化。帝制的本质决定了皇权是绝对的，相权对皇权的制约是相对的。在这相对的制约中，其制约机制不断发生变化。三省制下相权对皇权的制约机制体

① 叶炜．唐代“批答”述论——以地方官所获“批答”为中心．北京大学学报（哲学社会科学版），2010（2）：87-95.

现为围绕进奏和出令程序而形成的分权制衡，指挥政务的文书一切以皇帝的名义发布，日常政务裁决行用的奏抄也要由皇帝御画闻，同时，不经过三省程序则皇帝的命令文书也被视为不合法。中书门下体制下相权对皇权的制约机制，主要体现在君相走向政务裁决一体化之后的环节分工。中书门下作为宰相裁决政务的机关，通过敕牒和堂帖的行用，获得了相对独立的政务文书颁行职权。三省制和中书门下体制下相权对皇权制约机制的异同，值得放在古代皇权政治的理论与实践的宏观框架中深入探讨。

敕牒作为体制过渡阶段具有双重性的政务文书，一方面它是中书门下指挥政务的文书，另一方面它又是王言的一种，尽管是最末位的一种。对敕牒的研究对于理解唐代中枢体制的转型就具有重要意义。王孙盈政在学界已有相关研究的基础上，补充了一些以往论著中较少涉及或未曾涉及的敕牒史料，论证中书门下奉敕而牒之敕，包括敕旨、发日敕、制书、论事敕书和手诏等皇帝的各种命令文书，此外还有单独发布皇帝命令的敕牒。此文有两点值得重视，一是指出中书门下体制下越来越多的皇帝命令是敕、牒并行，即针对同一件政务，中书门下发布敕牒的同时，还有一道制敕文书下发。二是不仅敕牒的颁行不经过尚书省（按：其实也不经过中书、门下两省，不走三省出令程序），与敕牒同时颁行的制敕文书（主要是敕旨），在行下时也不经过尚书都省的受付程序[1]。这

① 王孙盈政．唐代“敕牒”考．中国史研究，2013（1）：89-110．又，胡宝华引《金石萃编》王昶所称云云，以石刻史料证明唐前期的三件“敕牒”，笔者查阅原书后，觉其未必为敕牒，录此存疑待考。见胡宝华《读〈唐代中书门下体制研究〉——以唐代封驳制度为中心》。

两个现象对于理解中书门下体制下的政务裁决机制非常重要，说明中书门下体制成立后，尚书省丧失了政务运行主体地位和绝大部分的政务裁决权，尚书都省在制敕文书行下过程中的作用自然逐渐失去，以之为核心的勾检体系趋于瓦解。

从制度的变化趋势看，对于同一事务的处理敕、牒并用，是唐宋之际日渐常行的机制[①]。这种情形在唐代虽不多见，但亦并非无迹可寻。如王孙盈政引用《不空表制集》卷一所载乾元元年（758）《制许搜访梵夹祠部告牒一首》和《请搜检天下梵夹修葺翻译　制书一首》，说明此为针对同一事务同时发布的敕旨和敕牒。所谓祠部告牒，实际上是尚书礼部的祠部司转发的一份敕旨，敕旨需要经过三省出令程序。而所谓制书，实则为中书门下的敕牒。文集中标题不准确，当是编集者误解导致。为了便于理解唐代敕、牒并行的情形，兹转引如下：

制许搜访梵夹祠部告牒一首

中京慈恩等寺及东京圣善、长寿寺，并诸州县舍寺村坊，有旧大遍觉、义净、善无畏、流支、宝胜等三藏所将梵夹。

右。大兴善寺三藏沙门不空奏：前件梵夹等。承前三藏多有未翻。年月已深，绦索多断。湮沈零落，实可哀伤。若不修补，恐违圣教。近奉　恩命，许令翻译。事资探讨，证会微言。望许所在捡阅收访，其中有破坏缺漏，随事补葺。有堪弘阐助国扬化者，续译奏闻。福

① 李全德. 从堂帖到省札——略论唐宋时期宰相处理政务的文书之演变. 北京大学学报（哲学社会科学版），2012（2）：106-116.

资　圣躬，最为殊胜。　天恩允许，请宣付所司。

敕旨：依奏。

乾元元年三月十二日

特进行中书令集贤院大学士知院事监修国史上柱国赵国公臣崔圆宣

中书侍郎阙

中大夫中书舍人兼尚书右丞集贤院学士副知院事上柱国赐紫金鱼袋徐浩奉行

奉　敕员（旨）如右，牒到奉行。

乾元元年三月十五日

特进行侍中弘文馆大学士知太清宫事监修国史上柱国韩国公晋卿

黄门侍郎阙

银青光禄大夫行给事中上柱国缙云县开国男峄

尚书祠部　大兴善寺三藏沙门不空

牒奉　敕如右。牒至准　敕。故牒。

乾元元年三月十七日　　令史门贵牒

主事唐国兴

员外郎韦少游

请搜捡天下梵夹修葺翻译　制书一首

中京慈恩、荐福等寺及东京圣善、长寿、福光等寺，并诸州县舍寺村坊，有旧大遍觉义净、善无畏、流支、宝胜等三藏所将梵夹。

右。大兴善寺三藏沙门不空奏：前件梵夹等，承前三藏多有未翻。年月已深，绦索多断。湮沈零落，实可哀伤。若不修补，恐违圣教。近奉恩命，许令翻译。事资探讨，证会微言。望　许所在捡阅收访。其中有破坏缺漏，随事补葺。有堪弘阐助国扬化者，续译奏闻。福资　圣躬，最为殊胜。　天恩允许，请宣付所司。

中书门下　牒大兴善寺三藏不空

牒奉　敕宜依。请牒至准　敕。故牒

乾元元年三月十二日

特进行中书令崔圆

特进行侍中苗晋卿

司空兵部尚书同平章事李（使）

司徒尚书左仆射同平章事顺（使）

无论是皇帝“敕旨：依奏”的敕旨还是中书门下“奉敕宜依”的敕牒，其形成的前提都是宰相的裁决，出令机制并不能完全反映裁决机制。两件王言签署日期一致，都是“乾元元年三月十二日”。但是，敕旨还需要经过三省的制令和出令程序，中书三官宣奉行在三月十二日，门下省官员的署衔颁下则到了“三月十五日”，而尚书祠部奉敕而牒（在三省制下应为奉敕而下符）则到了三月十七日。中书门下敕牒则在三月十二日直接行下，颁给不空本人。敕牒比其他王言简便易行的特点一目了然。

按照这样的思路，在集部文献如《文苑英华》、《全唐文》和唐人文集中，应该还可以检出许多对于同一事务敕、牒并用的材料。如元和四年（809）监察御史元稹奉使弹劾剑南东川节度使严砺等人擅自籍没及税外科配之奏状，朝廷批复就同时行用了敕旨和敕牒，已见前述。

堂帖则已不同于敕牒，是中书门下不奉敕而以自身名义直接发布政令的文书。唐人李肇在记载唐朝宰相裁决政务的方式时，说“宰相判四方之事有堂案，处分百司有堂帖，不次押名曰花押。黄敕既行下，有小异同曰帖黄，一作押黄”①。堂案应非宰相指挥公事的行下公文，而是宰相机构内部保存的政务裁决的文书档案②。堂案也不是出现在中书门下体制成立之后，胡宝华举《新唐书·宋璟传》载“张嘉贞后为相，阅堂案”为例以证之③。

关于堂帖和在此基础上形成的宋代省札（省劄），相关研究取得重要进展。堂帖是否为中书门下体制建立之后出现的宰相独立裁决政务的文书？堂帖最早使用的时间是否在开元十一年（723）之后？李全德前引文认为开元十一年改政事堂为中书门下之前，宰相“显然已经有独立指挥公事的文书”。但是，“堂帖的运用，与政事堂制度的建立（相距）不远”之说，却值得商榷。宰相要独立地直接对地方官府和中央官司下牒（或帖）指挥公事，前提是宰相的职掌从唐初参与中枢决策的谋议之职到兼有独立裁决政务之职的转变，这个转变应该发生在政事堂从门下省移到中书省以及中书令兼掌行政的背景下。这个转变本身对于考察中国中古皇权行使方式的转变具有重要意义。张祎正是在这样的框架下，详细梳理了北宋前期的中书劄子和元丰改制以后的尚书省劄子（省劄），指出劄子的行用助成了宋代皇权政治的演进，形成了君相之

---

① 李肇．唐国史补：卷下，49．

② 对于堂案的文书性质，李全德《从堂帖到省札——略论唐宋时期宰相处理政务的文书之演变》一文对笔者此前的错误予以纠正。

③ 胡宝华．读《唐代中书门下体制研究》——以唐代封驳制度为中心．中国史研究，2014（1）．

间一种微妙的权责模式①。此文有助于深入理解中书门下体制及其政务运行机制在唐宋之际的发展演变。

综括言之，随着对墨诏（墨敕）、赦书、批答、敕牒和省札（省劄）等下行文书认识的进一步加深，对于唐代中枢体制由三省制到中书门下体制转变在中国帝制时代皇权运作发展史上的意义，当有更加清晰的认识。

（四）余论

帝制时代的中国，其政务运行依托于一整套文书系统。“政务文书”是指皇帝和各级官府处理政务的文书，以及围绕政务处理而产生的百姓呈于官府的文书。围绕着专制君主这个权力中心，各种类别的政务文书逐级传递着主要的政务信息。文书体系本身也在不断完善，从文书的体式、应用范围到传递渠道，都日渐制度化。在随着皇权行使方式的改变而不断完善的动态过程中，文书制度的变革所要应对的核心问题，是皇帝如何有效地掌握关键信息而又不被信息所困扰。围绕皇权行使而形成的文书运作与信息流通之中，官员权力级别的高低决定着获得来自皇帝的信息的质与量，也决定着其能够送达皇帝的信息的质与量。文书、信息与权力，构成了帝制中国的复杂运行图。要了解帝国的运行，必须要进入到这个图景之中，具体认识依托于政务文书的信息流通与权力配置。

这并不是说权力都落实到文书上，许多时候权力体现在文书之外，处于无形之中；与此同时，落实到文书上的权力也不全部都是真实的权力，有时候只是一种程序或形式上的

① 张祎．中书、尚书省劄子与宋代皇权运作．历史研究，2013（5）：50-66.

权力。但是，文书之外的信息流通和权力运行，在制度背景上还是以文书规范的流程为潜在依托的。只有了解文书体系中的信息流通和权力运行，才能避免将政治史和政治制度史的研究带入权谋的泥潭而难以自拔。

至于体现在文书流程之外的权力运行，当有多重研究路径。而将文书流程之中的权力格局作为抓手，顺势探寻，亦应是其中一个可行的制度史研究视角。

附记：本文原刊《唐宋历史评论》第三辑，社会科学文献出版社，2017 年。收录于本书时，对个别字词和注释做了校改。

五、简论汉唐制度史研究对整体史叙事的贡献

整体史叙事是历史学追求的目标，近年来重新受到重视，被一些历史学家奉为“最基本的信念”①。人类社会原本是以整体的面貌展开和推进的，碎片化的描述或是出于学科划分的研究需要，或是限于史料留存的不完整，更多是由于带着所处现实的有色眼镜剪裁史料。回到历史现场，是史学从专门化走向综合化的一个重要路径，对接的是年鉴学派倡导的整体史研究取向。自从 20 世纪 20 年代法国年鉴学派倡导史学研究要注重多面向和长时段以来，整体史研究就日渐成为西方史学追求的目标。整体史叙事要求的多面向，是一项随着

---

① 刘志伟，孙歌．在历史中寻找中国：关于区域史研究认识论的对话．上海：东方出版中心，2016．

人类认识水平提高而无限扩展的要求，在不同时代有其特定的针对性。而长时段到底取多长，则取决于问题的设定和掌握材料的多少。其实，整体史叙事原本是中国传统史学的一种基本追求，中国古代史学很早以来就追求“通古今之变”。整体史叙事的主线可以是多重和立体交叉的，中国传统史学中的王朝体系即是一条重要的主线，围绕王朝更迭的众多视角的叙事，是一种古老的整体史叙事，正统问题、德运问题、禅让与革命问题等，都是服务于这个整体史叙事的。历史叙事是否具有整体性，并非取决于问题的大小，一些关节点上的细小问题，也可能是整体史叙事中的重要构件。只要能够从长时段加以描述且主要线索和演变起伏关节点清晰的历史叙事，都可视之为整体史叙事。

自从 20 世纪初中国学术界引入进新史学的研究理路以来，打破王朝体系和君道政体历史观的“破”的一面建树显著，从社会史、经济史和文化史等角度重建历史叙事框架的“立”的努力也颇有成效，还出现过以五种社会形态来叙述中国历史的宏大框架。但是迄今为止，应该只有从制度尤其是政治制度切入的整体史叙事及其依托的一套话语或概念系统无可替代，显示出强大的学术生命力。一方面，如侯旭东所揭示的，最早从 19 世纪中叶以来为了寻求体制变革而带来的史学研究中，“制度”的意义与价值凸显，“制度”逐渐凌驾于人和事之上，获得了更为根本性的意义，进而从原先在史学门类中的附庸位置挣脱而出，自成门户。到了 20 世纪 20 年代，制度史作为一门专史就已经大致成型[①]。另一方

① 侯旭东．“制度”如何成为了“制度史”．中国社会科学评价，2019（1）：68-83.

面，对于中国帝制前期的汉唐时代历史的研究，制度史领域取得的成绩具有将传统史学与现代史学做出有效学术嫁接的特征。

本文之所以选择中国帝制前期的汉唐时段来论述制度史研究对整体史叙事的贡献，除了学力所限，更重要的原因在于汉唐历史的研究历来以制度史为重。尽管20世纪前半期的秦汉史研究很大程度上服务于古史重建的时代任务，在对古史传说进行“祛魅”的同时，重点是依托考古材料重建秦汉时期的经济结构、阶级关系、社会风俗和思想文化，但是以陶希圣、马非百、雷海宗、钱穆、劳榦和贺昌群等为代表的学者对于皇帝制度及地方行政制度的研究从一开始就显示出鲜明的历史叙事统合力。而随着秦汉制度史研究的推进，早期帝制时代的历史叙事与中国历史整体叙事的关联度显著提高。最近40年来秦汉史研究的重要成绩即体现在典章制度广泛而深入的研究，在官制、赋役制度、法律制度等方面取得重大进展①，尤其官制的研究成绩斐然②。秦汉属中国帝制初创时期，有关君主制和郡县制的研究是理解中国历史展开及其后来走向的基点，围绕皇帝制度和君权行使体制与机制的一系列制度，尤其是中国传统政治文化和政治话语中的宰相制度，就成为秦汉史研究中的“牛鼻子”问题。祝总斌《两汉魏晋南北朝宰相制度研究》作为这方面的代表作，便不应被视作狭义“宰相制度”的专题研究，而是有关两汉魏晋南

---

① 周天游，孙福喜．二十世纪的中国秦汉史研究．历史研究，2003（2）：132-154.

② 陈长琦．改革开放40年来的秦汉魏晋南北朝史研究．中国史研究动态，2018（1）：25-38.

北朝政治制度及其演进的整体叙述，对于帝制前期中枢制度由汉代三公制向隋唐三省制的演变历程及其历史背景做出了细节考证基础上的宏观分析①。

隋唐史研究对制度史的重视在中国古代各个断代的历史研究中最为突出，无论从新史学诞生以来的学术史看，还是从近期的学术进展看，重视制度史都是隋唐史研究与其他断代史研究相比最为显著之处。以岑仲勉和陈寅恪为代表的新史学创立以来第一代唐史学者，对制度史就极其重视，尽管他们的学术关怀相当宽广，研究领域涉及众多面向，但构成其对隋唐史叙事框架的当属制度史。岑仲勉撰有《府兵制度研究》，又在《郎官石柱题名新考订》中收录了除书名所揭主题外另外三种史料的考订和校补，包括《翰林学士壁记注补》、《补唐代翰林两记》和《登科记考订补》，整理的都是有关唐代官制史研究的基本史料。分为上下两册的《隋唐史》一书中，职官制度、赋役制度、府兵制度等也是重点论述的内容。他在写成于 20 世纪 50 年代末的《通鉴隋唐纪比事质疑》一书中，针对司马光叙事的错误加以订正，在一条条简短的读书札记中，揭露出许多有关唐代制度的问题关节点，体现了作者在制度史方面卓越的史识。陈寅恪除了《隋唐制度渊源略论稿》专论隋唐制度特征及其在南北朝之渊源，其《唐代政治史述论稿》的叙事也是建立在隋唐府兵制度、科举制度、赋役制度、中枢体制以及其他中央地方相关制度认识基础上展开的。可以说，岑仲勉和陈寅恪都是通过制度史的结构性思路建立起了对隋唐断代史研究的整体认识。其他学

① 陈苏镇．读《两汉魏晋南北朝宰相制度研究》．北京大学学报（哲学社会科学版），1991（3）：89-93．

者如王亚南、钱穆等人的研究，也都聚焦于制度的演进史。20世纪后半期以来，以汪篯遗著《汪篯隋唐史论稿》、唐长孺《魏晋南北朝隋唐史三论》、王永兴《唐勾检制研究》以及黄永年《六至九世纪中国政治史》等论著的出版为标志，岑仲勉和陈寅恪之后第二代唐史学者进入到学术盘点的阶段，制度史依然是他们构建隋唐史整体叙事的基本框架。随后的隋唐史研究尽管成果总量巨大，但论题的开拓却未有多少实质性的进展，取得突出成绩的领域集中在政治制度史和敦煌学①。

至于“制度史”研究的具体范围包括哪些方面的制度，其中的政治制度史与政治史的关系如何处理，诸如此类的问题，涉及面很广，也是前人议论较多的话题，本文不拟展开。或可转换一下思路，将制度史视作一种方法或分析视角，则具体研究范围的问题似乎不成为一个问题。在我的理解中，制度史研究发展到今天，已经不是“专门史”之一种，而是史学走向综合化叙事的一个重要平台。尽管推动当今史学研究走向综合化趋势的主力，是区域社会史和财政经济史，尤其是有关明清时期的相关研究。尽管明清时期的史料留存自有其特殊性，但由此推动的史学研究走向整体史叙事的趋势，对于明清以前制度史研究来说无疑也具有重要的借鉴意义，促使制度史研究朝着整合既有知识和史料、打通不同断代历史脉络的方向努力拓展，回到一些基本议题的多维立体解读上。区域社会史所追求的历史的鲜活与丰满，克服残缺的、碎片化的和僵死的历史，也是制度史研究中追求的重要目标。

① 吴宗国. 我看隋唐史研究. 文史知识，2006（4）：21-27.

以隋唐制度史研究为例，在这个目标下促生的重要议题，就是政务运行机制与国家权力结构，以及在此框架下的众多具体问题。中古国家政务的重心涵盖在尚书六部职掌之内，尤以官员选任、赋役征派和司法审断最为关键。要理解隋唐国家的政务运行机制，势必要深入分析从中央到地方和基层乡里各个层级的政务运行，要以事任为中心而不是以职官和机构为中心。可以说，区域社会史和财政经济史推动的新一轮整体史叙事趋势，对隋唐制度史研究议题的牵动相当明显。例如以“政务运行”为中心的隋唐制度史研究思路，就是力图将传统的以职官为中心的政治制度史研究转向以事类（政务）为中心的综合性制度史研究，或者说努力使制度史成为一种视角，用以分析国家与社会各个层面的具体运行及其变化。这种视角的研究，在回到历史现场和整体史叙事两方面都有积极的意义①。

基于以上判断，本文拟就汉唐制度史研究对于中国历史整体史叙事的贡献略做梳理，分为三个方面。

首先，汉唐制度史研究为中国帝制前期的整体史叙事提供了基本框架。

还在新史学创立的初期，中国史学界便自觉通过制度史而建立起对中国历史的整体叙事框架。如上所述，汉唐制度史研究尤其注重此种取向。除了清末以来寻求体制变革的现实政治动因外，后来进入中国学术视界的马克思主义理论也对制度史研究产生了重要影响，学者们在进行制度分析时，或隐或显地结合了当时风行于世的马克思主义社会史观，将

① 刘后滨．史学综合化趋势下的隋唐制度史研究．社会科学报，2019-07-25(5)．

制度放置于更宏大的社会史视野之下，以剖析社会整体结构为指归。在这种思路的统摄下，制度制作的权力格局、政策环境与文化背景均作为制度史的考察对象，使制度史完成了对传统官制研究的扬弃，成为现代史学的重要支柱，并构成整体史叙事的框架性依托。同样的研究取向发生在二战后的日本东洋史学界，日本学者通过对二十等爵制、贵族官僚制、科举制度等专门领域的研究，建立了对东洋史特性与分期等基本议题的认识。

从理论上讲，制度史对于整体史叙事具有特别的统摄力。制度是国家意志的体现，具有全局性和规范性。从制度切入分析历史，无疑都是国家视角，具有某种整体性。周祥森在评论赵世瑜《小历史与大历史》一书时，引用了英国思想史家斯蒂芬·柯林尼（Stefan Collini）的如下说法来说明社会史的重要性：历史女神克丽奥的宅院可分为客厅、地下厨房、阁楼书房和里间卧室，并分别对应政治史、经济史、思想史和社会史。这个比方非常形象且贴切，也从一个侧面说明了以政治制度史为核心的政治史所具有的整合作用和呈现意义。无论在其他几个空间和场域有何深刻和复杂的探索，决定整套房子格局的关键是客厅，最终带给人们整体认识的东西也应该是在客厅里呈现出来的①。当然，需要注意的问题是如何克服后见之明，顺时而观，避免将制度架空在具体的人和事之上。

从汉唐制度史的研究来看，其为中国帝制前期整体史叙事搭建的基本框架主要体现在专制主义中央集权帝国的建立

---

① 周祥森，张香凤. 区域社会史的革命——评赵世瑜著《小历史与大历史》. 史学月刊，2007（12）：5-20.

与完善、秦汉隋唐间国家政权的权力结构与运行机制、皇权的行使方式及相权的特点及其变化、作为国家核心政务的取士选官及其制度的变化等。以祝总斌先生和吴宗国先生为代表的制度史研究学者，在分析这些方面制度特征形成背景及其变化的原因时，抱持一种宏观视角，从统治形势的变化、国家政务内容的扩展、权力格局与政治斗争的变动等方面入手。例如祝总斌先生在《两汉魏晋南北朝宰相制度研究》中对于西汉以来尚书系统机构与职权变化、对于领尚书事和中朝官制度建立原因的分析，就带出了许多具有牵动性意义的议题①。该书反复强调制度变化的动力是王朝提高统治效率的需要，跳出君相矛盾的解释窠臼，结合政治局势和制度变化中具体的人和事，论证随着统治形势的变化王朝统治的内容有什么扩展，这种扩展如何体现在文书行政上，进而提出新形势下有哪些方面提高统治效率的需要，通过制度调整如何能够提高统治效率。又如吴宗国先生在《盛唐政治制度研究》中对于唐代政治制度历史特点的分析，着重研究各个时期实际运行的制度，而不是停留在有关制度记载的条文上，以便真实地掌握唐朝前期政治制度的实际情况和政治体制发展变化的脉络。在解释政治制度变化的原因时，把研究的重点放在体制变化的本身，从政治体制如何适应统治形势变化的需要，分析探讨政治权力的分化与重组等问题，而没有停留在皇权和相权的矛盾、内廷和外朝的矛盾、决策和行政的矛盾

① 祝总斌．两汉魏晋南北朝宰相制度研究，75-100．参见祝总斌．西汉宰相制度变化的原因．中国历史大辞典通讯，1983（4），收录于材不材斋文集（下编）．西安：三秦出版社，2006：145-176。

等以往被过于强调的方面①。两位先生采取的研究思路异曲同工，在此种思路下做出的历史分析，无疑是具有整体史意义的，铺垫了相关时段历史叙事的基本框架。

围绕中国皇帝统治体制的建立及“秦汉帝国论”等议题的研究成就，也是日本学界在秦汉史研究领域取得的重要贡献。近年来有关汉代郡国体制的时代特性及其在走向“天下一统”进程中的意义、由秦始皇到汉武帝皇权观念及相关制度的发展演变等研究，冲击着人们对秦汉史的整体认识②。

这并不是说依托制度史研究的整体史叙事就臻于完善了，只是就已有研究积累来说，这样角度的历史叙事更加切近中国历史的实际，更加契合中国历史编撰传统和史料特点，呈现出了极其广阔和深厚的研究空间。其他众多研究视角取得的成绩，都为一个特定时段的整体叙事贡献着知识和观念，各个角度对中国历史研究的扩展和深入，都以其繁富的成果丰富着人们的认识。但涉及具有宏观视野和长时段关怀的历史叙事，似乎都难以摆脱制度史研究搭建的框架和提出的概念。各种专门史和专题研究对历史研究的细化与深化，对于走出模式化的历史叙事有很大贡献，但一定意义上说都尚未能开辟出新的议题，依然属于在制度史研究搭建起来的叙事框架内的精耕细作。一旦回到整体史叙事，制度史研究的骨架作用仍然无可替代。尤其是中国帝制前半期即汉唐间的历史叙事，更是如此。即使展现多学科方法的全球史（主要是经济史、科技史和环境史视角）的兴起，以及关注区域和民

---

① 吴宗国．盛唐政治制度研究，14-15．

② 楯身智志，渡边将智．日本汉初政治史与政治制度史研究动态．刘萃峰，译//中国中古史研究：第六卷．上海：中西书局，2018．

间的历史人类学的扩张，对于宋以后尤其是明清史的整体叙事带来了许多全新的知识和有异于传统框架的交互线索和体系，但是依然未到替代传统制度史研究所建立起来的叙事框架的地步。

其次，汉唐制度史研究为中国古代史的整体叙事构建起贯通的视野。

对于如何把握帝制中国的历史发展大线索来说，超越王朝体系的时代定位就是一个基本命题。制度史中的核心议题国家权力结构和政务运行机制就是讨论时代定位的一个基点。无论是以往研究中强调的从三公九卿制到三省六部制、从世卿世禄制到察举制再到科举制等方面的变化，还是重新受到关注的汉唐间士大夫政治形态的演进、门阀制度的形成和衰落、官吏分途背景下吏胥制度的发展演变，或者是一些传统议题的深化研究如关于土地、籍帐、赋役等方面制度的研究中围绕“事任”中心呈现出的政务处理和裁决机制，都以时代定位为宏观关注面，也对时代定位的分析提供了更加具体而动态的支撑。时代变化的各种线索有时候是纠缠交叉或者叠压交错的，对历史进行整体性描述的时候，制度史的概念往往能够起到提纲挈领的作用，而超越王朝更迭的一些历史关节点也因此凸显其意义，战国秦汉之际、汉魏之际、南北朝隋唐之际、唐宋之际等更被着重作为研究取样的历史单元。

制度史研究注重发展趋势、演变方向及其阶段性特征，尽管因此被认为具有鲜明的目的论色彩和线性史观特征而受到强烈的批评①，也尽管单一线性史观确实值得反省也已经在

---

① 侯旭东. 宠：信-任型君臣关系与西汉历史的展开. 北京：北京师范大学出版社，2018.

制度史研究中得到改变，但无法否认注重趋势和阶段的研究取向对于整体史叙事的意义，以及在贯通视野下带出更多历史表象背后的深层问题的可能性。

例如祝总斌先生关于中国帝制时代国家政权运行机制的研究中，分析决策纠错机制及其演变趋势时，便提出了一些与时代特性密切相关的深层问题。中国帝制时代的政治制度沿袭性很强，帝制国家的许多运行机制贯穿始终，但是其具体表现形式却不断变化。作为决策纠错机制的集议与封驳，帝制前期侧重集议，唐宋以后突出封驳，而明清的封驳与唐宋的封驳又有所处环节与针对文书的不同。尤其重要的是，祝著指出了唐宋至明清给事中封驳环节后移的趋势，唐代给事中“读署奏抄，驳正违失”，对奏事文书的驳正在呈递给宰相和皇帝之前，而到了明代，给事中的封驳则是在内阁对题奏进行点检、票拟批答再经君主同意下发之后，给事中在抄发已经君主批复奏章的过程中可对其违失进行驳正①。指出这种变化的趋势，无疑是非常重要的见解。由此可以看出，明清科道官的“言事”与“封驳”在中枢决策中的环节已后移，偏重于决策形成之后的被动纠错，而其作为“不系职司”的监察官，在政令执行过程中的稽察、督导之权则是主动的和实体的。这个现象体现了专制皇权行使方式的转变，以及君权加强后行政技术的提高。而这些变化的阶段性特征，体现出的恰是帝制国家皇权行使方式和具体国家形态的时代性差异，为中国古代史的整体叙事提供了节点和框架。

祝总斌先生关于中国古代吏胥制度的发展阶段及其形成

① 祝总斌. 略论中国封建政权的运行机制//材不材斋文集（下编），43-68.

原因的分析，也鲜明地体现出制度史注重长时段历史发展及其阶段性特征的研究取向。明朝祁骏佳总结的汉代士人皆得试吏、掾曹遂得文章德行之士的现象，无疑属于后见之明。祝著引述这个论断并置于整个帝制中国历史进程中加以考索，便提示了两重叠加的历史意涵。一是明代的官、吏身份界限分明，官和吏的区分随着文书行政的发达，站在官府处理政务文书分工的角度，二者的角色和地位截然区分。二是至少在明朝一些人的认识中，汉代官和吏的身份无别，或者说区别不在于身份而在于职能，从官吏身份无别到二者身份界限分明，背后是官府职能的扩张和官司内部人员的分化，是国家政务运行在体制和机制上的重要变化。祝著强调了官、吏区隔的出现与吏胥制度的发展，对应着选官制度的变化及其背后社会结构和政治形态的变化，指出官、吏区隔是与门阀制度的形成和发展相伴而生的，并随着隋唐时期科举制度的发展和科举社会的形成而得到加强①。除此之外，我们还能够从其对制度发展趋势的分析中进一步探究出其他一些与之交叉重叠的线索。如果我们着眼于国家政务内容的扩张，就会看到各级官府需要处理的事务不断增加，律令制度和文书行政随之发达起来，进而导致法、例的检索和案、牍的整理保管等事务性工作激增。例如，叶炜的研究指出，隋朝的官和吏身份区分发生了划时代的变化，主要表现在中央文官机构内文书胥吏系统的初步形成，胥吏绝对数量的增多，与官相比地位的下降，以及胥吏群体在官僚机构中角色的凸显。究其原因，关键在于隋完成统一后加强中央集权的

① 祝总斌. 略论中国封建政权的运行机制//材不材斋文集（下编），100-143.

制度和措施导致中央机构文书处理量剧增，直接刺激了政府中专门以文书为务人员即文书胥吏的发展①。这条历史线索的变化轨迹和时段划分，亦当是中国古代史整体叙事的基调之一。

在中国传统史学著作中，制度史的史料留存最为完备和丰富，而且还是中国史学传统中最为强调因革损益的一个面向。虽然也是一种编撰史料，甚至经过本朝的加工和整齐划一，但也还是相对客观的。基于此，在制度史视野下，即使站在汉唐看宋元、看明清，自然也具有独到的视角和学术意义。祝总斌先生勾勒了中国古代君主专制权力发展的总趋势，指出不断完善的制度对于君主行使权力是逐渐加强的限制，认为“秦始皇、汉武帝的恣意妄为要比明武宗、清高宗方便得多”。这是制度发展的一个重要方面，从皇权所受制度和舆论的限制来看，自当如此。问题的另一面也在其提问的启发下得以呈现，即随着社会经济的发展和交通便利程度的提高，行政技术不断得到改进而臻于完善，君主专制目标的实现也更加有了技术手段的保障。决策按照不同层次区分，信息按照缓急轻重筛选，在交通和技术条件的支撑下，清代的密折制度才有了基础，君主的专制权力得到了前所未有的强化。而这两个方面矛盾统一的前提，就是君主独断的理论与实践。正如祝著指出的，历代政治家和思想家都主张“君逸臣劳”的政治模式，君主既要行使至高无上的权力，又要广泛吸取群臣意见，在此基础上形成“皆合天道”的“独断”，这是战国以来直至明代政治家和思想家有关国家治道政术的一个理

① 叶炜．试述隋朝中央的官吏分途及其背景//北京大学历史学系．北大史学：第6辑．北京：北京大学出版社，1999：49-61.

想模式[①]。

最后，汉唐制度史研究为找寻整体史叙事的有效方法提供了重要的启示。

国家立场的历史叙事，往往构成史学的所谓典范文本，按需剪裁，势在必行。而地方文献和民间资料所记载的历史，又有可能只是局部知识或碎片化的历史。如何将此碎片化的历史素材与局部知识整合为可叙述的整体历史，历史学的各个分支都在做出积极探索，区域社会史研究无疑提供了最为有效的示范。而制度史尽管由于自身相关理论总结还相对滞后并显得不成系统，同时制度史研究总体上还被视为传统史学或被归入考据派（这样的观点已经显得隔膜和落伍），但是，借助区域社会史研究中学者们的反思和梳理，制度史对整体史叙事的方法论探索还是提供了有益启示并做出了实际贡献。

区域史在中国兴起之初，就特别强调区域特殊性和中国历史整体性的辩证关系。如傅衣凌所说，在中国，由于社会历史发展在地域上严重的不平衡性，区域性研究尤其必要，区域性研究不仅可以发现中国各地区社会发展的特殊性，而且通过对这些特殊性的研究，更好地说明中国乃至整个人类社会的发展进程；区域研究还可深入地方社会，广辟资料来源，避免研究工作中存在的以偏概全、内容空泛、拼凑史料等弊病[②]。后来的学者进而强调区域史不等于孤立的地区研究

---

① 祝总斌．试论我国封建君主专制权力发展的总趋势附论古代的人治与法治．北京大学学报（哲学社会科学版），1988（2）：1-14，收录于材不材斋文集（下编），16-42。

② 傅衣凌．“国际清代区域社会经济史暨全国第四届清史学术讨论会”开幕词（1987年）//叶显恩．清代区域社会经济研究．北京：中华书局，1992.

和碎片化的个案研究，而是整体史叙事的深化与视角的变通。区域社会史的新发展，很大一部分论著都着力探索国家与社会的互动过程，按照其在中国历史进程中的地位与作用及发挥关键作用的不同时期，将整个中国的广阔地域分为不同区块置于研究的视野之内，注意以区域史的视角开展整体史的研究，包括探讨传统中国社会的历史整合过程，以及历史演进不同阶段在不同区域呈现出来的整体性风貌和地域性特点，从社会史研究的角度为整体史叙事提供新的解释框架和问题意识。无论是宏观研究方法还是具体问题认知，区域社会史研究与中国历史整体叙事是互动与互补的关系，这已经成了主流学界的共识。虽然区域社会史并不承担为中国历史整体叙事提供框架性概念的任务，但其对此做出的贡献却是非常巨大的，极大地丰富了人们对中国历史复杂性的认识，在进行整体史叙事的时候增加了许多维度和层次。即如赵世瑜便强调区域社会史的目的在于通史，他把区域社会史研究理解为一种方法论，而作为方法论意义上的区域社会史，关注的是如何从地方的视角去重新理解中国和世界，而不是倒过来。换言之，此种研究的目的不是在现有叙事框架内进行印证或填充，而是对既有叙事结构的质疑和冲击。所以，其目标不在于关注地方或区域，而是呈现出重写通史的努力①。让整体性的历史叙事变得鲜活和完整，而不是支离破碎或僵化拼凑，自然不仅仅区域社会史才有可为，以政治制度为主体的制度史研究亦有所贡献。其实，区域史研究的另外一位代表性学者刘志伟的研究经历，似乎更直接地诠释了制度史研究对区

---

① 周祥森，张香凤. 区域社会史的革命——评赵世瑜著《小历史与大历史》. 史学月刊，2007（12）：5-20.

域史的基础性意义。刘志伟最近集中表达的学术取向就是走进乡村的制度史研究和自下而上的制度史研究，其研究中的许多问题意识来源于对制度史的思考，其取得的成就很大程度上取决于其传统中国制度史的训练素养。

由于距离时代的远近不同，史料留存的特点各异，明清史的突破在社会经济史，汉唐史的新进展则更多反映在制度史。制度史如何克服倒放电影式的目的论，努力回到历史现场去探讨制度结构形成原因及结果呈现之前的多种可能性，无疑是一项值得反思的重大议题。祝总斌先生关于两汉魏晋南北朝政治制度变化的研究，尤其是关于尚书分曹情况的变化以及尚书行政体制的发展、关于魏晋时期中书和门下机构职权性质的分析，提供了制度与人、事结合的范例。可以说，祝著关于制度史的论述，最大限度地利用了人物传记的史料，甚至是所可找到的全部史料。虽然还是具有某种目的论的取向，但其回到历史现场的努力也相当明显。不过，由于受其对接的学术传统的影响，祝著在制度史研究中对社会层面的关注显得不够。而最近几年翻译成中文的 20 世纪五六十年代出版的一些日本学者的著作，如宫崎市定《九品官人法研究》、谷川道雄《隋唐帝国形成史论》和增渊龙夫《中国古代的社会与国家》等，其共同之处是在国家行政机构层面之外，注重官僚制度的社会层面，使我们进一步认识到，国家行政体系在制度形式上有着整齐划一的设计，真实的国家构造和实际运作中的体制机制，却应该是大量吸收了产生于复杂社会运行中的各种要素。

制度史研究积累至今，其代表性论著呈现的方法论意义有待发掘和反思。除了 20 世纪上半叶立足于社会史观的断代制度史研究值得总结之外，20 世纪 80 年代以后制度史研究取得的进展也促使一些具体问题的研究进入到理论思考的层面。试举两例。一是唐代行政体制如何由垂直管理的使职体制刷新原有的尚书六部二十四司为基础的分科官僚制，一定程度上说明了这样一个政治原理，即制度作为一种政治现象，既要受到官僚管理需要和行政机制的内在约束，更要接受皇权为基础的中央集权政体的规约，二者若出现冲突，前者必然让位于后者。二是盛行于战国秦汉时期的列卿制度，到了王莽执政时期就被严格秩序化为“三公九卿二十七大夫八十一元士”，因此实现了不同意识形态与知识系统间的更替。这个制度变化的现象说明，在制度的历时性变化中，不同时代所具有的意识形态与知识结构左右着制度的基本面貌与外在结构。以上两个例子，都涉及社会史、政治史、官制史、财政史、思想史、观念史等专门领域，而制度史无疑是将它们连缀在一起的有效线索。

综括言之，制度史本身应是一种方法，而不仅是研究的专题。制度史作为切入点，可以对中国古代历史特性与历史路径问题做出方法性回应。对于整体史的回归及相关研究的展开来说，制度史最具统摄能力，是历史叙事走向新综合的明显具有可行性的重要途径。如何有效统合过去一个世纪的个案研究成果，使制度史成为整体史叙事新的解释系统，通过重述制度史，将各类专门史综合成为整体史，这应是制度史研究在以祝总斌先生为代表的学者所取得成绩的基础上接下来需要努力的方向之一。

（在 20 世纪 80 年代中期到 90 年代初，本人多次完整修习祝总斌先生的中国古代制度史相关课程，耳提面命，授业解惑。今重读先生制度史著述，撰成小文，以庆祝先生九秩寿诞。）

附记：本文原刊《祝总斌先生九十华诞颂寿论文集》，中华书局，2019年。

后　记

在书稿的修改即将完工的时候，我的心情是既兴奋又疲惫甚至有些灰心。兴奋的是，我可以向我的老师和家人、友朋、同事及许多关心我的人，交出一份做了许多年的答卷。每当在师友间谈起我的同龄学友不断出版的新书时，每当在书店看到越来越多的学术新著以及熟悉的作者姓名时，自己就会萌生一种隐隐的着急感。现在，自己的书稿终于要交付出版了，那份着急的心情也随着早春的气息微微兴奋起来。我不敢以“十年磨一剑”自况，但从接触有关唐代政治制度研究的时间算起，十年是早就过去了，尽管剑还没有磨出个样子来。疲惫则既是由于长期爬梳资料、整理思路带来的心力交瘁，也是由于各种无可奈何的考核带来的应对乏力，以致本书的修改只能占用假期里相对完整的时间进行。至于说灰心，一方面是由于对书稿本身不尽满意。尽管本书的一些部分已经发表，也得到了一些师友的谬奖；文章的主体几经修订，也确实有了不少改进。但是，总觉得从理论阐述到史料考析都还欠火候，尤其是在史料和理论之间还缺少一些必要的论证环节，难免给人以生硬感。另一方面，则是由于自己对当前的学术氛围缺乏信心。书越出越多，但有耐心完整地读完一部书的人却恐怕是越来越少。现在是写书人比读书人多，写书人中有些则写的书比读的书多。说老实话，就本人而言，连一些师友赠送的大作，我自己也很难读完。更何况本书只是对一个老掉牙的问题进行的研究，难以指望它对学术有什么贡献。

庆幸的是，我还有众多不断鼓励我的老师、朋友和学生。今年是我进入北京大学历史系学习以来的第二十年，也是我在中国人民大学历史系工作以来的第十三年。师兄弟们曾戏赠我一联："脚跨人大北大，学兼魏晋隋唐"。其实，我连隋唐史也没有学好，遑论魏晋南北朝史！只是当时人大历史系讲授魏晋南北朝史课程的老师退休后，我被迫接受了讲课任务而已。不过，研究魏晋和隋唐两个断代的师友，都在学业上给了我丰富的营养。人大和北大这两所大学，对我来说，则确实都是身陷其中了。迄今我还是北京大学中国古代史研究中心的兼职研究员，有幸参与了中心一些课题的研究工作。在中国人民大学，我所在的中国古代史教研室以及先后在教研室工作学习过的许多师友，包括在课堂上与我讨论学问的本科生和研究生，都为我的学习研究营造了很好的氛围。

我的硕士和博士学位论文的指导教师都是吴宗国先生，从本科时候听吴老师的通史课和隋唐史专题课算起，跟随吴老师读书的时间也快二十年了，而且是几乎不间断的二十年。1999 年的夏天，我在博士论文的"后记"中写道：

> 在这个如火的七月，我将要交出一份做了许多年的答卷，向所有关心我的人汇报。十五年前一个同样炎热

的夏日，正在田里劳作的我接到了大学入学通知书，从此结下了与北大历史系的不解之缘。也许是六十年代出生的人开始回忆的时候了，在北大历史系前后十一年的学习生活常常在我的心头快速闪过。

在即将完成博士学位论文的时候，我真的很想谢谢我的导师。吴老师对我的培养既在学问上，又在学问之外。所有直接或间接知道吴老师对我的关心的朋友，都为我有这样的好老师而称羡不已。当我硕士毕业到人民大学任教后，有四年在学籍关系上脱离了老师，但在学术心理上却总有一种没有断奶的依恋和困惑，于是就在1995年回到了老师身边做博士生。又是四年过去了，需要向老师学的东西却远远没有学够。毕业只是意味着从学籍关系上再次离开老师，但在感情上将与老师更加紧密地联系在一起。

除了吴老师，我还有太多的老师应该感谢。没有必要全部列出他们的名字，几乎所有北大历史系的老师尤其是中国史专业的老师都教过我。有幸成为这么多绝对属于一流学者的老师们的学生，想想都是让人激动的事情。

许多许多的同学，是我切磋学问的良师益友。相互磨砺、相互激赏，这种氛围是燕园生活中最大的营养之一。我会更加珍惜此间的种种情谊。

还有一些我想真诚感谢的人，他（她）们心里最明白，不说也罢了！

那是当时心情的真实写照。博士毕业以后，又是四年多过去了。其间，在2000—2001学年，我应杜维明先生的邀请，在哈佛燕京学社进行了一年的访问研究，并有幸结识了一批卓越的海内外学者。

在本书的研究和写作、修改过程中，吴宗国先生的指导和教诲是非常细致而深入的。吴老师反复强调，学术研究首先需要在经过一定思考和研究积累的基础上，得出一些具有理论性的假设；然后要对假设性的结论进行定量和定性的分析，要回到材料，回到实际历史进程，进行严密的论证，包括咬文嚼字的功夫，包括对历史演进的每一个细节的考订。对于胡适那句“大胆地假设，小心地求证”的名言，一般的理解也许是先有假设，然后用材料来证明假设的结论。吴老师强调的是，假设性的结论并不来自空想，而是需要有一定的研究积累，是从对材料的初步研究中得出的；而且，“小心地求证”也不是机械地去论证那个已有的假设，不是回到材料去寻找有利于支持那个假设性结论的证据，而是不同于“求证”的真正的论证，论证的原则是以事实为依据，由此及彼，由表及里，去粗取精，去伪存真。

根据本人的研究体会，第一个过程的研究是初步的，一些假设性的结论，有可能是在片面地接触材料后产生的随感，也有可能是从别人的研究中得到启发而萌生出来的遐想。这些感性认识，很容易使人兴奋，在教学过程中也容易激发起学生的兴趣，与学生产生共鸣。于是，在不经意之中就会束缚住自己的思维，不自觉地去建构一个自圆其说的体系。其实，这个自鸣得意的体系，有时是一个通过想象形成的离实际越来越远的作茧自缚的圈套，有时则只不过是选取前人研究成果中有利于自己假设的部分而拼凑出来的概念组合。而且，实际情况是，越是想建立一些具有理论色彩的新见解的时候，越是容易出现这个问题。于是，就需要进行第二个过程的论证。

学术研究中的第二个过程，是非常痛苦的，因为在论证中往往可能推翻自己经过初步研究和认真思考的而且自认为很有价值的东西。但是，学术研究的真正乐趣也更集中体现在这个过程中，因为只有经过这个严密的论证过程，才能获得真实的研究体验，才能建立起符合实际的、经得起时间考验的结论。这个过程的论证，需要有长期的研究积累，包括材料的积累和对学术史的充分掌握，在此基础上培养起一种贯通地理解历史发展的眼光和对关节点上的事实进行认定的洞察力，也就是吴宗国先生强调的定性和定量的功夫，在关节点上一点就破的功夫。当然，这只是在本书基本完成后总结出的研究心得，书中的论证则远远没有达到这种境界。

正如荣新江教授在《北京大学盛唐研究丛书》总序中所说，“北京大学在唐代的研究方面曾经取得过卓越的成就，如向达、汪篯、邓广铭、周一良、王永兴、张广达、吴宗国等先生，做出了富有开拓意义的贡献”。这些前辈先生，无疑都是自己应该感谢的，是他们奠定了北大隋唐史教学研究的基础，给了我这样的晚辈后学以取之不尽的学术营养以至直接的学术指导。感谢对我的博士学位论文进行辅导、评阅和参加答辩的宁可、祝总斌、阎守诚、阎步克、荣新江、王小甫、邓小南等教授，感谢在平时学习中我经常求教的许大龄、吴小如、田余庆、张注洪、吴荣曾、张传玺、张衍田、王天有、张希清、李孝聪、陈苏镇、徐凯、刘华祝、李开元、陈时伟等教授，他们的鼓励和指教，为本书的写作和修改提供了持久的动力和具体的意见。感谢毛汉光、雷家骥、郑学檬、李斌城、胡戟、高世瑜、张国刚、刘健明、邓文宽、赵和平、郝春文、王素、李方、黄正建、宁欣、王援朝等唐史学界的老师们对我的研究给予的关注和支持。感谢我的同事成崇德、李小树、孙家洲、黄朴民、李晓菊、常伯工、孟宪实、李全德、肖林、蒋香仙等师友们给了我随时可以求助和讨论的良好工作氛围。感谢丁一川、李志生、张帆、罗新、陈爽、何德章、张伟国、王铿、李锦绣、张连城、孙学雷、瞿剑、廉湘民、湛如、郭丽萍、杨雨青、杨继东、陆扬、钱文忠、任士英、孟彦弘、韩树峰、卫广来、傅连英、罗永生、张建利、祁德贵、巫新华、李蓉、李立、宁映霞、陈志坚、叶炜、雷闻、刘诗平、姚崇新、陈怀宇、朱玉麒、禹成旻、李章郁、刘屹、史睿、陈明、蒙曼、王静、杨晓燕等等一大批先后相遇的学友，这是一份很难列全的名单，和他们之间的相互切磋、相互磨砺、相互激赏，构成了我长期学生生活的燕园情结。我越来越体会到做学问需要环境熏陶的深义。吴宗国老师常称自己的著作是“教学相长的集体成果”，这是一个长期工作在教学一线的学者的心声。我也借此表达对上过本人所讲课程的已经毕业或还未毕业的中国人民大学历史系历届同学和参加《唐六典》读书班同学们的感谢。多年的中国古代史、中国古代政治制度史和魏晋南北朝隋唐史的课堂上，是他们给了我许多的启发和进一步研究的思路。谢玲、张耐冬、杨梅、伍婷婷、孙钢、徐珊、王湛、张芳、董文静、赵璐璐等同学，则或提供资料，或核查史料，或校对文字，为本书的完成提供了很大的帮助。还要感谢我的家人对我求学、任教和研究给予的长期支持，没有他们的分担和理解，这种费力费神费时间又不赚钱的工作是很难完成的。最后，感谢齐鲁书社和责任编辑李兴斌先生为本书出版付出的辛勤劳动。

刘后滨

2004年2月10日

于北京西三旗育新花园寓所

再版后记

作为列入“中国人民大学汉唐研究丛书”首批出版的书目之一，本书最初于 2004 年 6 月在齐鲁书社出版，并呈送给参加当月在人民大学召开的“汉唐盛世学术研讨会”的与会代表。2008 年 1 月，齐鲁书社第二次印刷。自初版至今的十多年间，学界师友和一些唐宋史方向的研究生同学或撰写书评，或引用讨论，对书中提出的概念、方法和史料辨析都提出了许多重要的意见，也使我对于本书中涉及的问题有过断断续续的思考，写过若干篇相关的文章和综述。借本次重版并列入“当代中国人文大系”的机会，将这几篇文章作为附录收录进来，作为补充，也表明自己的延伸研究。需要特别说明的是，有关唐宋政治制度演变的几篇文章，都是站在唐代制度史的角度提出的对唐宋间制度发展演变的一些看法，而未能深入研究宋代的制度，故名之曰“唐宋政治制度演变蠡测”。

在这些文章的写作过程中，除了继续得到导师吴宗国先生的鼓励与指导之外，还先后得到了赵和平、吴丽娱、邓小南、荣新江、包伟民、孟宪实、雷闻、叶炜、赵冬梅、李全德、王静、张耐冬、张祎、古丽巍等师友的批评指正，也得到了海外前辈学人池田温、高明士、黄宽重、田浩（Hoyt C. Tillman）等先生的点拨与鼓励，尤其是受到研究宋史的诸位师友的启发颇多。在此一并致谢。

附录中还收录了我在博士学习期间撰写的三篇书评，作为本书选题的前奏和研究的部分起点。当时正在考虑博士论文选题，导师吴宗国先生鼓励我将正在阅读的几部在台湾出版的唐代政治制度史研究的新书做较为深入的评介，并得到刚刚创办的《唐研究》主编荣新江先生的鼓励，三篇书评同时发表在1996年出版的《唐研究》第二卷上。据我后来的同事李全德兄告知，他那时正在东北师大读硕士，他的导师任爽先生还让他去查证这个书评作者何许人，一个名不见经传的人怎么可以在一期刊物上同时发表三篇书评。我想可能是由于《唐研究》出版后以其强调学术规范，尤其是加强学术书评的分量以改变那种泛泛摘述原文而做出"瑕不掩瑜"评价的书评体例，普遍引起了学术界的关注。

"中书门下体制"概念的提出和通过公文形态理解政务运行与制度变迁的研究理路，是本书的主要特点。概念本身和研究理路都不断受到学界师友的质疑和批评，因为唐代政治制度以"三省六部制"为主体的观点作为中学历史教学的基本内容是如此深入人心。感谢专门撰写书评的罗祎楠（《中国学术》第22卷，2005年）、游自勇（《唐研究》第13卷，2007年）、胡宝华（《中国史研究》2014年第1期）和郭桂坤（亚洲文明研究院网站，2017年）等师友，他们的肯定与批评都建立在自身坚实的研究积累之上，都是对本书观点的纠偏与补充。至于“中书门下体制”概念是否成立，政务文书形态体式的变化是否能够反映制度的变迁轨迹，唐宋间中枢体制的变迁是否遵循着本书揭示的方向和路径，材料寡少的唐代制度史研究如何走向深入，诸如此类的问题，都将继续留给现今的读者和后来的研究者去评判和思考。那些未识真面目的读者诸君在豆瓣留言中所说的本书的优点和缺点，尤其是指出书中文字不够简洁、语言表达啰唆，感觉都相当中肯。如果重新改写一遍，也许能够略有改进，但我还是缺少这个信心和精力。无论如何，在博士论文基础上修改而成的本书，能够引起学术界持续的关注，已经令我有意外之喜了。那些留言中的溢美之词，我就当作鼓励吧。

中国人民大学唐宋史研究中心几位老师指导过的硕士和博士研究生中，有一些同学的课程作业和学位论文对本书的主题有所阐发和延伸，我在与他们研讨论文的过程中教学相长，收获良多。尤其是通过研读出土唐代政务文书和《天圣令》等文献，将研究视野扩展到唐宋之间的变化，对唐代政治体制的运行机制及发展有了一些新的认识。特别要感谢赵璐璐、彭丽华、张雨、顾成瑞、朱博宇以及裴成国、周曲洋、张亦冰等同学在长期讨论中给予的启发。此次修订重版，也得到了张飘、李淋栋、骆勇、甘雪雁、李朔方、单笑斐诸位同学的帮助。

最后感谢中国人民大学出版社的精心编校，本书因此增色不少。

刘后滨

2020 年 5 月

图书在版编目（CIP）数据

唐代中书门下体制研究：公文形态、政务运行与制度变迁/刘后滨著. --增订本. --北京：中国人民大学出版社，2022.1
（当代中国人文大系）
ISBN 978-7-300-29787-3

Ⅰ.①唐… Ⅱ.①刘… Ⅲ.①中书省-研究-中国-唐代②门下省-研究-中国-唐代 Ⅳ.①D691.42

中国版本图书馆 CIP 数据核字（2021）第 168649 号

当代中国人文大系
唐代中书门下体制研究（增订版）
公文形态、政务运行与制度变迁
刘后滨　著
Tangdai Zhongshumenxia Tizhi Yanjiu

出版发行	中国人民大学出版社		
社　　址	北京中关村大街 31 号	**邮政编码**	100080
电　　话	010－62511242（总编室）		010－62511770（质管部）
	010－82501766（邮购部）		010－62514148（门市部）
	010－62515195（发行公司）		010－62515275（盗版举报）
网　　址	http://www.crup.com.cn		
经　　销	新华书店		
印　　刷	北京联兴盛业印刷股份有限公司		
规　　格	155 mm×235 mm　16 开本	**版　　次**	2022 年 1 月第 1 版
印　　张	36.5 插页 3	**印　　次**	2025 年 9 月第 4 次印刷
字　　数	389 000	**定　　价**	129.00 元